북한지리백서

북한지리백서

인문, 자연, 환경

초판 1쇄 발행 2020년 9월 25일
초판 2쇄 발행 2021년 6월 16일

엮은이 박수진·안유순
펴낸이 김선기
펴낸곳 (주)푸른길
출판등록 1996년 4월 12일 제16-1292호
주소 (08377) 서울시 구로구 디지털로 33길 48 대륭포스트타워 7차 1008호
전화 02-523-2907, 6942-9570-2
팩스 02-523-2951
이메일 purungilbook@naver.com
홈페이지 www.purungil.co.kr

ISBN 978-89-6291-878-6 93910

– 이 도서의 국립중앙도서관 출판예정도서목록(CIP)은 서지정보유통지원시스템 홈페이지(http://seoji.nl. go.kr)와 국가자료공동목록시스템(http://www.nl.go.kr/kolisnet)에서 이용하실 수 있습니다.(CIP제어번호: CIP2020038513)

이 책은 서울대학교 통일평화연구원 통일교육선도대학사업·통일기반구축사업과 서울대학교 아시아연구소 아시아연구기반구축사업의 지원을 받아 출판되었습니다.

북한지리백서

인문, 자연, 환경

푸른길

북한지리학, 평화번영의 동북아시아를 위한
우리의 새로운 '공통인식'

 과거 우리에게 북한은 남한의 안전을 위협하는 적(敵)인 동시에 같은 민족으로서 통일해야 할 대상이라는 공통된 인식이 있었다. 그러나 1980년대 이후 남한이 산업화·민주화됨에 따라 우리의 인식과 사고가 다양해지면서, 북한에 대한 공통인식과 통일에 대한 공통염원은 점차 해체되어 갔다. 특히 1980년대부터 현격히 벌어진 남북한의 경제와 정치적인 차이를 체감하고, 1990년대 이후 남북 관계와 북핵문제의 변화 과정을 지켜보면서, 북한에 대한 우리의 인식은 각자의 신념과 조건, 사고방식에 따라 큰 차이를 나타내게 되었다. 구체적으로는 과거에 비해 북한이 적이 아니라는 인식이 많아졌으며, 통일에 대해서 부정적이거나 현실성을 의심하는 경우가 많아졌다. 극단적으로는 더 이상 통일을 추구하지 않고, 사이좋은 또는 냉담한 이웃 국가로 남아야 한다는 인식도 존재한다. 북한에 대해서 피로감을 느낀 나머지 북한과 통일에 대해서 전혀 생각하지 않으려는 인식 또한 상당한 수준이다.

 지리학과 공간과학 관련 분야 연구자들로 주로 구성된 필자들의 관점으로서는, 북한과 통일에 대한 어떤 인식보다도 '무관심'이 우려스럽다. 이는 필자들이 특정 관점을 지지해서도 아니고, 다른 어떤 객관적이거나 감성적인 이유가 있어서도 아니다. 우리와 역사를 공유하고 있고 우리와의 지리적 인접성이 크다는 당연한 이유 때문이다. 북한과의 경계인 휴전선은 서울에서 50㎞도 떨어져 있지 않으며, 인구의 절반이 거주하는 수도권 바로 북쪽에 북한이 있다. "거리가 가까운 것이 먼 것보다 큰 연관이 있다."라는 토블러(Tobler)의 지리학 제1법칙을 논할 필요도 없이, 북한이 필연적으로 주변의 어느 이웃보다 우리에게 큰 영향을 준다는 것은 부정할 수 없다. 경제·사회구조, 대외 관계와 같은 거시적인 부분부터 세금, 병역의무, 민방위 대피훈련, 오늘의 주식 시세와 같이 미시적인 부분까지 북한이 우리 삶에 영향을 미치지 않는 부분을 찾는 것이 오히려 어렵다. 극단적으로 말하자면, 북한에 대해서 무관심하다는 것은 우리의 삶에 무관심하다는 것과 다를 바 없다. 결국 북한에 대한 무관심은 당연하게도 우리의 삶에 다양한 방식으로 큰 영향을 끼치게 되어 있다. 각자의 이익에 반하는 남북 정책이 펼쳐짐으로써 우리 경제, 사회의 미시적인 일상에 영향을 줄 것이며, 전쟁 등의 거시적인 사건이 발생함으로써 우리의 삶 자체가 송두리째 바뀔 수도 있다. 그리고 북한에 대한 무관심은 주변국과의 관계에 대한 무관심으로 이어질 수밖에 없다. 결과적으로 북한에 대한 무관심은 우리를 섬나라와 같은 고립된 상태로 만든다.

그렇다면 왜 북한에 대한 무관심이 나타나는 것일까? 그 이유는 북한에 대한 정보와 인식에 '지리적 시각'이 결여되어 있기 때문이 아닐까 한다. 일반적으로 사람들은 지리적 거리가 가까운 일과 사건에 대해서 보다 더 많은 관심을 갖기 마련이다. 하지만 대중 매체에서 접할 수 있는 북한에 대한 정보는 정치·사회·경제적인 내용이 대부분이고, 지리적 거리나 관계성에 대해서는 누락되어 있는 경우가 많다. 우리는 북한 최고지도자의 근황에 대해서 거의 중계하듯 매일 들을 수 있고, 북한의 정치·사회·경제체제에 대한 분석과 비판을 항상 접할 수 있다. 그러나 우리가 매일 듣고 확인할 수 있는 이 정보들에는 이것이 우리와 시공간적으로 어떤 관계가 있는지, 거리가 얼마나 되는지에 대한 정보가 빠져 있다. 즉, 북한에 대한 정보에는 지리적 맥락이 결여되어 있기 때문에 우리에게 현실감 있게 다가오지 않는다. 결국 나와의 관련성을 의심하게 되고, 우리는 이에 무관심해진다.

북한에 대한 지리적 시각과 인식의 부족은, 북한의 지리정보와 공간정보 부족이 근본 원인으로 작용한다. 우리가 알고 있는 북한의 지리정보는 북한이 공개하는 일부의 정보, 새터민 또는 북한과 교류한 경험이 있는 제3국인이 가져오는 단편적인 정보, 그리고 위성영상과 같은 간접정보에 의존하고 있다. 물론 북한에 대한 비지리적 정보도 마찬가지 수준이겠으나, 특히 지리정보는 북한에 있어 군사정보와 유사하게 다루어지기 때문에 다른 정보에 비해서 구득하기 어렵거나 구득한다 해도 그 질이 떨어지는 경우가 많다. 따라서 북한의 지리공간정보를 얻는 과정은 큰 어려움을 동반할 수밖에 없다. 이뿐만 아니라 앞서 언급하였던 정치·사회·경제 중심의 편향된 북한 연구는 이러한 어려움을 가중시키고 있다. 다만 최근 기술 발달로 위성영상과 같은 간접정보의 정밀도가 향상되면서, 북한의 지리정보 획득을 위한 다양한 시도가 이루어지고 있다.[1] 또한 앞으로 남북 관계와 대외 관계가 변화하면, 이러한 정보 획득의 어려움은 다소 완화되지 않을까 하는 기대가 있다.

이 책은 북한에 대한 지리적 인식 부족을 극복하기 위한 정보를 제공하고, 북한 지리공간정보의 부족을 극복할 수 있는 방법론을 제시하고자 기획되었다. 한국을 대표하는 북한지리 제반 분야의 전문가들을 필자로 초빙하여 현재 북한에 대한 지리적 시각과 지리학적 연구방법, 이를 통해 도출된 북한의 지리정보를 한 권의 책으로 모으고자 하였다. 이를 통해 이 책이 지향하는 바는 북한을 지리적 시각에서 관찰하고, 북한지리정보를 생산할 수 있는 학문후속세대를 양성하는 것이다. 부수적으로는 북한에 대한 타 분야 전문가들이 이 책을 활용하여 자신의 전문성과 지리학적 시각, 지리학적 방법론을 결합하였으면 한다. 이를 통해 북한 지식에 결여되었던 지리적 시각, 지리적 맥락을 보완하여 우리가 북한에 대해서 더 잘 이해하게 되고, 더 잘 전달하는 것을 목표로 한다. 궁극적으로는 그동안 특정 분야로 치우쳐 있던 북한에 대한 연구를 융합형·통섭형 연구로 발전시킴으로써, 대중이 더 쉽게 이해하고 동감할 수 있는 지리적 맥락의 북한학으로의 발전을 지향하고자 한다.

이러한 목표를 위해 이 책은 다음의 세 가지 방식을 사용하여 내용을 기술하였다.

첫째, 이 책의 전체적인 구성은 북한의 자연환경지리를 중심축으로 하고 이를 바탕으로 북한의 인문사회지리를 기술하는 형태로 구성되었다. 이는 인문사회과학과 자연과학을 포괄하는 융합학문으로서 지리학의 특성을 반영하고자 하는 목적이 주된 이유이다. 하지만 북한에 대한 지리학적 지식의 생산이 간접자료에 의존하는 현실적인 이유 또한 존재한다. 특히 최근 북한의 지리정보 구축을 위해 많이 활용하는 위성자료는 주로 자연환경적인 맥락에서 1차적으로 해석하고, 이를 바탕으로 사회경제적인 맥락에서 2차적으로 해석하는 경우가 많기 때문에 위의 구성 방식을 활용하였다. 아울러 1990년대 이후 북한을 설명하는 데 빠질 수 없는 1990년대 중반의 대기근(일명 '고난의 행군')은 자연환경 관리의 실패로 북한의 토지 전반에 자연적·경제적 생산성 저하가 나타나 발생한 것인 만큼, 현재 북한의 지리적 문제를 기술하는 데 적당한 기술 방식이라고 생각하였다.

---

1. 북한에서 핵실험 등을 진행할 때마다 언론에 소개되고 있는 38North(https://www.38north.org) 등이 대표적인 예라 할 수 있다.

둘째, 각 장의 내용 구성은 각 분야의 기본 개념 및 방법론을 설명하고, 북한에 대한 적용 또는 관련 연구 현황을 기술하며, 앞으로의 전망을 제시하는 형태로 이루어졌다. 이 책의 수요자는 북한을 연구하는 학문후속세대를 비롯하여 다양할 것으로 예상되기 때문에, 각 분야에 대한 기초적인 소개가 필요하다고 판단하였다. 이뿐만 아니라, 이 책에 기술된 내용의 상당 부분은 북한과 지리적 거리가 가까운 남한 및 동북아시아 일대나 북한처럼 정보를 구하기 어려운 저개발 국가, 국토가 큰 국가에 적용이 가능하다는 측면에서 이러한 구성이 유용하다고 보았다. 다만 각 분야의 특성과 정보량에는 차이가 약간씩 존재하기 때문에 모든 장을 이렇게 구성하지는 않았으며, 그 경우에는 각 장의 내용 특성에 따라 구성을 다소 바꾸었다.

셋째, 해당 분야와 북한 현황에 대한 심화된 지식을 전달하기 위해, 관련 분야의 북한 연구에 대해 더 읽을 거리를 제공하였다. 본 책은 북한에 대한 각 분야의 지리정보와 지리학적 연구방법론의 많은 부분을 담고 있지만, 지면의 한계와 책으로서 지닌 전달력의 한계로 모든 부분을 담을 수는 없었다. 이뿐만 아니라, 북한에 대한 지리정보와 북한을 대상으로 한 지리정보기술은 해가 다르게 변화·발전하고 있어, 멈추어 있는 지식의 전달보다는 앞으로 변화할 지식과 방법에 접근할 수 있도록 이정표를 제공하는 것이 중요하다고 판단하였다.

이 책을 저술하기 위해 지리학을 중심으로 각 분야를 대표하는 북한 전문가를 초청하여 북한지리와 관련된 총 13장의 원고를 요청하고, 이를 순서에 맞게 구성하였다. 앞서 언급한 대로 북한의 자연환경지리를 시작으로, 북한의 인문사회지리를 기술하는 형태로 구성하였다. 하지만 그에 앞서 부산대학교 김기혁 명예교수의 '북한의 행정구역과 지명'을 제1장으로 배치하여, 북한의 행정구역이 어떻게 변화하고 현재는 어떻게 분포하고 있는지를 제시하고 북한지리의 기초적인 위치정보를 제공하고자 하였다.

북한의 자연환경지리 분야는 북한의 자연환경을 결정하는 내적 작용(지형·지질)과 외적 작용(기후)에 대해서 기술하고, 이를 바탕으로 생태환경이 어떻게 구성되며 사람들이 이를 어떻게 활용하는지를 중심으로 서술하였다. 먼저 제2장 '북한의 지형·지질'은 북한 지형연구와 하천연구 분야의 전문가인 경북대학교 지리교육과의 이광률 교수가 집필하였다. 제3장 '북한의 기후'는 동북아시아 기후변화 전문가로 북한에 대해 조예가 깊은 경희대학교 지리학과 이은걸 교수가 집필하였다. 제4장 '북한의 식물과 자연생태'는 식물지리학의 대가이자 대내외적으로 북한 생태에 대한 전문성을 인정받은 경희대학교 지리학과 공우석 교수가 집필하였다. 제5장 '북한의 생물다양성과 보호 지역'은 환경과학 분야의 북한 연구를 대표하는 한국환경정책·평가연구원 명수정 선임연구위원이 집필하였다. 제6장 '북한의 물환경'에 대해서는 수문공학 분야의 전문가이자 북한 관련 협력 경험을 보유한 대진대학교 건설시스템공학과의 장석환 교수가 집필하였다. 제7장 '북한의 생태계서비스와 환경문제'에 대해서는 생태계서비스 연구 분야의 전문가인 서울대학교 국토문제연구소 이훈종 책임연구원이 집필하였다. 마지막으로, 북한의 자연환경과 인문환경의 연결고리로서 제8장 '북한 소재 명승과 자연관광자원'에 대해서는 북한 관광자원 분야의 전문가인 경기연구원 신성희 연구위원이 집필하였다.

북한의 인문사회지리 분야는 현재까지 얻은 북한의 인문사회지리정보와 북한의 자연환경정보에서 구득 가능한 자료, 남북협력 및 북한거주 경험 등을 토대로 주제별로 구성하였다. 제9장 '북한의 경제·산업'은 북한의 경제·산업 분야 전문가이자 남북경제협력 관련 연구를 다수 수행한 경기연구원 이정훈 북부연구센터장이 집필하였다. 제10장 '북한의 지역농업 개발 및 협력방안'은 북한 농업경제 관련 전문가이자 남북 농업협력을 위해 다수의 북한 방문, 교류 경험이 있는 한국농촌경제연구원의 김영훈 선임연구위원이 집필하였다. 제11장 '북한의 도시'는 고학력 새터민으로서 자신의 경험을 토대로 북한의 도시구조와 특징을 연구하고 있는 사단법인 굿파머스의 조충희 연구위원이 집필하였다. 제12장 '북한의 교통인프라'는 원자력발전소와 경부고속철도 사업 관리의 경험을 토대로 북한 인프라 구축에 대해서 연구 및 계획을 추진하고 있는 서울대학교 건설환경종합연구소의 이복남 산학협력중점교수가 집필하였다.

마지막으로 자연환경지리와 인문환경지리 속성을 모두 담고 있는 제13장 '북한의 해양'에 대해서는 북한 해양연구의 신진 연구자로 최근 인정받고 있는 한국해양수산개발원의 임종서 전문연구원이 집필하였다.

이 책은 융합·통섭형 연구 분야인 지리학을 바탕으로, 그동안 북한 연구에 부족하였던 지리정보와 지리적 맥락을 보완하는 정보와 방법을 제시함으로써, 북한 연구자 및 학문후속세대에게 북한에 대한 새로운 시각을 제공하고자 만들어졌다. 따라서 이 책은 북한지리에 대한 최초의 전문서적으로서, 그리고 북한지리에 대한 최초의 종합적 수준의 참고서적으로서 그 의의가 있다. 그러나 아직까지 넓지 않은 북한지리 연구 여건과 부족한 북한지리정보로 인해 이 책에도 보완점은 많다. 그리고 앞으로 남북 관계와 국제정세의 변화, 기술 발달로 인해 상황은 끊임없이 변화할 것이다. 저자들은 이 책의 저술에 머무르지 않고, 추가적인 출판과 저술 및 이 책의 주기적인 수정·보완을 추진하고자 한다. 이 책을 바탕으로 더 많은 북한지리 전문가 또는 지리적 시각을 가진 북한연구 전문가가 등장하여, 이에 참여하기를 바란다.

앞으로 북한이 어떻게 변화할지, 남북 간의 통일은 이루어질 수 있을지, 이것이 우리 모두에게 긍정적일지에 대해서는 앞서 언급하였듯 많은 이견이 있을 수 있다. 다만 남과 북, 주변 국가들이 평화를 유지하고 경제·사회적으로 번영하는, 평화번영의 동북아시아를 추구해야 한다는 지향점에 대해서 부정하기는 쉽지 않을 것이다. 북한에 대한 무관심, 남북 관계에 대한 무관심, 동북아시아에 대한 무관심을 극복하고, 우리가 서 있는 이 땅의 평화와 번영에 한 걸음 더 다가가기 위해서는 북한에 대한 지리학적 사고와 지식, 즉 '북한지리학'이 우리에게 공통의식으로 기능해야 한다. 이 책이 이를 위한 조그만 기여라도 될 수 있기를 저자로서 기대한다.

이 책은 편저자와 공저자 외에도 북한연구와 관련된 많은 이들의 인적·물적 지원을 받았다. 먼저 이 책은 서울대학교 통일평화연구원의 '2019년 서울대학교 통일교육선도대학사업'의 지원을 받아 출판되었다. 특히 해당 사업에서 이 책의 출판을 지원한 서울대학교 통일평화연구원의 백지운 HK교수는 이 책의 출판을 위한 행정·재정 지원에 적극적인 도움을 주었다. 또한 한국교원대학교 이민부 명예교수와 중국 연변대학교(Yanbian University)의 남영 교수는 본인의 연구경험을 바탕으로 이 책의 출판과 관련한 많은 유무형의 도움을 제공해 주었다. 끝으로 출판을 허락해 준 ㈜푸른길의 김선기 사장과 책의 발간에 많은 도움을 주신 유자영 님께 감사의 말씀을 전한다.

2020년 9월
편저자 박수진·안유순

·차례·

제1장
북한의 행정구역과 지명

———

김기혁

부산대학교 지리교육과 명예교수

1. 서론: 행정구역 개요

1948년 남한과 북한은 서울과 평양을 수도로 하는 정부를 수립하여 서로 다른 국가체로서 기능하여 왔다. 이 때문에 우리는 20세기 초부터 100년이 넘는 동안 온전한 국토에서 살고 있지 못하다. 북한의 강역은 북쪽으로는 압록강과 두만강을 사이로 중국과 러시아와 접하며 도로와 철도로 이어져 있다. 남으로는 휴전선(DMZ)과 북방한계선(NLL)이 국경 기능을 하고 있다. 투과성이 거의 없는 경계이기 때문에 남한은 육상으로 아시아 대륙과 단절되어 있다. 이와 같은 지리적인 분단은 남한과 북한에 경제·군사적 부담을 주고 있으며, 70년 이상 지속되면서 문화의 이질화도 가속화되고 있다.

국토는 국가 권력의 이념과 지향점이 구체화되는 공간이다. 이를 위해 수도를 중심으로 각 공간에 역할이 부여되면서 국토를 분할하여 지방이 만들어진다. 전통사회에서 행정구역은 국가 통치가 실현되는 공간이며, 재정 기반인 조세와 부역을 부담하는 단위이다. 북한은 1948년 '조선민주주의인민공화국'을 세우면서 남한의 서울을 국가 수도로, 고구려 수도인 평양을 혁명 수도로 선포하였다. 그리고 1972년에 비로소 평양이 수도임을 헌법에 명시하였다.[1] 한국전쟁 중인 1952년 행정구역 개편을 통해 시·군 단위를 98개에서 168개로 늘렸으며, 면(面)을 철폐하여 도-시(군)-리의 3단계 체제로 변화시켰다. 또한 양강도와 자강도를 신설하고 황해도를 남북도로 분리함으로써 남한과 동일하게 9도 체제로 재편하였다(표 1-1).

1960년대에는 주체사상으로 인해 북한의 언어와 지명이 큰 변화를 겪게 되었다. 사회주의에서

표 1-1. 남북한 지리와 행정구역 개요(2008)

	북한	남한
면적	120,538㎢	100,147㎢
인구(밀도)	23,349,859명(193.7인/㎢)	49,561,683명(494.9인/㎢)
도시인구	14,155,000명(도시화율 60.6%)	44,835,000명(도시화율 90.4%)
수도	평양직할시	서울특별시
특별시	2특별시(남포, 나선)	6광역시(부산, 인천, 대구, 광주, 대전, 울산)
도(道)·지구(地區)	9도(평안남북도, 황해남북도, 자강도, 양강도, 함경남북도, 강원도) 3지구(신의주특별행정구, 금강산관광지구, 개성공업지구)	9도(경기도, 강원도, 충청남북도, 전라남북도, 경상남북도, 제주도)

출처: 「Population Census of DPRK」, 2009; 「지방행정구역요람」, 2009

---

1. 북한 헌법(1948) 제103조 "조선민주주의인민공화국의 수부(首部)는 서울시다."; (1972) 제149조 "조선민주주의인민공화국의 수도는 평양이다."

언어는 혁명의 도구이며, 지명도 언어 정책의 일환으로 관리되었기 때문이다. 행정구역이 증설되고 도시화로 시가지와 도로가 건설되어 새로운 지명을 명명하고, 사대주의와 외래 지명을 청산하는 과정에서 사회주의체제를 찬양하고 고유어를 사용하는 지명이 나타나기 시작하였다.

그러나 분단 이후 지명 변화가 적지 않게 나타났지만 아직도 남한과 동질성이 유지되는 내용이 많이 남아 있다. 이는 지리와 지명의 지속성과 보수성에서도 기인하지만, 분단 기간이 한민족이 함께 살아온 오랜 시간의 길이를 능가하지 못하기 때문이다. 또한 지명은 주민들의 일상 세계를 구성하는 역할을 하기 때문에 인위적으로 바꿀 수 있는 부분이 많지 않다.

북한 주민들의 일상적인 삶은 험준한 산지와 그 사이를 흐르는 하천 유역에서 북방 대륙 세력의 침입에 저항하며 치열하게 살아왔던 모습 그대로일 수 있다. 행정구역을 임의로 구획하였으나 산과 물의 경계를 넘지 못하며, 또한 과거의 생활권을 부정할 수 없다. 분단 이후 역사지리의 계승과 단절이 중첩된 북한 국토의 이해를 위해서 주민들의 생활공간인 지리와 행정구역의 이해가 필요한 것은 이 때문이다. 지리는 민족 동질성의 바탕이며 이는 북한 국토의 진정성 있는 연구에 토대가 된다.

2. 하천 유역권과 고을 분포

1) 분수계와 유역권

한반도 기후 풍토에서 산줄기는 겨울의 북동풍을 막아 주는 보호막이며, 그 사이를 흐르는 물길은 산에 생명체를 자라게 하고 생활공동체를 이루는 토대가 되었다. 백두산에서 이어진 산줄기는 남한의 지리산까지 연결되면서 백두대간을 이루고, 이에서 갈라진 지맥들은 동해와 황해의 바다로 이어진다. 끊임없이 연결된 이들 산줄기들은 한민족을 공동체로 묶어 주는 물리적인 토대이다.

물의 순환 속에서 하천은 벼농사의 바탕이 되었고 생활공간을 이어 주는 통로 구실을 하였다. 북한은 면적의 80% 이상이 산지로 분류될 만큼 해발고도가 높아 하천의 발원지 대부분이 고도가 높다. 겨울철에는 동결 기간이 긴 하천이 많아 수운교통의 이용이 극히 제한된다. 유로는 상류와 중류에서 급경사를 이루어 감입곡류를 하는 곳이 많고, 하류에 이르러서야 퇴적 지형을 형성하며 평야를 이룬다. 관개를 위하여 곳곳에 인공 수로를 건설하였으며, 이를 토대로 이루어진 삶의 모듬살이는 고을 형성의 바탕이 되었다.

〈그림 1-1〉은 하천 분수계를 이루는 산줄기와 유역에 형성된 고을의 분포를 그린 모식도이다. 북한의 하천 유역은 북방 국경의 압록강·두만강 유역권과 황해안 유역권 그리고 동해안 유역권의 세 권역으로 나뉜다. 압록강·두만강 유역권에 속하는 하천의 분수계는 『산경표』의 장백정간-백두대간-청북정맥을 잇는 선과 일치한다. 이 중 북쪽의 두만강 하구에서 시작되어 남서쪽으로 이어져 두류산까지 이어지는 산줄기는 두만강 유역의 분수계이다. 두류산에서 백두대간 줄기를 지나 낭림산에 이르러 서쪽으로 갈라진 산줄기는 신의주까지 이어져 압록강 유역의 분수계를 이루며 북쪽으로 장자강, 장진강, 허천강이 흐른다.

청북정맥은 청천강의 분수계를 이루고, 이와 함께 낭림산으로부터 남쪽으로 이어진 백두대간은 황해로 유입하는 하천의 분수계를 이룬다. 이 중 청천강은 평안북도 일대를 흐르면서 하류에서는

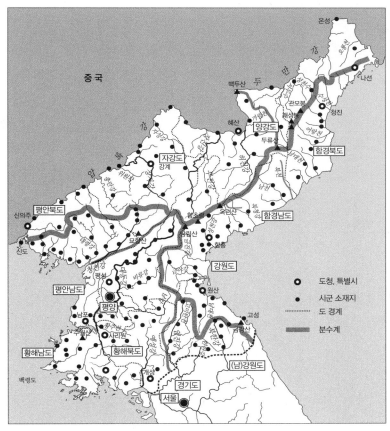

그림 1-1. 북한의 하천 유역권과 고을
출처: 조선민주주의인민공화국 지도출판사, 2009, 「조선지도」

평안남도와 경계를 이룬다. 대동강은 비류강과 남강을 합류하며 서쪽으로 흘러 수도 평양을 지나면서 도시 발달의 입지 기반을 제공하였다. 하류의 유로는 황해남도와 경계를 이룬다.

예성강은 황해북도 곡산 일대에서 발원하여 남쪽으로 흘러 황해로 유입하며 고려 수도인 개성의 입지 기반을 이루었고, 하류는 황해남북도를 가르며 흐른다. 임진강과 북한강은 북한에서 발원하여 DMZ를 거쳐 남한으로 흐른다. 동해로 유입하는 하천 유역의 서쪽은 장백정간과 백두대간이 분수계를 이룬다. 하천은 대부분 유로가 짧고 하류에 충적지 형성이 활발하지 않아 고을의 발달에 유리한 조건을 갖추고 있지 못하다.

2) 압록강·두만강 유역권

(1) 북방 강역의 확대와 고을 형성
① 북방 영토
압록강과 두만강 유역이 한반도 강역으로 포함되어 행정구역이 설치된 시기는 조선시대 이후이다(그림 1-2). 고려시대에 압록강 하구부터 동쪽의 화주성에 이르기까지 천리장성을 축조하면

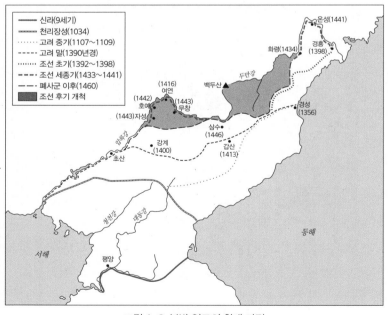

그림 1-2. 북방 영토의 확대 과정

출처: Ledyard, G., 1994

서 한반도 강역이 이곳까지 확대되었다. 1258년에 몽골이 화주(和州, 지금의 철령 일대)에 쌍성총 관부를 두었는데, 이를 공민왕 때 고려가 점령하였다. 이 때문에 인근의 철령이 지정학적으로 중요해지면서 북방 지역을 구분하는 기준이 되어 오늘날 관북(關北)과 관서(關西) 용어의 유래가 되었다. 이후 북방으로 영토 확장이 이루어져 이곳 일대에 동계·북계의 양계를 두었고, 이는 나중에 서북면과 동북면이 되었다.

고려 말에 이르러 북방 경계는 서쪽으로는 압록강을 따라 초산을 거쳐 강계 북쪽에서 장진을 지나 갑주(甲州, 지금의 갑산)와 길주에서 동해로 이어졌다. 이들 북쪽은 대부분 험악한 산지로 여진족들의 국경 침범이 잦았다. 고려 동북면 출신이었던 조선의 태조 이성계는 두만강 유역의 땅을 확보하기 위해 즉위 원년에 이방원을 공주(孔州, 지금의 경흥 일대)에 파견하였으며, 이듬해에는 동북면 안무사인 이지란(李之蘭)으로 하여금 공주와 갑주에 성을 쌓게 하였다. 즉위 7년에 공주를 경원부로 삼았고 이후 태종이 1403년에 강계부, 1414년에는 여연군을 설치하면서 압록강까지 국경을 확대하였다.

세종은 이전보다 더욱 적극적인 북방 정책을 실시하여 두만강 하류와 압록강 유역에 4군과 6진을 설치하고 이주 정책을 실시하였다. 그러나 중앙 정부에서 워낙 멀리 떨어져 있어 방어가 어렵고 경제적인 가치가 크지 않아 1455년과 1459년에 4군을 철폐하고 주민 거주를 금지하였다. 이들 강역이 다시 개척되기 시작한 것은 임진왜란 이후인 17~18세기였다.

② 백두산 정계

조선이 북방으로 국경을 확장하면서 양강의 발원지인 백두산은 한반도의 조종산(祖宗山)으로 자리 잡았다(그림 1-3). 중원을 장악한 청나라도 백두산을 왕조의 발상지로 여겨 장백산(長白山)으로 부르며 신성시하였다. 그러나 당시 백두산 정상 일대의 국경에 대해서 명확한 합의가 없어 양국 주민 간에 충돌이 잦았다. 청나라는 17세기 중반 길림 지역을 특별행정구역으로 설정하여 봉금 정책을 통해 한족뿐만 아니라 조선인의 만주 지방 유입을 경계하였다.

러시아의 동진 정책이 시작되면서 청나라의 강희제는 『황여전람도(皇輿全覽

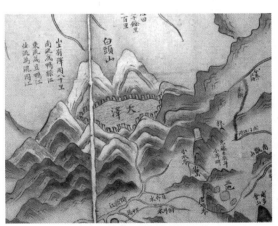

그림 1-3. 서북피아양계만리일람지도(18세기)
출처: 국립중앙도서관

圖)』를 제작하였고, 이 과정에서 백두산 일대의 국경을 상세히 그리도록 지시하였다. 이에 1712년에 오라총관(烏喇總管) 목극등(穆克登)은 조선 관원들과 함께 백두산정계비를 세웠다. 그러나 정계비에 새겨진 '토문강'의 유로에 대한 양국의 이견으로 이 일대의 영토 분쟁은 19세기에도 이어졌다. 오늘날 북한과 중국의 국경선은 1962년 김일성과 저우언라이(周恩來)가 평양에서 체결한 '조·중변계조약'의 규정에 근거하고, 세부 선은 '조·중 국경선에 관한 의정서'(1964)에 따라 확정되었다.

한편 두만강 하구의 삼각주인 녹둔도는 19세기 중엽까지 조선의 영토에 속하였으나 1860년(철종 11)에 러시아와 청나라의 베이징조약으로 러시아에 귀속된 곳이다. 조약 당시 이곳에는 100여 호가 넘는 조선인 마을이 형성되어 있었다. 조약 체결 이후에 고종은 1882년 어윤중을 서북경략사로 임명하여 녹둔도 일대의 조사를 지시하였다. 또한 1882년과 1885년 두 차례에 걸쳐 연해주 지역에 파견되었던 김광훈과 신선욱은 강좌(江左) 지역인 녹둔도 일대의 군사시설과 우리 교민의 실상 등을 조사한 『강좌여지기(江左輿地記)』와 『아국여지도(俄國輿地圖)』를 펴냈다. 이곳에 살던 한인들은 1937년 소련의 스탈린에 의해 중앙아시아로 강제 이주되었다.

두만강 하류에 하중도 형성 등으로 유로가 바뀌면서 북한과 러시아는 1957년 '국경문제 조정에 관한 협정'을 체결하여 두만강 하구의 국경문제에 합의하였다. 이는 '두만강 항행 중심선을 따라 국경선을 획정한다.'는 내용의 재확인이었다. 이후 국경선을 구체적으로 획정한 것은 1985년 4월에 체결한 조·소국경조약이다. 이를 기초로 1986~1990년에 경계 표지 설치에 합의하였으며, 1990년에 국경체제의 유지에 관한 협정을 추가로 체결하였다. 이 과정에서 녹둔도 문제가 논의되었는지는 확인되지 않고 있다(이옥희, 2011).

(2) 유로와 고을 분포

압록강과 두만강 유역에 형성된 고을은 〈표 1-2〉와 같다. 압록강 유역에는 허천강과, 장진강을 비롯한 여러 지류들이 합류하는 지점에 고을이 형성되었다. 상류에서 가림천이 유입하는 지점에는 보천군이 있으며, 허천강 유역에는 양강도 김형권군을 비롯하여 풍서군, 갑산군이 있다. 장진강 유역에는 상류에 함경남도 장진군과 부전군이, 압록강과 합류하는 일대에는 양강도 김정숙군(신파군)이, 후주천이 유입하는 지점에는 김형직군(후창군)이 있다.

후창을 지나면서부터 유로는 자강도에 속한다. 본류 유역의 중강군을 거쳐 하류에서 합류하는 자성강 유역에 자성군이 있다. 만포군을 지나 합류하는 장자강(독로강) 유역에는 내륙에 평안남도 강계군을 비롯하여 성간군, 시중군이 있다. 위원강이 합류하는 일대에는 위원군과 함께 본류 서쪽

표 1-2. 압록강·두만강 유역의 고을

하천 유역	고을
압록강	[양강도] 보천군, 혜산서, 운흥군, 삼수군, 갑산군, 풍서군, 김형권군(풍산군), 김정숙군(신파군), 김형직군(후창군) [자강도] 중강군, 자성군, 화평군, 만포시, 시중군, 장강군, 강계시, 성간군, 전천군, 용림군, 송원군, 동신군, 희천시, 위원군, 초산군, (충만강) 우시군, 고풍군 [평안북도] 벽동군, 창성군, 삭주군, 의주군, 신의주시, 용천군, 피현군, 천마군
두만강	[양강도] 삼지연군, 대홍단군, 백암군 [함경북도] 연사군, 무산군, 회령군, 온성군, 경원군,

에 초산군이 있다. 충만강이 유입하는 곳에는 우시군이 있으며 1943년에 건설된 수풍댐을 지나서는 평안북도 벽동군과 창성군, 삭주군이 있다. 하류의 삼교천과 합류지점 일대에 신의주시를 비롯하여 의주군, 피현군, 용천군이 있다. 하구에는 비단섬을 중심으로 신도군이 설치되어 있다.

두만강은 유로 경사가 급하고 평야가 발달되어 있지 않아 고을 대부분이 소홍단수, 서두수, 연면수, 성천수와 오룡천 등의 지류와 합류하는 지점에 형성되었다. 소홍단수 상류에 양강도 삼지연군, 하류에 대홍단군이 있다. 서두수는 지류 중 수지형(樹枝型) 유로가 가장 많이 발달한 하천으로 본류 유역에 양강도 백암군이 있고, 하류 유로는 양강도와 함경북도의 경계를 이룬다. 연면수 유로는 함경북도 연사군을 흐르다가 무산군 남쪽에서 두만강으로 유입한다.

성천수는 함경산줄기의 대련곡산에서 발원하여 북서쪽으로 흐르며, 두만강과 합류하는 지점에 무산군이 있다. 이 군은 원래 이곳에서 서쪽의 백두산 천지까지 포함하는 규모가 큰 군이었으나 지금은 삼지연군, 대홍단군, 연사군 등으로 분리되어 있다. 무산군 동쪽의 회령시 일대에는 용천, 보을천, 회령천, 팔을천, 학포천이 합류한다. 이 중 회령천이 회령시의 중심을 흐른다.

북쪽의 온성군에는 종성강과 용남천이 흐른다. 이 중 종성강이 흐르는 종성노동자구는 조선시대 종성군 읍치가 있던 곳이다. 용남천 하류에 온성군 읍내가 형성되어 있으며, 동쪽의 왕재산은 북한의 혁명사적지 중 하나이다. 경원군에는 중명천, 심령천과 오룡천이 두만강으로 합류하며, 경원 중심부로 심령천 유로가 지난다. 동남쪽의 경흥군에는 회암천이 흐른다.

3) 황해안 하천 유역권

백두대간에서 서쪽으로 흘러 황해로 유입하는 주요 하천은 대동강을 비롯하여 청천강, 재령강과 예성강이 있다. 하류에 비교적 넓은 평야가 발달하여 북한의 중심 지역을 이룬다. 유역에 형성된 고을은 〈표 1-3〉과 같다.

표 1-3. 황해안 유입 하천 유역의 고을

하천 유역	고을
청천강	[자강도] 송원군, 동신군, 희천군 [평안북도] 향산군, 구장군, (대령강) 대관군, 구성시, 태천군, 박천군, 운전군, 정주시, (구룡강) 동창군, 운산군, 영변군 [평안남도] 안주시, 개천시
대동강	[평안남도] 대흥군, 영원군, 덕천시, 맹산군, 북창군, 득장군, 순천시, 은산군, 평성시, 문덕군, 숙천군, 평원군, 대동군, 강서군, 대안군, 남포군, 용강군, 대안군, (비류강) 성천군, 신양군, 양덕군 [평양특별시] 강동군, 중화군, 강남군, 천리마군, (남강) 상원군 [황해북도] 송림시, 황주시, 연탄군, 수안군, (남강) 곡산군, 신평군, 연산군
재령강	[황해북도] 은파군, 봉산군, 서흥군, 인산군 [황해남도] 재령시, 신원군
예성강	[황해북도] 신계군, 평산군, 금천군, 개성시, 토산군, 장풍군 [황해남도] 배천군
해안 유입 1차 하천	[평안북도] 염주군, 동림군, 철산군, 선천군, 곽산군, 정주시 [평안남도] 청남군, 숙천군, 평원군, 증산군, 온천군 [황해남도] 은율군, 과일군, 송화군, 장연군, 용연군, 삼천군, 태탄군, 옹진군, 강령군, 벽성군, 해주시, 청단군, 연안군

청천강은 자강도 동신군 석립산(石立山)의 북서쪽 산록에서 발원하여 평안북도 남부를 거쳐 황해로 유입한다. 유역은 대부분 평안북도에 속하며 하류 유로는 평안남도와 경계를 이룬다. 주요 지류로는 대령강, 구룡강과 희천강이 있다. 이 중 대령강은 청천강의 가장 큰 지류이며, 구룡강은 운산군의 원통산에서 발원하여 남쪽으로 흐른다.

청천강 본류의 상류에 자강도 송원군, 동신군, 희천군이 있으며, 평안북도로 들어와 향산군과 구장군을 이룬다. 대령강 유로에는 상류에 평안북도 대관군, 구성시, 태천군 등이 있으며 청천강과의 합류 지점에는 박천군, 운전군과 정주시가 있다. 구룡강 상류에 평안북도 동창군, 운산군이, 청천강과 합류하는 유역에 영변군과 평안남도 개천시, 안주시가 있다.

대동강은 평양시 일대를 흐르는 북한의 중심 하천이다. 지류로 비류강과 남강이 있다. 비류강은 졸본강으로도 불리며, 남강은 대동강의 이칭인 북강에 대칭하는 지명이다. 대동강 본류의 상류에서는 평안남도 대흥군을 비롯하여 덕천시, 영원군, 맹산군을, 중류에서는 강동군, 입석군을 지나 평양 시가지를 흐른 후 하류에서 강남군, 강서군, 천리마군, 용강군 등을 지난다. 비류강 유역에는 양덕군, 신양군, 성천군이, 남강 유역에는 황해북도 신평군과 연산군, 평양의 상원군이 있다.

재령강 유로는 대부분 옛 황해도의 중앙 일대를 흐른다. 황해남도 남쪽의 병풍산(611m)에서 발원하여 북쪽으로 흘러 대동강 하류로 합류한다. 지류로는 서강, 서흥강, 은파천 등이 있다. 상류 유역에는 황해남도 신원군, 신천군, 재령군과 황해북도 은파군, 봉산군이 있고, 중류에 사리원시와 황주시가 발달해 있다. 서흥강에는 서흥군과 봉산군이, 은파천 유역에는 인산군과 은파군이 있다.

예성강은 고려 수도인 개성시의 입지 기반이 된 하천이다. 황해북도 수안군 일대의 언진산에서 발원하여 남쪽으로 흐르다가 중류에서 황해남도와 경계를 이루면서 황해로 유입한다. 상류와 중류 유역에는 황해북도 수안군을 비롯하여 신계군, 평산군, 토산군이, 하류에는 금천군과 황해남도 배천군, 봉천군이 있다.

4) 동해안 하천 유역권

동해안으로 유입하는 하천은 대부분 1차 하천이며, 유역의 고을은 〈표 1-4〉와 같다. 함경북도 북쪽의 두만강 하류에는 습지가 있어 고을은 형성되어 있지 않다. 이곳의 남쪽에 선봉항과 나진만을 중심으로 도시가 형성되어 있으나, 북서쪽 산록에서 발원한 소하천이 흐르고 있을 뿐이다. 청진시의 수성천은 함경산줄기(장백정간)의 차유봉에서 발원하여 시가지 중심을 지나 수남구역 어항동 일대에서 동해 경성만으로 유입한다. 상류에 함경북도 부령군이 있다. 경성군 일대에는 관모천, 오촌천, 온포천이 흐르는데 이 중 온포천이 군의 중심을 지난다. 원래 주을온천이라 불렸으나 1980년 온포천으로 개칭하였다.

명간군에는 어랑천이 흐른다. 이 하천은 비교적 유로가 길고 유역면적도 넓다. 중상류 유역에 팔향온천과 삼포온천이 있고, 하류에는 장연호와 무계호가 있다. 명간천과 합류하는 지점에 넓은 충적지를 이룬다. 길주남대천 유역에는 길주군과 화대군이 있다. 이 하천은 남설령에서 발원하여 동남쪽으로 흐르다가 길주읍 부근에서 서남쪽으로 흘러 김책시와 화대군의 경계에서 동해로 유입한다. 김책시에는 갈파천이 흐른다.

함경남도 북쪽의 단천시와 허천군은 단천북대천과 남대천을 입지 기반으로 한다. 이 중 북대천은 부전령산줄기의 화동령에서 발원하여 단천시 서쪽의 허천군을 지나 남쪽 신호리와 오몽리 사이에서 동해로 유입한다. 단천시의 중앙 남쪽에는 남대천이 흐른다.

북청군과 덕성군은 북청남대천 유역에 있다. 이 하천은 함경산줄기 후치령(1,325m)에서 발원하

표 1-4. 동해안 유입 하천 유역의 고을

하천 유역	고을
함경북도	나선시, 부령군, 청진시, 나남군, 경성시, 어랑군, 명간군, 명천군, 화대군, 길주군, 김책시
함경남도	허천군, 단천시, 이원군, 덕성군, 북청군, 신포시, 홍원군, 낙원군, 함흥시, 함주군, 정평군, 요덕군, 금야군, 고원군
강원도	천내군, 문천시, 원산시, 안변군, 통천군, 고산군, 세포군, 고성군

여 덕성군을 지나 하류에서 북청군 중심을 흘러 동해로 유입한다. 북청군의 동대천 하류 유역에도 시가지가 발달해 있다. 함흥시는 성천강과 호련천이 합류하는 유역에 형성되어 있다. 성천강은 함경남도 신흥군의 금패령에서 발원하여 영광군을 지나 동흥산구역을 거쳐 동해로 유입한다. 하류 유역에 함주군과 함께 과거 흥남시였던 흥남구역이 있다. 요덕군은 금야강 상류 일대에 있으며 하류에 금야군을 비롯하여 고원군이 있다. 금야강은 동해로 유입하면서 원산만 북부의 호도 일대에 퇴적물을 쌓아 사취로 형성된 반도를 이루어 도시 발달의 바탕이 되었다.

강원도의 하천 유역에는 원산시를 비롯하여 문천시, 안변군, 통천군, 고성군이 있다. 이 중 원산시, 문천시, 안변군은 광복 당시 함경남도에 속하였으나 한국전쟁 이후 강원도로 귀속되었다. 문천시에는 남천강이 시가지 중심을 흐른다. 이 하천은 서쪽 마식령(768m)에서 발원하여 동쪽으로 흘러 원산만으로 유입한다. 남대천 유역에는 고산군과 안변군이 있다.

통천군에는 십이현천과 한천강, 이목천, 광교천 등 여러 하천이 동해로 유입하며 이 중 십이현천 유역에 도시가 발달하였다. 이 하천은 홍수피령 동쪽 산록에서 발원하여 통수리와 통천읍을 거쳐 동해로 유입한다. 강원도 최남단인 고성군에는 온정령에서 발원한 온정천이 남동쪽으로 흐른다. 남쪽에서는 남강이 DMZ와 나란히 흘러 온정천과 합류한 후 시가지를 지나 동해로 유입한다.

5) DMZ 통과 하천

북한에서 발원하여 DMZ를 지나 남한으로 유입하는 하천으로는 임진강과 북한강이 있으며 유역의 고을은 〈표 1-5〉와 같다. 임진강은 강

표 1-5. DMZ 통과 하천 유역의 고을

하천 유역	고을
임진강	[강원도] 법동군, 판교군, 이천군, 철원군, (한탄강) 평강군
북한강	[강원도] 창도군, 회양군, 김화군, 금강군

원도 법동군 일대에서 발원하여 DMZ를 지나 남쪽으로 흘러 연천 일대를 흐른다. 지류로는 한탄강을 비롯하여 고미탄천, 평안천, 구룡강, 역곡천 등이 있다. 본류의 상류 유역에 강원도 법동군이 있으며, 유로를 따라 판교군, 이천군이 있다. 철원군 일대에서는 넓은 평야를 이룬다. 지류인 한탄강은 강원도 평강군의 서북쪽 산지에서 발원하여 남쪽으로 철원군을 지나 DMZ를 지난다. 고미탄천은 법동군 대화봉(1,370m)에서 발원하여 장평리 일대에서 세포군을 거쳐 남쪽으로 흘러 임진강으로 유입한다. 북한강은 강원도 금강군 일대에서 발원하여 회양을 거쳐 북동-남서 방향으로 흘러 김화군 일대에서 DMZ를 지난다. 지류로는 창도군에서 금강천, 김화군에서 금성천이 흐른다.

3. 행정구역

1) 행정구역 변화

(1) 1945년 분단 이전

분단 이전까지 북한의 행정구역은 한반도 강역의 틀 속에서 변화하였다. 삼국시대에는 고구려 영토로, 통일신라기에는 일부 강역이 발해국에 속하였다. 고려시대에는 지금의 함경도, 평안도 일대가 동계, 북계에 속하였다가 후에 동북면, 서북면으로 개칭되었다. 황해도 일대는 경기도와 서해도에 속하였다. 당시 경기도에는 지금의 개성을 중심으로 장단과 토산, 정주, 적성군 일대가 속하였다. 서해도는 해주를 중심으로 동쪽은 곡주, 서쪽은 장연, 북쪽은 황주에 이르러 지금의 황해 남북도와 범위가 거의 유사했다. 현재의 강원도는 교주도 일부와 동계의 남부 지역에 해당된다. 당시 교주도의 범위는 강원도의 백두대간 서쪽으로 이천, 안협, 평강, 교주, 금성현 등이 속하였다. 흡곡, 금양, 고성 일대는 동계에 속하였다.

조선시대 행정구역은 중앙의 한성부와 고려 수도였던 개성부 등 4개 도(都)와 함께 8도로 구성되었으며, 지금의 북한 지역에는 평양(평안도), 함흥(함경도), 해주(황해도)에 도(道)의 감영이 설치되었다. 8도제는 1894년(고종 31)의 갑오개혁에 이르기까지 큰 변동 없이 유지되었으나 1895년에 23부제를 도입하면서 폐지되었다. 내용은 종래 부·목·군·현 등을 모두 군(郡)으로 통일하고 5개 등급으로 구분하는 것이었다. 북한 지역은 개성부, 해주부를 비롯하여 9개 부로 나누어졌다(표 1-6). 이 중 1등군은 해주부 안악, 평양부 평양과 황주, 의주부 의주 4곳만 있을 뿐 다른 군은 모두 2~5등군에 속하였다.

당시 23부제 개편은 8도제의 폐해를 막고자 함이었으나 졸속으로 실시한 인위적인 획정으로 인해 현실과 괴리가 적지 않아 이듬해인 1896년에 23부제를 폐지하고 13도제를 실시하였다. 내용은 종래 8도제에 바탕을 두어 경기도, 강원도, 황해도 3곳을 제외한 충청도, 전라도, 경상도, 평안도, 함경도 5곳을 남북도로 분할하는 것이었다. 도 밑의 하부 행정구역인 군은 부·목·군으로 구분하였다. 수도인 한성부만은 정부 직할로 두어 도(道)와 격을 같이하였으며, 부(府)급 도시는 전국에 7곳이 설치되었다. 이에 따라 북한의 평안도와 함경도가 남북도로 구분되었으며, 부(府)는 함경남도 덕원부, 함경북도 경흥부 2곳에 두었다.

일제강점 이후 일본은 1910~1913년에 임시적인 조치로 일본인들이 거주하는 도시 지역과 면(面)을 개편하였고, 이후 1914년에 전면적인 통폐합을 단행하였다. 주요 내용을 보면 일정 규모에

표 1-6. 1895년 23부제로 개편된 북한의 행정구역

부	소속 군
춘천부	[4등군]춘천 [5등군]양구, 홍천, 인제, 횡성, 철원, 평강, 김화, 낭천, 회양, 금성, 양근, 지평
강릉부	[4등군]강릉 [5등군]울진, 평해, 삼척, 고성, 간성, 통천, 흡곡, 양양
개성부	[2등군]개성, 풍덕, 평산 [3등군]장단, 금천, 수안, 곡산 [4등군]삭녕, 마전, 신계 [5등군]이천, 안협, 토산
해주부	[1등군]안악 [2등군]해주, 봉산 [3등군]연안, 배천, 옹진, 강령, 장연, 재령, 신천, 문화, 서흥 [4등군]송화, 풍천, 장련, 은율
평양부	[1등군]평양, 황주 [2등군]용강, 중화 [3등군]안주, 영유, 함종, 삼화, 강서, 영변, 순천, 성천, 상원 [4등군]숙천, 순안, 자산, 덕천, 개천, 은산, 양덕, 강동 [5등군]증산, 영원, 희천, 맹산, 운산, 삼등
의주부	[1등군]의주 [3등군]선천, 정주 [4등군]창성, 벽동, 용천, 철산, 곽산, 가산, 박천, 구성 [5등군]삭주, 태천
강계부	[4등군]강계, 초산, 위원 [5등군]후창, 자성, 장진
함흥부	[2등군]함흥, 영흥, 단천 [3등군]정평, 안변, 북청 [4등군]고원, 이원, 홍원 [5등군]문천, 덕원
갑산부	[5등군]갑산, 삼수
경성부	[2등군]길주 [3등군]종성, 회령 [4등군]경성, 명천, 경원, 무산 [5등군]부령, 경흥, 온성

주: 밑줄은 치소(治所)
출처: 내무부, 1979, 『지방행정구역발전사』

미달하는 군은 인근 군에 병합하고 면도 통합하였다. 이로 인해 북한 지역에서도 상대적으로 규모가 작은 군이 많았던 평야 지역을 중심으로 개편이 이루어졌다. 평안북도 죽산군이 정주군에, 가산군이 박천군에 통합되었고, 평안남도 숙천군·영유군이 평원군에, 증산군·함종군·강서군이 강서군에 병합되었다. 황해도는 풍천군이 송화군에, 벽성군이 해주시에 귀속되었으며, 연안군과 배천군이 합쳐 연백군이 되었다. 함경남도는 흡곡군이 통천군으로 귀속되었다.

(2) 분단 이후

광복 직후 남한과 북한은 일제청산을 위해 지명 변경을 시도하였다. 남한에서는 종래 '정(町)' 등의 일본식 지명을 '동(洞)'으로 바꾸고 도로 이름을 개칭하였으며, 북한도 이 외에 종래 '부(府)'를 '시(市)'로 바꾸었다. 〈표 1-7〉은 분단 이후 북한의 행정구역 개편과 지명의 변화를 시기별로 정리한 것이다. 1945년 광복 당시 3.8선 이북의 북한 지역에는 평안남북도, 함경남북도와 함께 황해도, 강원도, 경기도 일부 지역이 속해 있었다. 광복 이듬해인 1946년 평양시를 특별시로 승격하였으며 북한에 속한 종래의 강원도 지역을 중심으로 함경남도의 원산시, 안변, 문천군, 경기도 일부를 합쳐 강원도로 하였고, 철원에 있던 도청 소재지를 원산시로 이전하였다. 1948년 북한 정부가 수립되고 이듬해인 1949년에 평안북도 강계·자성·후창·위원·초산·희천의 6개 군과 함경남도 장진군 일부를 통합하여 자강도를 신설하였다. 이때 강계군이 강계·만포·전천군으로 분리되었다. 자

강도 지명은 자성과 강계에서 비롯된 것이다(그림 1-4).

한국전쟁 중인 1952년에 북한은 대대적인 행정구역 개편을 시도하였다. 평양특별시를 '직할시'로 바꾸고 '구(區)'를 '구역(區域)'으로 개편하였다. 각 도의 군(郡)을 분리하여 종래 94곳에서 168곳으로 증설하였으며, 종래 4단계 체계에서 면(面) 단위를 폐지하여 리(里)-시·군(市·郡)-도(道)로 이어지는 3단계로 단순화하였다. 이와 함께 이전에 1만 120개에 달하던 리를 3,658개로 통폐합하여 종래의 면 기능을 담당하게 하였다. 군의 중심지는 읍(邑)으로 호칭하였고 중심지가 이전하면 지명도 함께 바뀌게 하였다. 한국전쟁이 끝나지 않았으나 접경 지역인 강원도 철원, 고성 일대의 행정구역을 개편하여 평강군, 세포군, 김화군, 금강군 등을 설치하였다.

표 1-7. 분단 이후 행정구역과 지명 변화

시기	주요 행정구역 개편 내용
1945~ 1948년	[해방 직후] 진남포부→남포시, 청진부→청진시, 성진부→성진시, 나진부→나진시, 길성군→길주군 [1946.9] **평양시를 특별시로 승격** [1946] **강원도 확대 및 도청 소재지를 원산으로 이전**
1948년~ 1950년대	[1949.1] **자강도 신설** [1951.2] 함경북도 성진시→김책시, 학성군→김책군 [1952.12] 　군을 분리하여 증설(94개→168개) 　평양특별시를 직할시로 변경, 평양직할시 각 구를 구역으로 개칭 　4단계 행정체계를 3단계로 변경[도·시(군)·면·리→도·시(군)·리] 　리를 통폐합(1만 120개→3,658개) 　군의 중심지를 읍(邑)으로 호칭, 노동자구 설치 [1954.10] 　**양강도 신설**(함경남도·함경북도·자강도 소속 일부 군) 　**황해도를 황해남북도로 분리**(경기도 개성시 개풍군, 판문군이 황해북도에 편입)
1960~ 1970년대	[1960.10] 함흥시를 직할시로 승격(흥남시, 낙원군, 함주군, 영광군 일부 편입) [1970.7] 함흥직할시·청진직할시를 일반시로 격하 [1977.3] 함경남도 영흥군→금야군 [1977.9] 함경북도 경흥군→은덕군, 경원군→새별군
1980~ 1990년대	[1981.8] 양강도 신파군→김정숙군 [1981.10] 웅기군→선봉군, 명간군→화성군, 오로군→영광군 [1982.9] 함경남도 퇴조군→낙원군 [1988.8] 양강도 후창군→김형직군 [1990.8] 양강도 풍산군을 김형권군으로 개칭 [1993.9] 나진선봉시를 직할시로 신설(나진시와 선봉군 병합)
2000년대 이후	[2002.11] 금강산관광지구·개성공업지구 지정 [2003.6] 개성직할시 개풍군, 장풍군을 황해북도에 편입 [2003.9] 개성직할시를 일반시로 격하시키고 황해북도에 편입 [2005.4] 함경북도 은덕군·새별군·화성군을 옛 지명인 경흥군·경원군·명간군으로 개칭

전쟁이 끝난 이듬해인 1954년에 양강도를 신설하고 황해도를 황해남북도로 분리하였다. 양강도는 함경남도의 혜산군을 비롯한 9개 군과 함경북도의 백암군과 무산군 일부, 자강도 후창군의 일부 지역을 포함하여 신설한 도이다. 지명은 압록강과 두만강에서 비롯되었으며, 사회주의 혁명

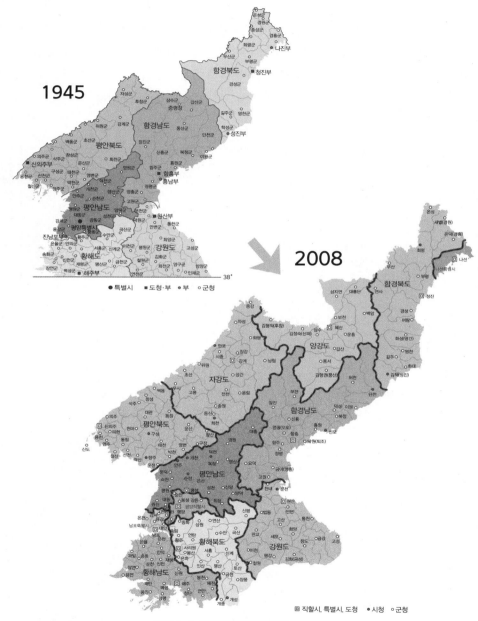

그림 1-4. 1945년과 2008년의 행정구역

의 성지인 백두산밀영이 있다. 황해도는 같은 해인 1954년에 예성강과 재령강 유로를 기준으로 서쪽은 황해남도, 동쪽은 황해북도로 나뉘면서 당시 경기도에 속하였던 개성시, 개풍군과 판문군이 황해북도로 편입되었다. 이로써 북한의 행정구역은 남한과 동일한 9도 체제로 완성되었다.

지명 변화를 보면 1951년에 성진시를 김책시로, 학성군을 김책군으로 바꾸었다. 이는 성진 출신으로 한국전쟁 중 전사한 김책(金策, 1903~1951)을 기리기 위한 것이었다. 1954년에는 삼사군을 백암군으로, 1967년에는 함경북도 영안군을 명간군으로 개칭하였다. '영안'은 1932년 흥남비료공장의 분공장인 영안공장에서 유래한 것으로, 일본인 공장주의 성씨인 나가야스(永安)에서 비롯된 것이다. 1981년에 이곳에 대규모의 화학공업기지가 건립되면서 김일성이 명명한 화성군으로 바뀌었다가 2005년에 다시 명간군이 되었다.

1977년 함경남도 영흥군이 금야군으로 개칭되었다. 같은 해에 함경북도 경흥군, 경원군이 각각 은덕군과 새별군으로 바뀌었다가 2005년 원래 이름으로 되돌아갔다. 1981년에는 신파군이 김일성의 본처인 김정숙의 이름을 따서 김정숙군으로, 웅기군이 선봉군(노동자의 선봉)으로, 여진어에서 유래한 오로군이 영광군(사회주의 영광)으로 개칭되었다. 다음 해인 1982년에는 지명의 어감이 좋지 않다 하여 퇴조군을 낙원군(사회주의 낙원)으로 하였다. 1988년에는 후창군을 김일성의 아버지 이름을 따서 김형직군으로, 1990년에는 풍산군을 숙부의 이름을 따서 김형권군으로 바꾸었다.

2) 행정구역체계

2008년 현재 북한의 도시와 농촌의 행정구역체계는 〈표 1-8〉과 같다. 시(市)는 24곳이 있으며, 분포를 보면 평양시 주변에 가장 많이 분포한다. 평양시 북쪽에 평안남도 평성시와 함께 안주시·개천시·순천시가, 남쪽으로는 황해북도 황주시와 사리원시가 있다. 해안에 입지한 도시로는 함경북도 청진시·길주시·김책시와 함경남도 함흥시·신포시·단천시, 강원도 원산시·문천시, 황해남도 해주시, 평안북도 정주시 등이 있다. 압록강에 연해서는 자강도 만포시, 양강도 혜산시가 있다. 내륙에 있는 도시로는 평안북도 구성시와 자강도 강계시, 황해북도 개성시가 있을 뿐이다.

구역(區域)은 남한의 구(區)에 해당한다. 평양시에 19곳, 청진시와 함흥시에 각각 7곳이 있다. 남포특별시에도 항구구역과 와우도구역이 있었으나 2004년에 폐지되었다. 동(洞)은 953곳으로 대부분 시에 속해 있다. 군(郡) 단위 지역에서 동이 편제되어 있는 곳은 남포특별시의 대안군·강서군·천리마군과 평안남도 영원군·청남구, 함경남도 수동구이다. 군은 남한의 군과 동일한 위계로 147개 군이 있다. 군과 유사한 행정 단위로 구(區), 지구(地區)가 있다. 구로는 평안남도 청남구와 함경남도 수동구가, 지구로는 평안남도 운곡지구와 함경남도 금호지구가 있다. 이들 지역은 도에서 직접 관리한다.

군 이하의 행정구역체계가 1952년에 큰 변화를 겪었음은 앞에서 설명한 바와 같다. 중간 단계인 면(面)을 폐지하여 3단계 체계로 단순화한 것은 행정적 접근을 단순화시킴으로써 중앙집권화를 시도한 것이다. 그러나 2~5개 리가 합쳐진 새로운 리(里)가 독립된 행정단위가 되면서 리의 숫자는 감소하였으나 기존의 군에서 직접 관할하는 행정 단위는 오히려 많아지게 되었다. 이에 따라 군 규모를 축소하기 위해 면적이 큰 군을 분할하면서 그 숫자는 크게 증가하였다. 이와 같은 행정구역 개편은 표면적으로는 행정 효율과 지역 통합을 목표로 한 것으로 보이나, 실제로는 한국전쟁 이후 남북한 동시 선거를 대비하여 남한의 대표 숫자와 동수(同數)를 이루기 위한 개편이었던 것으로 추정된다.

읍(邑)은 144곳이 있으나 남한과는 내용이 다르다. 남한은 토지이용과 인구수 등 도시화 지표를 이용하여 면(面)을 읍으로 승격하고 있다. 그러나 북한은 군 소재지가 있는 곳을 읍으로 지정하고, 지명은 군 지명을 따른다. 군 소재지가 이전할 경우 읍 지명도 함께 옮겨지기 때문에 군과 읍의 숫자는 동일하다. 군 단위 지역으로 읍이 설치되어 있지 않은 곳은 남포특별시의 대안군, 강서군, 천리마군이 있을 뿐이다. 리(里)는 2008년 현재 3,229곳이 있다. 군 단위 지역뿐만 아니라 평양시의 형제산구역, 순안구역, 삼석구역, 승호구역, 역포구역, 낙랑구역 등 도시 근교에도 리가 편제되어 있는 경우가 많다. 1952년 개편 당시 지명이 대폭 변경되었으며, 이후에도 부분적으로 통폐합이 이루어졌다.

표 1-8. 행정구역체계(2008)

	북한	남한
도시	시(市): 평양직할시 포함 24개	시(市): 77개
	구역(區域): 평양직할시 19개, 청진시 7개, 함흥시 7개	구(區): 97개
	동(洞): 953개	동(洞): 2,055개
농촌	군(郡): 147개 (평양직할시 소재 4군 포함) 구(區): 2개(평안남도 청남구, 함경남도 수동구) 지구(地區): 2개(평안남도 운곡지구, 함경남도 금호지구)	군(郡): 86개
	읍(邑): 144개	읍(邑): 212개
	노동자구(勞動者區): 271개	없음
	리(里): 3,229개	면(面): 1,204개 리(里): 35,425개

출처: 「Population Census of DPRK」, 2009; 「지방행정구역요람」, 2009

노동자구(勞動者區)는 남한에 없는 행정구역으로 1952년부터 설치된 것이다. 총 271곳이 있으며, 일반적으로 임금노동자 400명 이상이 거주하는 지역으로 65% 이상이 산업노동자(농업근로자 제외)로 구성된 구역이다. 성격상 도시 지역으로 간주되며, 대개 광업이나 임업 및 공업지대에 설치되어 있다. 위계로는 읍과 리의 중간으로 취급되며, 시의 동(洞)과 동격으로 보기도 한다.

4. 지명 정책과 관리: 사회주의 지명

남북한은 역사지리적인 배경의 차이로 인해 지명에 지역적인 차이가 있으나 기본적으로 동일한 속성을 지닌다. 북한 지명은 삼국시대에는 고구려어를 바탕으로 형성되었고, 통일신라와 고려시대에는 만주어와 여진어의 영향을 받기도 하였다. 조선시대 이후에는 이질성이 거의 없어졌고 단지 두음법칙 등 평안도와 함경도의 지역 방언이 지명 표기에 영향을 주었다. 1945년 분단 이후 북한은 지명을 사회주의 혁명의 도구로 이용하였으며, 지명 관리는 언어 정책의 일환으로 이루어졌다. 1952년의 행정구역 개편을 계기로 새로운 지명들이 만들어졌고, 1960년대 이후로는 주체사상이 지명에 영향을 주었다.

1) 북한의 언어와 지명 정책

광복 이후인 1946년 9월 북한은 「평양특별시의 구제도 실시에 관한 결정서」를 계기로 지명을 정비하였으며, 1947년에 '조선어문연구회'를 설립하여 지명을 관리하도록 하였다. 1952년 행정구역을 개편하면서 새로운 지명의 명명을 언어의 어휘 정리 영역에 포함시켰기 때문에 지명 변화에 큰 전환점이 된 것으로 평가받고 있다(박명훈, 2005). 그러나 1960년대 초까지 남북한 언어는 크게 다르지 않았으며 정책도 차이를 보이지 않았다. 남한은 1933년에 만들어진 「한글맞춤법통일안」을 그대로 사용하고 있었다. 북한에서는 1948년 1월에 「조선어신철자법」이, 1954년 9월에 「조선어철자법」이 발표되었지만 언어 기능에서 의사소통을 중시하는 원칙이 그대로 유지되고 있었다.

1960년대에 주체사상은 북한의 언어 정책에 큰 변화를 주었다. 김일성이 1964년 1월 3일 '조선어를 발전시키기 위한 몇 가지 문제'와 1966년 5월 14일 '조선어의 민족적 특성을 옳게 살려 나갈 데 대하여'의 교시를 발표한 이후 1966년부터 문화어(남한의 표준어에 해당하는 북한의 표준말)운동이 전개되고 사회과학원 언어학연구소[2]에서 지명을 관리하게 되었다.

(1) 언어 정책과 지명

1964년 김일성의 1차 교시에서 언어 정책과 관련된 내용은 다음과 같다.[3]

[가] 어떤 사람들은 문자개혁을 하자고 하였으나 우리는 그것을 결정적으로 반대하였습니다. (중략) 어떤 사람들은 언어문제를 민족문제와 결부시키지 않았습니다. (중략) 조선 인민은 핏줄과 언어를 같이하는 하나의 민족입니다(김일성, 1964, 14).

[나] 오늘도 우리의 말과 글은 우리나라의 경제와 문화, 과학과 기술의 발전에서, 사회주의 건설의 모든 분야에서 힘 있는 무기로 되고 있습니다(김일성, 1964, 18).

[다] 사상적으로 동원하고 사회적 운동을 벌여 모든 사람들이 우리말을 올바르게 쓰는 기풍을 세워야 하겠습니다. 힘든 한자어를 쓰지 말고 군중이 알 수 있는 쉬운 우리말을 써야 한다는 것을 당적으로 널리 선전해야 하겠습니다(김일성, 1964, 20).

[라] 우리는 공산주의들입니다. (중략) 온 세계가 다 공산주의로 되려면 아마 상당한 시간이 걸릴 것입니다. 그러므로 일정한 시기까지는 민족적인 것을 살려야 합니다. (중략) 한자문제는 반드시 우리나라의 통일문제와 관련시켜 생각하여야 합니다. 우리나라의 통일이 언제 될는지 누구도 찍어서 말할 수는 없으나 (중략) 그러나 지금 남조선 사람들이 우리 글자와 함께 한자를 계속 쓰고 있는 이상 우리가 한자를 완전히 버릴 수는 없습니다(김일성, 1964, 21).

위에서 [가] 내용은 한글의 문자개혁과 관련된 것이다. 이 운동은 원래 김일성의 정적(政敵)이었던 김두봉(金枓奉, 1889~1960)이 주도한 것이다. 그는 국어학자 주시경의 영향을 받은 학자로, 그가 만든 『조선어소사전』(1956)은 조선어 낱말을 마르크스-레닌주의에 입각하여 주석함으로써 남북 사전의 뜻풀이에 정치 이념이 개입된 최초의 사전으로 평가되고 있다(김민수, 2005). 1958년 김두봉이 8월 종파 사건으로 숙청되면서, 그가 주도한 문자개혁안은 비판을 받게 되었다. 김일성은 이 교시를 통해 "① 언어문제를 민족문제와 결부시키지 않았으며, ② 과학과 문화 발전에 지장을

---

2. 사회과학원은 과학원의 산하기관 중에서 1964년 2월 사회·인문과학 분야를 넘겨받은 연구기관이다. 주된 임무는 공산당의 지배 정책을 합리화하고 혁명 이론에 입각하여 사회과학의 창조적인 발전을 돕는 것이다. 사회과학원이 신설된 계기는 앞서 언급된 김일성의 1차 교시(1964.1.3)가 결정적인 것으로 알려져 있다(국립국어원, 1992). 산하에는 경제연구소, 고고학연구소, 언어학연구소 등 1실 17개 연구소가 있다. 이 중 언어학연구소는 당과의 관계에서 당 정책 기관을 지휘·감독하는 기관으로 국가에서 부과하는 연구 과제를 수행하는 임무를 띠고 있다. 기관에서 발행하는 학술지로 「문화어학습」, 「조선어문」 등이 있으며 지명 관련 글을 발표하는 북한 학자들은 대부분 이 연구소에 속해 있다.

3. 김일성, 1964, 「김일성 저작집 18」.

주고, ③ 문자 발전의 국제적인 방향도 고려하지 않았다."라고 비판하면서 새로운 언어 정책을 제시하였다.

[나]는 언어를 혁명 수단으로 보아 사회를 개조하고 문화를 창조하는 도구로 명시한 것으로 언어에 대한 혁명도구관이 그대로 반영되어 있다. [다]는 언어의 비계급성을 담고 있으며 [라]의 '고유어를 쓰되 한자를 완전히 피할 수 없다.'는 내용은 공산주의 혁명에서 국제어 합류 이전의 단계인 민족어 문제를 언급하고 있는 것이다. 1964년에 교시된 이와 같은 내용들은 스탈린의 ① 언어도구관, ② 언어의 비계급성, ③ 국제어 합류설과 거의 일치한다(김민수, 1995).

한편 1966년의 2차 교시에서는 이들 외에 '주체적 언어 사상'이 내재되어 있다. 이는 언어에서 '자주적 입장'과 '창조적 입장'을 살려야 한다는 내용이다. 즉 민족어 내에 들어와 있는 사대주의 요소를 척결하여 언어의 자주성을 살리고, 나아가 대중의 창조적 지혜를 발휘하여 민족어를 혁명 발전의 새로운 요구에 맞게 발전시켜 나가자는 것이다.

이상과 같은 언어 정책을 바탕으로 지명 관리와 관련된 내용이 처음 언급되는 것은 1964년 「백과사전과 지도의 편찬 방향에 대하여」라는 제하의 교시이다. 내용은 세계지도 제작에서 외국 지명의 표기 방법에 대한 것으로 아래 [가]와 같으며, 이후 외국 지명의 로마자 표기에 영향을 미치게 되었다. 지명 관리에 대해 보다 구체적인 내용은 2차 교시(1966. 5. 14)의 아래 구절과 같다.

[가] 세계지도를 만드는 데서 지명은 원래 이름대로 넣어야 합니다. 이미 오랫동안 다른 이름을 써서 굳어진 것은 원래 이름만 쓰면 잘 모를 수 있으므로 괄호 안에다 지난날에 쓰던 이름을 넣어 주는 것이 좋습니다. 특히 원래 이름을 쓰는 데서 나라 이름이나 그 밖에 도시 이름을 비롯한 지명은 다 그 나라에서 부르는 대로 적어야 합니다(김일성, 1964, 287).

[나] 고유어를 적극 찾아 고장 이름도 우리말로 부르도록 하여야 합니다. 우리말로 부르는 것이 한자말로 부르는 것보다 더 고상합니다. 가령 '붉은바위'를 '적암'이라는 식으로 한자말로 바꾸어 놓으면 더 좋은 것이 아니라 아주 초라합니다. 지금 고장 이름을 한자말과 고유어의 두 가지로 부르는 것이 적지 않습니다. '돌다리골'을 '석교동'이라고 하는 것이 바로 그런 실례입니다. 고유어로 된 고장 이름들을 다 조사하여 될수록 한자말을 쓰지 않도록 하여야 하겠습니다(김일성, 1966, 229).

[다] 우리가 이미 사회과학원에 고장 이름을 조사해 보라고 하였는데 그 사업이 어떻게 되고 있는지 모르겠습니다. 아마 사회과학원의 힘만으로는 그 사업을 다 하기 벅찰 것 같습니다. 그러므로 내각에서 이 사업을 보장하기 위한 결정이나 명령을 하나 내려 보내도록 하는 것이 좋겠습니다. 앞으로 고유어로 된 고장 이름을 다 조사하면 그대로 쓰게 하고 지도를 다시 찍으면 됩니다. 행정구

역 이름도 내각결정으로 고치게 하면 될 것입니다(김일성, 1966, 229).

[나]는 북한의 지명 관련 글에서 서두에 자주 인용되는 구절이다. 1964년 1차 교시에서 가능한 한 고유어를 사용하라는 내용이 지명 정책에 반영된 것으로, 이후 북한 지명의 명명에 기본 지침으로 적용되었다. [다]는 북한의 지명조사사업에 관련된 것으로 '주관기관은 사회과학원이며, 이를 내각에서 지원하고, 행정 지명의 변경은 내각이 주체가 된다.'는 내용을 담고 있다. 이 교시가 발표된 후 북한은 전국의 지명조사사업을 전개하였다. 남한에서 1961년에 마무리된 것보다 3년 늦은 것이나 불과 1년 반 만에 전국 약 50만 개의 지명조사를 완료하였다. 이 사업에 대해 북한 문헌에 수록된 내용은 다음과 같다.

1964년 4월 21일에 조선민주주의인민공화국 내각결정 제29호를 통해 고장 이름 특히 고유어로 된 고장 이름을 전국적인 범위에서 조사하고 자료를 체계적으로 정리할 것을 지시하였다. (중략) 이 사업이 매우 방대하여 언어학자들의 힘으로 원만히 수행할 수 없어 1966년 5월 14일에 이 사업을 전국적인 범위에서 밀고 나가기 위해 강령적 지침과 구체적인 방도를 제시하였다. (중략) 1966년 9월 27일 내각명령 제13호 「고유한 조선말지명을 조사할 데 대하여」를 지시하고, '전국지명사정위원회'가 비상설기구로 조직되었다. 이 위원회는 내각부 수상을 위원장으로 하고 각 도, 시, 군별로 조직되었다. 위원회에 포함된 언어학자들은 정권 기관과 교육기관들에서 동원된 지명조사 상무성원들과 함께 전국의 행정구역 이름과 자연부락 이름, 지형지물 이름과 자연 지명 등을 조사하기 위한 일대 깜빠니아(캠페인)을 벌였다. 언어학계에서는 전국적 범위에서 진행되는 지명조사사업이 행정 실무적인 사업으로만 진행되지 않도록 하기 위하여 각 도, 시, 군에 언어학자들을 파견함으로써 이 사업이 과학성과 신빙성이 보장된 자료들을 조사 장악하는 하나의 학술적인 사업으로 진행되도록 하였다(박재수, 2000, 99-298).

내용을 보면 지명조사는 중앙에 설치된 전국지명사정위원회가 중심이 되고, 각 도·시·군(구역)에는 해당 인민위원회 위원장을 책임자로 하는 지명조사위원회가, 리급 단위에는 지명조사조가 조직된 것을 알 수 있다. 조사 과정에서 언어학자들의 역할은 '일정한 지역을 맡아 지방의 지명을 역사언어학적으로 연구하여 해당 지명의 유래와 변천 역사를 밝히는 한편, 정리해야 할 지명 대상을 확정하여 고유한 조선말로 새 지명 대안을 작성하는 것'이었다. 각 시군의 조사위원들은 '학술적 지도사업'을 담당하였다.

지명조사 결과 행정 지명은 군급 지명 214개, 리급 지명 4,508개가 집계되었다. 대부분의 지명은 한자 지명이었으며 고유어 지명은 57개였다. 고유어 지명 중 36개는 조사 진행 과정에서 개정된 것이며 21개도 원래 고유어 지명이었으나 한자로 표기된 것이었다. 자연 지명은 47만 6750개가 조사되었다. 이 중 고유어 지명은 25만 7742개였으며, 한자말이나 그 밖의 다른 말로 된 지명은 19만 9385개, 고유어와 한자어가 함께 사용된 것은 2만 133개였다. 지명조사를 통해 거리와 마을을 비롯하여 산 등의 자연 지명 등 모든 대상에 대한 이름과 지명의 민간적인 유래, 읍지·군지·향토지 등의 문헌에 수록된 유래를 포함하여 고장 이름과 관련한 역사적 사실과 전설까지도 모두 수집하였다(조창선, 2002).

지명조사의 사업 결과는 「전국지명조사보고서」(1967)로 정리되었으며 이는 지명 관리의 기초 자료와 지명사전 편찬에 활용되었다. 이 조사사업의 표면적인 목표는 지명 정리를 위한 것이었으나 실제 목적은 지명을 이상적인 사회주의 구현의 기초 수단으로 이용하기 위함이었다.

(2) 지명의 관리

조사사업이 마무리된 후 사회주의의 주체적인 발전을 명분으로 지명 관리가 이루어졌다. 이들의 기본 원칙은 일제 식민지시대의 잔재를 청산하는 것이었고, 고유어로 된 고장 이름을 적극적으로 살려 쓴다는 것이었다. 그러나 실제 목적은 지명을 사회주의에 대한 충성심이나 북한 사회에서의 행복감을 표현하는 등 정치사상적으로 의미 있는 표기로 바꾸는 것이었다. 이를 위해 새로운 장소의 명명이나 기존 지명을 고유어로 바꾸면서 사회주의 이념을 반영하는 지명을 창조하고, 과거 구시대 체제가 반영된 지명의 정리사업이 진행되었다(조창선, 2002).

① 지명창조사업

지명조사 이후 북한에서는 김일성 일가를 우상화하고 업적을 찬양하는 의미가 담긴 지명이 본격적으로 만들어지기 시작하였다. 〈표 1-9〉는 주체사상 이후에 '창조'된 시·군, 동·리 지명 사례이다. 첫째 유형은 지명의 이름소(표식부)에 인명(人名)을 사용한 지명이다. 지명은 대부분 김일성 가계에 속한 인물의 이름이나 상징어를 이용하여 만들어졌다.[4] 북한에서 김일성을 상징하는 '금성'을 사용하여 명명된 거리는 1970년대 평양의 금수산의사당(지금의 금수산태양궁전)을 중심으로 형성된 도로이다. 김정일을 상징하는 '정일'을 이용하여 명명된 지명은 백두산 장군봉 아래에

---

4. 1951년에 명명된 김책시는 인명을 이용하여 명명된 최초의 사례로 추정된다. 김일성 일가에 속한 인물은 아니지만 혁명열사에 해당된다.

명명된 '정일봉'이다. 1981년에는 김정일의 생모 이름을 이용하여 신파군을 김정숙군으로 하였다. 이들 지명은 북한에서 영생불멸의 지명으로 분류되고 있다. 이 외에 인명을 이용한 지명은 앞 절에서 언급된 1988년 김형직군(후창군), 1990년 김형권군(풍산군)이 대표적인 예이다. 이처럼 사회주의 혁명에 기여한 인물의 이름을 이용하여 거리 이름이나 고장의 리 이름을 변경하기도 하였다.

둘째 유형은 혁명과 관련한 지명이다. 이들은 혁명 현장의 이름을 이용하거나 김일성과 김정일의 현장 지도 내용을 반영한다. 왕재산리와 삼지연군의 경우 혁명 현장을 이용하여 지명을 바꾼 경우이다. 왕재산(旺載山, 239m)은 함경북도 온성군에 위치한 산으로, 1933년 3월 김일성이 유격대를 소집하고 항일 무장 투쟁을 조선 국내로 확대하는 전략을 제시한 연설을 하였다는 이른바 '왕재산 회의'가 열린 곳이다. 삼지연은 김일성과 김정숙이 항일 운동을 한 곳으로 선전되고 있다. 상봉동은 현지 지도에서 김일성과의 만남을 찬양하는 의미를 담고 있으며, 오일노동자구, 구오동, 9월동 등은 현지 지도 날짜를 기리는 지명이다. 영광동, 광명리는 현장 지도를 찬양하고, 충성동, 은덕동, 오정리, 은혜리는 노동당에 대한 충성심을 나타낸다.

셋째 유형은 고유어를 사용한 지명이다. 1964년 지명에 고유어를 사용하라는 교시에 따라 기존의 한자 지명을 바꾼 경우로 이 과정에서 사회주의 이념을 옹호하고 김일성을 찬양하는 지명들이 나타났다. 새길리, 새날리, 새살림 등의 지명은 사회주의에서 새로 흥한다는 의미를 담고 있다. 색과 빛을 이용한 새별동, 해빛리, 금빛은 김일성을 찬양하는 은유적인 표현이다. '비단'과 같은 지명이 자주 사용되는 것은 금수산의사당(지금의 금수산태양궁전)과 관련 있다. 마지막 유형으로 전설

표 1-9. 1960년대 이후 창조된 지명의 유형

유형	지명 사례
1) 인명 지명	① 불멸의 지명: 금성거리, 김일성광장, 정일봉, 김정숙군, 장군봉, 향도봉, 장군봉(어은동), 장자산(자강도) ② 기타 인명 지명: 김형직군, 김형권군 외
2) 혁명 지명	① 혁명 현장: 왕재산리(온성), 삼지연군(양강도) ② 현지 지도 의미: 상봉동(청남구·천리마구역), 오일노동자구(장강·갑산), 구오동(만포시), 9월동(평성시) ③ 현지 지도 찬양: 영광동(해주시), 광명리(흥원군) ④ 충성심: 충성동(강계시·청남구·대안구역), 은덕동(은덕 외), 오정리(서흥군), 은혜리(은율), 덕성리(함흥 외)
3) 고유어 지명	① 새로 흥함: 새길리(신천), 새날리(신천), 새살림(동대원구역) ② 색채: 새별동(함흥), 해빛리(숙천), 금빛, 은빛(함흥), 흰실동(함흥) ③ 섬유: 비단섬(갈섬), 비단리(금야)
4) 전설 지명	① 김일성: 군함바위, 썰매바위(평양 만경대구역) ② 김정일: 용마바위, 장검바위(양강도 삼지연군)

출처: 조창선, 2002, 395-411에서 저자 재구성

지명은 김일성과 김정일의 어릴 적 이야기를 전설로 미화하여 새롭게 만든 지명이다.

② 지명정리사업

지명 중 '주체적 발전에 지장을 주며 사람들에게 나쁜 영향을 주는 지명'인 경우는 정리 대상이다. 이들 유형과 지명 사례는 〈표 1-10〉과 같다. 대표적인 유형은 봉건 지명이다. 조선시대를 봉건사회로 규정하고, 태조 이성계의 고향인 함흥을 대상으로 지명 정리가 실시되었다. 반룡산의 경우 함흥 읍치의 진산 지명이었으나, 1977년 함흥이 동쪽에서 흥하는 도시라는 의미에서 동흥산으로 바꾸었으며 구역(區域) 지명도 함께 개칭하였다.

유교 지명으로 간주된 사직동·태평동·청풍동은 승전동·내성동·새거리동으로 바뀌었다. 불교 지명인 석왕사리의 경우 1961년에 강원도 고산군의 평화리와 능복리를 병합하여 신설되었으나 사찰 이름에서 비롯되었다 하여 1981년 광명리로 개칭되었다. 이 해에는 여진어 지명 정리 과정에서 여러 곳의 지명 정리가 이루어졌다. 함경북도 북부의 두만강에 연한 아오지면에서 비롯된 아오지리는 인민군이었던 김학송의 이름을 따서 학송리(지금의 학송노동자구)로 개칭되었다. 주을리는 하온포리(지금의 하온포노동자구)로 개칭되었다. 이 지명은 이곳을 흐르는 온포천에서 비롯된 것으로 이전의 주을천에서 개칭한 것이다. 오로군은 1952년 함경남도 함주군의 일부를 분리하여 신설되었던 군이나 영광군으로 개칭되었다. 함경남도 덕성군의 니망지리는 낙원리로, 나선시의 서수라리는 같은 해에 웅기군이 선봉군으로 개칭될 때 우암리로 바뀌었다.

표 1-10. 정리 대상 지명 사례

(1) 봉건적 지명: 봉건 사회에서 국가에 공적을 세운 사람들의 행정을 칭송한 지명 　　예 반룡구역→동흥산구역, 경흥동 →금실동, 석왕사리→광명리, 용흥강→금야강
(2) 종교 미신적 지명: 봉건 유교적이고 종교 미신적인 의미를 담은 지명 　　예 사직동→승전동, 태평동→내성동, 청풍동→새거리동
(3) 여진말 지명: 여진족이 거주하였던 지역으로 여진어에 의한 지명 　　예 아오지리→학송리, 주을리→하온포리, 오모로리→신창리, 오로군 →영광군, 니망지리 →낙원리, 서수라리→우암리, 웅기군→선봉군, 명간군→화성군
(4) 일본말 지명: 예 통(通), 정(町), 목(目)→ 동(洞), 리(里)
(5) 씨족 문벌, 성씨 지명: 특정한 성씨나 이름을 사용한 지명 　　예 지장동→양지동, 형팔리→대령리, 예춘리→풍덕리, 병술리→덕흥리
(6) 다른 나라와 관련된 지명: 예 하미동 →긴마을동, 니서리→풍서리, 소은리→해빛리
(7) 동일한 행정구역 지명: 예 황해남도 강령군 금수리 →금정리, 용연군 금수리→동산리, 고원군 금수리→덕지리
(8) 기타 지명: 조선시대 인물 지명, 어감이 좋지 않은 지명 　　예 청진시 송포구역 농포동 →은정동, 경성군 구덕리→은덕리

출처: 조창선, 2002, 152-153

2) 지명사전 편찬

국가에서 주관하여 지명사전을 편찬하는 것은 학술적인 목적도 있으나 보다 근본적인 목적은 지명 표기의 표준화를 시도하고 해석을 통해 장소가 국가에서 갖는 정체성을 확인하여 국토의 통합을 구현하기 위해서이다. 광복 이후 남한에서 지명조사사업을 바탕으로 편찬한 『한국지명총람』(1966~1986)과 2000년대 들어서 남북한 지명의 유래를 고지도와 지리지를 이용하여 설명한 『한국지명유래집』(2008~2013)이 대표적이다.

(1) 사전 편찬

북한에서도 1966년 지명조사사업을 바탕으로 보고서를 비롯한 여러 사전이 편찬되었다. 〈표 1-11〉은 북한에서 발행한 지명사전 목록이다. 대부분 1980년대 이후 발간되었으며, 이 중 『고장 이름유래집』(1986)은 행정구역과 관련된 업무에 도움을 주기 위한 일반 참고서로 만들어졌다. 현재 행정 지명의 유래를 역사적으로 밝힌 편람으로, 지명의 변천 내용을 다루었으며 합성 지명의 바탕이 된 기초 지명의 유래를 밝히고 있다. 또한 김일성이 명명한 지명에 대해서도 근거를 소개하고 있다.

『고장 이름변천역사』(1992)는 고장 이름을 지명의 구조와 조성 수단 및 수법, 표기 방식 등 국어 음운 변화사와 관련하여 서술한 책으로 알려져 있다. 『지명이야기』(1998)와 『남조선지명』(1998)은 북한의 정부 수립 50주년을 기념하여 간행된 책이다. 한편 『조선지명유래전자사전』(1999)은 『조선지명사전』(1995)을 이용하여 구축한 전자사전으로 추정된다.

표 1-11. 북한의 지명사전

연도	사전 표제	저자 수	권수
1986	『고장 이름유래집』	김봉환 외 5명	미상
1992	『고장 이름변천역사』	김봉환	미상
1995	『조선지명사전』	박태훈 외	510면
1998	『지명이야기』	미상	11권
1998	『남조선지명』	미상	5권
1999	『조선지명유래전자사전』	리성남 · 윤광현	미상
2000~2002	『고장 이름사전』	117명	10권
2001~2002	『조선지명편람』	10명	10권
2004	『조선향토대백과』(백과사전)	약 1,000명	20권

출처: 박재수, 2000, 304-305

북한에서 출간한 지명사전으로 가장 대표적인 것은 2000년대 간행된 『고장 이름사전』(이하 『고장』)과 『조선지명편람』(이하 『편람』)이다. 특히 『고장』은 북한에서 국가 보물급으로 평가하는 사전이다. 이 사전은 1960년대 지명조사 결과물인 「전국지명조사보고서」를 기본으로 하였다. 전 10권으로 되어 있으며, 약 30만 개 지명의 유래를 담고 있다. 수록 항목은 도-시·군-리별 행정과 자연 지명 순서로 배열되어 있다.[5]

『편람』은 전 10권으로 구성되어 있는 지명사전이다. 책의 편제는 도별로 되어 있으며, 지명 항목은 소속 시·군과 관련 없이 자모순으로 배열하였다.[6] 지명의 설명 내용이 『고장』과 거의 일치하는 것으로 보아 두 책은 모두 「전국지명조사보고서」를 기본으로 편찬된 것으로 보인다. 이들 지명사전은 유래 설명에 대한 사료로 『삼국사기지리지』, 『고려사지리지』, 『신증동국여지승람』과 『대동지지』 등을 부분적으로 이용하고 있으며, 고지도는 『대동여지도』를 제외하고는 인용 사례가 없다.

(2) 사전에서 지명 해석

〈표 1-12, 1-13〉은 평양시의 '보통문동'과 강원도 원산시의 '해방동' 지명을 사례로 『고장』, 『편람』과 남한의 『한국지명유래집-북한편』(이하 『유래집』)에 서술된 내용을 비교한 것이다. '보통문동' 지명은 1955년에 평양에 새로 생긴 동 지명이다. 북한 사전의 설명을 보면 '보통문'이라는 지명은 역사유적인 보통문에서 비롯된 것이라 쓰여 있으나, 고딕체로 이름을 강조한 지도자의 현지 지도 내용을 서술함으로써 체제 찬양을 의도하고 있다. 내용 구성은 『고장』의 경우 정의-연혁-지명유래-사회주의 찬양 내용-관내 건물-역사적 배경-'보통문' 유래순으로 되어 있다. 『편람』은 구성 순서에서 부분적인 차이가 있을 뿐 내용에서는 『고장』과 다르지 않다. 다만 '보통문' 이름의 유래에 대한 언급이 없다. 이는 사전 편찬 과정에서 불확실한 사실에 대해 편집한 것임을 보여 준다.

한편 남한에서 편찬한 『유래집』의 서술 내용을 보면 정의, 관내 소재 건축물을 비롯하여 1955년 이후 지명 변천 등 지리적인 사실에 대한 내용은 북한 사전과 유사하다. 그러나 1914년 자료를 이

---

5. 이 사전에 수록된 내용은 남북한 교류사업의 일환으로 남한 연구소에서 출판권을 양도받아 편찬된 『조선향토대백과』(이하 『향토』)의 지명 항목에 전재되었다. 이 사전에는 북한의 시·군별 백과사전적인 내용이 함께 수록되어 있다. 북한 학자들이 집필한 원고를 중국 측에서 컴퓨터로 입력하고 이를 토대로 남한에서 출판한 것으로, 편집 과정에서 사회주의를 찬양하는 내용은 삭제되었다. 체제와 내용의 구성은 한국의 전통 지리지 형식과 동일하며, '북한지역정보넷'에서 서비스되고 있다.

6. 책에서는 다음과 같은 조선글자 자모순으로 지명 항목이 배열되어 남한과 차이가 있다. ㄱ, ㄴ, ㄷ, ㄹ, ㅁ, ㅂ, ㅅ, ㅈ, ㅊ, ㅋ, ㅌ, ㅍ, ㅎ, ㄲ, ㄸ, ㅃ, ㅆ, ㅉ, (ㅇ) ㅏ, ㅑ, ㅓ, ㅕ, ㅗ, ㅛ, ㅜ, ㅠ, ㅡ, ㅣ, ㅐ, ㅒ, ㅓ, ㅖ, ㅚ, ㅟ, ㅢ, ㅘ, ㅝ, ㅙ, ㅞ(『조선지명편람: 함경남도』, 「머리말」).

표 1-12. 평양시 '보통문동' 지명 서술 내용

『고장 이름사전』: **보통문동(普通門洞)** 구역의 서북쪽에 있는 동. 주체 44년(1955)에 서성1동 일부와 서성4동 일부를 분리병합하여 내온 동인데, 보통문이 있는 마을이라 하여 '보통문동'이라 하였다. 동에는 위대한 수령 **김일성** 동지의 현지지도사적이 깃든 보통문공업품상점이 있다. 동에는 위대한 수령님과 경애하는 **김정일** 동지의 현명한 령도 아래 지난날 토성랑으로 불리우던 보통강반에 현대적인 천리마거리가 형성되었으며 인민문화궁전, 평양체육관, 창광원, 빙상관, 청류관 등 기념비적 창조물들이 일떠섰다. 동에는 6세기 중엽 고구려가 평양성을 쌓을 때 중성의 서문으로 세운 성문이 있다. 일반 사람들 누구나 다 나들수 있는 문이라 하여 '보통문'이라 하였다. 동에는 보통강변을 따라 토성의 흔적이 있다.

『조선지명편람』: **보통문동(普通門洞)** 구역의 서북쪽에 있는 동. 주체 44년(1955) 2월 서성1동 일부와 서성4동 일부를 분리하여 내온 동이다. 보통문이 있는 마을이라 하여 '보통문동'이라고 하였다. (중략) 보통문동에는 위대한 수령 **김일성** 동지의 현지지도사적이 깃든 보통문공업품상점이 있다. 동에는 위대한 수령님과 경애하는 장군님의 현명한 령도 밑에 지난날 토성랑으로 불리우던 보통강반에 현대적인 천리마거리가 형성되었으며 인민문화궁전, 평양체육관, 창광원, 빙상관, 청류관 등 기념비적 건물들이 일떠섰다. 동에는 보통강반을 따라 토성의 흔적이 있으며, 평양성의 서문인 보통문이 있다.

『한국지명유래집』(남한): **보통문동(普通門洞)** 구역의 서북쪽에 위치한 동이다. 보통강 지류에 연해 있으며, 평양성의 서문이었던 보통문과 인민문화궁전, 평양체육관이 있다. 1955년 서성1리와 서성4리 일부를 통합하여 신설한 동이다. 조선시대에 평양부 내천면 신양동, 서월동, 강촌동에 속하였는데 1914년 대동군 고평면 서성리로 통합되었다가 1955년에 동을 신설하면서 보통문의 이름을 빌려 명명한 것이다. 보통문은 평양성의 서북쪽으로 통하는 관문으로 교통과 관방에 매우 중요시되었던 문이었다. 보통강 나루터에서 나그네를 떠나보내는 모습은 '보통송객(普通送客)'이라 하여 평양팔경의 하나로 전해 온다.

『해동지도』(평양) 보통문 일대

용하여 조선시대 이후 지명 변화와, 보통문에 대한 역사지리 내용을 추가로 담고 있다. 특히 조선시대 군현지도인 『해동지도』에 묘사된 보통문 일대의 이미지를 제시하여 지명의 유연성을 시각적으로 보여 주고 있다.

〈표 1-13〉의 강원도 '해방동'은 1945년의 광복(光復)을 이용하여 명명한 지명이다. 남한의 경우 광복에서 비롯된 지명은 부산광역시의 '광복동(光復洞)'이 유일하다. 반면에 북한에서는 '광복' 대신 '해방'으로 표현하며, 이를 이용한 지명에는 나선시를 비롯하여 신의주, 청진시, 함흥시에 '해방동'이 있다. '해방리'는 강원도 고산군, 고성군, 평강군과 황해도 옹진군에 있다. 평양시와 문천시에는 '해방산'과 함께 '해방산동' 등이 있다.

원산시 '해방동' 지명의 해석을 보면, 북한의 『고장』과 『편람』을 비롯해 남한의 『유래집』에서는 광복과 관련된 내용이 공통적으로 서술되어 있다. 내용 구성에서 『고장』은 지리적인 내용이 비교적 많은 비중을 차지한 반면, 『편람』의 경우 김일성과 관련한 내용이 주로 설명되어 있다. 『유래집』에서는 광복 이후 새로 생긴 지명이기 때문에 분단 이전의 사료에 근거한 설명은 없다. 지명이 생겨난 후의 연혁 등 지리적인 사실에서는 북한 사전과 차이가 없으나 이전 지명인 '철산'에 대한

표 1-13. 원산시 '해방1·2동' 지명 서술 내용

『고장 이름사전』: **해방1동(解放一洞)** 시의 중심에 있는 동. 동쪽과 북쪽은 동해 바다와 접해 있으며 서쪽은 해방2동과 남쪽은 해안동, 원성동과 각각 잇닿아 있다. 주체 56년(1967)에 해방동을 해방1동과 해방2동으로 갈라 내온 동인데 광복의 기쁨을 길이 전하기 위하여 '해방동'이라 하였다. 주체 56년(1967)에 해방동을 해방1동과 해방2동으로 분리하였다. 동의 동쪽 바다가에는 원산혁명사적관이 있으며 동의 동쪽 변두리에는 송도원거리와 해안거리를 련결하는 해안도로가 있다.

『조선지명편람』: **해방2동** 원산시에 있는 동. 1961년 3월에 철산동 일부를 분리하여 새로 내온 동인데 위대한 수령 **김일성** 동지께서 광복된 조국땅에 개선하신 조국개선로선사적지가 있는 곳이라 하여 불리운 이름이다. 1967년 10월에 1, 2동으로 갈라졌다.

『한국지명유래집』(남한): **해방1·2동(解放一·二洞)** 시의 북쪽에 있는 동으로, 중심 시가지에서 동해에 접한 북쪽에 있다. 1961년에 원산시 철산동 일부를 분리하면서 신설된 동이다. 1967년에 해방1·2동으로 분리되었다. 해방을 기념한다는 뜻에서 유래된 지명이다. 옛 지명인 철산동은 일제강점기에 반일 투쟁을 했던 김철산(金鐵山)의 이름에서 유래한 것이다.

내용이 추가로 설명되어 있다.

이와 같이 지명사전에 수록된 내용을 보면 북한은 분단 이후의 지명 변화을 중시하면서 지명 창조와 정리를 통해 과거와의 단절을 시도하고 있다. 그러나 대부분의 지명 항목은 분단 이전의 내용을 계승하고 있어 지명의 보수성을 잘 보여 준다. 또한 북한 지명사전에서 사료가 인용될 경우 남한의 지명사전과 유사한 것을 볼 때 남북한 지명이 동일한 사료를 바탕으로 해석될 가능성을 보여 준다.

5. 결론: 국토 통합과 지명

지명은 장소를 명명한 단순한 언어 기호에 불과한 것으로 보이나, 텍스트에 담긴 의미는 오랜 기간 동안 사람들이 살아온 생활공간의 내용을 압축적으로 담고 있다. 또한 지명은 사회관계망(social network) 속에서 형성되며 장소에 대한 지식을 형성하는 도구로, 인간은 이를 통해 외적 세계를 이해하고 재구성한다. 그리고 그 속에서 자신의 정체성을 형성하고 공간에 대한 의사결정을 한다. 이 때문에 텍스트에 담긴 의미는 일상공간에서 주민의 사고에 영향을 미치며 때로는 지배하기도 한다. 종교, 이념 등의 의미가 담긴 이름이 만들어지는 것은 이와 같은 기능 때문이다.

남북한이 지향하는 국토의 미래 모습은 동질적인 공간이다. 국토의 동질성은 자연에 대한 동질적인 인식에서 비롯되며 이는 역사지리를 바탕으로 형성된다. 지리와 지명의 보수성과 지속성은 남북한이 하나의 민족임을 인식하는 근거이며 이는 정치체제에 우선한다. 지명의 동질성을 바탕으로 하여 남북한의 국토를 아우르는 지명사전 편찬이 필요한 것은 이 때문이다.

지명을 대상으로 사전을 편찬한다는 것은 지역의 역사성과 장소성을 함께 담아 텍스트로 풀어 나가는 작업이다. 또한 과거로부터 축적된 것을 바탕으로 당 시대의 모든 것을 담기 때문에 다음 세대가 현재의 생활공간을 이해하는 데 필요한 일차적인 자료가 된다. 우리나라에서 한반도의 지명을 긴 호흡으로 충실하게 담아낸 사전의 편찬은 아직 실현되지 못하고 있다. 이는 지명 변화가 오랜 역사 동안 전개되어 복잡한 이유도 있겠으나, 가장 큰 원인은 20세기 초 나라를 강제로 점령 당하고 광복 후 이어진 분단으로 인해 온전하지 못한 국토에 100년 이상 살고 있기 때문이다.

1960년대 이후 남한은 급속한 도시화로 지방 인구가 급격히 감소되고 있으며, 특히 농촌마을의 이름이 사라져 가고 있다. 북한에서는 사회주의로 인해 많은 지명이 바뀌어 가고 있다. 한국 지명의 종합적인 정리를 국토 완성 이후로 미루려 한다면, 이는 기약할 수 없으며 설사 되더라도 돌이킬 수 없을 정도로 지명이 변화 혹은 소멸된 이후일 것이다. 지금부터라도 남북한 지명사전 편찬이 준비되어야 하며, 지향점은 국토의 과거, 현재 그리고 미래까지 아우르는 통시대적인 내용이 종합적으로 담겨야 한다. 과거 고구려, 백제, 신라의 삼국시대부터 고려와 조선시대까지 강역의 지리적인 범위를 대상으로, 현재 DMZ로 분단된 모습과 미래의 완성된 국토를 내다보는 사전이어야 한다.

분단 이후 남한과 북한은『한국지명총람』과『고장 이름사전』등을 통해 지명사전을 편찬하였고 민간 학술단체에서도 사전을 발행하였다. 특히 남한에서는 2000년대 들어 한반도를 아우르는『한국지명유래집』을 편찬하여, 남한과 북한 지명이 같은 뿌리를 근간으로 하고 있음을 확인하였다. 이와 같은 내용들은 지명이 국토 관리에 중요하다는 인식을 남북한이 공유하고 있음을 보여 준다.

현재 지명 지식의 사회 공유는 책자식 사전 편찬 외에도 포털 등 여러 경로를 통해 시도되고 있다. 남한의 네이버(naver), 다음(daum), 두산백과(doopedia) 사이트가 그 예이다.『한국지명유래집』의 남한편 내용은 네이버에서 제공되고 있으나 북한편은 서비스되고 있지 않다.『조선향토대백과』에 수록된 북한 지명의 경우 북한지역정보넷에서 제공되고 있다.

이와 같은 지명사전 편찬과 포털서비스 내용을 보면 우리나라의 지명 연구와 정리가 활발히 진행되고 있는 것처럼 보인다. 그러나 이들 사업이 여러 기관에서 개별적으로 진행되어 내용의 수준 차이가 심할 뿐 아니라 지명의 속성을 충실히 반영한 수준 있는 내용은 거의 제공되고 있지 못하다. 이는 지명이 워낙 일상적이고 누구나 설명할 수 있다는 생각에서 안이하게, 때로는 흥미 위주로 접근한 데 원인이 있는 것을 부인할 수 없다.

남북한 지명사전을 편찬하기 위해서는 우선적으로 이미 편찬된 사전과 DB를 바탕으로 표준화된 지명 목록(gazetteer)이 구축되어야 한다. 이를 바탕으로 국토 지명의 그물망을 촘촘히 만들어 놓고, 장기간에 걸쳐 그 속에 텍스트를 채워 가야 한다. 이는 매우 지난(至難)한 작업이 될 것이다. 그러나 방대하고 충실한 지명사전은 국가의 학문적인 수준뿐만 아니라 국토 관리의 의지를 보여 준다. 동아시아 인근 국가의 방대한 지명사전들이 이를 반영한다.

정치체제는 분단되었어도 국토가 단절되어서는 안 되며, 이의 동질성은 지리와 지명을 통해 실현될 수 있다. 장기적인 사업 추진이 요구되는 국가 지명사전의 편찬을 위해서는 국가위원회 혹은 연구기관이 필요하다. 지금 남한에서 국가 지명을 연구하고 관리를 담당하는 기관은 설립되어 있지 않다. 단지 지도를 제작하는 정부 부처에서 국가지명위원회를 통해 자연지명만을 관리할 뿐이다. 국토를 뺏긴 지 100여 년이 지나고 반쪽만 찾은 지금, 나라가 힘이 부치면 민간부문에서라도 이를 감당해야 할 것이다.

더 읽을 거리

국토해양부 국토지리정보원, 2013, 『한국지명유래집: 북한편 I · II)』.

⋯ 대한지리학회에서 2008년부터 6년에 걸쳐 고지도와 지리지를 통해 남한과 북한의 현재 지명에 대한 유래를 설명하고자 시도한 지명사전이다. 북한편은 2권으로 발행되었다. 남북한 지명이 동일한 사료에 의해 설명 될 수 있음을 보여 줌으로써 국토의 동질성을 확인할 수 있는 좋은 자료이다. 책의 앞머리에 북한의 지리 내용이 비교적 상세히 소개되어 있다.

권헌익 · 정병호, 2013, 『극장국가 북한』, 창비.

⋯ 북한을 유격대 국가, 가족 국가로 보고 과시적 권력, 선군정치, 혁명열사릉 등 북한 사회에서 일어난 현상을 인류학자의 시각으로 해석하였다. 북한 국토에서 행정구역 개편, 사회주의체제를 옹호하는 인명과 지명들이 나타나는 배경을 이해할 수 있도록 도와준다. 일독을 권한다.

김기혁, 2014, 「도로 지명을 통해 본 평양시의 도시 구조 변화 연구」, 『문화역사지리』, 26(3), 34-55.

⋯ 북한 평양시의 도로 지명 중 체제 선전 내용이 반영된 이름을 이용하여 도시구조의 변화를 분석한 논문이다. 평양시의 역사지리를 바탕으로 분단 이후 체제 찬양적인 내용이 반영된 도로 지명의 경로를 통해 이면에 감추어진 도시구조를 확인하였다. 혁명열사릉과 김일성 생가가 있는 만경대를 잇는 경로를 주축으로, 이들 경로에 건축 경관, 지하철, 도로의 명명을 통해 평양시가 거대한 극장도시로 변화되었으며, 이는 주민들에게 사회주의 학습의 도구로 이용됨을 확인하였다.

김기혁, 2019, 「한국의 지명사전 편찬 동향과 지향점」, 『민족문화연구』, 85, 103-151.

⋯ 일제강점기와 분단 이후 남북한에서 편찬된 지명사전을 통해 국가지명사전의 편찬 방향을 제시한 논문이다. 지명이 사회에서 지니는 의미와 함께, 분단되어 이질화된 국토 통합에서 지명사전이 할 수 있는 역할과 편찬 방향을 제시하였다.

임동우, 2011, 『평양 그리고 평양 이후』, 효형출판.

⋯▸ 건축가의 시각에서 북한의 중심공간인 평양의 도시공간을 건축물을 통해 이해하고자 하였다. 평양의 실상
    이 언론 매체에 의해 여과되었고, 이들 매체는 감성에 치우쳐 있음을 지적하였다. 한국전쟁 때 철저하게 파
    괴되었던 평양이 건축물을 통해 어떻게 사회주의 도시를 지향해 나갔는가를 보여 준다.

참고문헌

과학백과사전출판사 어문편집부, 2000~2002, 『고장 이름사전』(전 10권), 과학백과사전출판사.

국토해양부, 2011, 『한국하천지명사전』.

국토해양부 국토지리정보원, 2008~2013, 『한국지명유래집: 중부편, 충청편, 전라·제주편, 경상편, 북한편 Ⅰ·
    Ⅱ』(전 5권 6책).

권헌익·정병호, 2013, 『극장국가 북한』, 창비.

김기혁, 2013, 「북한의 지명관리 정책과 연구 동향 분석」, 『한국지역지리학회지』, 19(1), 14-30.

김기혁, 2014, 「도로 지명을 통해 본 평양시의 도시 구조 변화 연구」, 『문화역사지리』, 26(3), 34-55.

김기혁, 2016, 「한국 인문지리학 분야에서 북한 연구의 동향과 과제」, 『대한지리학회지』, 51(5), 713-737.

김기혁, 2019, 「한국의 지명사전 편찬 동향과 지향점」, 『민족문화연구』, 85, 103-145.

김봉환, 1992, 『고장 이름변천역사』.

김봉환 외, 1986, 『고장 이름유래집』.

김일성, 1964, 『김일성 저작집 18』, 조선로동당출판사.

김일성, 1966, 『김일성 저작집 20』, 조선로동당출판사.

리성남·윤광현, 1999, 『조선지명유래전자사전』.

박명훈, 2005, 『조선어학전서 35: 조선지명학』, 사회과학출판사.

박재수, 2000, 『조선언어학에 대한 연구』, 박이정.

박태훈 외, 1995, 『조선지명사전』.

방린봉, 2005, 『조선어학전서 34: 조선어명칭론연구』, 사회과학출판사.

방린봉 외, 2001~2002, 『조선지명편람』(전 10권), 사회과학출판사.

이옥희, 2011, 『북·중 접경지역』, 푸른길.

임동우, 2011, 『평양 그리고 평양 이후』, 효형출판.

정순기, 2005, 『조선어학전서 36: 조선지명변천에 대한 력사문헌학적 연구』, 사회과학출판사.

조창선, 2002, 『조선어학전서 37: 조선지명연구』, 사회과학출판사.

평화문제연구소·과학백과사전출판사, 2003~2004, 『조선향토대백과』(전 20권).

필립 뫼제아(윤정원 역), 2012, 『이제는 평양건축』, 담디.

한글학회, 1966~1986, 『한국지명총람』(전 18권 20책).

Ledyard, G., 1994, Cartography in Korea, *The History of Cartography*, 2(2), The University of Chicago Press.

제2장
북한의 지형·지질

이광률

경북대학교 지리교육과 교수

1. 서론

아시아 대륙의 동쪽 가장자리에 위치한 한반도는 중국의 만주, 산둥반도, 러시아의 연해주 일 대와 유사하게 상대적으로 안정된 지반과 오래된 지질로 이루어져 있으며, 대규모 평원보다는 크 고 작은 산지와 구릉지가 주로 발달해 있는 지역이다. 한반도는 비교적 여러 시기에 형성된 다양 한 유형의 암석이 복잡한 지질구조를 이루고 있다. 또한, 한반도는 중위도 습윤기후 지역에 속하 여 일 년 동안 기온 변화가 크고 강수가 풍부한 편이다. 땅의 겉 부분인 지표의 모양을 의미하는 지 형은 지질로 대표되는 내적 작용과 기후로 대표되는 외적 작용에 의해 형성된다. 따라서 한반도는 복잡하고 다양한 지질 및 기후 조건에 의해 다양한 형태의 특징적인 지표 경관인 지형이 발달하 고 있다. 특히 한반도의 북부에 위치한 북한 지역에서는 백두산과 같은 화산 지형을 포함하여, 다 양한 모습의 산지, 하천, 해안 지형이 잘 발달해 있다. 이러한 지형은 북한 주민의 생활 터전으로서 토지 이용의 대상이며 관광자원으로서의 가치를 지닌다.

본 장에서는 북한 관련 서적과 지리학 분야의 논문을 분석하여 북한의 지형 특성에 대해 검토한 다. 먼저 북한 지역에서 다양한 지형이 형성될 수 있는 토대가 되는 지세와 지질을 살펴보고, 다음 으로 북한 지역의 전체적인 지형 특성을 개괄적으로 설명한다. 그리고 북한 지역에 발달하는 가장 인상적인 지형 중 하나인 화산 지형에 대해 설명한 다음, 마지막으로 북한의 하천 및 해안 지형에 대해 설명한다.

2. 북한의 지세와 지질

1) 북한의 지세

북한 지역은 한반도의 북부에 자리 잡고 있으며, 동쪽과 서쪽은 각각 동해와 황해에 면하지만, 반도의 내륙에 위치하여 두 해안이 서로 연결되지 못한다. 북한 지역의 지세는 동해안에 연하여 발달한, 고도가 높고 경사가 급한 산지가 내륙의 중앙부까지 이어지며, 서쪽으로 갈수록 점차 고 도가 낮아져서 서해안에서는 낮은 산지와 구릉지가 주로 발달해 있다. 과거부터 한반도는 전체 면적의 약 70%가 산지라고 설명되어 왔다. 그러나 이는 산지가 아닌 산림의 면적을 추정한 자료 이다. 최근 고해상도(30×30m)의 수치표고모델(Digital Elevation Model, DEM)을 이용하여 고도, 경사, 기복량 등 지형학적 기준을 통해 정량적으로 산지를 구분한 결과, 한반도 전체 면적의 약 48%인 109,369㎢가 산지로 분류되었다(탁한명·박선엽, 2017). 1×1㎞ 해상도의 수치표고모델을 이용하여 추출한 한반도의 산지 면적은 95,416㎢로 전체의 약 42%에 해당하며, 남한에서는 30,521㎢로 약 31%지만 북한에서는 64,895㎢로 약 51%에 해당한다(탁한명 외, 2013). 또한 남한 지역에서는 평야 및 구릉이 약 68%, 고원이나 대지 등의 준산지가 약 1%에 해당하지만, 북한 지역에서는 평야 및 구릉이 약 42%, 고원이나 대지 등의 준산지가 약 7%에 해당한다(탁한명 외, 2013). 특히, 해발고도 1,000m 이상 지역이 남한에서는 약 1%에 불과하지만 북한에서는 약 21%에 이르러, 북한 지역이 남한 지역에 비해 해발고도가 높은 산지와 고원 지형이 더 잘 발달해 있음을 알 수 있다.

북한 지역의 평균 해발고도는 585m이고, 백두산 장군봉이 2,750m(남한의 지도 자료는 2,744m)로 가장 높다. 기복량은 특정 구역 내에서 고도가 가장 높은 지점과 가장 낮은 지점의 차이값으로서, 지형의 높낮이가 큰 정도를 의미한다. 북한 지역에서 2㎞ 격자 구역의 평균 기복량은 335m이고 최대 기복량은 1,300m에 달한다(이민부 외, 2004).

2) 북한의 지질

한반도는 대부분 변성암으로 이루어진 시생대와 원생대를 포함하는 선캄브리아기 지질이 약 42.8%로 가장 넓은 면적을 차지한다. 고생대 지질은 약 10.9%로서 상대적으로 좁은 면적을 이루며 대부분 석회암을 포함한 퇴적암으로 이루어져 있다. 중생대 지질은 약 40.0%로 선캄브리아기 지질 다음으로 넓은 면적을 이루며, 화강암 등의 심성암과 안산암, 응회암 등의 화산암, 그리고 경상도 일대에 넓게 분포하는 퇴적암으로 이루어져 있다. 신생대 지질은 약 6.3%에 불과하며, 퇴적암과 화산암, 그리고 충적층으로 이루어져 있다(이금삼, 2000). 암석 분포로 보면, 한반도의 지질은 변성암이 약 43%로 가장 넓은 면적을 차지하고, 그다음으로는 화성암이 약 38%이며, 퇴적암이 약 19%로서 가장 좁은 면적을 이루고 있다.

북한의 지질 중에서 가장 오래된 것은 시생대에 형성된 낭림층군의 변성암(그림 2-1의 AR)이다. 편마암과 결정편암 등의 암석으로 이루어진 이것은 평안북도와 자강도의 내륙 지역에 주로 분포한다. 시생대 다음인 원생대의 지질은 상원층군으로 불리며, 전기에 형성된 지질(그림 2-1의 PR1)은 양강도, 함경북도 남부, 함경남도 북부에 걸친 마천령산맥 일대에 넓게 분포한다. 약간의 변성 작용을 받은 퇴적암으로 이루어져 철, 구리, 아연, 마그네사이트 등 북한의 주요 광물자원 산

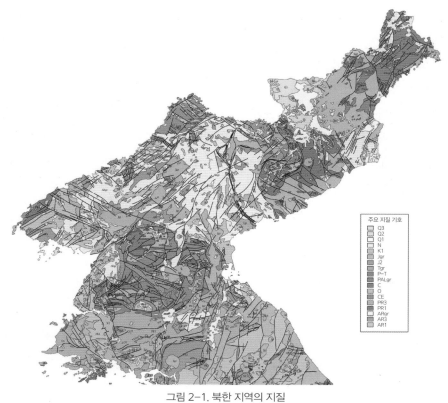

주요 지질 기호

- Q3
- Q2
- Q1
- N
- K1
- Jgr
- J2
- Tgr
- P–T
- PALgr
- C
- O
- CE
- PR3
- PR1
- ARgr
- AR3
- AR1

그림 2-1. 북한 지역의 지질

출처: 한국지질자원연구원, 2001

지에 해당한다. 원생대 후기의 지질(그림 2-1의 PR3)은 평안남도와 황해남북도에 넓게 분포하며, 저변성 퇴적암으로 이루어진 이곳 또한 철, 금, 아연, 무연탄, 석회석 등 주요 광물자원의 분포 지역이다.

조선누층군으로 불리는 고생대 초기의 지질(그림 2-1의 CE, O)은 평양, 평안남도, 황해북도 지역에 주로 분포하며, 석회암을 대표로 하여 여러 가지 종류의 퇴적암으로 이루어져 있다. 한반도에는 고생대 중기의 지층이 존재하지 않는 것으로 알려져 왔지만, 최근 북한의 연구 결과 황해남북도의 여러 지역에 고생대 중기인 실루리아기와 데본기에 형성된 석회암과 저변성 퇴적암층이 존재하는 것으로 밝혀졌다. 평안층군, 두만층군 등에 해당하는 고생대 후기의 지질(그림 2-1의 C, P–T, PALgr)을 구성하는 암석은 주로 퇴적암과 저변성 퇴적암으로서 평양, 평안남도, 함경북도 지역에 넓게 분포하며, 무연탄이 다량 매장되어 있어 북한의 주요 무연탄 산지이다.

경상누층군에 해당하는 중생대 지질(그림 2-1의 Tgr, J2, Jgr, K1)은 상대적으로 분포 면적이 좁고, 대동강, 재령강, 청천강, 압록강 등 대하천 상류의 내륙 지역에 좁게 분포한다. 중생대 지층은 역암, 사암, 이암 등의 퇴적암과 화산 분출을 통해 형성된 안산암, 응회암 등의 화산암으로 이루어져 있다. 신생대 제3기 지질(그림 2-1의 N)은 함경층군으로 불리며, 함경북도 북부의 두만강 하류 일대와 남부의 길주-명천 지역 일대, 평안남도의 안주, 황해북도의 사리원 지역에 일부 분포한다. 역암, 사암 등의 퇴적암과 화산에서 분출한 용암이 식은 현무암이 반복적인 층을 이루며 발달한 이 지역들은 대부분 북한의 주요 갈탄 산지이다. 신생대 제4기 지질(그림 2-1의 Q1, Q2, Q3)은 용암대지(lava plateau) 지형을 이룬 현무암과 화산이나 해안의 미고결 퇴적층으로서, 양강도 일대의 백두 용암대지, 강원도의 철원-평강 용암대지, 황해북도의 신계-곡산 용암대지 등 주요 화산 지역에 넓게 분포한다.

3. 북한의 지형 개관

1) 북한의 산과 산지

해발고도가 높은 지역인 산지의 형성에 영향을 미치는 융기현상과 같이 지반 운동의 차이에 따라 지역을 구분한 지반운동구를 이용하여 한반도의 지형구조를 설명한 박수진·손일(2008)의 연구에 따르면, 양강도, 자강도, 함경남북도, 평안남북도에 해당하는 북한의 지역은 대부분 북부 지반운동구에 속한다(그림 2-2). 북부 지반운동구는 개마고원 일대를 중심으로 지역적인 지반 운동이 발생하여, 개마고원에서 서쪽, 동쪽, 남쪽 방향으로 갈수록 융기량이 감소한다. 황해남북도, 강원도 일대는 중부 지반운동구로서, 동해안의 태백산맥을 따라 원호상의 융기가 발생하며 서쪽으로 갈수록 융기량이 감소한다. 그리고 함경북도의 길주-명천 지역 동쪽의 칠보산 일대는 동해안 지반운동구로서 동해 주변의 화산 활동 지역에 해당한다.

산지의 공간적인 분포를 설명하는 개념인 산맥은 융기, 단층 등의 지질학적 과정과 풍화, 침식 등의 지형 형성 과정을 통해 형성된다. 한반도의 산맥체계는 구한말에 일본 지질학자인 고토 분지로에 의해서 기초가 마련된 이후 수정되고 개선되어 왔지만, 일반인과 학자들에게 여러 비판을 받아 왔다. 현재 국토지리정보원에서 발행한 국가지도집에 제시된 한반도의 산맥체계는 박수진·손일(2008)에 의해 연구된 것이다(그림 2-2). 이를 토대로 하면 북한 지역에는 융기, 단층, 습곡 등의 지구조적 작용을 통해 형성된 1차 산맥으로 함경산맥, 낭림산맥, 태백산맥, 백두산맥, 길주-명

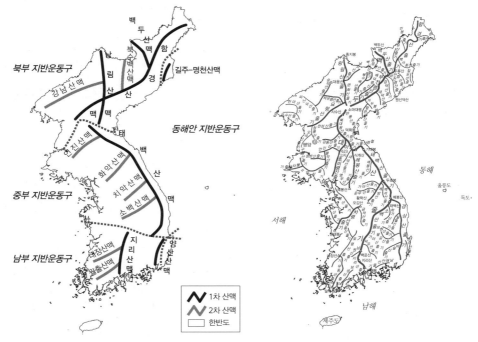

그림 2-2. 한반도의 산맥체계와 지반운동구
출처: 박수진·손일, 2008

그림 2-3. 북한이 제시한 한반도의 산줄기(산맥)체계
출처: 김종연·김주용, 2005

천산맥이, 차별적인 풍화 및 침식 작용을 받은 이후에 남겨진 2차 산맥으로 강남산맥, 북수백산맥, 언진산맥이 존재한다.

함경산맥은 함경북도 은덕군에서 평안남도 개천시까지로 러시아의 시호테알린(Shikhote-Alin) 습곡대의 연장이다. 태백산맥과 마찬가지로 동해의 확장과 함께 지반이 휘어지면서 상승하는 요곡 운동의 결과로 형성되었다. 낭림산맥은 자강도 중강군에서 함경남도 요덕군까지로 지반 융기에 의해 형성되어 태백산맥과 함께 한반도의 중심 산지이자 분수계인 척량산맥으로 불린다. 태백산맥은 평안남도 신양군에서 강원도 금강군을 지나 남한의 경상북도 영천시까지로, 동쪽이 상대적으로 더 상승한 비대칭적 융기로 형성된 산맥이다. 백두산맥은 양강도 백암군에서 삼지연 군까지로, 신생대의 활발한 화산 활동을 통해 형성된 산맥이다. 길주-명천산맥은 함경북도 화서 군, 화태군 일대로 동해 주변부의 지반 운동 및 화산 활동과 관련된 산맥이다.

강남산맥은 자강도 낭림군에서 평안북도 피현군까지로, 압록강과 청천강 유역이 침식 작용을 받은 이후에 두 하천 사이의 분수계 일대가 산지로 남겨진 산맥이다. 북수백산맥은 함경남도 부전 군에서 양강도 삼수군까지로, 개마고원을 가로지르는 높은 산지들이 연속된 것이다. 언진산맥은 평안남도 양덕군에서 황해북도 봉산군까지로, 차별침식의 결과 남겨진 산봉우리들이 연속된 것이다.

현재 북한에서는 산맥이라는 표현을 사용하지 않고 산줄기라는 용어로 산지체계를 표현하고 있다(그림 2-3). 북한에서 산줄기는 20km 이상의 연속적인 선을 이루는 산지로 정의되며(김종연·김주용, 2005), 백두산줄기, 낭림산줄기, 함경산줄기 등 수십여 개의 산줄기로 한반도의 산지체계를 나타낸다. 그러나 북한의 산줄기체계는 특정 방향으로 나타나는 대규모 산지지대인 산맥이라기보다는 높은 산봉우리와 능선을 연결한 선인 분수계에 보다 가까운 개념으로, 지질과 지형적 특성을 모두 반영한 산지체계로 보기 어렵다.

한반도의 산지 지형을 분류한 결과, 평균 고도 300m 이하이고 평균 경사도 3~9°인 저위산지가 31.0%, 평균 고도 300~1,000m이고 평균 경사도 9° 이상인 중위산악지가 29.5%로 가장 넓은 면적을 차지한다(박수진·손일, 2008). 특히 평균 고도 1,000m가 넘는 고위산악지는 대부분 함경산맥, 낭림산맥, 백두산맥(구 마천령산맥)으로 둘러싸여 있는 개마고원 일대에서 나타나며, 평균 고도 1,000m 이상이면서 평균 경사도 3° 이하인 고위평지는 백두산을 둘러싸고 있는 용암대지에서만 나타난다(박수진·손일, 2008).

한반도는 중생대 백악기 이후 전체적으로 평탄해졌던 지표면이 신생대 제3기 중엽 또는 말부터 동해 쪽으로 축이 기울면서 지표가 구부러지며 융기하는 이른바, 경동성 요곡 융기가 진행된 것으로 알려져 있다. 이에 따라 동해 쪽은 상대적으로 빠르게 융기하여 함경산맥이나 태백산맥과 같이 높은 산맥이 형성되었고, 황해 쪽은 상대적으로 느리게 융기하거나 융기가 발생하지 않아서 구릉지나 평야가 발달해 왔다. 이러한 동서 간의 융기량 차이는 북한 학자들의 연구에서도 동해안은 연간 0.1~2.6mm로 융기하지만, 청천강 이남의 서해안은 0.1~1.1mm의 융기가, 청천강 이북의 서해안은 -4.2mm의 침강이 발생하여, 북한 지역의 지반 융기도 경동성 요곡 운동에 의한 것이라고 설명되고 있다(김종연·김주용, 2005).

북한 학자들의 연구에 따르면, 개마고원 지역은 북한에서도 가장 높은 융기량을 보이는 것으로 알려져 있다. 개마고원 일대의 융기량 분포는 융기축에 해당하는 개마고원의 동해안 주변부에서 가장 높으며, 동해와 내륙 쪽으로 가면서 점점 낮아진다고 한다. 특히 길주-명천 지역을 중심으로 한 북동 해안 지역은 북한에서 융기량의 지역적 차이가 매우 크게 나타나서, 지반이 매우 불안정하여 지진 위험성이 높은 곳으로 제시되고 있다.

북한 지역에서 지형·지세의 가장 큰 특징은 북부와 동부가 높고 서부와 남부로 오면서 낮아진다는 점이다. 북한에서도 큰 산지와 산맥들은 북부와 동부에 치우쳐 있어서, 북북서-남남동으로 뻗은 북한의 산맥 명칭인 백두산줄기, 낭림산줄기, 북수백산줄기, 현화산줄기 그리고 동북 동−서남서 방향으로 뻗은 함경산줄기, 부전령산줄기 등은 북한 지역에서 가장 높고 험한 산지에 해당한다(통일원, 1993). 이들 산지에는 한반도에서 가장 높은 백두산(2,750m)을 비롯하여, 관모봉(2,540m), 북수백산(2,521m), 차일봉(2,504m), 연화산(2,355m), 두운봉(2,485m), 남포태산(2,433m), 대연지봉(2,358m) 등 2,000m 이상의 고봉들이 솟아 있다.

백두산은 북한과 중국 자료로는 해발고도 2,750m, 남한 자료로는 고도 2,744m로서, 한반도와 만주에서 가장 높은 산이며, 최고봉은 장군봉이다. 백두산은 신생대 제3기 말~제4기 초부터 시작된 화산 활동을 통해 만들어진 화산이다. 백두산 주변에는 과거 화산 폭발 과정에서 분출된 많은 양의 현무암질 용암이 식어서 형성된 넓고 평탄한 고원 지형인 백두 용암대지가 발달해 있다. 백두산 정상의 호수인 천지는 분화구 일대가 함몰되어 형성된 넓고 깊은 분지인 칼데라(caldera)에 물이 고인 칼데라호이며, 화구벽에 해당하는 급경사면과 봉우리가 주변을 둘러싸고 있다.

관모봉은 고도 2,540m의 봉우리로, 함경북도 경성군과 연사군의 경계에 위치하며, 함경산맥에서 가장 높은 봉우리이자 한반도에서는 백두산 다음으로 높은 산이다. 기반암은 화강암 및 편마암으로 이루어져 있으며, 신생대의 지반 융기를 통해 형성되었다. 북수백산은 양강도 풍서군의 남서부에 위치한 고도 2,521m의 봉우리로, 사면에는 3단의 고위침식면이 형성되어 있으며, 기반암은 화강편마암이다. 남포태산은 양강도 삼지연군과 보천군의 경계에 위치한 고도 2,433m의 산으로, 기반암은 화강암으로 되어 있다. 남포태산의 주변 지역은 백두산으로부터 분출한 용암이 식은 용암대지 지형을 이루어, 백두산 화산 분출 이전에는 남포태산이 이 일대에서 가장 높은 산이었던 것으로 추정된다.

2) 북한의 하천과 평야

북한 지역은 함경산맥, 낭림산맥, 백두산맥이 위치한 북동부 산지를 중심으로 서쪽으로는 상대적으로 고도가 천천히 낮아지면서 긴 거리를 지나야 황해 바다와 만난다. 이 때문에 황해로 유입하는 하천은 상대적으로 규모가 큰 대하천이 발달한다. 그러나 동쪽으로는 급격하게 고도가 낮아지면서 바로 동해 바다와 접하기 때문에 동해로 유입하는 하천은 두만강을 제외하면, 상대적으로 규모가 작은 중소하천이 많은 편이다. 북한에서 총길이 400㎞ 이상의 대하천은 압록강, 두만강, 대동강이 있으며, 이 밖에 황해로 유입하는 임진강, 청천강, 예성강도 총길이 100㎞ 이상의 하천이다(그림 2−4).

한반도에서 가장 긴 강인 압록강은 본류 길이 약 803㎞, 유역면적 약 63,160㎢(북한 31,226㎢)로서, 백두산의 남쪽 사면에서 시작하여 북한과 중국의 경계를 이루며 황해로 유입한다(통일원, 1994). 압록강은 허천강, 장진강, 부전강, 자성강, 독로강 등 길이 100㎞가 넘는 여러 지류 하천들을 가지고 있다. 압록강은 심하게 휘어진 좁고 깊은 골짜기를 따라서 흐르다가, 하류부인 평안북도 의주군 부근에서는 하도 내에 퇴적물이 쌓이면서 섬을 이룬 하중도가 나타나기 시작한다. 하구인 평안북도 용천군 부근에서는 위화도, 유초도, 황금평, 비단섬 등의 규모가 큰 하중도가 형성되어 있다.

두 번째로 긴 두만강은 본류 길이 약 548㎞, 유역면적 약 33,270㎢(북한 10,743㎢)로서, 양강도 백암군 남부에서 시작된 하천인 서두수를 발원지로 하여 북동 방향으로 북한과 중국의 경계를 따라 흐르다가 나선시 우암리에서 동해로 유입한다(통일원, 1994). 함경북도 온성군부터의 하류부

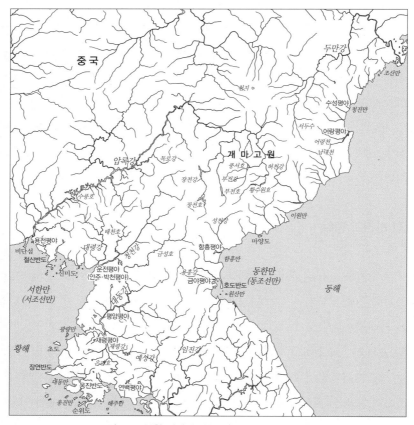

그림 2-4. 북한 지역의 하천 및 해안 관련 주요 지명

에서는 하도 내에 여러 개의 하중도가 발달해 있고, 특히 하구부에는 하천 퇴적물이 바다와 만나면서 쌓여 삼각형 모양의 넓은 평야를 이룬 삼각주 지형이 형성되어 있다. 북한에서 세 번째로 긴 대동강은 본류 길이 약 450㎞, 유역면적 약 20,247㎢로서, 평안남도 대흥군 낭림산과 한태령 부근에서 시작하여 평안남도의 여러 지역을 거쳐 평안남도 남포시와 황해남도 은율군의 경계에서 황해로 들어간다(통일원, 1994).

북한 지역은 동쪽이 높고 서쪽이 낮은 지형구조로 인해, 서해안에는 낮은 구릉지 사이로 넓게 발달한 하천 하류부의 평탄한 하곡을 중심으로 넓은 충적평야와 해안의 갯벌을 간척하여 넓힌 해안평야가 잘 발달해 있다. 반면에 동해안에는 하천 하구부 일대의 해안을 따라서만 해안평야가 좁게 발달하고 있다. 북한 서해안에 발달한 대규모 평야로는 황해남도 재령군과 황해북도 사리원시 일대의 재령강 하류부에 발달한 재령평야, 평양시 일대의 대동강 하류부에 발달한 평양평야, 황해북도 연안군과 배천군 해안에 발달한 연백평야, 평안북도 운전군 일대의 청천강 하구부에 발달한 운전평야(과거 명칭인 안주·박천평야의 청천강 하구 부분에 해당), 압록강 하구부인 평안북도 용천군과 염주군 일대 해안의 용천평야가 대표적이다. 그리고 북한 동해안에서는 함경남도 함주군과 정평군 일대 해안의 함흥평야가 비교적 넓은 평야를 이루며, 함경남도 금야군의 금야평야·함경북도 청진군 해안의 수성평야·함경북도 어랑군 해안의 어랑평야 등 중소하천이 동해와 만나는 하구 일대의 해안을 따라 상대적으로 규모가 작은 해안평야들이 발달해 있다.

3) 북한의 해안

한반도의 동해안은 빠른 속도의 지반 융기와 하천의 활발한 퇴적 작용으로 인해 대체로 육지가 확장되고 해안선이 바다로 물러나면서 서해안에 비해 상대적으로 단조로운 해안선을 이루고 있다. 이에 따라 동해안에는 규모가 큰 만이나 반도, 섬의 발달이 서해안에 비해 상대적으로 미약하다. 북한의 동해안에서는 강원도 원산시 일대의 원산만이 가장 크며, 조산만·청진만·이원만·함흥만 등 나머지 만들은 내륙 쪽으로 깊이 들어가지 않은, 상대적으로 단조로운 형태의 소규모 만이다. 북한 동해안에서 규모가 큰 반도로는 영흥만의 북쪽을 감싼 호도반도가 유일하며, 이는 섬과 육지 사이에 모래가 쌓이면서 섬이 육지에 연결된 육계도이다. 북한 동해안은 남한 지역과 마찬가지로 일부 해안에만 면적이 매우 작은 섬들이 발달해 있다.

한반도의 서해안은 지반 융기가 미약하거나 거의 발생하지 않아 지난 1만 년 전 이후부터인 후빙기에 발생한 급격한 해수면 상승으로 하천의 하구 및 하류부가 바닷물에 침수되면서 상대적으로 형태가 복잡한 해안선을 이루고 있다. 한반도의 서해안은 이러한 특징으로 인해 하곡이 침수되면서 만이 형성된 리아스(rias)식 해안으로 과거부터 분류되어 왔다. 이러한 복잡한 해안선으로 인해 북한의 서해안에는 남한 지역과 마찬가지로 크고 작은 만, 반도, 섬이 매우 잘 발달해 있다. 가장 규모가 큰 반도는 황해남도의 옹진반도로서, 강령반도, 마산반도, 읍저반도로 세분된다. 또한 황해남도의 장연반도, 평안북도의 철산반도도 규모가 큰 반도이다. 내륙으로 깊이 들어간 규모가 큰 만으로는 평안남도와 황해남도 사이의 광량만과 황해남도 옹진반도 주변의 대동만, 옹진만, 해주만 등이 대표적이다. 북한에서 가장 큰 섬은 평안북도 선천군 앞바다의 신미도로서, 면적은 약 53㎢이다. 인공섬으로는 압록강 하구의 비단섬이 면적 약 71㎢로 가장 넓은데, 비단섬은 하중도인 신도, 마안도, 양도, 장도, 말도 등과 주변 갯벌을 간척하여 하나의 섬으로 합친 것이다.

지구 전체의 해수면은 현재보다 130m 정도 더 낮았던 약 1만 8천 년 전을 정점으로, 지구의 평균기온이 상승하면서 해수면도 꾸준히 상승하여 약 6,000년 전에는 거의 현재의 수준에 도달하였고, 이후 미세한 고도 변화를 보이면서 현재까지 지속되고 있다. 이러한 장기적인 기후 변화에 의한 영향뿐 아니라 최근에는 인위적인 지구온난화로 인해 해수면이 조금씩 상승하고 있다. 북한 학자들의 연구 결과에 따르면, 북한의 해안에서도 지난 빙기 이후 해수면이 꾸준히 상승하여 약 5,000~6,000년 전에는 현재보다 해수면이 평균 약 2.5m에서 최대 8~10m 정도까지 더 높았던 것으로 알려지고 있다(김종연·김주용, 2005).

4. 북한의 화산 지형

1) 백두산과 백두 용암대지

백두산은 한반도와 만주를 통틀어 가장 높은 산으로, 남한에서는 해발고도가 2,744m로 알려져 있으나, 북한과 중국의 자료에서는 2,750m로 소개되어 있다. 백두산은 용암대지 위에 용암과 화산쇄설물이 중심 분출을 통해 겹겹이 쌓여 형성된 성층 화산이다. 신생대 제3기 말에 백두산 일대에서는 지각에 길게 벌어진 틈을 통해 용암이 분출하는 열하 분출이 발생하면서 다량의 현무암질 용암이 사방으로 흘러내렸다. 이는 원래의 지형 기복을 거의 대부분 메워, 평평한 고원 형태의 용암대지를 형성하였다(그림 2-5). 이후 신생대 제4기 초반에서 중반까지 화산의 중심에서 화도를 따라 용암과 화산쇄설물이 분출하는 중심 분출로 분화 형식이 변화하면서 점성이 큰 조면암질 용

그림 2-5. 백두산과 백두 용암대지 일대의 지형
출처: 이광률, 2020

암이 주 화산체를 형성하기 시작하였다. 그리고 신생대 제4기 중반 이후에는 다시 현무암질 용암이 여러 곳에서 분출하면서 백두산 주변에 소형 화산체들이 형성되었다.

역사시대에 들어서는 가장 최근의 분화 기록으로 946~947년에 대규모 분화가 있었던 것으로 추정된다. 백두산 인근 부석층에서 화산 활동으로 인해 불에 타 죽은 나무 화석인 탄화목이 발견되었고, 방사성 탄소 연대 측정을 통해 이 나무가 죽은 연대를 측정한 결과는 대체로 700~1,150년 전으로 나타나고 있다. 따라서 약 천 년 전을 전후로 백두산에서는 수백 년에 걸쳐 여러 차례 분화가 발생했으며, 가장 규모가 큰 것이 946~947년이었을 가능성이 높은 것으로 알려져 있다. 이 당시 화산분출물의 양은 83~117㎦에 달하는 것으로 추정되며, 이때 분출된 테프라(tephra)로 불리는 세립의 화산쇄설물들은 편서풍을 타고 일본의 혼슈 북부와 홋카이도 남부 지역까지 날아가서 쌓여 1~5㎝ 두께의 백두산 기원의 테프라층을 형성하고 있다. 900년대 이후에는 총 31회의 크고 작은 분화가 발생한 것으로 추정된다. 대표적인 최근의 분화 기록으로, 『조선왕조실록』에는 숙종 28년인 1702년 6월 3일에 함경도 부령 및 경성에서 "하늘과 땅이 갑자기 캄캄해졌는데 연기와 불꽃 같은 것이 일어나는 듯하였고, 비릿한 냄새가 방에 꽉 찬 것 같기도 하였다. 큰 화로에 들어앉은 듯 몹시 무덥고, 흩날리는 재는 마치 눈과 같이 산지사방에 떨어졌는데 그 높이가 한 치가량 되었다."라고 기록되어 있다.

백두 용암대지는 개마고원 북부의 백두산 주변에 발달한 대규모 용암대지를 말한다. 백두 용암
대지는 신생대 제3기 말에 백두산에서 열하 분출로 다량의 현무암질 용암이 북북서-남남동 방향
의 열하를 따라 흘러내려 압록강 최상류와 두만강 지류인 서두수 사이에 형성한 넓은 용암대지이
다. 해발고도 900~2,000m 범위에서 발달하며 1,300~1,400m 내외의 고도에서 주로 나타난다. 현
무암 두께는 200~600m에 달한다. 용암대지상에는 대연지봉(2,358m), 북포태산(2,288m) 등 조면
암질 화산암으로 이루어진 종상 화산들이 다수 분포한다. 한편, 남포태산(2,433m)은 분출된 용암
에 의해 완전하게 메워지지 않아 용암대지 위로 돌출되어 남겨진 화강암 봉우리이다. 남포태산의
산정부 능선 아래에는 지난 빙기에 백두산 일대에 발달했던 것으로 추정되는, 빙하의 침식 작용에
의해 반원형 극장처럼 움푹 파인 권곡(cirque) 지형이 분포하는 것으로 알려져 있다.

개마고원 북부의 백두 용암대지 일대는 장기적인 지반의 융기와 백두산의 화산 활동으로 인해
하천이 이전과는 전혀 다른 물길을 만들면서 유로 변경 등이 발생하여 원래의 모습과는 전혀 다
른 형태로 지형이 변화된 곳이 많다. 대표적으로 양강도 삼지연군 삼지연읍에 있는 면적 0.36㎢의
호수인 삼지연을 들 수 있다(그림 2-5). 삼지연은 호수면의 높이가 해발고도 1,388m에 이르는 용
암대지 위에 발달한 고원상의 호수로, 빼어난 경관을 가지고 있어 북한의 천연기념물 제347호이
자 관광 휴양지로 개발된 곳이다. 북한의 자료에 따르면, 삼지연은 과거에 하천의 하도였지만 백
두산의 화산 분출로 인하여 하도의 상류 쪽과 하류 쪽이 모두 화산분출물로 쌓여 막히면서 호수가
되었다고 한다. 즉 삼지연은 화산 분출로 인해 강이 막혀 형성된 폐색호(dammed lake, 또는 언색
호)이다. 현재에도 삼지연 일대에는 10개 이상의 크고 작은 호수가 북동-남서 방향으로 배열되어
있어, 과거의 하천 유로를 추정할 수 있다. 삼지연을 흘렀던 과거의 하천, 즉 고삼지연강의 유로에
대해서는 북한 학자들 사이에서도 백두산 남동부의 백두 용암대지 위를 흘렀던 두만강의 최상류
부 지류라는 주장과 현재의 포태천 상류와 보서천 하류를 연결하는 압록강의 최상류부 지류였다
는 주장이 맞서고 있다.

2) 추가령 구조곡과 철원-평강 용암대지

추가령 구조곡은 구조 운동에 의해 형성된 약 160㎞ 길이의 골짜기이다(이민부·이광률, 2016;
그림 2-6). 추가령 구조곡은 서울과 원산을 연결하는 최단 거리의 직선상 통곡으로서, 역사적으로
함경도로 통하는 길로 이용되어 왔다. 추가령 구조곡은 북한의 강원도 고산군 삼방리와 세포군 세

그림 2-6. 추가령 구조곡과 철원-평강 용암대지

출처: 이민부 · 이광률, 2016

포리 사이에 위치한 해발고도 약 600m의 고개인 추가령(楸哥嶺)에서 그 이름을 땄다. 추가령을 경계로 남쪽은 고도 570~610m의 평탄하고 넓은 용암대지가, 북쪽은 안변남대천의 상류부 협곡이 형성되어 있다. 따라서 추가령 고개의 북사면은 급경사지만 고갯마루와 남사면은 매우 평탄한 비대칭적 단면을 이루고 있기 때문에, 추가령 자체는 인접한 적목령이나 배등령과 같이 분수계 기능을 하는 고개가 아니라 개석곡의 경사급변점에 해당한다.

추가령 구조곡이 직선상의 좁고 긴 골짜기로 발달한 이유로는 중생대 백악기 이후부터 오랜 기간에 걸쳐 진행된 단층 및 습곡 작용과 마그마의 관입 및 분출 등 선형의 지구조 운동, 그리고 신생대 제4기에 들어 이러한 선형의 연약대를 따라 집중적으로 발생한 화산 활동 및 단층 작용과 차별 풍화 및 하천의 침식 작용을 들 수 있다. 추가령 구조곡은 중생대 말 또는 신생대 제3기 초부터 형성된 북북동-남남서 방향의 주향이동성 단층대로서, 남부 구역의 평균 이동률이 약 0.21mm/년으로 판 내부의 활성 단층일 가능성이 있는 것으로 설명된다(이기화·이전희, 1995).

추가령 구조곡에는 오래 기간 단층 활동이 있었던 지구조적 연약대를 따라 현무암질 용암이 열하 분출하여 기존의 지형 기복을 상당수 메우면서 식어 현무암으로 이루어진 넓은 고원 지형인 철원-평강 용암대지가 형성되어 있다(그림 2-6). 북한에서는 평강철원고원 또는 현무암덕으로 불리는 철원-평강 용암대지는 서쪽에 인접한 황해북도 일대의 신계-곡산 용암대지와 함께 한반도 중부의 특징적인 신생대 화산 활동 지역으로 꼽는다.

추가령 구조곡에서 신생대 제4기의 현무암 분출은 대체로 구조곡의 주방향을 따라 열하 분출의 형태로 이루어졌다(이민부·이광률, 2016). 유동성이 높은 현무암질 용암의 분출은 주로 평강의 오리산(453m)과 검불랑 북쪽 성산(673m)을 잇는 선을 중심으로 이루어졌다. 오리산에서 검불랑을 잇는 열하 분출선은 추가령 구조곡의 선 구조와 일치하기 때문에, 추가령 구조곡의 연약대가 열하 분출에 선형적으로 기여했을 가능성이 높다. 그리고 이들 봉우리들은 열하 분출 말기에 중심성이 현저해지면서 중심 분출성 분화구를 가진 화산이 되었다. 추가령 구조곡을 따라 발생한 열하 분출로 형성된 현무암 용암대지는 철원, 평강, 세포 지역에서 가장 대규모로 나타나며, 구조곡의 북쪽으로는 안변남대천의 하곡을 따라서 고산군을 지나 안변군 비산리 부근까지 이르렀고, 남쪽으로는 한탄강과 임진강의 하곡을 따라서 갈말, 전곡, 적성을 지나 파주시 파평면 율곡리 부근까지 도달하였다.

추가령 구조곡을 따라 철원-평강 용암대지를 형성한 초기의 용암 분출은 신생대 제4기 중반인 57만 년 전에서 27만 년 전에 있었던 것으로 보이며, 마지막으로 용암이 분출된 시기는 약 4만 년 전 내외일 가능성이 높은 것으로 알려져 있다(이민부·이광률, 2016). 평강, 안변 일대에는 4~10

번에 달하는 현무암질 용암의 분출로 형성된 두께 20~140m의 현무암층이 존재한다. 회양, 창도 일대에는 최대 10번의 분출에 의한 두께 102~200m의 현무암층이 발달해 있다. 철원-평강 용암대지는 용암류의 방향에 의한 용암대지의 위치에 따라 화산 분출의 중심부인 철원-평강 지역, 안변남대천 하곡에 해당하는 북쪽의 고산-안변 지역, 한탄강과 임진강 하곡에 해당하는 남쪽의 연천-파주 지역, 북한강 유역에 해당하는 동쪽의 회양-창도 지역으로 구분된다(그림 2-6). 철원-평강 용암대지의 총면적은 약 825.84㎢로, 중심부인 철원-평강 지역의 면적 약 546㎢가 전체의 약 66%를 차지한다(이민부·이광률, 2016).

5. 북한의 하천 지형과 해안 지형

1) 북한의 하천 및 하천 지형 변화

북한 서해안의 지형 경관은 갯벌(간석지), 모래 해안, 해안 충적평야, 조석의 영향을 받는 감조 하천 등이 일반적이다. 서해안의 지형은 지난 빙기의 해퇴에 의해 침식기준면 저하로 침식이 일어나면서 대규모 곡지와 와지가 해안 지역을 따라 형성되었으며, 후빙기에 들어 해수면이 상승하면서 이에 따른 해안의 퇴적 작용으로 충적지가 발달한 것이다. 이렇게 형성된 충적평야 지역은 해발고도와 경사가 낮아 조석의 영향을 크게 받는다. 조석의 영향이 미치는 하천 하류부의 감조 구역에는 간석지의 점토질 물질이 내륙까지 이동해 와서 퇴적되어 있다. 조류와 하천의 작용은 영향력의 정도에 따라 해안과 하천의 하류 지역에 다양한 지형들을 발달시켰다. 하천 하구 및 본류와 지류변에 발달한 이러한 지형들은 인간 생활에 필요한 공간을 제공하기 때문에 과거뿐만 아니라 현재에도 개발의 대상이 되어 왔다(이민부 외, 2005b).

북한 서해안의 대표적인 하천 지형인 대하천 하구 및 하류부의 넓은 충적평야, 깊고 넓은 하폭의 본류 하도와 하구 주변의 간석지, 그리고 심하게 곡류하는 지류 하도와 같은 경관은 대동강과 재령강 하류에서도 잘 나타난다. 북한의 서해안에 유입하는 대동강과 재령강의 하류 지역을 사례로 하여(이민부 외, 2005b), 하도 및 하천 지형의 변화를 살펴보면 다음과 같다.

곤양강은 평양시를 동서로 관통하여 대동강으로 유입하는 하천이다. 1894년과 1902년에는 곤양강과 대동강이 합류하여 유속이 느려지는 지역에 하중도가 발달했다(그림 2-7, 2-8). 하지만 1980년과 2002년에는 하중도를 관통하는 하도의 북부가 막혀 육상으로 연결된 것을 확인할 수 있

그림 2-7. 곤양강 하류의 1894년 지형도
출처: 이민부 외, 2005b

그림 2-8. 곤양강 하류의 1902년 지형도
출처: 이민부 외, 2005b

그림 2-9. 곤양강 하류의 1980년 지형도
출처: 이민부 외, 2005b

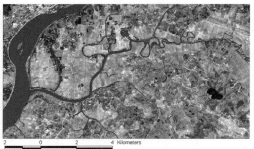

그림 2-10. 곤양강 하류의 2002년 위성영상
출처: 이민부 외, 2005b

다(그림 2-9, 2-10). 1980년과 2002년에는 20년이 넘게 지속되어 온 곡류 하도가 차단되는 경향을 보인다. 이는 북한에서의 식량생산과 관개시설 정책과도 연결되는데, 식량증산을 위하여 농경지를 하천 주변까지 확대하면서, 부족한 관개수를 확보하기 위해 해안평야 지역에서는 관개시설을 만들기보다는 기존 곡류하천의 유로를 저수지원으로 활용했기 때문으로 판단된다.

재령강은 북류하여 대동강 하류에 합류하는 하천이다. 재령강은 규모가 큰 하천인데도 불구하고, 합류점 부근에서 잔류 기반암의 지형적인 장애로 범람원의 규모가 넓은 편은 아니다. 1902년에는 재령강의 동부 산지와 범람원이 접하는 지점에서 발원한 소규모의 지류들이 재령강에 유입되는 과정에서 사행하는 것을 확인할 수 있으며, 재령강 서쪽의 지류를 따라 대규모의 습지가 발달해 있다(그림 2-11). 그렇지만 이후 농경지로 개간되면서, 2002년에는 곡류하던 중규모의 지류들에 하도의 직강화가 이루어진 모습이 확인된다(그림 2-12).

남한의 평야 지역을 흐르는 하천들은 대규모의 국토 개발이 이루어지는 과정에서 하도의 직강화, 수로의 규칙화, 구하도의 매립 등이 이루어져 지형의 변화가 매우 심하게 나타났다. 그러나 현재 북한의 하천에서는 일제강점기와 비교할 때 하도와 하천 지형의 대규모 변화가 뚜렷하게 나타

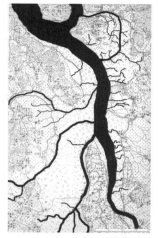

그림 2-11. 재령강 하류의 1902년 지형도
출처: 이민부 외, 2005b

그림 2-12. 재령강 하류의 2002년 위성영상
출처: 이민부 외, 2005b

나지 않는다. 또한 하천의 개발은 하도가 심하게 곡류하는 부분이 끊기어 유로가 단순해지는 곡류 절단과 같이 소규모의 하도 변화를 통해 형성된 구하도를 저수지로 사용하여 농업 용수를 확보하는 정도에 그치고 있다.

2) 북한의 해안평야

북한의 서해안과 동해안은 거시적인 지형의 차이로 하천, 파랑, 조석 등 지형 형성의 작용이 달라짐으로써, 해안평야의 특성도 서로 다르게 나타난다. 서해안은 장기간 풍화·침식 작용을 받은 크고 작은 구릉지들이 해안에 위치하여 해안선의 출입이 심하며, 수심이 얕고 조차가 커서 간석지와 습지가 넓게 발달되어 있다. 반면에 동해안은 활발한 지반 융기에 의해 해안선이 단조로우며, 수심이 깊고 조차가 작아 파랑의 영향을 받는 해안 침식 지형과 모래해안이 잘 발달되어 있다. 이민부 외(2009)의 연구를 인용하여, 북한에서 서해안과 동해안에 위치한 대표적인 해안평야인 안주평야와 함흥평야를 대상으로, 서해안과 동해안의 해안평야 특성과 환경 변화에 대해 비교·분석해 보면 다음과 같다.

안주평야는 평안북도와 평안남도의 경계를 이루는 청천강 하류의 남안과 평안남도 북서부 해안 지역에 펼쳐진 평야로서(그림 2-13), 북한에서는 열두삼천리벌 또는 안주벌로 불린다. 안주평야는 크게 충적평야, 해안평야, 침식평야의 3개 지역으로 구분된다. 먼저 청천강 하류 이남의 안주군

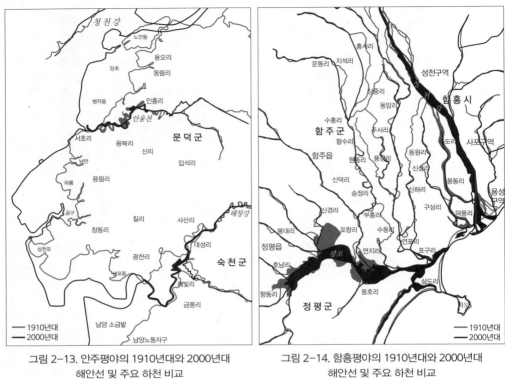

그림 2-13. 안주평야의 1910년대와 2000년대
해안선 및 주요 하천 비교
출처: 이민부 외, 2009

그림 2-14. 함흥평야의 1910년대와 2000년대
해안선 및 주요 하천 비교
출처: 이민부 외, 2009

일대는 청천강의 범람 과정에서 공급된 퇴적물이 쌓여 형성된 충적평야이다. 문덕군·숙천군·평원군 북부의 서부 해안 지역은 과거에 넓은 갯벌이었으나 현재는 간척에 의해 육화된 해안평야이고, 문덕군·숙천군·평원군 북부의 내륙 중부 지역은 장기간의 침식 작용으로 완만한 구릉지가 넓게 나타나는 구릉성 침식평야로 구분된다.

1910년대의 지형도와 2000년대의 위성영상을 비교해 보면, 안주평야의 대부분 지역에서 간척 사업을 통해 해안선이 바다로 나아가고 대규모 간척지가 만들어지면서 육지의 면적이 확대되었음을 확인할 수 있다(그림 2-13). 1910년대에 비해 2000년대에 문덕군의 노안동에서 서호리까지의 해안에서는 약 22.68㎢의 면적이, 문덕군 서호리에서 숙천군 삼천포까지의 해안에서는 약 20.90㎢ 면적이, 숙천군 삼천포에서 남양노동자구까지의 해창강 하구 해안 일대에서는 약 41.40㎢의 면적이 간척지로 조성되어, 총 84.98㎢의 면적이 갯벌에서 격자형의 농경지와 염전으로 바뀌었다. 이에 따라 해안선의 형태가 매우 복잡했던 이전과는 달리, 간척을 통해 직선에 가까운 단순한 형태로 변모하였다. 해안선의 길이는 1910년대에 약 131.6㎞였던 것이 2000년대에 약 71.8㎞로 약

1/2 정도 짧아졌다.

　함흥평야는 함경산맥에서 발원한 성천강의 하류 및 하구에 쌓인 다량의 하성 퇴적물과 해안을 따라 재이동 및 재퇴적된 해성 퇴적물에 의해 형성된 해안 충적평야이다. 함흥평야의 퇴적물 공급원인 성천강은 우리나라 하천에서는 보기 드물게 두드러진 망상(braided)의 유로를 이루고 있다. 하도 및 하안에 대한 개발이 진행되기 이전인 1910년대의 지형도를 살펴보면(그림 2-14), 함흥평야가 위치한 성천강 하류의 하도는 수 개의 줄기로 분류와 합류를 반복하는 망상의 유로를 이루고 있으며, 성천강으로부터 분류한 일부 유로는 남쪽으로 흘러 성천강 하구가 아닌 광포 하구로 유입되기도 한다. 그리고 이러한 성천강에서 분기된 지류 하도의 위치는 1910년대와 2000년대에 큰 변화가 없다. 따라서 성천강의 하류는 망류 하도보다는 고정된 기반암이나 충적층에 의해 안정적으로 하도가 분류하고 다시 합류하는 형태인 분합(anastomosing) 하도에 가깝다고 할 수 있다.

　북한의 동해안에서는 함경산맥의 높은 산지로부터 공급된 다량의 퇴적물을 운반한 하천이 넓고 평탄한 해안에 접하면서 토사를 퇴적하여 삼각주가 잘 형성된다. 성천강의 하구는 삼각주 지형으로 이 외에도 두만강, 영흥강 하구에 삼각주가 발달해 있다. 삼각주가 발달한 성천강 하구의 해안선은 1910년대에서 2000년대 사이에 최소 약 400m에서 최대 약 800m 범위로 바다를 향해 전진하여, 해안선의 전진 속도는 최대 약 9m/년으로 분석되었다(그림 2-14). 퇴적물 공급에 따른 삼각주의 이러한 성장을 통해, 성천강 삼각주 일대에서 연안류를 통해 성천강 하구의 퇴적물이 이동될 수 있는 범위인 삼도리의 첨상 사취(cuspate spit) 말단부까지의 해안 지역은 1910년대에 비해 2000년대에 육지의 면적이 약 3.40㎢ 증가한 것으로 분석되었다.

　결론적으로, 북한 서해안의 안주평야와 동해안의 함흥평야의 지형 경관을 비교하여 정리하면 〈표 2-1〉과 같다. 서해안의 안주평야는 간석지, 범람원, 습지, 구릉 등의 지형을 평야 일대에서 관찰할 수 있으며, 동해안의 함흥평야는 범람원, 사주, 사구, 석호 등의 지형이 분포한다. 안주평야를

표 2-1. 북한 서해안 안주평야와 동해안 함흥평야의 지형 환경 비교

서해안 안주평야	지역	동해안 함흥평야
600㎢, 0~20m	면적, 고도 범위	350㎢, 0~15m
충적평야, 해안평야, 침식평야	평야의 성인	(하해 혼성) 충적평야
하천, 조석, 풍화, 인간 활동	지형 형성 기구	하천, 파랑
간석지, 범람원, 습지, 구릉	주요 지형	범람원, 사주, 사구, 석호
청천강, 해창강, 안융천	주요 하천	성천강, 원수천
(자유)곡류	하도 특성	분합류, 망류
간척사업, 하도 직강화	주요 환경 변화	삼각주의 성장, 분기 하도의 개간, 석호의 축소

출처: 이민부 외, 2009

형성하는 데 가장 큰 영향을 미친 기구는 하천, 조석, 풍화, 인간 활동으로 볼 수 있다. 즉 세립의 퇴적물을 운반·퇴적시킨 청천강과 같은 하천, 넓은 간석지를 발달시킨 조석, 고도가 낮고 경사가 매우 완만한 구릉을 형성한 풍화 및 침식 작용, 그리고 갯벌을 매립하여 농경지로 개간한 인간의 활동 등이다. 따라서 안주평야는 평야의 성인이 각 지역에 따라 충적평야, 해안평야, 침식평야로 구분된다. 반면 함흥평야를 형성한 기구는 함경산맥의 높은 산지로부터 크고 작은 다량의 토사를 공급하여 퇴적한 성천강의 작용이 매우 크다고 볼 수 있어, 함흥평야는 하성 및 해성 물질이 혼합된 충적평야로 구분된다.

3) 북한의 갯벌과 간척

북한의 서해안은 남한과 마찬가지로 조차가 심하고, 수심이 얕아서 간조 때에는 광대한 갯벌이 드러난다. 이민부 외(2005a)의 연구를 인용하여, 북한 서해안의 갯벌(간석지)과 간척에 의한 해안 변화를 살펴보면 다음과 같다. 남북한 서해안 전체의 간석지 총면적은 약 69만 9630ha이며, 이 중 북한 지역에는 약 32만 8천여 ha로 전체의 약 47%의 간석지가 분포되어 있다(표 2-2). 대부분의 문헌들은 북한의 서해안에서 간석지가 발달 및 확장하고 있는 것으로 보고 있으며, 대동강의 하구인 평안남도 온천군 일대 해안, 청천강의 하구인 운전군·정주군 일대 해안, 압록강의 하구인 평안북도 용천군 일대 해안, 한강·임진강·예성강의 하구인 황해남도 연안군·배천군과 황해북도 개성시 일대 해안 등을 사례로 들고 있다. 계속해서 확장해 가고 있는 북한 서해안의 넓은 간석지는 상대적으로 농경지로 활용할 수 있는 토지가 적은 북한에서 비옥한 토지를 확보하고 농업 생산성을 극대화할 수 있는 대상으로서, 오래전부터 농경지 확대를 위한 간척의 대상이 되어 왔다.

1981년에 발간된 북한의 1:50,000 지형도를 통해서 간척사업에 의한 해안선 변화를 확인할 수 있는 지역은 압록강 하구 부근인 평안북도 용천군·염주군 일대, 청천강 하구인 평안북도 곽산군·정주군·운전군·박천군과 평안남도 문덕군·숙천군 일대, 대동강 하구인 평안남도 증산군·온천

표 2-2. 북한의 간석지 현황

지역	간석지 면적(ha)	지역	간석지 면적(ha)
평안북도	118,722	황해남도	121,068
평안남도	84,325	함경북도	307
남포시	2,797	개성시	1,049
강원도	39	계	328,306

출처: 리홍섭, 1986

군·용강군 일대, 그리고 한강 하구로 볼 수 있는 황해남도 강령군·청단군·연안군·배천군 일대로, 넓은 범위의 해안에 걸쳐 간척사업이 진행되고 있는 것처럼 비추어진다(그림 2-15). 그러나 이들 지역은 대부분 이미 조선시대 또는 일제강점기부터 간척이 진행되어 왔던 곳이다. 또한 간척지의 면적도 대규모는 아니며, 좁은 내만에 제방을 쌓아 막는 방식의 소규모 간척사업이 반복적으로 진행되면서 토지를 확장해 온 것으로 파악된다.

1999년 및 2001년 위성영상을 통해 분석한 결과, 북한의 서해안에서 계획된 21개 지구 중 6개 지구(대계도·곽산·금성·은율·강령·청수도)는 부분 준공 또는 완공, 5개 지구(정주·대동만·해암도·용매도·반이도)는 해안 일부 지역에서 부분적으로 간척이 진행된 것으로 파악되며, 8개 지구

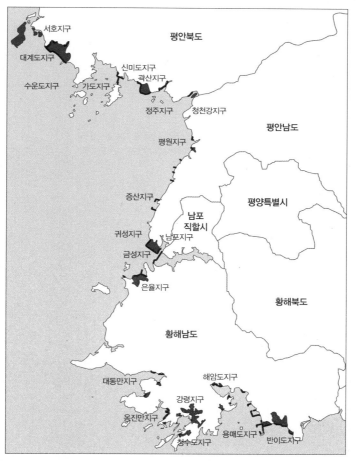

그림 2-15. 1999년 및 2001년 위성영상에서 확인된 북한 서해안의 방조제 및 간척지 현황

출처: 이민부 외, 2005a

는 방조제의 일부분을 건설하는 과정 중에 있고, 나머지 2개 지구는 미착공된 것으로 확인되었다. 그리고 북한의 서해안에서 계획된 21개 간척지구의 전체 면적 약 136,711ha 중 2001년(대계도 지구는 1999년)에 확보된 농경지는 약 11,932ha로, 전체 계획 면적의 8.7% 정도만 농경지로서 개간된 것으로 나타났다.

4) 북한의 석호

한반도 동해안에 발달한 자연 호수는 크게 두 가지 유형으로 구분된다. 하나는 하천의 하구 또는 넓은 해안평야를 형성하고 있는 만의 입구에서 연안류에 의한 해성 운반·퇴적 작용으로 모래가 만입부를 가로지르며 쌓여 바다와 분리된 호수로 발달한 석호이며, 다른 하나는 하천의 본류와 지류가 만나는 하곡에서, 본류로부터 운반된 다량의 하성 퇴적물이 지류의 하도를 막아 지류 하천의 하곡에 물이 차면서 발달한 하적호이다. 이민부 외(2006)의 연구 결과를 인용하여, 석호를 포함한 북한 동해안의 호수 분포 및 지형 특성을 살펴보면 다음과 같다.

표 2-3. 동해안 자연호의 시도별 개수와 면적

시도		개수		면적	
		전체(석호+하적호)	비율(%)	전체 면적(㎢)	비율(%)
북한	나선시	5(4+1)	8.8	29.09	38.5
	함경북도	13(8+5)	22.8	11.30	14.9
	함경남도	12(11+1)	21.1	16.85	22.3
	강원도	13(9+2)	22.8	12.26	16.2
	계	43(34+9)	75.5	69.47	91.9
남한	강원도	14(14+0)	24.5	6.14	8.1
계		57(48+9)	100	75.61	100

출처: 이민부 외, 2006

표 2-4. 1990년 동해안 자연호의 면적 및 둘레 순위

순위	면적(㎢)		둘레(㎞)	
1	18.43	번포(석호)	44.03	번포
2	9.88	광포(석호)	41.20	광포
3	8.28	만포(석호)	27.44	장연호
4	7.66	장연호(하적호)	16.00	동정호
5	4.68	동정호(석호)	14.26	천아포

출처: 이민부 외, 2006

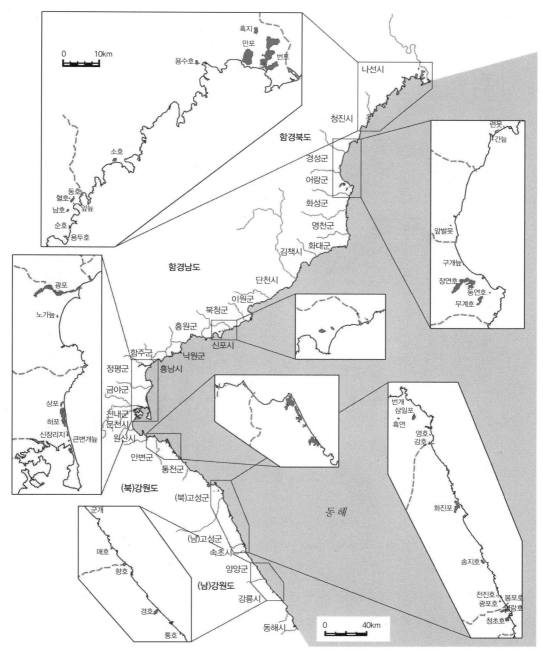

그림 2-16. 북한 동해안의 자연호 분포
출처: 이민부 외, 2006

제2장 북한의 지형·지질 **71**

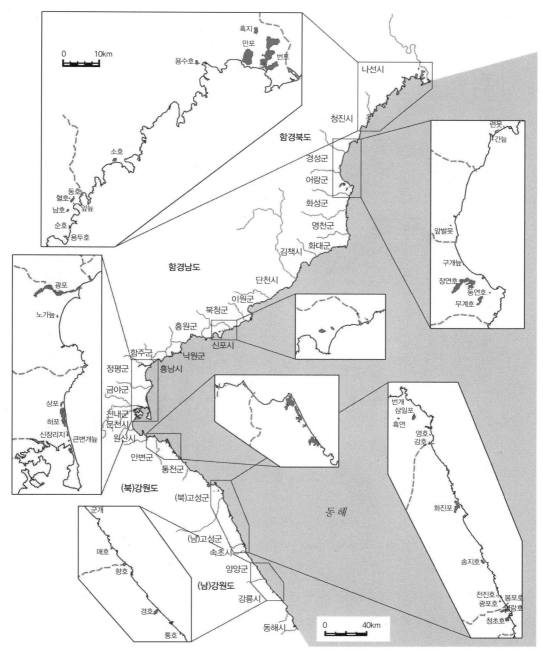

그림 2-16. 북한 동해안의 자연호 분포
출처: 이민부 외, 2006

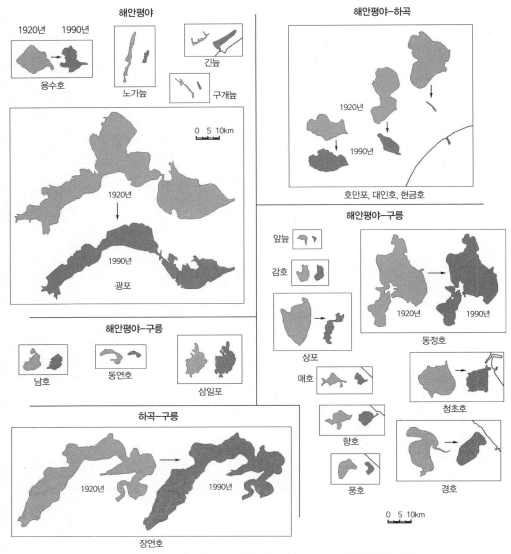

그림 2-17. 1920년과 1990년의 동해안 자연호의 주변 지형별 형태 변화

출처: 이민부 외, 2006

북한 동해안에서 석호의 수는 총 34개, 총면적은 58.71㎢로서, 한반도 전체 석호의 총면적인 64.85㎢의 약 91%에 해당하는 석호가 북한 지역에 분포한다(표 2-3). 한편 하적호는 남한 지역에는 없고, 북한 동해안에 모두 9개가 존재하며 총면적은 10.77㎢이다. 자연호의 분포를 시군별로 보면 함경북도 청진시 8개, 강원도 고성군 6개, 나선시와 강원도 통천군이 각각 5개로 상대적으로 자연호가 밀집된 지역으로 나타났다. 반면 고도가 높은 급경사의 산지가 암석해안을 이루며 연안의

수심이 상대적으로 깊은 함경북도 화성군~김책시, 함경남도 흥원군~흥남시, 강원도 천내군~원산시 구간에서는 자연호가 발견되지 않았다. 한편 함경남도 흥원군~흥남시, 강원도 천내군~원산시 해안에는 과거에 규모가 작은 석호나 하적호가 일부 존재하였지만, 매립을 통한 농경지 등으로의 토지 전환과 자연적인 건륙화 등에 의해 1990년에는 대부분 사라졌다.

대부분의 지리 자료에서는 광포 또는 장연호를 한반도에서 가장 큰 자연호로 소개하고 있다. 그러나 1990년 전후의 위성영상을 분석한 결과, 두만강 하구의 번포가 18.43㎢로 가장 넓은 면적의 자연호였다. 다음은 광포가 9.88㎢, 만포가 8.28㎢를 차지하고, 그다음으로 하적호인 장연호의 면적이 7.66㎢이다.

1920년과 1990년 사이에 자연호의 면적 변화를 분석한 결과(그림 2-17), 해안평야와 하곡으로 둘러싸인 자연호는 변화율 21.1%로, 면적의 감소가 가장 두드러진 것으로 나타났다. 호수 면적 축소의 가장 큰 원인으로는 농경지 및 시가지로의 토지 이용을 위한 호안의 인위적인 매립으로, 동연호, 대인호, 현금호, 감호 등이 이러한 이유로 축소되었다. 다음으로는 유입 하천에 의한 토사 공급의 증가로 호수의 수위가 저하되고 호안이 축소되어 자연적인 건륙화가 발생하면서 면적이 축소된 것으로, 용수호, 남호, 호만포, 광포 등이 이에 해당한다. 구개늪, 노가늪 등은 사구 또는 사빈의 확대로 배후에 위치한 호수의 면적이 축소되었다.

더 읽을 거리

권혁재, 2006, 『지형학』, 법문사.
···▶ 지형학 개론서로서, 여러 가지 지형 용어와 개념이 비교적 이해하기 쉽게 설명되어 있다. 북한을 포함하여 우리나라에 발달하는 여러 지형에 대해서도 특성과 형성 과정이 잘 설명되어 있다.
이광률, 2020, 『이미지로 이해하는 지형학』, 가디언북.
···▶ 지형학 개론서로서, 많은 그림과 사진을 통해 지형의 개념과 형성 과정을 설명하고 있다. 본 장에서 지면의 한계로 다루지 못한 수없이 많은 여러 가지 지형에 대해 북한을 포함한 우리나라에 발달하는 대표적인 지형을 사례로 하여, 보다 구체적이고 자세하게 설명하고 있다.
이민부·김남신·한욱·한주연·최한성, 2006, 『북한의 환경변화와 자연재해』, 한울아카데미.
···▶ 북한의 환경변화와 자연재해를 연구한 책으로, 원격탐사와 지리정보시스템을 이용해 연구 지역으로 선정된 북한의 주요 지역에 대한 토지이용 변화를 살펴보고, 자연재해와 관련하여 경지개간 지역에서의 산사태와 토양 유실 위험에 대해 분석하고 있다.
김종연·김주용, 2005, 「북한 학자들에 의한 북한 지형 연구 현황」, 『한국지형학회지』, 12(2), 11-26.
···▶ 1980년대 후반 이후 간행된 북한의 지형학 관련 잡지들과 지형학 연구 관련 단행본들을 대상으로, 북한 지

형 연구의 현황과 성과들을 소개하고 한국 지형 연구에서의 의미를 논의하고 있다.

이성이·성영배·강희철·최광희, 2012, 「백두산 빙하지형의 존재 가능성과 제4기 화산활동과의 관계」, 『대한지리학회지』, 47(2), 159-178.

⋯→ 백두산 천지의 북쪽과 서쪽 사면에서 발견되는 다양한 빙하 관련 지형의 증거들을 제시하고, 연대 측정을 통해 백두산 빙하 지형의 형성 과정과 백두산 빙하 활동 시기 그리고 화산 활동의 시기를 논의하였다.

참고문헌

김종연·김주용, 2005, 「북한 학자들에 의한 북한 지형 연구 현황」, 『한국지형학회지』, 12(2), 11-26.

리홍섭, 1986, 『지리상식백과』, 과학백과사전출판사.

박수진·손일, 2008, 「한국 산맥론(III): 새로운 산맥도의 제안」, 『대한지리학회지』, 43(3), 276-295.

이광률, 2020, 『이미지로 이해하는 지형학』, 가디언북.

이금삼, 2000, 「DEM을 이용한 한반도 지형의 계량적 특성과 기반암질과의 관계 분석」, 경북대학교 대학원 박사학위논문.

이기화·이전희, 1995, 「추가령 단층대의 구역화: 경기육괴 주요 단층대의 지구물리학적 연구」, 『지질학회지』, 31(2), 116-124.

이민부·김남신·이광률, 2005a, 「북한 서해안의 간척과 해안 변화: 평안북도 염주군과 철산군 해안을 사례지역으로」, 『한국지형학회지』, 12(3), 99-110.

이민부·김남신·이광률·한욱, 2005b, 「위성영상 분석을 이용한 대동강과 재령강의 하도변화 분석」, 『한국지형학회지』, 12(1), 91-102.

이민부·김남신·이광률, 2006, 「한반도 동해안의 자연호 분포와 지형 환경 변화」, 『한국지역지리학회지』, 12(4), 449-460.

이민부·김남신·최한성, 2004, 「수치고도모델을 이용한 북한지역의 지형분석」, 『한국지형학회지』, 11(1), 53-64.

이민부·이광률, 2016, 「추가령 구조곡의 지역지형 연구」, 『대한지리학회지』, 51(4), 473-490.

이민부·이광률·김남신, 2009, 「북한 지역 동해안과 서해안 평야의 지형 환경 변화: 안주평야와 함흥평야를 중심으로」, 『한국지역지리학회지』, 15(2), 179-191.

탁한명·김성환·손일, 2013, 「지형학적 산지의 분포와 공간적 특성에 관한 연구」, 『대한지리학회지』, 48(1), 1-18.

탁한명·박선엽, 2017, 「우리나라 산지의 형태적 특성과 산지분류에 관한 연구」, 『한국지형학회지』, 24(1), 63-76.

통일원, 1993, 『북한지지요람』.

통일원, 1994, 『북한의 자연지리와 사적』.

제3장

북한의 기후

———

이은걸

경희대학교 지리학과 교수

• 문헌자료 수집 및 요약, 원고의 교정 그리고 그림 작업에 큰 도움을 준 경희대학교 지리학과 기후학실험실의 오지은에게
  감사를 드림.

1. 서론

한반도가 위치한 중위도 지역은 열에너지가 남는 저위도 지역과 열에너지가 부족한 고위도 지역의 사이에 있다. 그렇기 때문에 대기에서의 에너지 교환이 활발하여 전선, 고기압, 저기압 등의 종관 기상현상이 잘 발생한다. 이러한 기상현상은 장기간에 걸친 대기의 상태, 즉 기후에 영향을 미치게 된다. 여름에는 북태평양에서 발달한 고기압이 우세하여 한반도에 무덥고 습한 날씨를 가져오며, 겨울에는 시베리아 고기압의 영향으로 춥고 건조한 날들이 지속된다. 봄과 가을에는 이동성 고기압에 의해 맑고 건조한 날의 빈도가 높은 계절적 특성이 나타난다. 한반도는 삼면이 바다로 둘러싸인 반도 지역인데도 불구하고, 여름과 겨울의 기온의 연교차가 큰 대륙성 기후를 띠고 있다. 이렇게 해양에 인접하지만 대륙의 영향을 더 많이 받는 이유는 유라시아 동안에 위치하고 있기 때문이다. 중위도 지역은 서풍이 탁월한 편서풍 지역이다. 즉 대기는 주로 서쪽에서 동쪽으로 움직이기에 한반도의 서쪽에 위치한 유라시아 대륙의 영향이 해양보다 큰 것이다. 이러한 기후인자들(위도, 지리적 위치, 기단, 전선)은 여름철에는 고온다습하고 겨울철에는 한랭건조한 계절적 기후특성을 갖게 한다. 국지적인 규모에서의 기후는 지역마다 다양하게 나타나는데, 이는 한반도가 남북으로 긴 형태(동서 방향의 폭은 300㎞이지만 남북 방향으로는 1,100㎞)를 지니고 있으며 지형이 복잡하기 때문이다. 예를 들어, 남부 지역은 해양성 기후의 특징이 보다 강하게 나타나지만 북쪽으로 올라갈수록 대륙의 영향이 우세하다. 지형과 더불어 한반도 주변을 흐르는 난류와 한류 역시 국지적인 기후에 영향을 주는 인자이다.

1990년대 자연재해와 기근 등 북한의 주요 사건은 북한의 기후특성과 기후변화에 큰 영향을 받았다. 그 외 남한과 북한의 자연환경·사회경제적인 차이는 남북 기후특성의 차이에 기인할 수 있다. 남한과 한반도, 동북아시아의 기후변화를 이해하기 위해서는 남한뿐만 아니라 북한의 기후에 대한 이해가 필수적이다. 그러나 북한에 대한 기상관측자료의 부족은 이를 어렵게 하고 있으며, 특히 1970년대 이전의 자료를 확보하기가 매우 어렵다. 따라서 북한 기후에 관련된 문헌들은 남한의 기후 연구와 비교할 때 많이 미흡한 실정이다.

이 장에서는 북한의 기후를 이해하기 위해 기후요소와 기후변화를 중심으로 기술하였다. 먼저 북한 기후 연구에 관한 국내외 연구 동향을 소개하였다(2절). 3절에서는 북한 기후 연구를 위해 이용할 수 있는 북한의 기후자료에 대해 기술하였다. 본론의 4절에서는 기후요소(기온, 강수, 바람, 상대습도, 운량, 현상일수, 극한기후지수)별 연평균 및 계절 특성을 평년값(1981~2010년 평균값)을 이용하여 지역별로 기술하였다. 그리고 이러한 북한의 기후적인 특성이 어떻게 변화하였는지는 5절에서 기술하였다. 6절에는 북한의 기후특성 및 변화를 남한의 기후와 비교하였고, 마지막으로 북한 기후와 관련되어 더 읽을 거리를 제공하였다.

2. 국내외 연구 동향 소개

1) 국내 연구 동향

북한 기후에 관한 국내 연구들은 대부분 2000년 이후의 연구들로서, 북한의 기후자료(김진욱 외, 2015), 기온(김수옥·윤진일, 2011; 김진희·윤진일, 2011; 박선엽·이수경, 2019), 강수(윤진일, 2000; 김석주 외, 2010; 이보람 외, 2013; 강신욱·문장원, 2014), 응용기후(김흥주·이승호, 2017), 미래 기후변화(권민성 외, 2015; 김진혁 외, 2018; 염웅선 외, 2019)에 관한 연구들이 있다. 이승욱 외(2017)는 2007~2016년 동안 발간된 북한 학술지『기상과 수문(Weather and Hydrology)』을 분석하여 북한의 기상·기후 연구 동향을 조사하였다. 해당 10년 동안 연구주제는 기상 예측의 현대화 및 정보화(278건), 기상(186건), 수문(144건), 농업기상(138건), 해양(133건), 의학기상(5건)의 순이었다. 즉 기상연구수치모델의 개발과 응용에 대한 연구가 주를 이루었고, 기후 연구 분야에서는 주로 회귀식 등 통계를 이용하여 가까운 미래를 예측하는 정도였다.

기온과 관련된 연구로서, 김수옥·윤진일(2011)은 남한의 기온기후도 제작에서 활용되었던 소기후 모형을 김진희·윤진일(2011)이 설정한 북한의 855개 표준유역에 적용하여, 평년(1971~2000) 및 10년 단위의 월별 일최저기온과 일최고기온을 공간적으로 보여 주었다. 모형을 통하여 계산된 북한 전역의 평년 월별 평균기온은 남한보다 겨울철에는 7℃, 여름에는 3℃ 정도 낮게 나타났으며, 1971~2010년의 40년간 기온상승 경향은 봄철과 가을철에 현저하게 나타났다. 특히, 평년 4월 최고기온이 15℃ 이상인 지역이 차지하는 면적이 36.9%에서 2000년대에는 44.3%로 증가한 것으로 추정되었다(김수옥·윤진일, 2011). 남북한의 기온 변화를 24절기별로 살펴본 최근 연구에 따르면, 지난 40년 동안(1979~2018) 남한(18개)에 비해 북한(21개)에서 기온이 상승한 절기의 개수가 더 많았다(박선엽·이수경, 2019). 최고기온이 관측된 절기는 남북한 모두 입추였지만, 최저기온을 나타낸 절기는 남한의 경우 입춘에서 소한으로, 북한의 경우 대한에서 소한으로 앞당겨졌다. 남북한 지역 전체적으로 극서일은 대서보다 늦어지고 극한일은 대한보다 일찍 나타나는 경향을 보였는데, 이는 지구온난화의 영향으로 여름철 일수가 증가하고 겨울철 일수가 감소하는 추세와 맞물린다(박선엽 · 이수경, 2019).

강수와 관련된 연구로서, 윤진일(2000)은 남한의 기상 데이터와 수치표고모델(Digital Eleva-tion Model, DEM)을 이용하여 분석된 지형과 강수 간의 상관성을 북한 지역에 적용하여 북한 지역의 강수기후도를 작성하였다. 이보람 외(2013)는 도 단위 행정구역별로 2001~2010년까지의 10년 평균과 그 이전 시기의 평균값을 비교하여 남북한 강수 특성을 살펴보았다. 남한은 연중 강수일수, 200년 빈도 강수량을 제외한 나머지 지수값들이 증가하는 양상을 보인 반면, 북한은 강수강도, 연 총강수량을 제외한 나머지가 모두 감소하였다. 남한과 북한 모두 최근 10년간 연 총강수량이 과거에 비해 증가하였으며, 특히 서울과 평양과 같은 도시 밀집 지역에서 강우집중도가 증가하였다(이보람 외, 2013). 김석주 외(2010)의 연구는 여름철 남쪽으로부터 불어오는 계절풍의 북부 변두리에 위치하고 있는 혜산시(함경남도 북쪽에 위치한 중국과의 접경 지역)의 계절별 가뭄과 홍수 특성을 살펴보았다. 1957~2006년까지 50년 동안 혜산시는 연도나 계절에 관계없이 가뭄과 홍수가 나타나는 빈도가 24% 이상으로 비교적 재해가 자주 발생하였다. 가을철을 제외한 나머지 계절은 홍수가 발생할 확률이 높은 반면, 가을철은 가뭄이 우세하였다(김석주 외, 2010). 강신욱 · 문장원(2014)은 기온과 강수량을 이용하여 지역의 기후특성이 반영된 가뭄지수인 sc-PDSI(self-calibrating Palmer Drought Severity Index)를 적용하여 북한 지역의 가뭄분석 및 가뭄심도(지속기간, 재현주기)를 분석하였다.

북한의 기온과 강수의 변화가 농업생산에 미치는 영향에 관한 연구로서, 김흥주 · 이승호(2017)는 북한의 농업생산이 주로 이루어지는 서부와 동부 지역에서 최근 44년 동안(1973~2016) 여름철(6~9월) 기온이 통계적으로 유의하게 상승하고 있으며, 특히 최고기온이 급격히 상승하였음을 밝혔다. 한편, 강수량의 경우 연별 · 월별 변동이 크게 나타나고 호우일수의 편차도 크게 나타났다. 북한의 농업 생산량에 영향을 미치는 요소는 비료 투입량, 집단농장과 주체농법과 같은 농업시스템, 과도한 농지 개발에 의한 산림파괴 등이 있다. 하지만 장기적으로는 기후변화가 크게 영향을 미칠 수 있으므로, 농업 생산량뿐 아니라 먹거리 보장(food security)을 향상시키기 위해 기후변화에 대한 대응에 적극적으로 나서는 것이 중요하다(김흥주 · 이승호, 2017).

미래 기후변화에 따른 북한 기후 예측에 관한 논문으로, 미래 기후변화 시나리오[1]하에서 연최

---

1. 기후변화 시나리오인 대표농도경로(Representative Concentration Pathway, RCP) 시나리오에 기반하여 미래 기후를 예측하였다. RCP 시나리오는 지구와 태양 간의 주고받는 에너지 평형 속에서 인간 활동이 첨가됨에 따라 어떻게 그 균형이 바뀌는지를 가정해 보는 시나리오를 말한다. RCP 시나리오는 이러한 에너지 평형의 변화가 미래 기후에 어떤 영향을 줄지 예측하는 4가지의 시나리오(RCP 2.6, 4.5, 6.0, 8.5)로 구성되며, CO_2 배출과 관련하여서는 RCP 2.6이 저탄소, RCP 8.5가 고탄소 시나리오에 상응된다.

대 일강수의 최대치가 증가하는 지역이 평균치가 증가하는 지역보다 많을 것으로 분석되어, 한반도에서 극한강수 현상의 증대가 예측되었다(권민성 외, 2015). 염웅선 외(2019)도 북한강과 임진강 유역에서 RCP 4.5, RCP 8.5 시나리오 모두 강수량이 2011~2100년 동안 증가할 것으로 예상되며, 극한강수의 출현이 점차 많아질 것으로 예측하였다. 김진혁 외(2018)는 2100년으로 갈수록 북한 지역의 강수량과 극한강수의 증가 경향이 예측되나, 기온과 증발산량 또한 증가하여 가뭄은 더 빈번하게 일어날 것으로 예상하였다.

2) 국외 연구 동향

북한 기후에 관한 국외 연구는 매우 미흡한 실정으로, 북한의 강수 변화에 관한 두 편의 논문이 있다. 과거 강수량 변화에 관한 연구로서, Kim et al.(2011)는 25년 동안(1983~2007) 북한 전역의 27개 관측지점에서 기상 데이터를 분석한 결과, 북한의 연강수량이 줄어드는 경향(−9.3㎜/yr)을 보였고, 특히 봄과 여름에는 각각 −5.3㎜/yr, −16.1㎜/yr의 감소 추세가 있었다. 반면 남한의 강수량은 35년 동안(1973~2007) 증가하는 경향(+8.5㎜/yr)을 보였으며, 여름철에는 +7.3㎜/yr의 증가 추세가 있었다. 이러한 북한의 기상관측자료 분석에서 나타난 남북 간 반대 경향의 여름철 강우의 변화는 다른 관측 및 재분석 기후자료들을 이용하여 검증되었다(Kim et al., 2011). 미래 기후변화 시나리오에 따른 북한 지역의 강수량 예측에 관한 연구로, Kwon et al.(2019)는 극한강수(20년 반복주기 강수)가 21세기 초반(2011~2040)에서 후반(2071~2100)으로 갈수록 더 빈번하게 발생할 것으로 예측하였다. 기후변화를 완화하기 위한 노력 없이 현재 추세대로 온실가스를 계속 배출한다면, 21세기 초반에는 21.1년, 중반에는 16.2년, 후반에는 8.8년으로 기존(1980~2005)의 20년 반복주기가 짧아질 것으로 예상되었다(Kwon et al., 2019).

3. 북한의 기후자료

북한 기후 연구를 위하여 이용할 수 있는 기상 데이터는 우리나라 기상청(1973년 혹은 1981년부터 이용 가능), 미국 해양대기청 산하 국립기후자료센터(National Climate Data Center, NCDC: 1957년부터 가능), 네덜란드 기상청(Koninklijk Nederlands Meteorologisch Instituut, KNMI: 1971~1980년 동안, 일부 지점은 1900년대 초반부터 이용 가능), 조선총독부관측소 연보 및 조선기상월보(1911~1937년 동안 6개 지점 자료 이용 가능)가 있다(김진욱 외, 2015). 이상의 북한 기후
자료를 살펴볼 때, 1910년대 초~1930년대 말은 조선총독부관측소 연보 및 조선기상월보와 KNMI
에서 보유한 기상 데이터(월평균·최고·최저기온, 월강수량)가 있으며, 두 기관의 데이터가 서
로 일치하여 비교적 신뢰할 만하다. 그 이후는 전쟁 등으로 인해 데이터가 남아 있지 않다. 1950년
대 중반 이후 기상청, NCDC, KNMI, 부산대학교에서 보유한 기상 데이터 중 평균기온 자료는 비
교적 기관 간 차이가 적으며 현재까지 수집이 가능하였으나, 강수량은 그렇지 않아 불확실성이
큰 편이다. 최고·최저기온은 기상청과 NCDC 데이터에만 있으나, 1940~1960년대, 1990년 중반
~2000년대 중반까지의 데이터는 누락되어 있다.

　본 장에서는 기상청에서 발간된 「북한기상 30년보: 1981~2010」(기상청, 2011)과 「북한 기후변
화 백서」(기상청, 2013)의 내용에 근거하여, 기후요소별 연평균 및 계절 특성을 지역별로 기술하였
다. 위의 30년보와 백서에서는 1981년부터 2010년까지 30년간 각 관측지점에서의 기온, 강수, 바
람의 평균값을 산출하기 위하여 일평균기온, 일최고기온, 일최저기온, 일강수량, 일평균풍속 자료
들이 산술평균되었다. 이렇게 구해진 기온, 강수의 평균값을 활용하여 극값, 현상일수, 극한기후
지수를 추가적으로 계산하는 등 다양한 방면으로 북한의 기후가 분석되어 있다. 이용된 행정구역
은 현재 북한의 행정구역과 달리, 기상청 육상광역예보구역에 따른 단기예보 기준으로 5개의 도
단위로 나누어 분석되었다. 즉 함경북도, 함경남도, 평안북도, 평안남도, 황해도로 분류되었다(그
림 3-1). 계절별 분석에서는 봄은 3~5월, 여름은 6~8월, 가을은 9~11월, 겨울은 12월부터 그다음

그림 3-1. 북한에 위치한 국제 종관관측소인 27개
지점과 기상청 육상광역예보구역

주: 행정구역 경계는 해방 때를 기반으로 강원도는 함경
남도에 포함되어 설정됨(1945년 북한의 행정구역 경
계는 본 1장의 그림 1-4를 참고할 것). 관측지점은
해발고도에 따라 검은색의 강도로 표시하였음.

해 2월까지로 기간이 선정되었다.

「북한 기후변화 백서」의 내용은 「북한기상 30년보: 1981~2010」이 이용되었고, 연보는 세계기상기구(World Meteorological Organization, WMO)에서 운영하는 기상통신망(Global Tele-communication System, GTS)을 통해 입수된 국제 종관관측소 27개 지점(그림 3-1)의 자료가 이용되었다. 이 외에도 북한은 12개의 기상대와 186개의 관측소에서 독자적으로 기상을 관측하고 있다. 기후자료는 통계작업을 통하여 분석하는데, WMO에서는 이를 위한 기준으로서 기상 데이터의 누락률을 20% 미만으로 설정한다. 따라서 1981년부터 2010년까지 북한의 기상 관측 데이터를 살펴보면, 관측 기간 동안의 데이터 누락률은 17.6%로 이 기준에 적합하다고 볼 수 있다. 대부분의 해에서 80% 이상의 데이터가 수집되었으나, 1997~2000년과 2002년, 2006~2007년은 그해의 데이터 중 20% 이상의 자료가 누락되었다(기상청, 2011). 본 장에 사용된 그림은 「북한기상 30년보: 1981~2010」(기상청, 2011), 「북한 기후변화 백서」(기상청, 2013), 또는 「한반도 기후변화 전망분석서」(기상청, 2018)에 수록되어 있는 그림을 GTS 관측자료를 이용하여 재생산 또는 인용(해당 그림에 출처를 명시)한 것이다.

4. 북한의 기후요소

1) 기온: 평균기온, 최고기온, 최저기온

북한 전역의 연평균기온은 8.5℃이고, 최한월과 최난월인 1월과 8월의 평균기온은 각각 −7.7℃와 22.6℃이다(그림 3-2a). 따라서 연교차는 30.3℃이다. 연평균기온이 가장 낮은 지역은 삼지연(0.5℃), 장진(2.5℃), 풍산(2.6℃)의 순으로 모두 해발고도가 1,000m 이상인 지역이다(그림 3-3a). 반면, 연평균기온이 높은 지역은 함경남도 장전(12.0℃), 황해도 해주(11.4℃), 함경남도 원산(11.3℃)의 순으로, 위도와 고도가 낮은 해안가에 위치하고 있다. 북한의 연평균기온은 위도가 높은 북부 지역이 남부 지역보다 낮고, 고도가 높은 고원지대와 내륙 산간지대가 해안지대보다 낮다. 따라서 북부내륙 산간 지역의 연평균기온은 다른 지역에 비하여 낮은 공간분포가 나타난다. 계절별 평균기온은 봄, 여름, 가을, 겨울이 각각 8.2℃, 21.2℃, 10.2℃, −5.6℃로 여름과 겨울의 계절 간 평균기온의 차는 26.8℃이다. 북부내륙에 위치한 평안북도 중강과 강계는 여름철에는 전국의 여름철 평균기온과 비슷하지만, 겨울철에는 기온이 매우 낮아 계절 간 30℃ 이상의 차이를 보

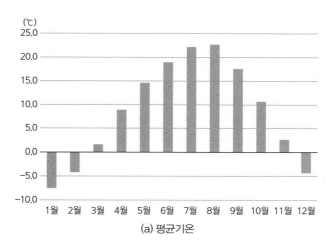

(a) 평균기온

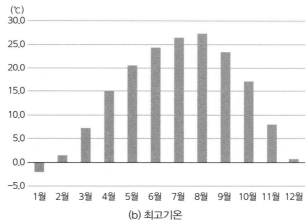

(b) 최고기온

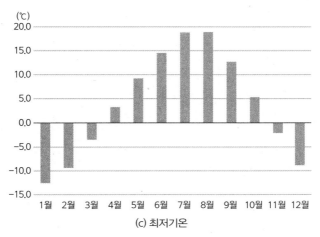

(c) 최저기온

그림 3-2. 북한의 월별 기온 분포도(1981~2010)

인다.

　도별 연평균기온을 살펴보면, 남한과 맞닿아 있으며 평야지대가 넓은 황해도가 10.9℃로 가장 높은 반면, 중국과 국경을 맞닿은 채 높은 산간지대가 분포하는 함경북도의 연평균기온은 6.4℃로 북한 지역에서 가장 낮다(그림 3-3a, 그림 3-1 참조). 함경남도의 연평균기온은 7.7℃로 평안남도, 평안북도보다 낮은 값을 가지는데, 이는 함경남도가 위도가 높은 북쪽 지역의 면적이 넓고 산지가 많이 분포해 있기 때문이다. 계절별 평균기온은 가장 남쪽에 위치한 황해도에서 사계절 모두 가장 높다. 봄, 여름, 가을철에 평균기온이 가장 낮은 지역은 북쪽에 위치한 함경북도이지만, 겨울철 평균기온이 가장 낮은 곳은 평안북도이다. 이는 평안북도가 북서쪽에 위치하여 겨울철에 부는 북서 계절풍의 영향을 크게 받기 때문이다.

　북한 전역의 연평균 최고기온은 14.1℃이고, 연평균 최저기온은 3.7℃이다(기상청, 2011). 월별 최고기온과 최저기온의 평년값은 모두 1월에 가장 낮은 값을 가지며, 8월에 가장 높은 값을 지닌다(그림 3-2b, 3-2c). 8월의 월 최고기온은 27.3℃, 최저기온은 18.8℃이고, 1월의 월 최고기온은 -2.1℃, 최저기온은 -13.0℃이다. 연평균기온의 공간적 분포 패턴과 유사하게, 연평균 최고기온과 최저기온 또한 해안가일수록, 남부지방일수록 높은 값을 나타낸다. 황해도의 개성(16.3℃), 신계(16.2℃), 사리원(16.1℃)의 순으로 최고기온이 가장 높았으며, 삼지연에서는 6.7℃로 최고기온이 북한에서 가장 낮았다(그림 3-3b). 한편 최저기온의 경우, 삼지연(-5.8℃), 풍산(-3.9℃), 장진(-3.7℃) 등의 북부내륙 고원지대에서 영하로 가장 낮은 값을 기록하였고, 동해안의 장전(8.2℃), 서해안의 해주(7.7℃) 등에서 값이 높았다(그림 3-3c).

　계절별 평균최고기온과 평균최저기온(기상청, 2011)은 봄, 여름, 가을, 겨울의 순으로 최고기온이 14.2℃, 26.0℃, 16.1℃, 0.0℃로 여름과 겨울의 계절 간 최고기온의 차는 26.0℃이며, 최저기온이 2.8℃, 17.3℃, 5.2℃, -10.7℃로 여름과 겨울의 계절 간 최저기온의 차는 28.0℃이다. 황해도와 함경남도 남부 지역은 사계절 동안 최고기온과 최저기온이 모두 높았다. 북한의 서부 지역은 대체로 여름철 최고기온이 높으며, 상대적으로 동부 지역은 낮다. 겨울철 최저기온은 북한의 모든 지역에서 영하이며, 그중 가장 낮은 지역은 순서대로 삼지연(-21.8℃), 장진(-20.3℃), 혜산(-20.2℃)이다. 이 세 지역의 공통적인 특징은 내륙 산간지대라는 것이다. 특히 삼지연은 백두산 인근 지역으로, 여름철 최저기온 또한 10℃ 이하로 내려갈 정도로 추운 지역이다. 반면 겨울철 평균최저기온이 가장 높은 곳은 함경남도 남부의 동해안 지역에 위치한 장전(-3.2℃)이다.

　계절별 평균최고기온을 도별로 살펴보면(기상청, 2013), 여름철의 경우 지점별 여름철 평균최고기온 분포처럼 서해안에서 동해안으로 갈수록 낮아지는 경향이 있다. 도별 겨울철 평균최저기온

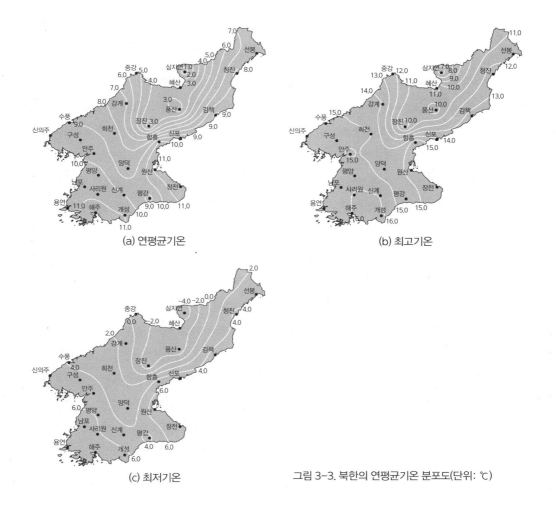

(a) 연평균기온

(b) 최고기온

(c) 최저기온

그림 3-3. 북한의 연평균기온 분포도(단위: ℃)

은 북서 계절풍을 맞이하는 평안북도에서 가장 낮고(−13.0℃), 산지 지형이 많이 분포한 함경남도와 함경북도에서 두 번째로 낮은 값을 보인다. 평안북도는 여름철 평균최고기온(27.8℃)은 가장 높은 반면, 겨울철 평균최저기온이 가장 낮아 계절 간의 평균기온 차이(40.8℃)가 가장 크게 나타난다. 평안북도에서 계절 간 기온차가 가장 크게 나타나는 이유는 한반도 북서쪽에 위치하여 대륙의 영향(특히 겨울철 시베리아 기단의 영향)이 큰 지역이기 때문이다. 이에 반하여 북동쪽에 동해와 인접한 함경북도의 계절 간 기온차(33.8℃)는 5개 도 중에서 가장 작게 나타난다.

2) 강수: 강수량, 강수일수, 강수강도

북한 전역의 연강수량은 919.7㎜이고, 계절별로는 봄, 여름, 가을, 겨울이 각각 148.6㎜(16%), 542.7㎜(59%), 181.9㎜(20%), 46.4㎜(5%)로 여름에 절반 이상의 강수가 내리고 겨울에는 강수량이 사계절 중 가장 적다(기상청, 2011). 월별 강수량을 살펴보면 7월에 연강수량의 26%(238.3㎜)로 강수량이 가장 많고, 그다음은 8월이다(그림 3-4a). 또한 6월과 9월에도 강수량이 많아서, 연강수량의 69.8%(642.3㎜)가 장마와 태풍의 영향을 받는 6월과 9월 사이에 내린다. 1월은 연강수량의 1%(13.4㎜)로 가장 강수량이 적은 달로, 겨울철은 건조한 시베리아 고기압의 영향을 받아 강수가 적다.

연강수량 평년값의 공간적 분포를 살펴보면, 대체로 남동-북서 지역에서 강수량이 높고 북동-남서 지역에서 낮게 나타난다(그림 3-4b). 동해안의 장전(1519.9㎜)과 원산(1347.8㎜)을 중심으로 한 남동부 해안 지역, 평안북도 구성(>1100㎜)을 중심으로 한 서부 지역의 순으로 연강수량이 많다. 이러한 다우 지역은 여름철 남동 또는 남서 계절풍에 대하여 바람맞이 사면에 위치해 있으며 해양에 인접하고 있어, 지형과 해류의 영향으로 강수현상이 많이 일어난다. 한편 고도가 높은 혜산(591.4㎜)이 위치한 개마고원, 청진(622.2㎜)을 중심으로 한 관북지방은 강수량이 적은 지역이다. 남포를 중심으로 황해도 북부와 평안남도는 고도가 낮고 해안가에 위치하고 있음에도 불구하고 연강수량이 주변 지역과 비교할 때 적은 편이며, 내륙으로 갈수록 연강수량이 증가하는 분포를 보인다. 연강수량 평년값의 최댓값(장전)과 최솟값(혜산)의 차이는 928.5㎜로, 지역마다 연강수량의 차이가 상당하다. 왜냐하면 강수는 지형의 영향을 크게 받는데, 북한의 지형이 복잡하기 때문이다.

도별 연강수량의 평년값을 보면, 함경북도가 최솟값(723㎜)을 가지고 황해도가 최댓값(999㎜)을 가진다. 함경남도(946㎜)의 경우, 강수량이 가장 많은 지역(장전)과 강수량이 가장 적은 지역(혜산)이 모두 포함되기 때문에 도별로는 세 번째로 나타난다(기상청, 2013). 연강수량이 상대적으로 많은 도는 황해도, 평안북도(955㎜), 함경남도이며, 평안남도(911㎜)와 함경북도는 북한의 연강수량 평균값(917.7㎜)보다 적게 나타난다. 계절별로 살펴보면 봄, 여름에는 황해도에 가장 많은 강수가 내리고, 함경북도에 가장 적게 내린다. 가을에는 함경남도에서 강수량이 많고, 함경북도가 가장 적다. 겨울에는 도별로 값의 차이가 크지 않지만, 함경남도에서 최댓값, 평안북도에서 최솟값을 가진다.

일강수량 0.1㎜ 이상인 날로 정의되는 강수일수는, 1981년부터 2010년까지 한 해 동안 평균 90

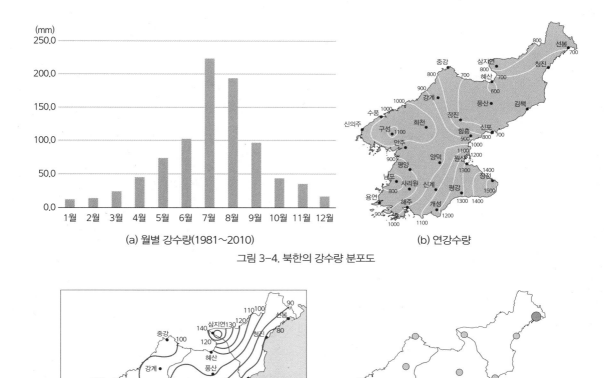

(a) 월별 강수량(1981~2010)

(b) 연강수량

그림 3-4. 북한의 강수량 분포도

(a) 연강수일수

(b) 연평균 강수강도

그림 3-5. 북한의 강수 분포도

출처: 기상청, 2011(좌); 기상청, 2013(우)

일이며(4일 중 1일 비가 내림), 여름철 35.7일, 봄철 20.9일, 가을철 19.2일, 겨울철 14.2일의 순으로 빈도가 나타났다(기상청, 2011). 공간적 분포를 살펴보면 삼지연을 중심으로 북부 산간지대와 함경남도 평강 지역은 강수일수가 100일 이상으로 빈도가 가장 높다(그림 3-5a). 북부 산간지대는 겨울철 강설의 발생이 빈번하여 강수일수가 높은 것이다. 호우일은 일강수량 80mm 이상인 날로 정의되며, 북한 전역의 연간 호우일수의 30년 평년값은 1.3일이고 그중 여름철이 1.0일을 차지한다(기상청, 2011). 호우일수는 강수량의 평년값이 높은 동해안의 장전(2.9일)과 원산(2.4일)에서 가장 크다. 즉 호우일수의 공간적 분포는 연강수량의 분포도와 유사하다.

강수강도를 구하기 위하여 강수량을 연강수일수로 나눈 값을 사용하여 하루 동안 내리는 강수량의 평균이 얼마인지를 나타낸다. 따라서 강수량이 많거나 연강수일수가 적으면 강수강도가 강해진다. 북한 지역은 강수일수가 80~100일 사이에 대부분 분포하고 있기 때문에, 강수강도의 지역 차는 연강수량에 보다 의존한다(기상청, 2011). 연평균 강수량이 많은 함경남도 남부와 평안북도 서부 지역에서 강수강도가 높은 반면, 연평균 강수량이 적은 함경남도 북부와 함경북도에서는 강수강도가 낮다(그림 3-5b). 동해안의 장전(19.1mm/일)에서 강수강도의 최댓값을 가지며 혜산(7.9mm/일)에서 최솟값을 가진다. 연평균 일강수강도의 공간적 분포 역시 연강수량의 분포 패턴(그림 3-4b)과 유사하다.

3) 바람, 상대습도, 운량

한반도는 여름철과 겨울철에 바람의 방향이 반대로 바뀌는 몬순(Monsoon)기후의 영향을 강하게 받는다. 겨울철에는 한랭건조한 시베리아 지역에서 발원한 고기압으로부터 북서풍이 불어오며, 여름철에는 고온다습한 북태평양 지역에서 발원한 고기압으로부터 남동풍이 불어온다. 봄철에는 주로 북서풍과 남풍 계열이 나타나며, 가을철에는 북서풍 계열의 바람이 주로 분다(서은경 외, 2009). 또 늦봄에서 초여름 사이에는 한반도 북동쪽의 오호츠크해에서 발원한 고기압의 영향을 받아 북동풍이 불어온다. 북한 전역의 연평균풍속 평년값은 1.6m/s이다(기상청, 2011). 공간적

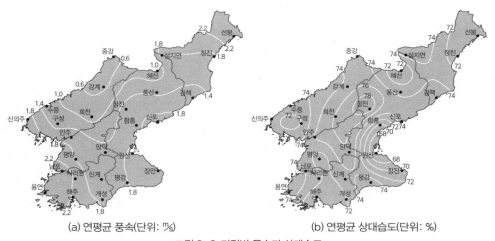

(a) 연평균 풍속(단위: m/s)　　　　　(b) 연평균 상대습도(단위: %)

그림 3-6. 지점별 풍속과 상대습도

출처: 기상청, 2013

분포를 살펴보면, 남부지방의 해안가에서 2㎧ 이상으로 바람이 강하게 부는데, 동해안보다 남포를 중심으로 한 서해안에서 바람이 더 강하게 분다(그림 3-6a). 반면 평안북도 중강(0.3㎧)을 비롯한 북부내륙 지역은 풍속이 약한 것으로 나타난다. 월별 평균풍속은 4월에 2.0㎧로 가장 강하며, 8월과 9월에 1.3㎧로 가장 약하다(기상청, 2011). 계절별로는 봄철에 바람이 세고, 여름철에 약하다.

연평균 상대습도의 평년값은 72.8%이다(기상청, 2011). 4월에 65.1%로 최솟값을 가지고, 7월에 84.6%로 최댓값을 지닌다. 계절별 기단의 영향으로 인해 여름철이 가장 습하며(81.9%), 봄(67.3%)과 겨울(68%)에 건조하다. 공간적으로 살펴보면, 대체로 해발고도가 높아 기온이 낮은 산간지대에서 상대습도가 높다(그림 3-6b). 개마고원에 위치한 장진에서 78.9%로 가장 높은 값을 나타내며, 동해안에 위치한 원산이 66.1%로 가장 낮은 값을 가진다.

연평균 운량(0~10할)의 평년값은 5.5할이다(기상청, 2011). 여름철에 운량이 가장 많은데, 특히 7월에 8.1할로 최댓값이다. 5, 6, 8월은 6할 이상으로 비교적 운량이 많다. 한편 겨울철에는 평균적으로 4할 미만이고, 봄과 가을철에는 4~5할로 운량이 많지 않아 대체로 청명한 날씨를 보인다.

4) 현상일수: 눈, 황사, 안개, 뇌전

북한 전역에서 연평균 강설일수는 29.7일이며, 계절별로는 겨울에 평균 18.8일이 관측되었고, 봄과 가을에도 각각 6.7일, 4.2일 동안 눈이 내렸다(기상청, 2011). 지역별로는 평균 및 최고, 최저 기온이 가장 낮은 삼지연에서 관측일수가 가장 많았고(109.5일), 이 지역을 포함한 북부 산간지대에서 눈이 자주 내리며, 남부 지역은 비교적 적게 내렸다(그림 3-7a).

황사는 북한에서도 주로 봄에 발생하였다. 북부의 삼지연이 한 해 동안 평균 5.6일이 발생하였고, 함흥에서는 연간 평균 5.2일 나타났다(그림 3-7b).

안개는 여름철(8.6일)에 가장 많이 발생하며, 가을(5.6일), 봄(4.5일), 겨울(2.3일)의 순으로 총 연간 발생일수는 21.0일이다(기상청, 2011). 장진(50일), 양덕(42.6일), 풍산(38.6일) 등 다발 지역은 주로 내륙 산간지대에 있으며, 해안 지역은 안개 발생일수가 20일 미만으로 상대적으로 적었다(그림 3-7c).

뇌전은 여름철에 주로 발생(4.3일, 62%)하였고, 겨울철에는 거의 발생하지 않았다(기상청, 2011). 관서지방의 희천(14.8일), 평양(12.4일), 수풍(12.0일)의 순으로 뇌전의 발생일수가 많았다. 한편, 고산지대에 위치한 장진과 해안가에 위치한 김책에서는 뇌전현상이 거의 나타나지 않았다(그림 3-7d).

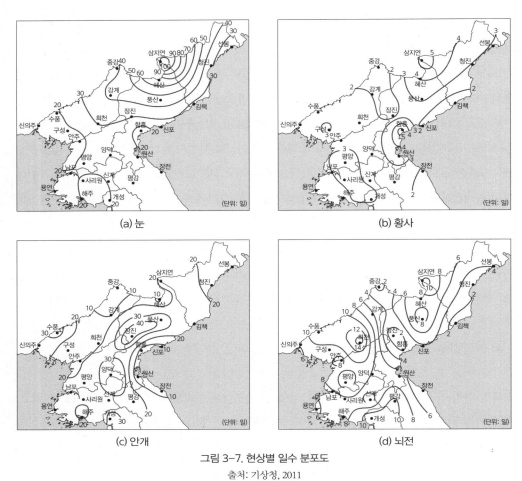

(a) 눈

(b) 황사

(c) 안개

(d) 뇌전

그림 3-7. 현상별 일수 분포도
출처: 기상청, 2011

5) 극한기후지수: 고온, 저온, 강수 관련 지수

고온과 관련된 극한지수로 사용되는 최고기온 95퍼센타일을 통해 지역별로 여름철 최고기온의 극한값을 살펴볼 수 있다. 이 지수는 일최고기온을 큰 값부터 정렬하였을 때 상위 5%에 해당하는 기온의 경곗값을 말한다. 지점별 최고기온 95퍼센타일의 30년(1981~2010) 평년값의 공간적 분포를 살펴보면, 같은 위도대에 위치한 지점이라도 그 값의 차이가 난다(그림 3-8a). 함경북도와 함경남도 북부 지역은 95퍼센타일에 해당하는 값이 작은 반면에, 평안북도에서는 높은 값이 나타난다. 구체적으로 함경북도 삼지연에서 95퍼센타일 경곗값이 27.0℃ 이하로 나타났고, 평안북도 강계는 30.1℃ 이상의 값을 가진다(그림 3-1 참조). 함경북도와 함경남도 북부 지역은 위도뿐 아니라 해발고도 또한 높은 산간지대로서, 일최고기온의 상위 5%에 해당하는 경곗값이 작게 나타난다. 반면, 평안북도는 북서쪽에 위치하여 해양보다 비열이 낮은 육지의 영향이 클 뿐만 아니라 남동풍의 풍하 지역에 있기 때문에 남부 지역과 비슷하게 여름철 최고기온이 높게 나타난다. 이러한 이유로 평안북도는 함경남도 북부 지역과 함경북도에 비해 무더위의 극한값이 높은 것으로 보인다.

지난 30년간 북한 지역에서 일최고기온이 33℃ 이상인 날, 즉 폭염일의 수는 한 해 동안 평균적으로 2.8일 발생하였다. 그중 7월과 8월이 각각 1.1일, 1.3일로 가장 높게 나타났다. 지역별로는 평안북도 강계와 함경남도 함흥이 각각 6.8일, 6.0일의 순으로 가장 많이 발생하였다. 삼지연, 풍산, 장진 등 북부 고원지대의 한랭한 기후 지역에서는 폭염현상이 나타나지 않았다. 여름철 야간 기온의 특성을 파악하기 위한 지수인 열대야일은 일최저기온이 25℃ 이상인 날로 정의된다. 북한 지역의 열대야일수 평년값은 0.6일이며, 열대야는 여름철에만 발생했다(기상청, 2011). 함경남도 장전에서 3.4일, 황해도 해주에서 3.0일로 그 빈도수가 가장 많았다. 두 지역은 남부지방의 해안가에 위치하고 있어 본래 온난한 기후에 속하는 곳이다.

저온과 관련된 극한지수인 최저기온 5퍼센타일은 일최저기온을 큰 값부터 정렬하였을 때 하위 5%에 해당하는 기온의 경곗값을 말한다. 이를 통해 지역별로 겨울철 최저기온의 극한값을 살펴볼 수 있다. 함경남도 장전(−5℃ 이상)을 비롯하여 황해도와 동해안 지역은 최저기온의 하위 5% 경곗값이 다른 지점들보다 높다(그림 3−8b, 그림 3−1 참조). 반면에 삼지연(−27.9℃ 이하)과 그 주변의 함경남도 북부 지역은 가장 낮게 나타난다. 위도와 고도가 높고 내륙에 위치할수록 최저기온의

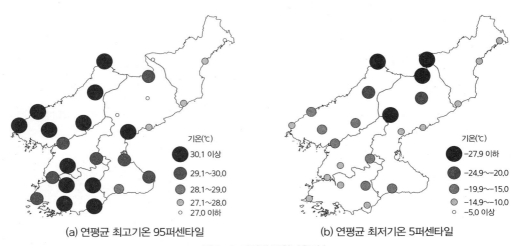

기온(℃)
30.1 이상
29.1~30.0
28.1~29.0
27.1~28.0
27.0 이하

기온(℃)
−27.9 이하
−24.9~−20.0
−19.9~−15.0
−14.9~−10.0
−5.0 이상

(a) 연평균 최고기온 95퍼센타일   (b) 연평균 최저기온 5퍼센타일

그림 3−8. 지점별 극한기온지수

출처: 기상청, 2013

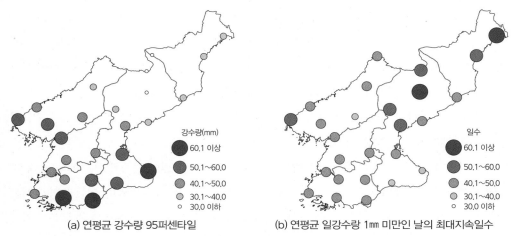

(a) 연평균 강수량 95퍼센타일   (b) 연평균 일강수량 1㎜ 미만인 날의 최대지속일수

그림 3-9. 지점별 극한강수지수

출처: 기상청, 2013

극한값이 낮기 때문이다.

　강수량의 극한지수는 호우와 소우로 나누어 나타낼 수 있다. 호우와 관련된 극한지수로서 강수량 95퍼센타일이 사용될 수 있다. 이 지수는 일강수량을 내림차순으로 정렬했을 때 상위 5%에 해당하는 경곗값을 말하며, 주로 여름철 호우의 극한값을 나타내는 지표이다. 지점별 강수량 95퍼센타일의 공간적 분포를 살펴보면, 황해도와 함경남도 남부 지역에서 높은 값이 나타나며, 함경북도와 함경남도 북부 지역은 값이 매우 작아 지역적으로 편차가 크다(그림 3-9a). 연강수량의 분포와 마찬가지로, 장전이 가장 큰 극한값(60.1㎜ 이상)을 가지고, 혜산이 가장 작은 극한값(30.0㎜ 이하)을 지닌다(그림 3-1 참조). 소우를 나타내는 극한지수로서 일강수량 1㎜ 미만인 날의 최대지속일수가 사용될 수 있다. 이 지표는 겨울철에서 봄철까지의 강수 부족을 나타낸다. 해발고도가 매우 높은 삼지연과 함경남도 남부 지역(장전, 평강 등)은 이 일수가 적게 나타난다(그림 3-9b, 그림 3-1 참조). 반면에 혜산, 풍산 등의 함경남도 북부 지역과 선봉, 청진 등의 함경북도 지역은 일강수량 1㎜ 미만인 날의 최대지속일수가 길어 강수가 부족할 확률이 매우 높다.

5. 북한의 기후변화

1) 기온

　대기의 온도는 인간 활동에 의한 온실가스 배출량이 급격히 늘어나면서 전 세계적으로 일관되게 증가하는 경향을 보인다. 제2차 산업혁명 이후 최근까지 133년(1880~2012) 동안 지구의 평균기온은 0.85℃ 상승하였다(IPCC, 2014). 이에 발맞추어 북한 또한 연평균기온이 상승하는 추세이다. 지난 30년간(1981~2010) 북한의 연평균기온은 +0.59℃/10년의 변화율을 보여 주었는데(표 3-1), 이러한 변화율은 산업혁명 이후 지구의 기온상승률이 1℃ 미만인 것을 고려할 때 상당히 가파르다. 구체적으로 북한의 연평균기온은 1999년에 11.5℃로 가장 높았고, 1992년에 7.2℃로 가장 낮았다(그림 3-10a). 10년 평균값은 1990년대에 9.3℃로 최댓값을 나타냈다. 연평균 최고기온은 1998년에 16.3℃으로 가장 크게 나타났고(그림 3-10b), 변화율은 +0.72℃/10년이었다(표 3-1). 연평균 최저기온은 연평균 최고기온이 가장 높게 나타난 1998년에 6.2℃로 가장 높았다(그림 3-10c). 그리고 1984년과 1986년에는 2.7℃로 가장 낮은 값을 기록하였다. 연평균 최저기온의 변화율은 +0.53℃/10년으로 연평균 최고기온의 변화율과 연평균기온의 변화율보다 기온이 상승한 정도는 작지만, 그 경향성은 통계적으로 유의하게 증가하였다(표 3-1). 연평균 최고기온은 연평균기온과 연평균 최저기온보다 더 가파르게 상승하였다. 봄철과 여름철은 평균기온, 최고기온, 최저기온의 변화율 중에 최고기온의 변화율이 가장 값이 높다(표 3-1). 반면에 가을철과 겨울철은 최저기온의 변화율이 가장 높은 값으로 나타났는데, 특히 겨울철 최저기온 변화율(+0.86℃/10년)은 모든 항목의 계절별 기온 변화율 중에서도 가장 컸다. 최저기온과 최고기온은 봄철 최저기온을 제외하고 모든 계절별 변화율이 신뢰수준 95%(α=0.05)에서 유의미한 변화를 나타내었다. 반면에, 평균기온은 연평균기온과 가을철 평균기온만 통계적으로 유의미한 변화율을 보여 주었다.

　1981~2010년 동안 북한의 27개 관측지점별 기온의 변화율을 살펴보면 모든 지점에서 연평균기온이 상승하는 경향을 보였다(그림 3-11a, 그림 3-1 참조). 기온의 변화율은 평안북도 중강, 강계, 신의주를 제외한 모든 지점에서 통계적으로 유의하게 나타났다. 평안남도 양덕을 중심으로 하는 내륙 지역과 함흥을 중심으로 한 함경도 동해안 지역에서는 상대적으로 기온이 크게 상승하였다. 변화율은 평안남도 양덕에서 +0.56℃/10년으로 가장 컸고, 평안북도 중강에서 +0.16℃/10년으로 가장 작았다. 평안남도 안주와 함경남도 함흥에서도 0.51℃ 이상/10년으로 큰 폭의 기온 상승이 나타났다. 연평균 최고기온 변화율(그림 3-11b)은 연평균기온 변화율의 공간 분포 패턴과 상이

표 3-1. 1981~2010년 북한의 연 및 계절별 평균기온, 최고기온, 최저기온 변화율(단위: ℃/10년)

항목	연	봄	여름	가을	겨울
평균기온	0.59**	0.38	0.41	0.54**	0.48
최고기온	0.72**	0.55**	0.46*	0.52*	0.69*
최저기온	0.53**	0.45	0.43*	0.63**	0.86*

주: *유의수준 α =0.05, **유의수준 α =0.01
출처: 기상청, 2013

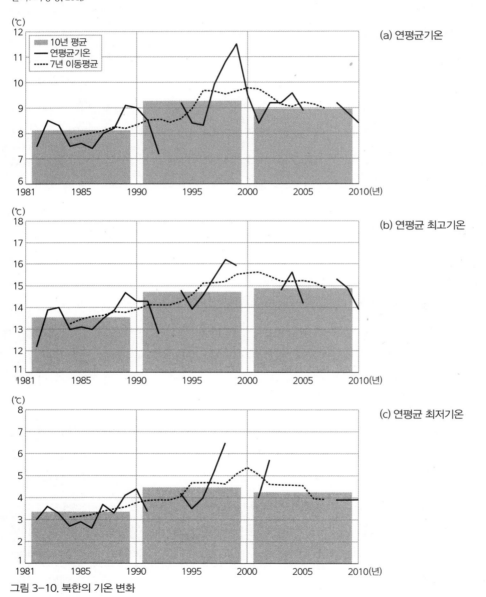

그림 3-10. 북한의 기온 변화

하게 나타난다. 용연을 중심으로 하는 황해도 남서부 지역에서 상승 경향이 비교적 큰 편이고, 동해안과 인접한 지점들과 평안북도 서부 지역은 상대적으로 변화율이 작았다. 변화율은 함경북도 청진·김책, 함경남도 신포, 평안남도 안주, 평안북도 구성을 제외한 모든 지점에서 통계적으로 유의하게 기온이 상승하는 경향을 보였다. 황해도 용연에서 +0.93℃/10년으로 변화율이 가장 컸으며, 평안남도 안주에서 +0.23℃/10년으로 가장 작았다. 연평균 최저기온 변화율(그림 3-11c)은 연평균기온 변화율의 공간적 분포와 유사하게, 북한의 중부 지역인 평안북도와 함경남도 중부 지역에서 상대적으로 상승하는 정도가 큰 편이었다. 함경북도 삼지연, 평안북도 중강, 황해도 신계·용연, 평안남도 평강을 제외한 모든 지점에서 통계적으로 유의하게 상승하는 경향을 보였다. 평안남도 양덕에서 +0.79℃/10년으로 변화율이 가장 컸으며, 황해도 용연에서는 −0.13℃/10년으로 유일

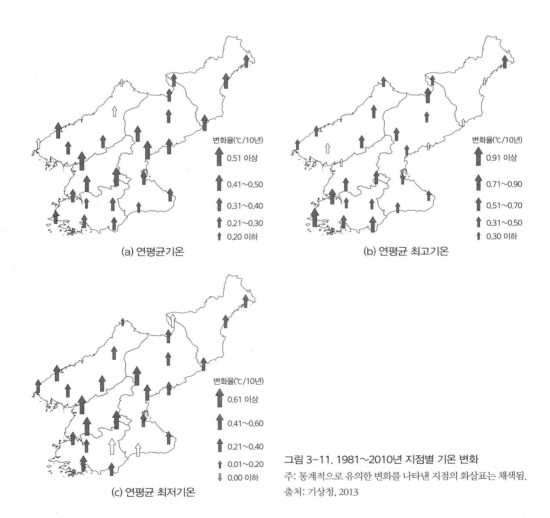

(a) 연평균기온

(b) 연평균 최고기온

(c) 연평균 최저기온

그림 3-11. 1981~2010년 지점별 기온 변화
주: 통계적으로 유의한 변화를 나타낸 지점의 화살표는 채색됨.
출처: 기상청, 2013

하게 최저기온이 감소하는 경향을 보였으나 통계적으로 유의하지는 않았다.

2) 강수

기온이 상승하면 증발산량이 증가하고 단위 공기당 포함할 수 있는 수증기량도 증가하여 강수량이 증가할 수 있다. 하지만 강수현상은 전선과 기단 그리고 지리적인 인자(지형, 수륙분포)와 지표 피복의 상태(식생, 토양수분) 등에 영향을 받기 때문에 기온과 비교할 때 지역에 따라 변화가 상이할 수 있다. 북한의 연강수량은 지난 30년간(1981~2010) 시계열적으로 살펴보았을 때 시기에 따라 증가와 감소가 반복적으로 나타나기 때문에, 연강수량의 변화와 계절별 강수량의 변화 경향은 일관되지 않는다(그림 3-12a). 10년 단위로 평균값을 구해 보았을 때, 1980년대(1981~1990)에 961㎜로 최댓값을 가진다. 연강수량은 1990년에 1,360㎜로 가장 많았고 2002년에 609㎜로 가장 적게 나타났다. 연강수량의 변화율을 지점별로 살펴보면 17개 지점에서 감소, 10개 지점에서 증가하는 경향을 보였고, 함경남도 장진에서만 감소하는 경향이 통계적으로 유의하였다(그림 3-12b). 장진은 10년당 60㎜ 이상 감소하는 경향성을 보였다. 도별로 살펴보면 함경남도 남쪽의 평강, 장전을 제외한 함경남도와 함경북도 지역에서는 연강수량이 감소하였다. 북한의 서쪽 지역에서는 지역에 따라 변화율의 방향이 상이하게 나타났다. 현재의 도별 강수량 평년값(1981~ 2010)을 과거의 평균값(1973~1994)과 비교하면, 평안북도를 제외한 모든 도에서 감소하였다. 평안북도는 유일하게 18㎜ 증가하였고, 감소한 도 중에서 함경남도가 -26㎜로 가장 크게 감소하였다. 그다음으로

그림 3-12. 북한의 연강수량 변화율
주: 통계적으로 유의한 변화를 나타낸 지점의 화살표는 채색됨.
출처: 기상청, 2013

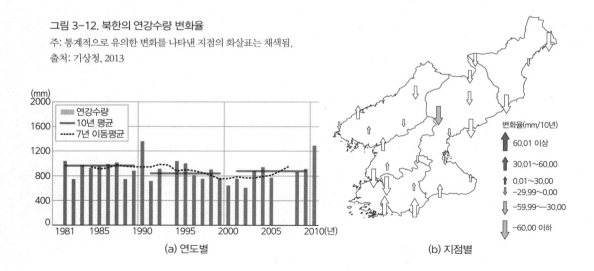

(a) 연도별   (b) 지점별

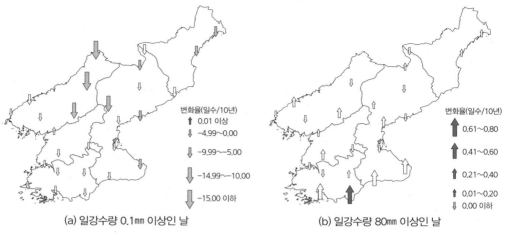

(a) 일강수량 0.1㎜ 이상인 날   (b) 일강수량 80㎜ 이상인 날

그림 3-13. 지점별 연간 강수일수, 호우일수 변화율

주: 통계적으로 유의한 변화를 나타낸 지점의 화살표는 채색됨.

출처: 기상청, 2013

함경북도가 −26㎜, 황해도와 평안남도가 모두 −4㎜ 감소하였다(기상청, 2013).

강수일수(일강수량 0.1㎜ 이상인 날의 연간일수)의 변화율을 살펴보면, 평안남도 안주를 제외한 모든 지점에서 강수일수가 감소하는 경향을 보였다(그림 3-13a, 그림 3-1 참조). 통계적으로 유의한 변화는 평안북도 중강·강계·희천, 함경남도 혜산·신포·장진, 함경북도 청진·선봉에서 나타났다. 크게 강수일수가 감소한 지점들은 평안북도 중강과 강계로 −15.0일 이하/10년의 변화율을 보였다. 반면에 국지적인 영향을 많이 받는 호우일수(일강수량 80㎜ 이상인 날의 연간일수)의 변화율은 지점별로 증가하거나 감소하는 경향이 혼재되어 나타났다(그림 3-13b). 황해도 개성에서만 통계적으로 유의한 증가 경향을 보였다.

3) 현상일수: 눈, 황사, 열대야, 서리

지구온난화로 인해 기온이 상승하면 일반적으로 강설일수가 감소할 것으로 예측되며, 북한 또한 기온 상승으로 한 지점(함경남도 풍산)을 제외한 모든 지점에서 강설일수가 감소하는 경향을 보였다(그림 3-14a, 그림 3-1 참조). 강설일수의 변화율이 −6.0일 이하/10년인 중강, 혜산, 삼지연, 용연을 포함한 15개 지점에서 통계적으로 유의하게 감소하는 추세를 보였다. 북한에서 가장 추운 지역인 함경북도 삼지연에서 −8.9일/10년으로 가장 큰 변화율을 보여 준 반면, 함경남도 풍산에서는 유일하게 통계적으로 유의한 증가 경향을 나타냈다. 연간황사일수는 서쪽에서 불어오는 황사를 맞이하는 서쪽 해안 지역에 위치한 지점에서 증가하는 경향을 보였으나, 통계적으로 유의한 증가는 평안남도 남포에서만 나타났다(그림 3-14b, 그림 3-1 참조). 북한의 내륙 및 동부 지역에서는 황사일수의 증가와 감소가 혼재되어 나타나며, 평안북도 중강·희천, 함경남도 신포에서 통계적으로 유의하게 감소하는 경향을 보였다. 열대야를 나타내는 일최저기온 25℃ 이상인 날의 연간일수는 통계적으로 유의하지는 않으나 북한의 모든 지점에서 증가하는 경향을 띠며, 여름철 야간기온의 상승을 보여 주었다(그림 3-14c, 그림 3-1 참조). 강설일수의 변화 경향과 마찬가

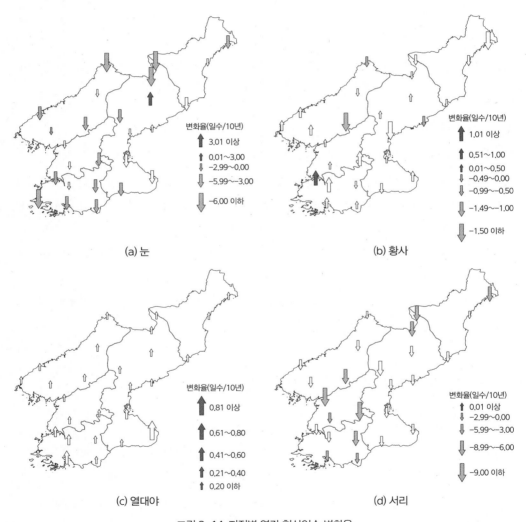

그림 3-14. 지점별 연간 현상일수 변화율

주: 통계적으로 유의한 변화를 나타낸 지점의 화살표는 채색됨.

출처: 기상청, 2013

지로, 지구온난화로 인한 기온 상승에 서리일수도 감소하고 있다. 평안남도 안주·양덕(-9.0일 이하/10년)을 포함한 10개 지점에서 통계적으로 유의하게 서리일수가 감소하였다(그림 3-14d). 황해도 용연에서만 변화율이 양의 값으로 나왔으나 통계적으로 유의하지는 않는다.

4) 극한기후지수: 고온, 저온 관련 지수

일최고기온을 큰 값부터 정렬하였을 때 상위 1%에 해당하는 기온의 경곗값(최고기온 99퍼센타일)의 1981~2010년 변화율은, 두 지점(함경남도 장진과 황해도 해주)을 제외한 25개 모든 지점에서 상승하는 변화를 보였다(그림 3-15a, 그림 3-1 참조). 통계적으로 유의한 변화 경향은 함경북도 김책(+0.09℃ 이상/10년)과 황해도 용연(+0.07℃ 이상/10년)에서 나타났다. 최저기온의 극한지수인 최저기온 1퍼센타일의 지점별 변화율을 살펴보면, 황해도 용연을 제외한 모든 지점에서 상승하는 경향이 있었지만 평안북도 수풍(+0.1℃ 이상/10년)에서만 통계적으로 유의하였다(그림 3-15b, 그림 3-1 참조). 용연의 경우, 최고기온의 극한값은 상승하고 최저기온의 극한값은 하강함에 따라 두 극한값 간의 차는 최근 30년 동안 더 커졌다. 반면에 장진과 해주에서는 최고기온 99퍼센타일은 하강하고 최저기온 1퍼센타일은 상승함에 따라 그 차이가 줄어들었다. 이러한 극한기후의 변화는 그 지역의 생물환경 및 인문·사회환경에도 영향을 줄 수 있다.

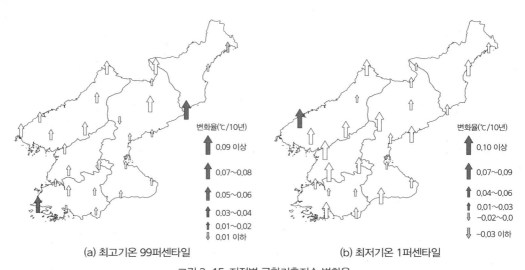

(a) 최고기온 99퍼센타일   (b) 최저기온 1퍼센타일

그림 3-15. 지점별 극한기후지수 변화율
주: 통계적으로 유의한 변화를 나타낸 지점의 화살표는 채색됨.
출처: 기상청, 2013

6. 남북한 간 기후특성 비교

1) 기온

북한은 남한보다 위도가 높고 산지 지역이 많아 고도가 높다. 따라서 1981~2010년 연평균기온은 북한(8.5℃)이 남한(12.5℃)보다 약 4℃가 낮다(기상청, 2013). 최한월인 1월과 최난월인 8월의 차이로 나타내는 연교차는 북한이 30.3℃로, 26.2℃인 남한보다 크게 나타났다. 이는 대륙에 접하고 있는 북한의 최한월 기온(-7.7℃)과 삼면이 바다로 둘러싸여 있는 남한의 최한월 기온(-1.1℃) 간의 차이에서 기인한다. 계절별 평균기온은 사계절 모두 북한이 남한보다 낮았으며, 남북 간 평균기온의 차이는 겨울철이 6.2℃로 가장 컸다. 여름철은 2.4℃로 가장 작았고, 봄과 가을은 각각 3.5℃와 3.9℃의 차이를 보였다. 연평균 최고기온은 북한(14.1℃)이 남한(18.1℃)보다 더 낮았고, 연평균 최저기온 역시 북한(3.7℃)이 남한(7.8℃)보다 낮게 나타났다.

한반도의 연평균기온은 1981~2010년간 약 1.2℃ 상승하였고, 남북한 지역에서 각각 유의한 상승 경향을 나타냈다(표 3-2). 남한의 연평균기온이 지난 30년간 약 1.08℃로 상승한 것에 비해, 북한은 약 1.35℃로 상승하여 같은 기간 동안 더 빠르게 기온이 상승하고 있다. 계절별로도 겨울을 제외한 나머지 계절의 평균기온 상승률이 북한에서 더 크게 나타났다. 변화율의 차이는 여름철에 가장 크게 나타났으며, 여름철 평균기온은 지난 30년간 북한은 약 1.17℃, 남한은 약 0.33℃ 상승하였으나 남북한의 변화율은 모두 통계적으로 유의하지 않았다. 통계적으로 모두 유의한 상승 경향이 나타난 가을철의 경우, 30년 동안 북한에서는 약 1.56℃, 남한은 약 1.29℃ 상승하였다.

연평균기온의 변화 경향을 북한의 27개, 남한의 61개 관측지점에서 살펴보면, 남한의 문경을 제외한 모든 지점에서 기온이 상승하였다(그림 3-16). 문경은 유일하게 감소하는 경향을 보였지만 통계적으로 유의한 경향은 아니었다. 남한은 주로 수도권, 영서, 영남 내륙 등의 기온 폭이 크게 상승하였고, 호남의 남서 해안은 상대적으로 상승 폭이 작았다. 가장 큰 기온 변화 경향을 보인 지역

표 3-2. 1981~2010년 한반도, 남·북한의 연평균 및 계절평균 기온의 변화율(단위: ℃/10년)

구분	연	봄	여름	가을	겨울
한반도	0.41**	0.25	0.24	0.49**	0.56**
남한	0.36**	0.23	0.11	0.43**	0.57*
북한	0.45**	0.28	0.39	0.52**	0.47

주: *유의수준 α=0.10, **유의수준 α=0.05
출처: 기상청, 2018

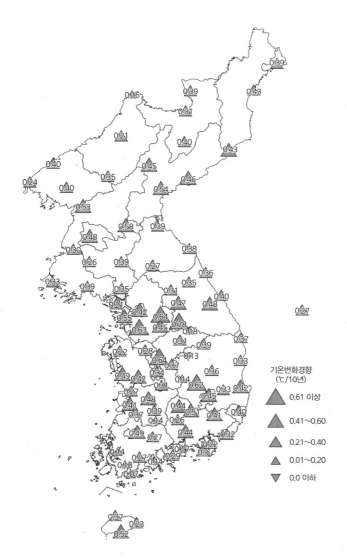

그림 3-16. 1981~2010년 한반도
지점별 연평균기온 변화 경향
출처: 기상청, 2018

기온변화경향
(℃/10년)

▲ 0.61 이상

▲ 0.41~0.60

▲ 0.21~0.40

▲ 0.01~0.20

▼ 0.0 이하

은 남한의 중부내륙 지역에 위치한 강원도 원주로서 1981~2010년간 약 2.34℃가 상승하였다. 북한의 경우, 평안남도 양덕(약 1.74℃/30년)을 중심으로 하는 내륙 지역과 함흥(약 1.62℃/30년)을 중심으로 한 함경도 동해안 지역에서 상대적으로 기온 상승을 크게 보여 주었다. 남한 지역은 관측 지점들의 분포밀도가 높음에도 불구하고 북한과 비교할 때 지점 간의 변동성이 더 크게 나타났다. 이는 지점들 간의 상이한 토지피복 및 토지이용의 상태가 기온변동에 영향을 주는 인자로 작용할 수 있기 때문이다. 김남신(2008)의 연구에 따르면 도시 지역은 1980년대에 비해 1990년대에 평균기온이 0.5~1.2℃ 상승한 것으로 분석되는데, 이는 인구변화율을 고려할 때 그 변동이 대체로 일치하였다. 서울을 포함한 남한의 주요 도시에서 기온상승률이 컸으며, 북한의 경우 평안남도 평양시, 안주시, 개성시가 해당되었다.

2) 강수

남북한 간 연강수량을 비교해 보면, 북한은 남한에 비해 연강수량이 약 400㎜ 정도 더 적게 내리지만, 연강수량 대비 계절별 강수 비율은 남한과 유사하다(표 3-3). 절반이 넘는 강수가 여름철에 집중되고 겨울철은 연강수량의 약 5% 정도로 매우 건조하다. 봄과 가을철의 강수 비율은 각각 16%, 20%로 남한과 유사하다. 1981~2010년간 한반도의 강수량은 77.61㎜(25.87㎜/10년)가 증가하여, 해마다 약 2.6㎜가 증가하는 추세를 보였다(표 3-4). 이러한 변화량은 한반도의 연강수량이 1,000㎜가 넘으므로 통계적으로는 유의한 경향을 나타내지 않았다. 같은 기간 동안 남한의 연강수량은 증가하였고 북한에서는 감소하였으나, 남한의 강수량 증가 정도가 더 커서 한반도 전체적으로는 증가하는 경향을 보였다. 계절별로 살펴보면, 남한에서는 여름에 가장 많이 증가하였고 가을에 유일하게 감소 경향을 보였다. 반면, 북한에서는 사계절 모두 감소 경향을 나타냈지만 그 변화율은 작았다.

연강수량의 변화 경향을 지점별로 살펴보면, 그 공간적 분포가 기온과는 사뭇 다르게 나타난다. 지난 30년 동안 남한의 경우 3개 지점을 제외한 모든 지점에서 연강수량이 증가하는 경향을 보인 반면, 북한에서는 27개 관측지점 중 17개 지점에서 강수량의 감소 경향이 나타났다(그림 3-17).

표 3-3. 1981~2010년 남·북한의 연 및 계절별 강수량(단위: ㎜)

	연	봄	여름	가을	겨울
남한	1,308	237(18%)	723(55%)	260(20%)	89(7%)
북한	920	149(16%)	543(59%)	182(20%)	46(5%)

주: 괄호 안의 퍼센트는 연강수량 대비 비율을 나타냄.
출처: 기상청, 2013

표 3-4. 1981~2010년 한반도, 남·북한의 연 및 계절별 강수량의 변화율(단위: ㎜/10년)

	연	봄	여름	가을	겨울
한반도	25.87	10.34	28.07	-7.70	2.20
남한	54.28	16.95	46.26	-11.85	1.99
북한	-25.19	-3.20	-5.54	-3.24	-1.40

출처: 기상청, 2018

개마고원을 중심으로 한 내륙 산간지방과 관북 해안 지역 및 서해안에 인접한 신의주, 남포, 사리원, 용연 지역에서 강수량이 감소하는 경향이 있다(그림 3-1 참조). 북한의 남부와 서부 지역에서는 강수량이 증가하는 경향도 나타났다. 남한에서는 수도권과 중부 지역에서 가장 크게 증가하였고, 영서지방은 영동지방에 비해 강수량이 큰 폭으로 증가하였다. 이는 여름철 장마, 집중호우, 태풍의 변동과 관련될 수 있다. 반면에, 충청 남부 지역과 남서해안에는 강수량의 증가 정도가 작거나 감소하는 경향을 보였다.

북한의 기후자료는 그해의 기상 데이터 누락률이 20%를 넘는 경우가 1981~2010년의 30년 동

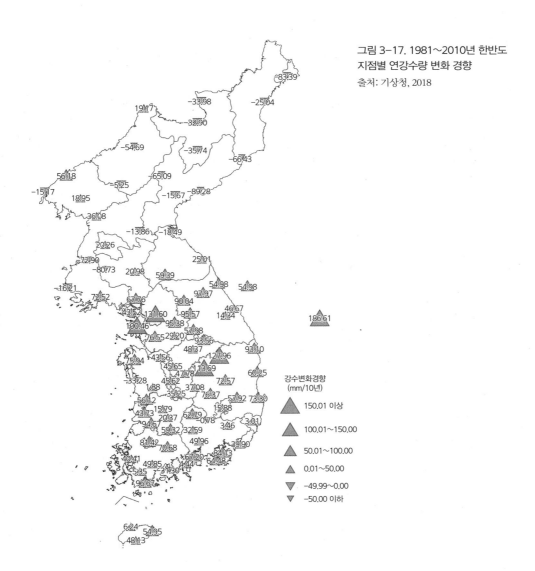

그림 3-17. 1981~2010년 한반도 지점별 연강수량 변화 경향
출처: 기상청, 2018

안 7년이나 된다(3절 북한의 기후자료에서 마지막 단락을 참조). 따라서 북한의 기후변화에 관한 향후 연구로서 시공간적으로 연속적인 기후자료(기후재분석자료, 원격탐사에 의한 기후자료 등)를 이용한 분석이 필요하다. 북한 기후변화의 원인을 밝히기 위하여 자연환경적 요인과 더불어 사회·경제적 요인을 고려한 통합적 연구도 필요할 것이다.

더 읽을 거리

기상청, 2013, 「북한 기후변화 백서」.
⋯▸ 본 장의 집필에 사용된 주요 참고문헌으로 북한 지역의 기후가 현재 어떤 상태인지, 어떻게 변해 가고 있는지(최근의 기후변화), 또한 앞으로 어떻게 변화할지(미래의 기후변화)를 이해할 수 있다.
기상청, 2018, 「한반도 기후변화 전망분석서」.
⋯▸ 북한 기후의 공간분포와 시간변화 특성을 남한과 비교하여 이해할 수 있다. 미래 기후변화의 시간적·공간적 변화 특성 및 전망에 대한 이해에 도움이 될 것이다.
기상청, 2011, 「북한기상 30년보: 1981~2010」.
⋯▸ 북한 27개 관측지점별 기후요소(해면기압, 평균기온, 최고기온, 최저기온, 상대습도, 평균풍속, 운량, 강수량)의 기후평년값(1981~2010)을 일별, 순별, 월별, 계절별, 연 평년값으로 제공하고 있어 분석에 이용할 수 있다. 기상청 기상자료개방포털(https://data.kma.go.kr/data/grnd/select NkRltmList.do?pgmNo=58)을 통해서도 이용할 수 있다.
Habib, Benjamin L., 2009, The Implications of Climate Vulnerability for North Korean Regime Stability, *The International Journal of Climate Change Impacts and Responses*, 1(1), 83-104.
⋯▸ 기후변화에 따른 북한 사회·경제적 시스템의 취약성을 제시한 논문이다. 북한의 기근과 경제적 고립, 경직된 수직구조의 전체주의, 기반시설의 붕괴 등 사회·경제적 상황을 고려한 기후변화 적응방안을 모색하는 데 도움이 될 것이다.

참고문헌

강신욱·문장원, 2014, 「SC-PDSI를 이용한 북한지역 가뭄분석 및 가뭄심도-지속기간-생기빈도 곡선의 유도」, 『한국수자원학회논문집』, 47(9), 813-824.
권민성·이규민·전경수, 2015, 「RCP 기후변화 시나리오를 활용한 한반도 연최대 일강우 분석」, 『한국방재학회지』, 15(1), 99-110.
기상청, 2011, 「북한기상 30년보: 1981~2010」.
기상청, 2013, 「북한 기후변화 백서」.

기상청, 2018, 「한반도 기후변화 전망분석서」.

김남신, 2008, 「GIS를 이용한 한반도 기온의 시·공간적 분포패턴에 관한 연구」, 『한국지형학회지』, 15(2), 85-94.

김남신·김경순, 2013, 「지난 40년간 한반도 기온의 시·공간적 분포 변화에 관한 연구」, 『한국지리정보학회지』, 16(4), 29-38.

김석주·이민부·김남신·김애분·주철, 2010, 「북한 혜산시 50년간 가뭄과 홍수변화」, 『한국지역지리학회지』, 16(3), 216-223.

김수옥·윤진일, 2011, 「북한지역 평년의 경관규모 기온분포도 제작」, 『한국농림기상학회지』, 13(1), 28-34.

김진욱·권원태·김금란·조천호, 2015, 「북한의 기후자료 현황과 분석」, 『한국기상학회학술대회논문집』, 88-89.

김진혁·이석호·김병식, 2018, 「표준강수증발산량지수를 이용한 북한지역 과거와 미래 가뭄 평가」, 『Crisisonomy』, 14(2),139-151.

김진희·윤진일, 2011, 「북한지역의 소기후 추정을 위한 수문단위 설정」, 『한국농림기상학회지』, 13(1), 20-27.

김흥주·이승호, 2017, 「북한의 농업생산과 먹거리보장의 가능성」, 『기후연구』, 12(4), 289-304.

박선엽·이수경, 2019, 「한반도 절기 기온의 기후적 변화와 지리적 특성」, 『한국지리정보학회지』, 22(3), 65-81.

서은경·윤준희·박영산, 2009, 「북한 지역에서의 30년 동안의 평균 바람 지도」, 『한국지구과학회지』, 30(7), 845-854.

염웅선·박동혁·권민성·안재현, 2019, 「RCP 기후변화 시나리오를 활용한 남북공유하천유역 미래 극한강수량 변화 전망」, 『한국수자원학회논문집』, 52(9), 647-655.

윤진일, 2000, 「지형기후학적 공간내삽에 의한 북한지역 강수기후도 작성」, 『한국농림기상학회지』, 2(1), 16-23.

이보람·정은성·김태웅·권현한, 2013, 「강수지표를 이용한 남·북한 강수특성 비교」, 『대한토목학회논문집』, 33(6), 2223-2235.

이승욱·이대근·임병환, 2017, 「최근 10년(2007~2016년) 북한의 기상기후 연구 동향: 기상과 수문지를 중심으로」, 『대기』, 27(4), 411-422.

Habib, Benjamin L., 2009, The Implications of Climate Vulnerability for North Korean Regime Stability, *The International Journal of Climate Change Impacts and Responses*, 1(1), 83-104.

IPCC, 2014, *Climate Change 2014: Synthesis Report. Contribution of Working Group I, II and III to the Fifth Assessment Report of the Intergovernmental Panel on Climate Change* [Core Writing Team, R.K. Pachauri and L.A. Meyer(eds.)]. IPCC, Geneva, Switzerland, 151pp. in IPCC AR5 Synthesis Report website.

Kim, Y., Kang, B. and Adams, J. M., 2011, Opposite trends in summer precipitation in South and North Korea, *International Journal of Climatology*, 32, 2311-2319.

Kwon, M., Sung, J. H. and Ahn, J., 2019, Change in Extreme Precipitation over North Korea Using Multiple Climate Change Scenarios, *Water*, 11(2), 270.

제4장
북한의 식물과 자연생태

———

공우석

경희대학교 지리학과 교수

1. 서론

대한민국과 가장 가까이 있으면서도 우리 국민들이 가기 가장 어려운 곳, 우리가 가장 잘 알고 있다고 생각하지만 실상을 알기 어렵고 이해하기 힘든 이웃이 우리가 북한이라고 부르는 조선민주주의인민공화국이다. 서로 인적, 물적 자원과 정보의 교류가 쉽지 않은 탓이다.

우리 사회의 북한에 대한 주요 관심사는 정치, 군사, 외교, 경제, 스포츠, 사회, 문화, 이산가족, 이탈주민 등 인문사회적인 주제에 편중되어 있다. 한반도라는 하나의 공동체를 구성하는 북한의 자연환경에 대한 관심은 산림황폐화, 홍수, 재해 등 극히 일부에 특정된 현안이 등장할 때만 잠깐 소개되는 정도이다. 북한의 자연생태계, 기후변화, 환경오염과 파괴 등에 대한 관심도 적고 정보도 부족한 실정이어서 이 장에서는 이런 문제를 살펴보았다.

북한의 식물과 자연생태를 파악하는 데 가장 어려운 점은 북한이 기초적인 자연생태계 자료조차도 외부 세계에 공개하기를 꺼려해 관련 자료의 수집이 힘들다는 점이다. 또한 신뢰성 있는 최근 자료를 확보하는 데 어려움과 한계가 있다. 필자는 금강산을 제외하고는 현지 답사를 하지 못한 상태에서 국내외에서 구할 수 있는 문헌 자료에 의존하여 글을 작성하였으므로 북한의 자연생태계의 실상을 파악하는 데 한계가 있음을 밝혀 둔다.

이 글은 국내에서 열람이 허용된 북한 관계 문헌과 웹 페이지 그리고 연구자가 중국, 일본, 러시아, 헝가리, 체코 등 북한과 교류가 있었던 관련 기관 방문을 통해 수집한 북한 식물 표본과 문헌 자료 등을 참고하였다. 아울러 기존에 필자가 발표한 문헌(공우석, 2002; 2003; 2005; 2006a, b; 2014; 2018; 2019; 박용구 외, 2015; Koo et al., 2006)에 기초하여 작성되었다.

2. 생물다양성

1) 식물에 대한 정보

북한의 고등식물에 대한 기초적인 정보는 리종오(1964)가 발표하였고, 상세한 식물 정보는 1972년부터 1979년까지 부록을 포함하여 총 8권으로 발간된 『조선식물지』를 통해 알려졌다. 이후 『조선식물지』 개정판(임록재 외, 1996~2000)이 발간되었다. 그 밖의 식물에 관한 단행본은 『식물도감』, 『원색식물도감』, 『우리나라의 수생식물』, 『조선약용식물』, 『조선식물도감』, 『조선식물명집』

등이 있다.

북한의 자연생태계를 다루는 학술지는『과학원통보』,『기상과 수문』,『김일성종합대학학보 자연과학편』,『림업』,『생물학』,『지질 및 지리과학』 등이다(최현규, 2004). 동식물 분류나 자연생태에 관한 연구논문이 실리는 학술지는『과학원통보』,『생물학』,『생물학연구논문집』,『대학보』,『연구소보』,『자연보호』,『조선』,『지질과학』,『조선수산』,『농업』,『수산업』,『림업』,『자연보존』,『산림과학』,『과학의 세계』 등이다.

식물에 대한 지리적인 내용은 단행본과『지리과학』,『조국탐사』,『조선화보』 등에 소개되고 있다. 과학원 동물학연구소, 식물학연구소, 지리학연구소가 자연자원에 대한 연구를 주도했다. 조선과학백과사전출판사와 한국 평화문제연구소(2003~2004)를 중심으로 남북한이 공동으로 발간한『조선향토대백과』 20권은 북한의 전반에 대한 가장 방대한 정보를 담고 있다.

북한 내에서 가장 체계적으로 자연환경과 생태계에 대한 정보가 알려진 곳은 백두산으로『백두산총서』 시리즈의 지질(1993), 지형(1992), 기상·수문(1992), 식물(1992), 동물(1993), 토양(1992) 그리고『백두산탐험자료집』(1998) 등에 자세히 소개되어 있다.

북한 사회의 전반에 대한 종합적인 정보는 통일부 산하 북한자료센터(https://unibook.unikorea.go.kr)에서 확인할 수 있다. 정부 출연 연구기관인 과학기술정책연구원(http://www.stepi.re.kr)은『한반도 식물지』 편찬사업을 비롯하여 백두산 화산 활동, 나노, 표준, 통신 같은 다양한 분야의 남북협력사업 등 북한의 과학기술 분야를 장기간에 걸쳐 연구하고 있다.

2002년에 과학기술정보통신부는 북한의 과학기술 정보 수집과 활용체제를 강화하기 위해 한국과학기술정보연구원(http://www.kisti.re.kr) 등 정부 출연 연구기관과 통일부, 국가정보원 등 정부 관련 부처가 공동으로 북한의 과학기술 행정체제와 분야별 기술 동향, 수준 등을 제공하는 북한과학기술 네트워크(http://www.nktech.net/main/main.jsp)를 구축하고 북한과학기술연구회를 출범했다. 이들은 2003년부터 매년『북한과학기술연구』라는 학술지를 발간하고 있다(그림 4-1). 북한 과학기술 정보 사이트에서는 북한의 과학기술 정보를 종합적으로 수집, 가공, 정리한 체계적인 데이터베이스를 만들어 일반인에게 서비스하고 있다.

북한의 자연생태계 정보가 체계적으로 수집, 정리, 관리되어 남북한 생태계를 연구할 수 있는 기반이 마련되어야 통일 이후

그림 4-1.『북한과학기술연구』

과학적인 자연환경의 보전, 지속가능한 이용 그리고 체계적인 국토 관리가 가능할 것이다.

2) 식물다양성

리종오(1964)에 의하면 식물종은 양치식물(26과 69속 182종 46변종), 나자식물(9과 15속 39종 11변종 3품종), 쌍자엽식물(159과 727속 2,057종 1아종 850변종 72품종), 단자엽식물(41과 239속 731종 3아종 141변종 11품종) 등 모두 235과 1,051속 3,009종 4아종 1,048변종 86품종이다.

『조선식물지』에는 77목 178과 971속 3,585종(양치식물 제외)의 식물이 수록되어 있다. 산림수종은 84과 269속 1,098종으로 교목에 속하는 침엽수 19종, 활엽수 136종, 대나무 3종이 있다(김봉주, 1992).

홍순익(1989)에 따르면 식물종은 6,710종이며 그중 고등식물만 해도 3,860종이다. 종자식물은 3,064종으로 변종까지 합하면 4,118종이다. 양치류는 200여 종, 이끼류는 600여 종이 있다. 하등식물은 2,850여 종으로 버섯류는 600여 종, 기생균류는 520여 종, 조류는 1,500여 종(해조류 460여 종 포함), 지의류는 230여 종이다.

북한에서 발행되는 『민주조선』은 북한 내 야생동식물은 모두 18,013종이라고 발표했다. 이는 대한민국 환경부가 밝히고 있는 국내 야생동식물 24,471종보다 6,400여 종(26%)이 적은 것이다. 식물은 북한이 9,548종으로 남한의 8,846종에 비해 700여 종이 더 많았다. 포유동물은 북한에 97종, 남한에 76종이 있고, 조류는 북한에 394종, 남한에 383종으로 북한이 조금 많았다. 그러나 2001년 5월 조선중앙통신에 의하면 북한에는 총 8,870여 종의 식물이 자라며, 척추동물은 1,430여 종이 있다고 한다.

남북한 과학자들의 활발한 교류 협력과 자유로운 공동 조사를 통해 상세한 생물상 정보를 확보하고 공유할 수 있는 기반이 마련될 때 비로소 한반도의 자연생태계를 합리적으로 관리할 수 있을 것이다.

3. 식물지리

1) 지역별 생물상

백두산은 양강도 삼지연군 서북부에 위치하며 지질학적으로 약 150만 년 전에 화산 활동을 통해 형성되었다. 해발 2,744m의 장군봉을 정상으로 중국과 국경을 이루고 있다. 백두산에는 47과 162속 약 650종의 식물이 자라며 잎갈나무, 가문비나무, 분비나무, 종비나무 등과 들쭉나무, 백산차, 만병초, 이끼류 등 147종 이상의 고산식물이 자란다. 백두산에 서식하는 동물로는 범(호랑이), 누렁이(백두산사슴), 노루, 큰곰, 검은돈(검은담비) 등 50여 종의 산짐승과 메닭, 꿩 등 137종의 조류가 있다.

오가산은 낭림산맥(평안북도)에 위치하며, 최고봉은 운동령(1,334m)이다. 오가산의 식물상은 730여 종으로 알려져 있으며, 식생의 수직분포는 낙엽활엽수림~침활혼합림~침엽수림의 순으로 발달하고 침엽수와 활엽수의 혼합림이 가장 넓다. 한반도 중부 이남에서 자라는 조릿대, 나도파초일엽, 주름고사리가 최북단 분포지로 학술적 가치가 매우 높다. 분비나무, 가문비나무, 잣나무, 전나무, 눈잣나무 등 바늘잎나무와 신갈나무, 황경피나무, 피나무, 엄나무 등 넓은잎나무 등이 자란다. 골짜기에는 메역순나무, 댕강말발도리, 딱총나무, 머루, 다래, 오미자 등이 나타난다. 해묵은 원시림이 우거져 3~4백 년 된 나무가 많으며, 천연기념물로 지정된 주목, 잣나무, 피나무, 신갈나무 등이 자라고, 수령이 1천1백 년에 이르는 주목도 자라는 것으로 알려졌다. 오가산 일대에는 오소리, 곰, 여우, 스라소니, 표범, 멧돼지, 노루, 사슴 등의 대형동물과 101종의 조류가 서식하며, 천년 이상 된 주목 등 730여 종의 식물이 분포하여 자연생태계가 우수하다.

묘향산은 평안북도 향산군과 자강도 희천시, 평안남도 영원군의 경계에 위치하며 낭림산맥 서단에 위치하는 비로봉(1,909m)은 묘향산 최고봉이다. 식생의 수직적 분포대에 따라 냉온대 북부 고산지 침활혼합수림 식생형(해발 500~900m), 아고산 침엽수림 식생형(900~1,400m), 비로봉 정상에는 눈향나무, 눈잣나무, 눈측백나무, 노랑만병초, 들쭉나무 등의 고산 식생이 발달하며 여러 동물이 서식한다(김종원, 1991). 지역 내에는 소나무, 분비나무, 가문비나무, 잎갈나무, 참나무, 신갈나무, 박달나무, 찰피나무, 돌부채, 조릿대, 금강분취, 구름체꽃 등 700여 종의 식물이 자란다. 저지대부터 고지대까지 식물의 수직 분포가 뚜렷이 보존되어 있다. 특이한 식물로는 돌부채, 점박이별꽃, 조릿대, 애기사철란 등이 있다. 묘향산에 서식하는 동물에는 33종의 짐승류와 115종의 새들이 있다(박태훈 외, 1986).

구월산은 대동강 하구 남쪽의 황해남도 은율, 온천, 안악, 삼천군 등 4개 군의 경계지점에 위치하며 경치가 수려하고, 해발 954m의 사항봉이 중심이다. 이곳에는 북방요소의 식물과 남방요소의 식물들이 관찰되며 다양한 식물상(600여 종)이 나타난다. 특히 북한 지역 내에서 가장 좁은 면적의 냉온대 남부저산지 식생형이 특징적이다. 분비나무, 잣나무, 가문비나무 등이 자라며 양지바른 산기슭에는 고욤나무, 감나무, 동백나무, 수유나무 등이 주로 자란다. 또한 머루, 달래, 오미자, 도라지, 더덕, 산삼, 반너삼, 천남성, 족두리풀 등이 자란다. 한반도 특산식물인 검팽나무와 만리화가 분포하며 소나무, 참나무, 밤나무, 서어나무, 고욤나무 등이 자란다. 구월산에는 복작노루, 멧돼지, 고슴도치 등 30여 종의 짐승들과 검은딱따구리 등 100여 종의 조류가 있다(박태훈 외, 1986).

금강산은 행정구역상으로 강원도 고성군, 금강군, 통천군 지역의 일부에 걸쳐 위치한다. 최고봉인 비로봉(1,638m)을 비롯하여 50여 개의 큰 봉우리들이 태백산맥의 분수령을 이루고 있다. 금강산에는 750여 종의 식물이 있고, 금강국수나무, 금강초롱, 만리화, 금강봄맞이, 봉래꼬리풀, 금강분취, 그늘분취, 선등말굴레, 그늘돌쩌귀 등 20여 종의 특산식물이 있다. 금강산에는 산양, 사향노루, 수달, 곰 등 수십여 종의 짐승류와 알락할미새, 밀화부리, 딱따구리 등의 새들이 서식한다(박태훈 외, 1986).

금강산은 한반도에서 강우량과 적설량이 가장 많은 지역 중 하나로 동서 지역에서 다소 차이가 나타난다. 동쪽 비탈진 곳의 외금강 일대에는 참나무, 굴참나무, 갈참나무, 떡갈나무 등의 수종과 일부 남방계 식물이 분포하며, 서쪽의 내금강 일대에는 분비나무, 가문비나무, 부게꽃나무, 복작나무 등 높은 산지에서 자라는 북부계통 식물이 자란다. 금강산에는 140여 종의 특산식물이 서식하고 있으며, 1909년 금강산에서 최초로 발견된 금강초롱, 1917년 금강산 일대에서 처음으로 발견된 1속 1종의 금강국수나무가 천연기념물로 지정되어 있다(김종원, 1991). 금강산에서는 사향노루, 산양 등 68종의 짐승과 칼새, 밀화부리 등 200종의 조류가 관찰된다고 알려져 있다.

칠보산은 함경산맥 동남부에 형성되어 있는 길주-명천지구대의 동남부에 위치하며, 산정은 해발 906m이다. 칠보산은 파초일엽, 돌가시나무, 참오동나무 등 남방요소 식물자원의 최북단 분포를 보여 주고 있으며, 정향풀과 같은 희귀식물이 서식하고 있다(박태훈 외, 1986).

북한의 생물상 정보는 산지에 따라 관련 정보의 양과 질에서 큰 차이가 나타난다. 지금까지 알려진 산지 외에도 많은 산지에 대한 생물상 정보가 확보되어야 생태계 특성을 체계적으로 분석할 수 있으므로 생물상의 실상을 알기 위해서는 남북한 전문가들의 상호자료 공유와 공동 조사가 있어야 한다.

2) 식물상

식물상(植物相, flora)은 어떤 지역에 자라는 식물의 종류를 모두 통틀어 부르는 것으로 그 지역의 식물상은 현재의 환경조건뿐만 아니라 과거로부터 만들어진 진화의 산물이다(공우석, 2019). 한반도의 식물상은 발생 과정, 생태조건, 전 세계적 분포에 따라 우리나라 특산종, 동아시아식물요소, 극지식물요소, 온대남부식물요소, 아열대식물요소 등으로 구분된다.

한반도의 특산속 식물은 북한의 금강산에서 처음 알려진 금강인가목속(*Pentactina*) 또는 금강국수나무속, 금강초롱속(*Hanabusaya*), 함경남도 북청에서 보고된 개느삼속(*Echinosophora*), 부전고원에서 처음 발견된 부전바디속(*Coelopleurum*)을 비롯해 남한의 충북 진천에서 처음 발견된 미선나무속(*Abeliophyllum*), 지리산에서 처음 발견된 모데미풀속(*Megaleranthis*) 등 많은 특산종이 있다.

특산식물은 중부 산지에 집중적으로 분포하며, 육지에서 멀리 떨어진 섬이나 북부 고산지대에서도 많이 자란다. 동아시아요소는 우리나라, 중국 동북지방, 흑룡강 일대 등이 기원지로 신갈나무, 떡갈나무, 달피나무, 부게꽃나무, 잣나무, 분비나무, 가문비나무, 잎갈나무 등이 자란다. 극지식물요소는 극지방을 기원으로 빙하기에 유입되어 현재에는 높은 산지대에만 분포하며 눈잣나무(그림 4-2), 두메아편꽃, 곱향나무, 매자잎버들, 가솔송, 돌매화나무, 월귤, 시로미, 담자리꽃나무, 가는잎백산차, 만병초 등이 있다. 온대남부식물요소는 우리나라 남부, 중국 남부, 일본 등지에 분포하며 서어나무, 보리수나무, 느티나무, 수유나무, 호두나무, 감나무 등이 속한다. 이들이 자라는 지리적 북한계는 황해남도와 강원도이며, 일부는 함경남도까지 자란다. 아열대식물요소는 아열대에 기원을 둔 가시나무속, 소귀나무속, 동백나무속 등 상록활엽수를 말한다.

북한 식물상의 특징은 영토의 넓이, 식물, 기후대적 위치에 비하여 식물종의 수가 많고, 북한 내에만 자라는 특산종(特産種, endemic species) 또는 고유종(固有種)이나 과거 지질시대에는 넓은 지역에 살았으나 지금은 다른 지역에서 찾아보기 힘든 유존종(遺存種, relict species)이 많다는 점이다. 북한 내 식물은 수평적, 수직적으로 띠를 이루면서 분포한다.

북한의 식물상이 이처럼 풍부한 원인은 지질시대 이래 이어진 지질, 지형, 기후, 수문, 해

그림 4-2. 눈잣나무

양, 생태 등 고지리(古地理, palaeo-geography)와 관련된다. 지질 및 지형적으로 한반도는 육지가 만들어진 역사가 길어 식물이 육지 위에 자리 잡은 식생의 역사 또한 길다. 또한 한반도는 중생대 이후에 거의 바닷물에 잠기지 않았으며 유럽이나 북아메리카에 비해 기후가 몹시 차가워지는 변화가 다른 지역에 비하여 적었다. 신생대 제3기에 기후는 고온다습하여 식물이 더욱 왕성하게 발달하였다. 제4기 빙하기에도 직접적인 대륙빙하의 영향을 받지 않았고, 일부 높은 산꼭대기만 산악빙하로 덮이면서 기후가 한랭해져 일시적으로 아열대성 식물들이 없어지고 아한대성, 한대성 식물들이 들어와 새로운 종이 추가되었다.

이처럼 북한 내 식물상이 다양하고 풍부한 것은 생태적 조건과도 관련된다. 우리나라는 중위도의 계절풍대에 위치하여 연강수량이 많고 식물의 생장기인 여름에 비가 많이 내리기 때문에 식물이 자라기에 유리하다. 남북으로 길고 각기 다른 지형조건은 생태적 다양성을 갖게 하여 아열대 식물부터 아한대성 식물까지 다양한 식물들이 자란다(공우석, 2007). 한반도에는 100여 속 300여 종의 특산종과 유존종이 분포한다. 특산종 식물은 주로 중부지방 추가령지구대, 금강산, 구월산, 설악산 등지와 제주도, 울릉도에 많다. 북한 내 지역별 주요 산지와 도서에 대한 생물다양성 현황, 구조, 가치평가, 변화, 관리 등에 대한 종합적인 분석이 필요하다.

3) 식물지리구

다양한 식물이 자라는 지역을 비슷한 식물군락으로 이루어진 지역으로 나누다 보면 특징이 비슷한 등질 지역(等質地域, homogeneous region)을 중심으로 하나의 지역 구분(地域區分, regional classification)이 만들어진다. 특히 지역에 분포하는 식물들을 과(科, family)와 같은 높은 분류군(分類群, taxa) 단위로부터 속(屬, genus), 종(種, species)과 같은 낮은 분류군으로 그 지역에만 자라는 특산식물의 특산율을 바탕으로 세계지도를 몇 개의 지역으로 나누면 식물지리구(植物地理區, phyto-geographic region)를 그릴 수 있다. 지역에 분포하는 식물을 기준으로 비슷한 특성을 갖는 지역을 하나의 지역으로 묶은 식물지리구는 지역의 자연사와 환경 특성을 아는 데 중요한 열쇠가 될 수 있다(Kong, 1994; 공우석, 2019).

한반도에 분포하는 식물의 분포유형을 기초로 지역을 나눈 식물지리구는 〈표 4-1〉과 같다. 일본 학자인 나카이(中井猛之進, 1935)는 한반도 식물지리구를 북부식물구계, 중부식물구계, 남부식물구계, 제주도구, 울릉도구 등으로 나누었다. 우드바르디(Udvardy, 1975)는 한반도를 만주~일본 혼합삼림지역, 동양낙엽삼림지역, 일본상록삼림지역 등 3개 식물구계로 구분했다.

오수영(1977)은 전국분포형, 백두산분포형, 북부분포형, 중남부분포형, 남부도서분포형, 제주도분포형, 울릉도분포형 등 7개 구역의 식물지리구를 제시했다. 이우철·임양재(1978)는 식물의 분포를 기준으로 갑산아구, 관북아구, 관서아구, 중부아구, 남부아구, 남부해안아구, 제주도아구, 울릉도아구 등 8구역으로 나누었다.

공우석(1989)은 146곳의 산과 섬에 분포하는 상록활엽수, 상록침엽수, 대나무의 공간적 분포와 지역별 종 구성을 바탕으로 북부고산지역, 북남아고산지역, 중부산악지역, 남부산악지역, 중서부도서지역, 남부도서지역, 서·남·동해도서와 연관내륙지역, 북남격리지역 등 8개의 식물지리구로 나누었다.

한반도 내에서 지역에 따라 서식하는 특정 집단의 식물에 따라 지역을 구분한 북한 학자 김왈홍(1991)의 식물지리구에 의하면 한반도는 고산구, 북부고원구, 북부구, 중부구, 남부구, 남해연안구, 제주도구, 울릉도구 등으로 구분되며 그중 북한에 나타나는 것은 4가지이다.

고산구는 북부 고산지대 해발 2,000m 이상의 지역으로 자강도, 양강도의 백두산, 포대산, 관모봉, 북수백산의 2,000m 이상 되는 곳에 드문드문 반점 모양으로 분포하며, 바람이 세고 기온이 낮기 때문에 눈잣나무, 눈측백나무, 왕대황 같은 식물이 자란다.

북부고원구는 양강도, 함경북도, 자강도의 북부 산악지대로 분비나무, 가문비나무, 종비나무, 잎갈나무, 자작나무, 산삼, 만삼, 황기 등이 자란다.

북부구는 평안북도, 함경남도, 함경북도 해안에 나타나며 서해안에서는 북위 39°30′, 동해안에서는 북위 40°, 중부지방에서는 북위 38°30′에서 북부고원구와 경계를 이루는 지역으로 연평균기온은 10℃, 연강수량은 900~1,000㎜ 정도이다. 특징적인 식물은 잣나무, 전나무, 비슬나무, 달피나무, 더덕, 고사리, 참나물, 미나리, 참당귀, 오미자, 족도리풀 등이다.

표 4-1. 한반도 식물지리구

연구자(연도)	식물지역 구분
中井猛之進(1935)	북부식물구계, 중부식물구계, 남부식물구계, 제주도구, 울릉도구 등 5개 식물구계
Udvardy(1975)	만주~일본 혼합삼림지역, 동양낙엽삼림지역, 일본상록삼림지역 등 3개 식물구계
오수영(1977)	전국분포형, 백두산분포형, 북부분포형, 중남부분포형, 남부도서분포형, 제주도분포형, 울릉도분포형 등 7개 구역
이우철·임양재(1978)	갑산아구, 관북아구, 관서아구, 중부아구, 남부아구, 남부해안아구, 제주도아구, 울릉도아구 등 8구역
공우석(1989)	북부고산지역, 북남아고산지역, 중부산악지역, 남부산악지역, 중서부도서지역, 남부도서지역, 서·남·동해도서와 연관내륙지역, 북남격리지역 등 8개의 식물지리구
김왈홍(1991)	고산구, 북부고원구, 북부구, 중부구, 남부구, 남해연안구, 제주도구, 울릉도구

중부구는 서해안의 북위 36°30′~39°40′까지, 동해안에서는 북위 39°35′~40°까지, 중부에서는 북위 36°30′~38°30′까지의 지역이다. 중부구의 연평균기온은 13℃, 연강수량은 1,200~1,300㎜ 정도로 때죽나무, 생강나무, 상수리나무, 분지나무, 느티나무, 떡갈나무, 머루, 다래나무, 금강초롱, 금강국수나무, 개느삼, 도라지 등이 특징적이다.

식물지리구를 나누는 보다 합리적인 기준을 개발하고 등질 지역의 공간적 특성을 설명할 수 있는 시간과 공간을 초월하는 지리적 요인에 대한 과학적인 조사 연구가 필요하다.

4) 나라꽃

대부분의 사람들이 북한을 상징하는 꽃으로 알려진 진달래를 북한의 나라꽃(국화)으로 알고 있다. 그러나 북한은 1991년 4월 10일 목란(木蘭)이라는 꽃을 국화로 지정하였다. 북한에서 목란이라고 부르는 나무의 본래 이름은 함박꽃나무(그림 4-3) 또는 산목련이다. 목란의 학명도 함박꽃이나 산목련과 같은 *Magnolia sieboldii* Koch이다.

꽃 이름이 목란으로 된 것은 김일성의 제안에 따른 것이다. 김일성은 1964년 5월 황해도 정방산의 한 별장에서 이 꽃을 보고는 창덕학교에 다닐 때 이곳으로 수학여행을 와서 본 일이 있다면서 항일 투쟁을 하는 중에도 이 꽃을 머릿속에 그리며 고국을 그리워했다고 말했다. 그러면서 이 아름다운 꽃을 함박꽃이라 하지 말고 옛날부터 우리 민족이 좋은 꽃 이름에 '란' 자를 붙였듯이 이 꽃도 목란이라고 하는 것이 좋다고 해서 꽃 이름이 바뀐 것이다.

목란은 낙엽활엽수로 높이는 6~10m이다. 잎은 길이 6~20㎝, 너비 4~10㎝의 타원형으로 강인해 보인다. 잎의 가장자리는 편평하며 윗면은 매끈하고 윤택이 있으며 아랫면은 분처럼 부드럽고 흰빛을 띤다. 꽃송이 지름은 7~10㎝이며 6~9개가 차례로 벌어진다. 작은 씨가 모여서 된 원추형의 열매는 9월에 붉게 익는다. 즉, 3~4㎝ 되는 계란 모양의 쪽꼬투리열매가 달리고 이 안에는 지름 6㎜의 밤색 씨앗이 들어 있다.

목란은 김일성이나 북한 정권과 관련된 상징으로 두루 쓰이고 있으며 김일성의 지시에 따라 북한 전역에서 목란심기운동이 벌어졌다. 이렇게 귀한 꽃이기에 김일성의 장수를 비는 꽃바구니를 만들 때, 혁명기념물과 행사장을 장식할 때는 반드

그림 4-3. 함박꽃나무

시 목란이 사용되었다. 목란은 김일성의 외국방문 행로를 지도상에 표시할 때, 주체사상의 탑신이나 기단, 국제친선전람관의 벽이나 천장에도 보인다. 또한 김일성훈장(1972년 3월 제정)에도 목란이 새겨져 있다.

목란과 함께 널리 알려진 김일성화는 난과에 속하는 열대식물로서 김일성을 상징하는 우상화(偶像花)이다. 1965년 4월 김일성이 인도네시아를 방문했을 때 수카르노 대통령으로부터 선물받았던 것을 10년 만에 평양으로 옮겨 김일성화로 명명했다.

이 꽃이 북한 주민들에게 소개되기 시작한 것은 김일성의 65세 생일 때인 1977년 4월부터이고 현재는 '충성의 꽃', '김일성주의 혁명의 꽃' 등으로도 불린다. 꽃의 색깔은 붉은 자주색이며 김일성을 상징하는 관계로 김일성 찬양 내용의 시, 가요의 소재로 한동안 많이 등장하기도 했다. '김일성화의 노래', '혁명의 꽃 김일성화' 등이 대표적이다.

우리나라의 나라꽃은 무궁화이다. 앞으로 남북이 통일된다면 어떤 식물을 나라꽃으로 정할지를 두고 의사를 결정해야 할 것이다. 통일된 남북한의 국민들이 호응할 수 있는 수종을 나라꽃으로 선발하기 위한 기준, 정체성, 명분을 고려한 대비와 연구가 필요하다.

4. 식생

1) 산림 식생

한반도에서는 위도에 따른 기후 차이로 식생대가 달라진다. 수평적으로 북쪽에서부터 한대 상록침엽수대, 온대 낙엽활엽수대, 난대 상록활엽수대가 나타난다. 아울러 고도에 따라 제주도의 낮은 고도에서부터 상록활엽수대, 북한의 높은 산정에서 낙엽활엽관목대와 함께 북극권에서 키 작은 상록활엽관목대가 나타난다(공우석, 2019).

북한에는 83과 269속 1,023종 내외의 수목이 있으며, 산림 식생 가운데 침엽수가 차지하는 비율은 54%이다. 산림 면적은 영토의 74% 정도이며, 수종 가운데에는 소나무류(12여 종), 전나무류(3종), 낙엽송류(3종), 가문비나무류(4종) 등의 침엽수와 참나무류(31여 종), 자작나무류(16여 종), 단풍나무류(30여 종) 등의 활엽수가 대표적이다(이진규·이성연, 1992).

북한에서는 산지의 고도에 따라 서로 다른 나무들이 자리한다. 고산지대에는 분비나무, 전나무, 낙엽송, 소나무, 잎갈나무, 가문비나무, 종비나무 등의 침엽수와 가래나무, 자작나무 등의 활엽수가 자란다. 산지 내 중간 고도에는 참나무류, 단풍나무, 자작나무, 황철나무 등 낙엽활엽수와 분비나무, 잣나무 등 상록침엽수들이 자란다. 낮은 산지에는 대추나무, 참나무류, 단풍나무, 느릅나무, 신갈나무, 물푸레나무, 황경피나무 등 낙엽활엽수와 소나무 등 침엽수가 자라고, 평야지대에는 산딸기, 머루, 앵두나무 등이 많다.

북한에서 가장 중요한 산림 지역은 북부지방의 산록이나 습지가 많은 고원지대인데, 이곳의 주요 수종은 잎갈나무, 소나무, 전나무, 분비나무, 가문비나무 등 침엽수이다. 북서부의 낮은 산악지대에는 잣나무, 전나무류 등 침엽수가 하층림을 이루고, 피나무류, 단풍나무류, 전나무류 등이 상층을 구성한다. 북동쪽의 해발고도 1,500m 이상의 산지에서는 침엽수림이 흔하며, 해발 1,000m까지는 단풍나무, 물푸레나무, 피나무류, 사시나무류 등 낙엽활엽수들이 차지하고 있다. 북한의 중부지대에도 대부분 이들과 같은 식생이 나타나며, 해발 1,000m 이하는 참나무, 물푸레나무, 오리나무, 자작나무, 가래나무, 황벽나무류 등 낙엽활엽수로 이루어져 있다(하연, 1993).

북한의 식물군락은 수평 및 수직적 분포대에 따라 북부지방을 중심으로 높은 산지에는 한대성 식물군락(높은 산 초원군락, 높은 산 떨기나무숲군락)과 아한대성 식물군락(분비나무와 가문비나무숲군락, 잎갈나무숲군락, 낙엽성 침엽수의 혼합림군락)이 발달한다. 중부지방의 산지에는 온대성 식물군락으로 신갈나무와 떡갈나무가 자라는 낙엽활엽수군락, 졸참나무와 서어나무가 섞여 있는 낙엽활엽수군락, 졸참나무와 개서어나무가 섞여 있는 낙엽활엽수군락, 소나무가 주로 자라는 낙엽활엽수군락 등이 분포한다. 바닷가 간석지에는 염생식물군락이 나타난다.

랜드샛(Landsat) 자료를 이용하여 산림 분포를 분석한 결과 북한의 산림 식생은 고산초원, 삼송림(분비나무·가문비나무·전나무), 잎갈나무림, 잎갈나무~삼송림, 사시나무~봇나무(자작나무)림, 참나무를 위주로 하는 기타 넓은잎나무림, 참나무림, 소나무~참나무림, 소나무림, 잣나무림, 소나무~서어나무림, 참나무~서어나무림, 아열대 상록넓은잎나무, 무림목지, 농경지, 주민지, 수계망, 철도, 도로 등으로 구분되었다(리기준 외, 1988).

지역별 자연산림 군계 빈도에 따르면 평안남북도, 평양, 남포, 황해남도 등 서부 저산지대의 자연산림군락에서 기본을 이루는 것은 소나무림(70%), 소나무~참나무 혼성림(21%), 신갈나무를 주로 한 참나무림(9%) 등이다. 소나무림은 30여 종의 교목과 섞여 자라는데 빈도가 높은 것은 떡갈나무(72%), 신갈나무(70%), 노가지나무(50%), 상수리나무(21%), 아까시나무(20%), 물푸레나무(20%) 등이다. 소나무림 군계는 인간의 끊임없는 작용하에 소나무~떡갈나무 혼성림, 소나무~신갈나무 혼성림이 변화하여 발생한 2차 군락이다(승일룡, 1992).

2) 자원식물

북한에는 목재식물 100여 종, 약용식물 900여 종, 산나물식물 300여 종, 산열매식물 30여 종, 가축먹이식물 160여 종, 향료식물 60여 종, 기름식물 50여 종, 섬유식물 100여 종, 밀원식물 170여 종, 원림식물 300여 종이 있다.

용재, 섬유 및 종이원료자원이 되는 나무는 잎갈나무, 소나무, 보천소나무, 세잎소나무(리기다소나무), 수삼나무, 분비나무, 가문비나무, 전나무 등 침엽수가 있다. 활엽수로는 아까시나무, 참나무, 피나무, 찰피나무, 오동나무, 가중나무, 평양뽀뿌리나무, 황철나무, 물황철나무, 사시나무, 닥나무, 오리나무, 꾸지나무, 싸리나무, 노박덩굴, 참대 등이 있다.

기름을 얻을 수 있는 유지식물은 잣나무, 호두나무, 가래나무, 쪽가래나무, 기름밤나무, 분지나무, 수유나무 등이다. 전분을 얻을 수 있는 식물은 참나무, 칡, 얼레지, 나리류 등이며 산과일을 생산하는 나무는 밤나무류, 들쭉나무, 살구나무류, 돌배나무, 고욤나무, 머루나무, 다래나무, 대추나무 등이 있다. 비타민이 포함된 나무는 들쭉나무, 생열귀나무, 해당화, 마가목 열매 등이다.

900여 종의 약초식물 가운데 보혈강장약으로 쓰이는 식물은 인삼, 오갈피나무, 가시오갈피나무, 두릅나무, 팔손이나무, 담장나무, 엄나무, 땅두릅나무, 산삼, 황칠나무 등이 있다(곽종승, 1986).

5. 동물

1) 고동물

북한에서 발견된 고동물은 지금으로부터 약 200만 년 이후 시기인 신생대 제4기의 포유동물 9목 21과 52속 100종으로 설치류 29종(29%), 식육류 24종(24.0%), 쌍발통류 22종(22%), 오발통류 9종(9%), 토끼류 6종(6%), 코끼리류와 식충류 각 2종(2%) 등이 대표적이다.

제4기 포유류 가운데 원숭이속, 고려원숭이속, 해리속, 밭다람쥐속, 옛비단털쥐속, 큰점하이에나속, 점하이에나속, 털코끼리속, 말속, 쌍코뿔이속, 털코뿔이속, 큰뿔사슴속, 면양속, 물소속, 들소속 등은 현대 포유동물상에 없다. 제4기 포유동물 가운데 지구상에서 완전히 사라진 종은 44종, 우리나라에서 사라진 종은 11종, 현재까지 생존하는 종은 36종이다.

우리나라는 제4기에 빙하의 직접적인 영향을 받지 않아 빙하기에는 북방형 동물들이 이주하여 살아남을 수 있었다. 또한 높고 낮은 산줄기와 구릉, 벌이 있어 동물의 생존에 유리하였다(한금식, 2003).

함경북도 길주 일신리, 화대 장덕리, 동관진 등지에서 털코끼리 화석이 나타났는데, 화대에서 코끼리가 살던 시기는 오늘날보다 훨씬 추운 시기였다. 당시에 식생은 소나무속, 가문비나무속, 잎갈나무속, 노간주나무속 등 침엽수(82%)와 활엽수(16.5%), 양치류(1.5%) 등이었다. 화대에는 시베리아소나무(*Pinus sibirica*), 두메자운속(*Oxytropis*) 등과 함께 전나뭇과(31.5%) 가운데 가문비나무(13.5%), 전나무(14%), 잎갈나무(4%)가 자라 당시의 기후조건이 오늘날 북위 50° 이상의 지대에서 볼 수 있는 기후조건과 비슷했을 것으로 본다(김덕성·김현숙, 1978).

신생대 제4기 플라이스토세에 평양시 상원군 용곡, 대흥, 평안남도 온천군 궁산, 나선시 서포항의 동물상은 사슴(*Cervus nippon*), 노루(*Capreolus capreolus*), 사향노루(*Moschus moschiferus*)와 같은 현생종이 기본을 이루고 있었다. 또한 개(*Canis familiaris*), 집소(*Bos taurus*), 집돼지(*Sus scrofa domestica*) 등 가축이 있었다(김근식·김세찬, 2004).

제4기 쥐의 화석은 4과 16속 30종으로 해리과 속 2종, 청서과 3속 3종, 쥣과 3속 5종, 비단털쥐과 8속 20종이었다. 이 가운데 현재까지 진화되어 온 현생종은 청서, 다람쥐, 긴꼬리집쥐, 짧은꼬리집쥐, 등줄쥐, 숲등줄쥐, 생쥐, 비단털쥐, 들쥐, 숲들쥐, 갈밭쥐, 들쥐의 일종 등 12종으로 당시 쥐류의 40%에 이른다.

기후 등 환경 변화에 의해 사라진 사멸종은 큰해리, 중리비단털쥐, 옛비단털쥐, 용곡산쥐, 동관갈밭쥐, 조선갈밭쥐, 대륙갈밭쥐, 검은모루땅쥐, 얼룩쥐, 밭다람쥐 등 완전사멸종을 비롯해 해리, 산쥐, 큰갈밭쥐, 북쪽갈밭쥐, 쇠갈밭쥐, 땅쥐, 작은땅쥐 등 모두 17종으로 당시 쥐류의 56.7%에 이른다.

북한에서 제4기 초부터 현세(現世)까지 가장 번성한 쥐는 비단털쥣과 8속 20여 종으로 종의 비율이 66.6%에 이른다. 이처럼 제4기에 쥐류가 다양했던 것은 쥐들의 생존에 유리한 자연지리적 환경이 마련되었고, 북쪽의 빙하를 피해 이동한 대륙이 쥐류의 피난처가 되었기 때문이다(한금식·김근식, 2000).

함경북도 화대군 석성리의 32만 년±4.6만 년 전 유문암에서 발견된 인류화석인 화대사람은 저산성 산지와 구릉성 평야지대의 온화한 기후대 저산성 산림~초원식물군락을 이룬 자연환경 속에서 생활하였다(강영수 외, 2002).

2) 동물

북한의 동물은 1,367종으로 물고기류는 850종, 개구리류는 14종, 뱀류는 24종, 새류는 382종, 짐승류는 97종이다. 특산동물로는 범, 복작노루, 크낙새, 대장지, 금개구리, 애기개구리, 정장어, 사루기, 줄납주레기, 중고기, 먹돌고기, 금강모치, 어름치, 쉬리, 버들붕어 등 20여 종이 있다. 북한에는 69종의 텃새와 봄에 와서 여름을 나는 새 75종, 가을에 와서 겨울을 나는 새 76종, 봄과 가을에 지나가는 새 65종이 있다(박태훈 외, 1986).

북한 육지에 분포하는 포유류 79종의 지리적 분포는 범세계형 3종(3.8%)과 전북구형·구북구형·원동형·조선–중국동북지방형 등 북방형(63.3%), 중간형인 동아세아형 13종(16.5%), 특산종(3종)·동양구형(7종)·조선~중국형(2종)·조선~일본형(1종) 등 남방형이 13종(16.5%)으로 구성된다(김계진, 1988).

북한의 담수어류 19목 38과 125속 185종(아종)의 생태적 구성은 민물성 11종(60%), 덜짠물성 59종(32%), 강오름성 15종(8%) 등이다(김리태, 1990). 『곤충분류명집』은 북한 지역에서 보고된 3,597종(주동률, 1969)의 곤충종 목록을 정리하고 기록하였다. 한반도 연안에는 모두 738종의 무척추동물과 규조가 있는 것으로 보고되었다. 서해안에는 모두 117종의 연체동물이 분포한다(박일종, 1985).

6. 고환경

1) 고환경과 생태계

한반도는 중생대로부터 신생대 제3기 말까지 오랜 기간 동안 유라시아 대륙, 아메리카 대륙 등과 연결되어 있었으므로 이 지역의 식물상과 밀접한 관계를 맺고 있다. 현재 우리나라 식물상의 기본은 신생대 제3기 초기에 이루어진 활엽수 또는 넓은잎나무들로 대부분이 제3기에 살았던 식물상의 유존종이다.

신생대 제4기 플라이스토세 빙하기에는 제3기에 우리나라에 많이 퍼져 있던 식물들의 일부가 제한된 지역에만 분포하게 되었다. 빙하기에 들어서 식생은 한대성 및 아한대성 식물들로 바뀌어 플라이스토세 빙하기에는 분비나무, 가문비나무, 전나무, 사시나무, 가래나무, 오리나무, 자작나무 등을 주된 수종으로 하는 산림이 이루어졌다. 최근 100만 년 사이에 우리나라의 식물상은 7~8회 정도로 바뀌었다.

제4기 빙하기 이후 홀로세(Holocene)에 들어와서 기후가 온난해지고 인간의 간섭을 크게 받으면서 우리나라 식물상과 식생은 크게 변화하였다. 우선 인구밀도가 높은 평야지대에서는 농경지가 개간되면서 자연 식물상이 재배하는 식물상으로 바뀌었다. 또한 산림을 이용하기 위하여 나무를 베어 내거나 산불 때문에 산에 널리 자라던 전나무, 잣나무, 떡갈나무 대신 2차 군락인 소나무의 분포구가 크게 넓어졌다(박태훈 외, 1986).

2) 최후빙기 이후 생태계 변화

과거 환경변화에 따른 지형과 생물상을 살펴보면 함경북도 경성군과 연사군 사이의 북위 41°40′에 있는 함경산줄기의 관모봉(2,540m)과 주변 산지들에서 지질시대의 빙하 흔적인 권곡, 칼날능, U자형 빙식곡, 빙퇴석 등을 볼 수 있다. 북부지방에서 빙하 지형에 따른 마지막 빙하기의 기후적 설선은 1,300~2,100m 사이에 나타났던 것으로 알려졌다(김창하·강응남, 2004).

황해북도 연산군 언진산(북위 38°50′, 동경 126°27′)의 북쪽 경사면에도 빙하의 흔적인 권곡이 있었으며, 권곡의 설선은 약 700m 높이에 있었다(편집부, 1998). 이는 당시 북부 고산대의 기후가 매우 혹독하였음을 의미한다. 언진산에서는 아한대에서 한온대로 넘어가는 식물의 꽃가루들이 나타났다.

한반도 북부 산악지대에서는 마지막 빙하기의 소빙하기 때마다 산악빙하가 만들어졌다고 본다(류정길, 1999). 빙하 지형은 백두산, 언진산 외에 금강산 일대에도 나타난다. 금강산에서는 해발고도 1,638m의 비로봉, 해발고도 1,578m의 월출봉 등의 주변으로 펼쳐 있는 고위평탄면 위에 쌓였던 만년설에 근원을 둔 빙하의 한 줄기가 구룡연 골짜기를 따라 동쪽으로 6㎞ 정도 흘러내렸으며 다른 한 줄기는 서쪽으로 동금강천 최상류를 따라 아래로 5.5㎞ 정도 흘러내렸다(북한과학원 지리학연구소, 1999).

빙하에 의해서 만들어진 지형으로 백두산에는 권곡과 빙식곡 빙하의 퇴적 작용으로 만들어진 빙퇴석 언덕, 빙퇴석 평탄지, 융빙수 퇴적평탄지 등이 있다. 제4기 마지막 빙하기가 물러간 뒤 7,000~5,000년 전 기후적 극락기와 중세기 온난기(기원후 900~1300년)가 있었고, 1600~1880년경까지 소빙기(小氷期, little ice age)라는 한랭기가 있었다.

1988년 관측에 의하면 백두산의 해발고도 2,000m 이상에서 적설이 기본적으로 다 녹는 것은 6

월말이었다. 백두산 지역에는 영구동토(永久凍土, permafrost)층이 발달하는데 장군봉과 향도봉 사이에는 2,610m 정도에 나타나고, 영구동토층이 시작되는 깊이는 75~85㎝이다. 대연지봉 동쪽의 해발고도 2,000m에서는 지표면 130~135㎝에서 영구동토층이 시작된다. 그러나 부석층이 아닌 곳에서는 영구동토층이 400㎝ 깊이에서 관찰된다. 백두산에서는 2,000m 이상에서 영구동토대가 나타난다(김정락 외, 1998).

1만~1만 2천 년 전부터 홀로세 또는 현세가 시작되어 기후가 온난해지며 오늘날과 비슷한 식물상으로 바뀌었고, 이때부터 점차 기후가 따뜻해지면서 빙하기의 식물들이 물러가고 지금은 백두산, 관모봉, 차일봉, 금강산, 지리산, 한라산 등의 높은 산꼭대기들에만 격리되어 분포한다. 이처럼 한반도 고산대에 격리되어 분포하는 고산식물들은 제4기 빙하기에 북극권에서 한반도로 이주해와 살았던 유존종이다(공우석 외, 2019).

신생대 제4기 플라이스토세 빙하기 동안 주변 바다의 모습도 오늘날과는 달랐다. 지금으로부터 4만 년 전 서해안의 해안선은 오늘날보다 75m 낮았고, 1만 6천~2만 4천 년 전에는 −155m에 위치하였는데, 당시에 서해는 깊은 골을 따라 고압록강(古鴨綠江)이 흘렀으며 그 하구는 제주해협에 이르렀다(류정길·김세찬, 2001). 고압록강은 남한에서는 대한강(大韓江)으로 부르고 중국에서는 고황하(古黃河)라고 부른다.

플라이스토세가 마무리되는 13,500년에서 12,300년 사이에 서해의 해수면은 현재보다 107m 낮았다가 −60m까지 상승하였고, 상승 속도는 연간 39㎜였다. 본격적인 홀로세가 시작된 약 1만 년 전에 −25m 수준에 있던 서해의 해수면은 8,500년 전에는 −18m, 7,500년 전에는 −14m에 도달했다. 6,500년 전에 서해의 해수면은 0m, 5,000년 전에는 +2.5m 수준으로 홀로세에 들어 가장 높은 한계선에 이르렀다. 약 2,500년 전에 서해의 해수면은 오늘날과 비슷한 수준에 이르렀다(김옥란 외, 2003).

평안남도 숙천군 신풍리에 있는 진펄논토양 바다에서 만들어진 퇴적층을 분석한 결과, 서해안에서 해수면이 가장 높았던 시기는 지금으로부터 6,000~5,000년 전으로 홀로세 중기이다. 바닷물이 내륙 쪽으로 들어온 최대 해침선이 놓이는 높이는 서해안에서 8.0~9.7m였다. 옛 최대 해침은 용천−염주지구와 문덕지구에서는 12㎞까지, 정주−운전지구에서는 7~9㎞까지, 연백지구에서는 6~7㎞까지, 증산−온천지구에서는 4~6㎞까지 내륙 쪽으로 들어왔다(강성일, 1997).

3) 백두산 일대 고생태

신생대 제4기에 접어들자 백두고원에서는 점성이 강한 용암들이 분출되었다. 현재 백두대간을 이루고 있는 백두산, 소백산, 북포태산과 같은 해발고도 2,000m 이상의 봉우리들이 이 시기에 형성되었다. 백두산에서는 화산재를 포함한 분출 작용이 그 후에도 7만~8만 년 전까지 계속되어 해발고도 2,700m를 넘는 백두산 최고봉인 장군봉과 주요 천지 외륜부의 봉우리를 만들었다(김태정 외, 2002).

일반적으로 지형적 설선의 높이는 기후적 설선 높이에 비하여 약 200~300m 내외로 변한다. 기후적 설선의 높이는 가장 더운 달의 평균기온이 0℃가 되는 높이 한계와 거의 같다. 백두산에서 마지막 빙하기인 2만 5천~1만 5천 년 전 설선(雪線, snow line)의 높이는 해발고도 2,200±100m에 위치했고 산마루에는 얼음을 모자처럼 쓰고 있는 형태로 빙설이 일 년 내내 덮여 있었을 것으로 추정된다. 오늘날의 기후를 기준으로 보면 백두산의 설선은 약 4,100m 높이에 나타날 것으로 보이지만 백두산의 실제 높이가 2,744m이므로 현재에는 설선이 나타나지 않는다. 현대적 설선과 용재한계선(해발고도 2,000±100m) 사이의 약 2,000m 되는 높이 구간은 영구동토대(permafrost belt) 또는 주빙하대(periglacial belt)이다(김윤성, 1993).

추운 지대에서 영구동토대의 남부 한계는 가장 더운 달의 평균온도가 10℃를 넘지 않는다. 백두산에서의 겨울 평균기온은 −25℃ 안팎이며 7월 평균기온은 7.8℃ 정도이다. 영구동토층은 주로 양강도 삼지연군과 백암군의 일부 고산에 분포한다. 영구동토층은 산언덕과 둑에 치우치며 산림 피복이 없는 곳에 발달하여 연속적인 동토층의 하부 한계를 이룬다. 영구동토층은 산 정상을 중심으로 섬처럼 해발고도 1,500~2,000m 지역에도 나타난다.

연속적인 영구동토층은 연평균기온이 −4.0℃ 이하이고 7월 평균기온이 12℃ 이하에 해발고도 2,000m 이상으로 노출된 볼록 지형과 산마루 등판이다. 불연속적인 영구동토층은 해발고도 1,500~2,000m 지역으로 연평균기온이 −2.0℃ 이하인 지역이다. 섬 모양의 영구동토층은 소백산, 남포태산, 궤상봉 등 해발고도 2,000m 이상의 고립된 봉우리의 삼림한계선 이상에 나타난다(리재길·권오성, 1991).

백두산은 15세기 이후 1413년, 1597년, 1668년, 1702년에 4차례 정도의 화산 폭발이 있었으며(Machida et al., 1987), 화산재 속에서 소나무류, 가문비나무류, 잎갈나무 등 침엽수와 활엽수 등이 나타났다. 백두산 정상 일대에는 잎갈나무가 혹독한 미기후 조건 때문에 키가 작고 뒤틀려 자라는 왜성변형수(矮性變形樹, krummholz)가 우점하고 있으며 시베리아향나무, 가문비나무, 종비나무 등이 같이 자란다. 백두산처럼 금강산 정상 일대에도 왜성변형수와 바람 반대 방향으로 깃발처럼 가지가 자라는 편형수(偏形樹, wind-shaped tree)가 있다(그림 4-4).

그림 4-4. 금강산의 잣나무 편형수

잎갈나무의 형태는 교목, 뒤틀려 자라는 나무, 깃발형 왜성변형수, 방석형 왜성변형수 등 다양하다. 잎갈나무의 왜성변형수는 바람의 영향, 마찰, 건조, 동결 피해, 적설의 압력 등에 의한 것이다(Srutek and Leps, 1994). 백두산 남동사면에 잎갈나무림으로 이루어진 아고산대에서는 툰드라로 바뀌는 생태전이대(ecotone)가 나타났다(Srutek and Kolbek, 1994). 백두산 좀잎갈나무의 생육형은 줄기와 가지를 동남쪽으로 뻗고 땅 위로 기어가는 형, 가지를 동남쪽으로 뻗고 바람에 날리는 깃발 모양으로 자라는 형, 나무 키보다 갓 넓이가 더 넓게 자라는 형, 가지가 줄기 대목에서 나와 포기 모양으로 자라는 형 등 4가지로 구분된다(백두산총서 편찬위원회, 1992b).

북한은 고산대와 아고산대가 널리 펼쳐져 있어 남한에서 볼 수 없는 툰드라, 타이가, 영구동토대, 주빙하대 등 한랭한 지역에서 볼 수 있는 자연식생 경관이 높은 산을 중심으로 여러 곳에 나타난다. 특히 나무가 자라는 한계선보다 높은 고도에서 나타나는 교목한계선(喬木限界線, tree limit) 위쪽에는 극지방과 공통된 식물들이 많이 자라는데 이들은 지난 빙하기의 유존종으로 보전이 필요한 자연자원이다. 그러나 고산대와 아고산대의 빙하기 유존식물들은 무관심 속에서 지구온난화에 따른 기후변화로 위기를 맞고 있다.

7. 기후변화와 생태계

1) 기후변화 추세

북한에서의 기후변화 경향(조성하·채선숙, 2004)에 따르면 100년 전에 비해 연평균기온이 1.9℃ 높아진 것으로 나타났다. 연평균기온은 1920년대부터 1960년대 초까지 상승하다가 1960년대 말부터 1970년대 초까지 짧은 하강기를 거쳐 1970년대 후반기부터 급격히 상승하여 1990년대에 최대로 상승하였다. 특히 1970년대부터는 지구적인 기후변동과 거의 일치하게 북한의 기온도 변하였다. 1990년대 등온선은 1920년대에 비해 100㎞ 북상했으며, 겨울에 땅이 어는 결빙 깊이도 1970년대에 비해 13㎝ 줄어들었다.

한반도에서 가장 추운 곳 중 하나로 알려진 중강(진)의 경우는 100년 만에 평균기온이 3.1℃나 올라갔으며 평양과 원산의 평균기온은 각각 1.6℃와 1.1℃ 상승한 것으로 조사됐다. 북한의 온난화는 100년 전에 비해 연평균기온이 각각 1℃씩 올라간 남한과 일본, 100년 동안 0.15℃ 상승한 중국에 비해 그 정도가 컸다.

북한의 최근 100년간 기후변화는 지구 기후의 평균 온난화 속도보다 훨씬 커졌으며 계절과 강수량의 상태도 변하였다. 조성하(2004)에 따르면 북한의 겨울철 온난화 속도는 동부 아시아에서도 제일 크며, 지난 100년간 북한의 겨울철 평균기온이 20세기 초에 비하여 4.9℃나 높아졌다. 겨울철 온난화가 제일 심하게 나타난 지역은 자강도, 양강도를 중심으로 한 북부내륙지방이며 약하게 일어나는 지역은 동서해 바닷가지방이다.

특히 북부내륙지방의 중강(진) 지점에서는 겨울철 평균기온이 지난 100년간 8.8℃ 상승하였다. 이에 비하여 같은 기간 평양은 3.8℃, 해주는 3.3℃, 원산은 2.8℃ 상승하였다. 겨울철 기후의 급격한 온난화로 인하여 겨울철 지속기간이 20세기 초에 비하여 15~20일 정도 짧아지고 봄철이 앞당겨졌다. 북한의 온난화는 이산화탄소(CO_2) 등 온실 기체 농도의 증가, 도시화, 산업화, 산림 감소 등에 의한 것으로 보인다.

2) 온난화의 피해

북한의 평균고도는 586m이고, 해발고도 1,001~1,500m 사이의 면적은 9.49%, 1,510~2,000m 사이의 면적은 3.43%, 2,000m 넘는 지역은 0.26%를 각각 차지한다. 평안북도의 묘향산과 함경남도의 함흥을 연결하는 선의 동북지방은 고산지대를 형성하여 백두산(2,750m), 관모봉(2,540m), 북수백산(2,521m), 차일봉(2,505m), 두운봉(2,485m), 남포태산(2,433m), 백산(2,377m), 대연지봉(2,358m), 투구봉(2,333m), 궤상봉(2,332m), 안골산(2,322m), 두류산(2,309m), 북포태산(2,288m) 등 2,000m 이상이 되는 산들이 54개 솟아 있다(홍순익, 1989).

북한의 산지생태계에는 고산대가 넓게 분포하는데, 고산대에서는 나무가 자라는 수직적 한계선인 교목한계선이 나타난다. 고산대는 지역에 따라 약간의 차이가 있어 북부 고산지대에서는 해발고도 2,000m 이상, 백두산에서는 1,900m, 관모봉에서는 2,200m에 이른다. 북한의 고산은 바람이 세게 불고 기온이 낮기 때문에 큰키나무는 잘 자라지 못하고 눈잣나무, 눈측백나무, 왕대황과 같은 식물들이 자란다(김왈홍, 1991). 그러나 북한의 고산생태계를 구체적으로 연구한 것은 많지 않고, 온난화의 영향에 대한 연구는 거의 찾을 수 없다.

북한 내 북부내륙 고산대와 아고산대에 분포하는 극지·고산식물과 고산식물 등 추운 기후에 적응해 진화한 한대성 식물들에 지구온난화의 피해가 많이

그림 4-5. 가솔송

발생하는 것으로 알려졌다. 북한의 고산대에 자라는 고산식물로 기후변화에 취약한 식물은 북한의 고산대에만 자라는 상록활엽관목인 담자리꽃나무, 천도딸기, 각시석남, 화태석남, 진퍼리꽃나무, 산백산차, 왕백산차, 가는잎애기백산차, 애기백산차, 털백산차, 큰백산차, 린네풀, 애기월귤, 넌출월귤, 큰잎월귤나무, 월귤, 황산차, 가솔송(그림 4-5)과 상록침엽관목인 곱향나무, 화솔나무 등으로 지구온난화에 가장 취약한 종으로 분류된다(공우석, 2002; 2005; 공우석 외, 2014; 2019).

지구온난화와 같은 환경 변화에 따른 북한의 자연생태계 파괴와 훼손에 대한 연구가 필요하다. 특히 남한의 평균기온 상승률보다 3배 높은 기온을 보인 중강진 일대 등 북부 고산대의 온난화가 고온에 민감한 극지·고산식물과 고산식물에 미치는 분포역 변화를 탐지하고 이를 보전하기 위한 체계적인 조사 연구가 시급하다.

8. 결론

북한에 대한 우리의 관심은 주로 현실 생활과 관련이 깊은 정치, 군사, 경제, 사회, 문화 등에 편중되어 있다. 남북한은 백두대간, 하천, 해안을 통해 서로 연결된 하나의 생태계를 이루고 있다. 한반도에 서식하는 생물은 어떤 원인에 의하여 파괴되거나 멸종되면 복구가 불가능한 제한적인 자연자원이다. 특히 국제적인 현안인 지구온난화에 따라 피해가 예상되는 고산과 아고산생태계에 대한 공동 조사와 연구가 절실하다.

남북한 간의 교류 협력은 상호 이해가 충돌하지 않는 비정치적, 비군사적인 분야인 자연생태계와 재해 분야에서부터 공동 연구와 조사사업을 실시하는 것이 바람직하다. 일부 대학에서는 북한지리 강좌가 개설되어 강의된 적이 있다. 앞으로 대학에서 북한지리 강좌가 개설되어 학생들이 북

한을 바르게 이해하고 그것이 통합을 위한 첫걸음이 되기를 소망한다.

더 읽을 거리

공우석, 2006, 『북한의 자연생태계』, 집문당.
⋯ 북한의 자연지리, 식물, 동물, 산림생태계, 산지의 토지이용, 산림관리, 고산생태계, 습지생태계, 농경지생태계, 천연보호구역 등을 소개한다.
공우석, 2018, 「북한 생태계는 남한 생태계와 서로 연결되어 있어요」, 『작은것이 아름답다』, 260, 10-19.
⋯ 한반도에서만 살아가는 동식물들을 생물지리학 관점으로 연구해 온 생물지리학자의 북한 생태 이야기가 소개되어 있다.
공우석, 2019, 『우리 나무와 숲의 이력서』, 청아출판사.
⋯ 한반도에 분포하는 나무와 숲의 과거, 현재, 미래 모습을 지질시대 이래 현재까지 시공간적으로 설명하며, 인간의 영향도 다룬다.
김태정·이영준·한상훈, 2002, 『백두고원』, 대원사.
⋯ 백두고원의 지질구조와 형성 과정, 화성 활동, 마지막 화산 분출 시기와 그 증거물들을 분석하고 서술하였다. 백두고원 탐사기, 지질, 야생동물, 야생화 등을 다룬다.
평화문제연구소·과학백과사전출판사, 2003~2004, 『조선향토대백과』.
⋯ 북한 전역의 지질, 자원, 동식물, 천연기념물, 특산물 및 교통, 산업, 문화시설 등 자연 및 인문 지리정보를 행정구역별로 집대성한 편찬물이다. 지역편 16권, 민속편 1권, 인물편 1권 등 총 20권으로 구성되었다. 분단 이후 처음으로 남북 당국의 승인을 받아 함께 펴낸 출판물이다.

참고문헌

강성일, 1997, 「서해안 북부지대에서 제4기 현세 최대 해침선의 분포에 관한 고지리적 연구」, 『지리과학』, 178, 30-33.
강영수·류정길·김세찬·리형직, 2002, 「큰봉에서 발견된 인류화석의 시대와 옛 자연환경 연구」, 『김일성종합대학학보(자연과학)』, 48(12), 91-97.
공우석, 1989, 「한반도 생물지리구의 설정과 종구성」, 『지리학』, 24(2), 43-54.
공우석, 2002, 「북한 자연생태계의 생물지리적 특성」, 『환경영향평가』, 11(3), 157-172.
공우석, 2003, 「북한의 자연환경」, 『북한과학기술연구』, 1, 207-228.
공우석, 2005, 「북한의 온난화와 생태계 교란」, 『기상소식』, 7월호, 2-3.
공우석, 2006a, 「북한 소나무과 나무의 생태와 자연사」, 『환경영향평가』, 15(5), 323-337.
공우석, 2006b, 『북한의 자연생태계』, 집문당.

공우석, 2007, 『생물지리학으로 보는 우리 식물의 지리와 생태』, 지오북.

공우석, 2018, 「북한 생태계는 남한 생태계와 서로 연결되어 있어요」, 『작은것이 아름답다』, 260, 10-19.

공우석, 2019, 『우리 나무와 숲의 이력서』, 청아출판사.

공우석·김건옥·이슬기·박희나·조수현, 2014, 「한반도 주요 산정의 식물종 분포와 기후변화 취약종」, 『환경영향평가』, 23(2), 119-136.

공우석·김현희·김다빈·이철호·신현탁, 2019, 「꼬마나무의 자연사와 기후변화」, 국립수목원.

곽종승, 1986, 「나라의 식물자원과 그 리용」, 『식물학보』, 3, 66-70.

김계진, 1988, 「우리나라 륙서 포유류의 분포형에 대한 연구」, 『과학원통보』, 206, 37-39.

김근식·김세찬, 2004, 「우리나라 제4기 포유동물상의 시대 구분에 대한 연구」, 『지질 및 지리과학』, 214, 33-35.

김덕성·김현숙, 1978, 「최근 함경북도 길주에서 알려진 털코끼리 화석층과 당시 기후」, 『과학원통보』, 26(2), 91-93.

김리태, 1990, 「우리나라 민물고기상의 일반적인 특징과 동물지리적 구계에 대하여」, 『생물학』, 109, 39-45.

김봉주, 1992, 「북조선 산림자원의 전망」, 제73회 임학임학대회강연집, 12(김운근, 1997에서 재인용).

김옥란·김용삼·김문식, 2003, 「제4기 현세의 조선 서해 해안선 변동에 대한 연구」, 『지리 및 지질과학』, 210, 39-40.

김왈홍, 1991, 『학생식물사전』, 금성청년출판사.

김윤성, 1993, 「백두산에서 설선 높이의 추정」, 『지리과학』, 161, 32-34.

김정락 외, 1998, 『백두산탐험자료집』, 과학백과사전출판사.

김종원, 1991, 「북한의 식물연구사정과 한반도의 자연」, 『과학과 기술』, 24(3), 4-7.

김창하·강응남, 2004, 「관모봉 일대의 제4기 빙하지형에 관한 연구」, 『지질 및 지리과학』, 213, 30-32.

김태정·이영준·한상훈, 2002, 『백두고원』, 대원사.

류정길, 1999, 「언진산 빙하시기의 자연환경 연구」, 『김일성종합대학학보(자연과학)』, 45(4), 114-117.

류정길·김세찬, 2001, 「제4기 조선 서북지역의 고지리환경에 대한 연구」, 『김일성종합대학학보(자연과학)』, 47(10), 125-128.

리기준·최태성·리선종·김창룡, 1988, 「우주사진에 의한 축척 1:50만 조선산림 분포도 작성에 대한 연구」, 『산림과학』, 1988(1), 1-7.

리재길·권오성, 1991, 「백두산지구의 동결층 분포에 대하여」, 『지리과학』, 155, 33-35.

리종오, 1964, 『조선고등식물 분류명집』, 과학원출판사.

박용구·이돈구·박정호·이현진·손성호·우수영·강호상·공우석·임상준, 2015, 「북한 산림생태 및 환경변화에 적합한 조림수종 선정 연구」, 한국과학기술한림원.

박일종, 1985, 『우리나라 서해안의 연체동물』, 김일성종합대학출판사(김훈수 외, 1993에서 재인용).

박태훈·김강산·김경심·조장연·한시복·황학태, 1986, 『지리상식백과 1』, 과학백과사전출판사.

백두산총서 편찬위원회, 1992a, 『백두산총서: 기상·수문』, 과학기술출판사.

백두산총서 편찬위원회, 1992b, 『백두산총서: 식물』, 과학기술출판사.

백두산총서 편찬위원회, 1992c, 『백두산총서: 지형』, 과학기술출판사.

백두산총서 편찬위원회, 1992d, 『백두산총서: 토양』, 과학기술출판사.

백두산총서 편찬위원회, 1993a, 『백두산총서: 동물』, 과학기술출판사.

백두산총서 편찬위원회, 1993b, 『백두산총서: 지질』, 과학기술출판사.

북한과학원 지리학연구소, 1999, 『조선의 산줄기』, 과학기술출판사.

승일룡, 1992, 「서부저산지역의 주요 산림군락과 그의 구조에 관한 연구」, 『지리과학』, 159, 7-12.

오수영, 1977, 「한국유관속식물의 분포와 식물지리학적 연구」, 『안동교육대논문집』, 7, 13-39.

이우철·임양재, 1978, 「한반도 관속식물의 분포에 관한 연구」, 『식물분류학회지』, 8(부록), 1-33.

이진규·이성연, 1992, 『북한의 임업』, 임업연구원.

임록재 외, 1972~1979, 『조선식물지』(전 8권), 과학출판사.

임록재 외, 1996~2000, 『조선식물지』(전 9권), 과학기술출판사.

조성하, 2004, 『우리나라 겨울철 기후 온난화의 대기 순환적 요인』, 『기상과 수문』, 345, 8-10.

조성하·채선숙, 2004, 「우리나라 기후의 온난화와 대기순환 배경」, 『기상과 수문』, 345, 13-16.

주동률, 1969, 『곤충분류명집』, 과학원출판사.

최현규, 2004, 「북한의 과학기술정보 유통 구조」, 『북한과학기술연구』, 2, 1-20.

편집부, 1998, 「언진산 빙하흔적에 대한 과학발표회」, 『지질 및 지리과학』, 189, 1.

평화문제연구소·과학백과사전출판사, 2003~2004, 『조선향토대백과』(전 20권).

하연, 1993, 「북한의 임업, 사회주의임업」, 『숲과 문화』, 2(1), 42-49; Mueller, F.B., 1987, *Sozialistische Forst-wirtschaft*, 92-95.

한금식, 2003, 「우리나라 제4기 포유동물상의 종구성에 대하여」, 『김일성종합대학학보』, 49(3), 183-187.

한금식·김근식, 2000, 「우리나라 제4기 쥐류의 분류에 대한 연구」, 『김일성종합대학학보』, 46(4), 95-98.

홍순익, 1989, 『조선자연지리』, 김일성종합대학출판사.

中井猛之進, 1935, 東亞植物, 岩波全書, 東京.

Kong, W.S., 1994, Geographical distribution of Korean plants, *Transactions of Royal Asiatic Society*, 69, 23-43.

Koo, K.A., Park, W.K. and Kong, W.S., 2006, Conifer diversity of the Republic of Korea(South Korea) and the Democratic People's Republic of Korea(North Korea), 140-141, Price, M.F.(ed.), *Global Change in Mountain Regions*, Sapiens Publishing, U.K.

Machida, H., Horiwaki, H. and Arai, F., 1987, Historical eruptions of the Changbai volcano resulting in larg-escale forest devastation(deduced from widespread tepha), *The Temperate Forest Ecosystem*(eds. Hanxi, Y., Zhan, W., Jeffers, J.N.R. and Ward, P.A.), 23-26, Lavenham Press, Lavenham, U.K.

Srutek, M. and Kolbek, J., 1994, Vegetation structure along the altitudinal gradient at the treeline of Mount Paektu, North Korea, *Ecological Research*, 9, 303-310.

Srutek, M. and Leps, J., 1994, Variation in structure of Larix olgensis stands along the altitudinal gradient on Paektu-san, Changbai-shan, North Korea, *Arctic and Alpine Research*, 26(2), 166-173.

Udvardy, M.D.F., 1975, A Classification of the Biogeographical Provinces of the World, *IUCN Occasional Paper*,

18, Morges, Switzerland.

과학기술정책연구원, http://www.stepi.re.kr
국가정보원, http://www.nis.go.kr
북한과학기술네트워크, http://www.nktech.net/main/main.jsp
통일부 북한자료센터, https://unibook.unikorea.go.kr
한국과학기술정보연구원, http://www.kisti.re.kr

제5장

북한의 생물다양성과 보호 지역

———

명수정

한국환경정책·평가연구원 선임연구위원

1. 서론

인간은 다양한 생물과 함께 삶을 살아가고 있다. 국립공원이나 야생의 환경에서 살아가는 동식물들뿐 아니라 농경지에서 자라는 곡물이나 채소, 그리고 집에서 키우는 화분의 화초나 거리의 가로수, 주변의 공원이나 산에서 자라는 나무와 동물, 곤충, 새 등등 모두가 생물다양성을 이루고 있다. 이러한 생물다양성은 식량과 다양한 재료의 제공 등 인류가 살아가는 데 반드시 필요한 핵심 자연자원이다. 그러나 한반도를 비롯해 전 세계적으로 생물다양성이 감소하고 있다. 생물다양성이 감소하는 주된 이유는 생물이 살아갈 수 있는 보금자리가 파괴되고 있기 때문이다. 특히 늘어가는 인구와 개발 및 도시화로 자연환경이 파괴되어 살아갈 곳을 잃은 생물은 개체 수가 감소하게 되고 다양한 생물종이 지구상에서 영원히 사라지게 되는 멸종까지도 가져온다.

자연환경의 훼손은 자연에서 살아가는 많은 생물들의 서식처가 훼손된다는 것을 의미한다. 특히 전 세계적으로 도시화가 빠른 속도로 진행되면서 도시 지역에서는 인간 외의 생물들이 살아갈 수 있는 자연공간이 줄어들고 생물다양성 또한 감소하고 있는 실정이다. 한반도에서도 지속적으로 개발과 도시화가 일어나고 있다. 산이 많은 한반도에서는 육상생물들의 주된 서식처인 산림생태계를 비롯하여 연안 지역의 습지생태계 등 자연생태계가 사라지면서 결과적으로 그 안에 살고 있던 생물들도 함께 사라지고 있으며, 생물다양성 또한 파괴되고 있다. 특히 환경오염이 심화되는 지역과 주변 환경의 변화에 민감한 생태계에서 살아가는 생물들일수록 더 큰 멸종의 위협에 맞서고 있다.

남과 북은 일제강점기에 심각한 산림수탈을 겪었으며 이후 한국전쟁으로 생태계가 극도로 피폐해졌다. 남한은 그 후 전 세계적으로 유례없는 국토의 재녹화에 성공하였으나 동시에 한강의 기적이라 불리는 급성장을 이루며 자연환경이 훼손되었다. 반면 북한은 급격한 도시화나 개발이 일어나지는 않았지만 다락밭 건설과 땔감 조달 등의 이유로 인해 산림생태계가 파괴되어 산림생태계 복구는 시급한 과제가 되었다. 따라서 한반도의 생물다양성은 위기에 처해 있다 할 수 있을 것이다. 생물다양성은 자연이 인간에게 제공하는 생태계서비스의 핵심이기도 하다. 이 같은 생태계의 파괴는 생물다양성의 감소로 직접 이어지므로 생물이 살아갈 수 있는 서식공간을 확보하는 것이 필요하다. 이에 본 장에서는 북한의 생물다양성과 생물들의 서식지가 될 수 있는 보호 지역 현황을 다룬다.

2. 생물다양성

1) 생물다양성이란?

(1) 생물다양성의 정의

'생물다양성(biodiversity)'이란 생물의 다양성을 뜻한다. 생물다양성은 단순히 생물의 종 수와 개체 수가 많다는 것만을 의미하지 않는다. 생물다양성은 생물들이 살아가는 서식처인 생태계와 식물과 동물, 분해자를 포함한 미생물의 분류학적 종다양성, 그리고 모든 생물이 가진 유전자 수준에서의 다양성까지 포함한 포괄적인 개념이다. 생물다양성협약 제2조에서는 생물다양성을 "육상·해상 및 그 밖의 수중생태계와 이들 생태계가 부분을 이루는 복합생태계 등 모든 분야의 생물체 간의 변이성을 말하며, 이는 종 수준의 다양성 및 생태계의 다양성을 포함한다."라고 정의하고 있다.[1] 즉 생물다양성이란 지구상 생물종의 다양성(species diversity), 생물이 살아가는 생태계다양성(ecosystem diversity), 그리고 생물이 지닌 유전자 수준의 다양성인 유전자다양성(genetic diversity)을 총체적으로 의미한다(표 5-1).

생물다양성은 모든 생물들 간의 상호작용, 생물이 살아가고 있는 생태계와 생물 간의 상호작용까지 포함한 생태적 공동체를 포괄적으로 일컫는다. 따라서 넓은 의미에서 생물다양성은 오랜 세월 지구생태계가 겪어 온 환경변화에 따라 생물이 진화해 가는 동안 인간이 경험하며 축적한 다른 생물과의 공존 방법이나 생물자원을 통해 습득한 갖가지 지식도 포함한다고 할 수 있다.

표 5-1. 생물다양성의 분류와 정의

다양성	정의
종다양성	식물, 동물 및 미생물의 다양한 생물종 일반적으로 한 지역 내 종의 다양성 정도 및 분류학적 다양성
생태계다양성	사막, 산림, 강, 호수, 습지, 농경지, 갯벌, 산호초 등 생태계의 다양성 그리고 특정 생태계에 속하는 모든 생물과 무생물 간의 상호작용을 포함한 다양성
유전자다양성	종 내의 유전적 변이를 의미하며 동일한 종 내 여러 집단이나 집단 내 개체들 사이의 유전적 변이를 의미

---

1. 생물다양성이란 biological diversity 혹은 줄여서 biodiversity라고 부른다. 생물다양성은 비교적 새로운 개념으로 'biological diversity'를 점차 'biodiversity'로 줄여서 부르게 된다(National Forum on Biodiversity, 1987; Wilson, 1988). 생물다양성협약(Convention on BioDiversity, CBD)에서는 다음과 같이 정의하고 있다. "The variability among living organisms from all sources, including, inter alia,; terrestrial, marine, and other aquatic ecosystems; and the

(2) 생물다양성의 가치

자연은 인간에게 여러 가지 가치와 혜택을 제공하는데, 직접적인 혹은 간접적인 활용 가치뿐 아니라 그 자체로도 의미가 있는 존재적 가치를 지닌다. 자연이 제공하는 이러한 가치를 생태계서비스 또는 자연이 인간에게 주는 혜택이라고 표현하기도 한다(Diaz et al., 2018). 자연이 인간에게 주는 혜택은 주로 경제적인 단위로 많이 표현되는데 환경오염에 대한 자연정화, 자연재해와 같은 각종 생태계 교란에 대한 완충 기능, 그리고 생물다양성의 증진 등을 들 수 있다. 이 중에서도 생물다양성은 매우 중요한 가치를 지닌다. 인류는 살아가는 데 필요한 거의 모든 것, 특히 식량과 의약품 및 각종 산업제품을 생물다양성에 의존해 왔다. 인류가 섭취하는 식량과 거의 모든 의약품은 생물다양성을 통해 인류가 축적해 온 오랜 전통지식에 기반한 것으로 대부분 식물과 동물로부터 생산된다. 또한 인류는 다른 생물의 존재로 인해 정신적 안식을 얻기도 한다.

인간의 식량은 모두 자연에 있는 생물에 기반하고 있으므로 생물다양성의 가치는 특히 인류의 식량을 책임지는 농업 분야에서 확인할 수 있다. 미국의 경우 처방·조제되는 약의 25%가 식물에서 추출한 약용성분을 포함한다(Fransworth et al., 1884). 또 3,000종류 이상의 항생제가 미생물로부터 얻어질 뿐 아니라 동양의 전통적 의약품도 5,100여 종의 동식물에서 비롯된다.[2] 이 밖에도 생물다양성은 오염물질을 흡수하거나 분해하여 오염된 대기와 물을 정화하고 토양의 비옥도를 유지할 뿐 아니라, 인류가 살아가는 데 적절한 기후상태를 유지하는 데도 중요한 역할을 한다. 따라서 생물다양성 손실은 인류의 문화와 보건복지 그리고 전통지식의 손실이자 위협이며, 궁극적으로는 인류의 생존까지도 위협할 수 있다.

2) 세계의 생물다양성과 생물다양성 보호를 위한 노력

(1) 세계의 생물다양성

도시화와 개발, 환경오염 등으로 지금 이 순간에도 많은 생물종들이 사라져 가고 있음에도 인간의 꾸준한 연구와 조사를 통해 새롭게 발견되는 생물종들이 있어 생물종다양성은 오히려 시간에 따라 더욱 늘어 가는 경향을 보이고 있다. 지구상에 존재하는 생물다양성은 정확히 알려져 있지 않다. 지금까지 알려진 생물종의 수는 183만 7565종인 것으로 추측되고 있다(Roskov et al., 2019).

---

ecological complexes of which they are a part: this includes, diversity within species, between special and of ecosystems."(CBD, 1992, Article 2).
2. 국가 생물다양성 정보공유체계(CBD-CHM Korea).

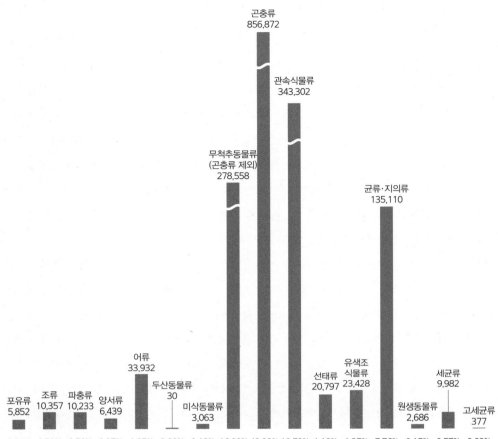

곤충류
856,872

관속식물류
343,302

무척추동물류
(곤충류 제외)
278,558

균류·지의류
135,110

어류
33,932

두산동물류
30

유색조
식물류
23,428

선태류
20,797

세균류
9,982

포유류
5,852

조류
10,357

파충류
10,233

양서류
6,439

미삭동물류
3,063

원생동물류
2,686

고세균류
377

0.34%　0.59%　0.59%　0.37%　1.95%　0.00%　0.18%　16.00%　49.22%　19.72%　1.19%　1.35%　7.76%　0.15%　0.57%　0.02%

그림 5-1. 전 세계에 등록된 생물종 수

출처: 환경부 국립생물자원관, 2019, 222

그러나 이 수치는 알려진 생물종의 80%를 다소 넘는 정도로 등록된 수치에 불과할 뿐이며 지구상에는 여전히 수많은 생물종들이 그 존재마저도 알려져 있지 않은 상태이다. 현재까지 등록된 전세계 생물종의 수 중 세부분류군별 생물종은 곤충류가 가장 많으며, 다음으로 관속식물류, 무척추동물, 균류·지의류 순서다(그림 5-1).

생물다양성은 생물들이 산과 들, 강과 호수, 바다와 지하에 이르기까지 다양한 서식처에 존재하기 때문에 종의 수도 중요하지만 생물이 살아가는 서식처 차원의 다양성도 중요하다. 따라서 생물다양성은 우선 생태계 측면에서 살펴볼 필요가 있다. 지구상의 주요 생태계 유형으로는 온대생태계, 사막생태계, 열대 및 아열대생태계, 한대생태계, 극지생태계, 그리고 해양생태계 등이 있다. 생물다양성은 자연적으로 잘 보존되어 자연성이 높은 생태계뿐 아니라 인간의 손길이 많이 닿은 농경지나 도시의 공원, 가로수 등에도 존재한다.

일반적으로 특정 지역의 고유한 생태계는 그 생태계만의 고유한 생물다양성을 가지고 있다. 특히 섬과 같이 외부와 단절된 곳은 면적이 좁더라도 그 지역만의 독특한 생물상이 존재하여 생물다양성 관점에서 특별한 의미를 가지는 경우가 많다. 대표적인 사례가 중남미 갈라파고스와 호주, 뉴질랜드와 같이 고립된 지역이며 이러한 특성으로 인해 이들 지역의 생물들은 외부종의 침입이나 환경변화에 취약하며 멸종의 위험성도 높을 수밖에 없다.

세계자연보존연맹(International Union for Conservation of Nature, IUCN)은 일찍이 지구상에 존재하는 생물종이 한대 지역에 1~2%, 온대 지역에 13~24%, 그리고 열대 지역에 74~84%가 분포하는 것으로 추정한 바 있다.[3] 특히 열대우림은 지구 전체 표면적의 약 7%를 차지하지만 생물종의 약 절반 정도가 분포하고 있어 생물다양성 관점에서 그 중요성이 특히 높다. 하지만 지하, 심해, 극지에 서식하는 종이나 미생물에 대해서는 아직까지 제대로 알려지지 않은 상태이다. 아직까지 모두 파악되지도 못한 생물다양성이 전 지구적으로 계속 감소하고 있는 것이다.

(2) 생물다양성의 손실과 파괴 원인

생물다양성은 지구상에 처음으로 등장한 생물이 환경의 변화에 따라 꾸준한 진화를 거듭하면서 현재의 다양한 생물상을 조성한 것이다. 그러나 생물다양성은 계속 늘기만 하여 오늘날에 이른 것이 아니고 급격한 환경변화로 인해 많은 생물종이 한꺼번에 멸종하는 시련을 겪기도 하였다. 특히 그간 지구에서 반복된 빙하기와 간빙기 및 화산 활동 등은 생물다양성에 크나큰 영향을 미쳤다. 화석에 새겨진 기록을 통해 지구상에서 대규모 멸종이 다섯 번 있었다는 것을 확인할 수 있는데, 급격한 생물다양성 파괴가 발생한 대표적인 사례가 약 6500만 년 전에 발생한 공룡의 멸종이다(마쓰이 다카후미, 2000). 오늘날 지구의 생물다양성은 다시금 심각한 위기에 처했다. 산업혁명과 녹색혁명 이후 빠르게 진행된 산업화와 인구의 급격한 증가는 생물들의 주요 서식처가 되는 자연환경을 심각하게 파괴하였다. 세계화에 따른 외래종의 도입 또한 토착생물을 위협하며, 산업화의 산물이라 할 수 있는 기후변화는 생물다양성을 빠른 속도로 파괴시키고 있다. 생물다양성이 파괴되는 자연적인 원인으로는 홍수와 가뭄, 태풍, 화산 폭발, 산불, 쓰나미와 같은 자연재해와 기후변화 등이 있으며, 인위적인 원인으로는 환경오염과 도시화 및 개발, 그리고 인구 증가 등이 있다. WWF(2014)는 생물다양성이 파괴되는 원인을 크게 야생생물 남획, 서식지의 쇠퇴 및 손실, 기후

---

3. 국가 생물다양성 정보공유체계(CBD-CHM Korea).

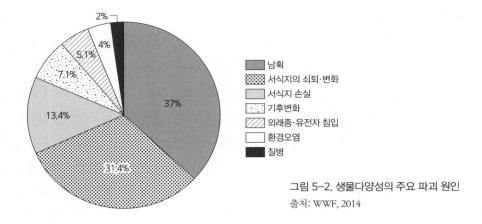

범례:
- 남획
- 서식지의 쇠퇴·변화
- 서식지 손실
- 기후변화
- 외래종·유전자 침입
- 환경오염
- 질병

그림 5-2. 생물다양성의 주요 파괴 원인
출처: WWF, 2014

변화, 외래종 및 외래 유전자의 도입, 환경오염, 그리고 질병으로 들었다. 특히 남획과 서식지의 쇠퇴 및 손실은 가장 큰 원인이 되고 있으며, 기후변화가 그 뒤를 잇고 있다(그림 5-2).

생물다양성 파괴의 원인 중 가장 우려되는 것은 다름 아닌 인간의 활동으로 인한 것이다. 육상 척추동물의 경우 약 8%가 멸종위기에 처해 있는데 이는 대부분 급속한 도시 개발 때문이다(Mcdonald, 2008). 최근의 생물다양성 파괴는 과거 자연적인 생물다양성 파괴보다 100배에서 1,000배나 빠른 속도로 진행되고 있다. 오늘날 생물다양성이 직면한 가장 큰 문제는 생물이 멸종되는 속도가 진화에 따라 새로운 종이 나타나는 속도보다 훨씬 빠르다는 점이다. IUCN에 따르면 지구상의 많은 침엽수와 조류, 포유류, 양서류의 상당수가 멸종위기에 처해 있으며 바다거북과 같은 일부 종이 멸종에 직면해 있다고 한다. 지구상 생물다양성의 상당 부분은 개발이 많이 일어나지 않은 저개발 국가에 존재한다. 그러나 생물다양성은 도시화에 큰 영향을 받기 때문에 전 세계적인 도시화현상은 생물다양성에 부정적 결과를 초래할 수밖에 없다. 유엔은 2000년부터 2030년 사이에 도시성장의 75%가 아시아 및 아프리카 지역에서 일어날 것으로 전망하였는데(UN-DESA, 2011), 이는 생물다양성에 크게 영향을 미칠 것이다. 가령 개발도상국 자연보호구역의 88%가 신 도시 개발의 영향을 받는다는 점(Mcdonald, 2008)은 앞으로 적절한 대책이 없다면 전 세계적으로 빠르게 진행되는 도시화와 개발이 생물다양성에 큰 위협이 될 것임을 전망하게 한다.

(3) 생물다양성 보전을 위한 관련 국제협약과 노력

이상에서 살펴본 바와 같이 전 세계적으로 생물다양성이 파괴되어 가자 국제사회는 생물다양성을 지키기 위한 국제협약을 체결하게 된다. 대표적인 협약이 생물다양성협약이다.[4] 생물다양성협약의 목적은 첫째, 생물다양성의 보전, 둘째, 생물다양성을 구성하는 요소들의 지속가능한 이용,

셋째, 유전자원의 이용에서 발생하는 이익의 공정하고 공평한 분배를 도모하는 것이다. 생물다양성협약에 가입한 당사국은 자국의 생물자원을 개발할 수 있는 권리를 가지며, 관할 지역 내 활동으로 다른 나라에 피해가 가지 않게 할 책임이 있다. 당사국은 또 ① 생물다양성 및 생물다양성을 구성하는 요소의 보전과 지속가능한 이용의 의무, ② 유전자원에 대한 접근과 이용 및 이익에 관한 의무, ③ 관련 기술에 대한 접근과 기술 이전에 관한 의무, ④ 생명공학 관리와 그 이익의 배분에 대한 의무, ⑤ 주기적인 국가 보고서 제출의 의무를 가진다. 생물다양성협약의 의정서로서 바이오안전성에 관한 카르타헤나 의정서[5]와 유전자원의 접근 및 이익 공유에 대한 나고야 의정서[6]가 있다. 생물다양성을 보전하기 위한 또 다른 국제협약으로는 '멸종위기에 처한 야생동식물의 국제거래에 관한 협약(Convention on International Trade in Endangered Species of Wild Fauna and Flora, CITES)'이 있다. 이는 국제적인 불법거래로부터 야생동식물을 지키기 위한 협약이다. 즉, 멸종위기에 처한 야생동식물종을 불법적 혹은 과도한 국제적인 거래로부터 보호하고, 생물자원의 지속가능한 이용을 촉진하며, 야생동식물종 및 야생동식물을 활용한 가공품의 수출입을 통한 국제적 거래를 금지 혹은 규제함으로써 서식지로부터 야생동식물의 과도한 포획과 무분별한 채취를 방지하는 것을 목적으로 한다.[7]

생물다양성 보전을 위한 그 밖의 중요한 협약으로는 흔히 습지협약으로 불리는 람사르협약을 들 수 있다. 협약의 정식 이름은 '물새 서식지로서 국제적으로 중요한 습지에 관한 협약(The Convention on Wetlands of International Importance, Especially as Waterfowl Habitat)'이다. 람사르협약은 자연자원 및 서식지의 보호와 이용에 관한 국제협약으로서 습지의 보호와 현명한

---

4. 유엔의 생물다양성협약은 유엔환경계획(United Nations Environment Programme, UNEP)의 주도로 1988년부터 논의되기 시작하였으며, 1992년 유엔환경개발회의에서 채택되었고, 1993년 12월 발효되었다. 생물다양성협약은 서문, 42개 세부 조항, 부속서로 구성되어 있으며, 협약의 운영을 위한 조직으로 최고 의사결정기구인 당사국총회, 과학기술자문보조기구, 이행검토보조기구와 사무국이 있다.

5. 2000년 채택된 카르타헤나 의정서는 생명공학을 통해 만들어진 유전자변형생물체(Living Modified Organisms, LMOs)의 국가 간 이동을 규제하는 국제협약이다. 카르타헤나 의정서는 LMOs로 인해 발생할 수 있는 위험성 및 환경과 인체에 초래할 수 있는 위해의 예방과 저감 등 안전성 확보를 그 목적으로 하고 있다.

6. 2010년 채택, 2014년 발효된 나고야 의정서는 유전자원에 대한 접근과 유전자원의 이용에 따른 이익의 공정하고도 공평한 공유를 목적으로 한다.

7. CITES는 1973년 워싱턴에서 채택되었으며 협약은 서문, 25개의 세부 조항 그리고 부속서로 구성되어 있다. 부속서 I에는 멸종위기에 처한 종(국제거래로 영향을 받을 수 있는 종)이 게재되어 있어 이러한 종의 거래 시 수출국 및 수입국 양국 정부에서 승인이 필요하다. 부속서 II에는 멸종위기까지는 아니지만 국제거래를 엄격히 규제하지 않을 경우 멸종위기에 처할 수 있는 종을 게재하고 있는데, 이러한 종을 거래할 경우에는 수출국 정부가 발행하는 허가서가 필요하다. 협약은 당사국총회, 상임위원회, 동물위원회, 식물위원회, 사무국 등으로 구성되어 운영된다. 우리나라는 1993년에 가입하였다.

이용을 위한 방향 제시를 그 주요 목적으로 한다.[8] 습지는 일반적으로 생물다양성이 매우 높은 생태계로, 습지를 보존하기 위한 노력은 생물다양성 보전에 큰 의미를 가진다.

서식처 차원에서 생물다양성 보전에 있어 국제사회의 중요한 노력으로 유네스코(UNESCO)의 '인간과 생물권 프로그램(Man and the Biosphere Programme, MAB)'을 들 수 있다. 유네스코는 자연과 인간의 조화로운 공존을 위해 1971년 정부 간 프로그램인 MAB를 구축하고 생물다양성이 높고 보존가치가 높은 곳을 생물권 보전 지역(Biosphere Reserve)으로 지정하여 생물다양성의 보전과 해당 지역의 발전을 동시에 추구하고 있다. 유네스코의 생물권 보전 지역은 외부와 고립된 보존지보다는 핵심 지역, 완충 지역, 전이(협력) 지역으로 용도를 구분하여 사람과 자연이 공존할 수 있도록 지정되었다. MAB는 생태계의 연결성을 중요시하여 생물권 보전 지역을 네트워크로 연결하여 효율적인 보존을 추구하고 있다. 동북아시아 생물권 보전 지역 네트워크인 EABRN(East Asian Biosphere Reserve Network)에는 우리나라를 비롯하여 북한과 중국, 일본, 몽골, 러시아, 카자흐스탄이 회원국으로 있으며 동북아 지역의 생물다양성 보전을 위해 주변국과 협력을 도모하고 있다.

이 밖에 생물다양성 보전을 위한 국제사회의 중요한 활동기구로 생물다양성과학기구(Inter-governmental Science-policy Platform on Biodiversity and Ecosystem Service, IPBES)를 들 수 있다. IPBES는 생물다양성과 생태계서비스에 대한 과학적 연구와 관련 정책의 수립과 이행을 지원하기 위해 2012년에 설립된 기구이며, 생물다양성의 보전과 지속가능한 이용, 인류의 복지와 지속가능한 발전을 위해 생물다양성 및 생태계서비스에 대한 과학과 정책 간의 상호연계 강화를 목적으로 한다. IPBES의 주요 기능은 크게 ① 생물다양성 및 생태계서비스 평가, ② 생물다양성과 관련된 지식의 생산, ③ 관련 정책의 개발과 이행 지원, ④ 생물다양성 보전을 위한 역량 강화 및 관련 활동 지원 등이 있다.

---

8. 람사르 협약은 1971년 이란의 람사르에서 채택되었으며, 1975년 12월에 발효되었다. 우리나라는 1997년에 가입하였으며, 강원도 인제군 대암산 용늪과 경남 창녕군 우포늪을 비롯하여 22개 지역이 람사르습지 목록에 등재되어 있다.

3. 북한의 생물다양성 현황

1) 생태계다양성

산세가 뛰어나고 바다로 삼면이 둘러싸인 한반도는 육상생태계와 해양생태계를 다 포함하며, 면적에 비해 다양한 유형의 생태계를 가지고 있다. 북방 및 남방적 요소를 모두 갖춘 한반도는 다양한 동식물상이 동시에 나타나 생물다양성이 높다. 북한은 북위 37°45″~43°00″ 범위에 위치한 전형적인 온대 지역에 위치하고 있으며, 평균기온은 0~12℃로 지역별 차이가 크고 생물의 서식에 유리하다. 육지는 남서부 황해도에 평야지대가 발달하여 있지만 대부분 산악 지역으로 이루어져 있어 산림생태계의 비중이 크다. 또한 하천의 발달로 담수생태계가 발달하여 다양한 생물상을 이룬다.

북한은 전반적으로 생태계 수준뿐 아니라 종다양성과 유전자다양성 측면에서도 다양성이 아주 풍부하다고 할 수 있는데, 북한의 생물다양성은 무엇보다도 생태계 수준의 다양성에서 비롯된다고 할 수 있다. 북한의 자연생태계는 크게 고산생태계, 온대산지산림생태계, 습지생태계, 민물생태계와 바다 및 연안생태계의 다섯 가지 유형으로 구분할 수 있으며 다음과 같이 각 생태계 특유의 고유성을 가지고 있다(김광주 외, 2003).

북한의 고산생태계는 해발 2,000m 이상의 산봉우리가 해당된다. 산이 많은 북한은 전국적으로 이러한 고산생태계가 곳곳에 산재하여 있다. 백두산, 관모봉, 북수백산, 낭림산과 같은 높은 산봉우리들이 이에 속한다. 고산생태계에는 바람, 온도와 같은 기후적 특성으로 누운잣나무와 누운측백나무처럼 키가 작은 관목과 들쭉나무, 떨기나무 및 고산초본식물들이 주요 생물상으로 나타난다.

온대산지산림생태계는 북한 면적의 70% 이상을 차지하는 가장 우세한 생태계 유형이다. 온대산지산림생태계에서는 1,000여 종의 수목을 비롯하여 관목과 초본식물이 자란다. 아한대성 침엽수와 아한대성 혼합림, 그리고 온대활엽수 및 침엽수림이 분포하고 있다. 포유류 짐승의 90% 이상과 조류를 비롯해 산림에 서식하는 동물종이 풍부하여 북한의 생물다양성이 집중되어 있는 생태계 유형이라고 할 수 있다.

습지생태계는 하천의 하구 유역과 범람원, 호수 주변을 비롯하여 연안의 간석지 및 산지와 고원의 펄을 포함한다. 압록강 하구에서 서해안 전역에 걸쳐 50~200m의 폭에서 만입부의 300~500m까지 확대되어 분포한다. 동해안의 경우 두만강 하구와 금야강 하구 일대에 전형적인 습지가 분포한다. 습지생태계는 특히 이동성 철새의 월동지로 활용되고 있는데, 동아시아─대양주 철새 이동경로에 포함되어 세계적으로도 그 중요성이 높다.

민물생태계는 크게 하천과 호수생태계로 구성된다. 북한에는 많은 하천이 있으며, 자연적인 호수와 인공저수지도 수천 개나 존재하는 것으로 알려져 있다. 민물생태계는 어류를 비롯하여 양서류와 같은 수생생물의 주요 서식처일 뿐 아니라 회유성 바다어류의 산란장소이기도 한다. 민물생태계는 어업에 있어서도 중요할 뿐 아니라 다양한 용도의 수자원을 제공하기 때문에 사회경제적으로도 중요한 의미를 가진다.

바다 및 연안생태계는 바다를 비롯하여 연안의 수역에 분포한다. 바다 및 연안생태계는 전반적으로 대륙붕의 특성을 가지는데, 전이지대에 해당하는 연안생태계는 습지생태계와 겹치기도 한다. 바다생태계는 서해의 경우 압록강, 청천강, 대동강과 더불어 중국 황허강 및 창장강의 영향을 많이 받는데, 250여 종의 물고기가 존재하는 것으로 파악되고 있다. 태평양으로 이어지는 동해의 경우 서해에 비해 수심이 깊으며 600여 종의 물고기와 546종의 해조류가 있다.

2) 종다양성

한반도에는 약 10만 여 종의 생물이 존재하는 것으로 추정되고 있는데, 관련 연구와 조사 및 발굴에 따라 계속해서 새로운 종이 확인되고 있다. 환경부 국립생물자원관(2019)에 의하면 남한은 2018년을 기준으로 50,827종이 발견되었으며 구체적으로 척추동물류 1,995종, 곤충을 제외한 무척추동물 9,410종, 곤충류 18,158종, 관속식물류 4,552종, 선태류 925종 등이 존재하는 것으로 보고되었다. 한반도에서만 자생하는 한반도 고유종은 전체 생물종의 약 4.5%에 달하는 2,289종으로 파악되었다. 이 중 가장 많은 분류군은 곤충인데, 18,158종으로 전체의 약 35.7%이다. 다음은 무척추동물로 9,410종으로 전체 생물다양성의 약 18.5%를 차지하며 이들 생물이 대부분의 생물다양성을 차지한다. 관속식물은 4,552종으로 전체의 약 9%, 척추동물은 1,995종으로 전체의 약 4%를 차지한다(그림 5-3).

(1) 북한의 생물다양성과 위기종

지구상에 존재하는 생물의 종수가 얼마나 되는지 정확히 알려지지 않은 것처럼 북한의 생물다양성 또한 정확히 알려져 있지는 않다. 북한에서 조사, 기록된 생물종 또한 조사와 연구의 축적에 따라 달라지고 있다. 김광주 외(2003)에 따르면, 1990년대까지 북한의 생물종은 식물의 경

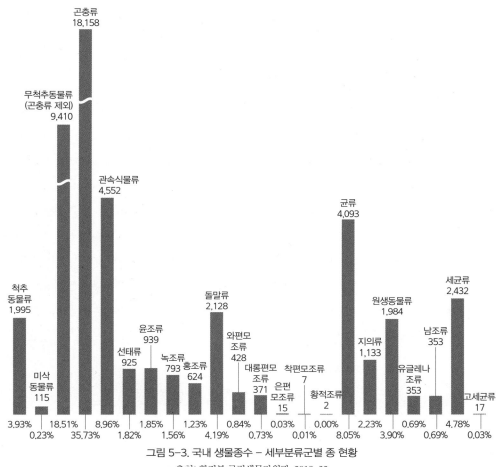

그림 5-3. 국내 생물종수 - 세부분류군별 종 현황
출처: 환경부 국립생물자원관, 2019, 32

우 8,785종으로 유관속식물은 204과 790속 3,176종이다. 선태식물은 80과 23속 767종, 지의류는 28과 59속 436종, 하등식물은 269과 959속 4,406종이다. 동물의 경우는 척추동물은 151과 472속 1,431종이 기록되었으며, 조류는 저어새·노랑부리백로·황두루미와 같은 희귀한 철새를 포함한 61과 190속 416종이, 파충류는 살모사와 자라 등 26종이, 양서류는 두꺼비와 애기개구리 등 17종이 기록되었다고 한다. 또한 어류는 867종이 존재하는 것으로 알려져 있으며, 민물성 어류는 111종이, 회유성 어류는 15종이, 곤충류를 포함한 무척추동물은 곤충류가 5,965종이 조사되었고, 세균과 효모 곰팡이와 같은 미생물은 모두 140속 1,005종이 밝혀졌다고 보고되었다(김광주 외, 2003).

북한은 유엔의 생물다양성협약의 당사국으로서 국제사회에 북한의 생물종 현황을 보고하고 있다. 제1차 국가보고서(DPRK, 1998)에서 북한은 식물 8,785종, 척추동물 1,431종, 조류 416종이 존재한다고 보고하였는데, 제5차 국가보고서(DPRK, 2016)에서는 식물 10,012종, 척추동물 1,436종, 무척추동물 8,652종, 곤충 6,257종, 포유류 107종으로 보고하였다. 이 중 육상 79종과 해양포유류가 20종 보고되었고, 조류는 420종이었으며, 어류는 866종으로 담수어류 190종, 해양어류 676종, 양서류 17종, 파충류 26종으로 보고되어 지속적인 조사와 연구결과의 축적에 따라 생물종수 기록에 변동이 있음을 알 수 있다.[9]

북한은 세계자연보존연맹 종보존위원회(IUCN SSC)가 제시하는 적색목록(Red list)을 기준으로 국가 멸종위기종을 그 위험 수준에 따라 구분하는 체계를 갖추고 있다(그림 5-4).

북한은 멸종위기종을 IUCN의 적색목록 등급체계에 입각하여 극심한 위기분류군(CR), 위기분류군(EN), 취약분류군(VU)으로 크게 구분하여 정리하고 있다. 식물의 경우 졸참나무·장수꽹나무·노각나무·모데미풀·매화말발도리 등이 극심한 위기분류군으로, 노랑하늘타리·긴잎끈끈이주걱·줄댕강나무 등이 위기분류군으로, 각시수련·둥근잎생강나무·버들개회나무 등이 취약분류군에 속한다. 동물의 경우 극심한 위기분류군에 3종, 위기분류군에 14종, 취약분류군에 26종으로, 모두 43개 종이 멸종위기 및 희귀한 동물종으로 구분되고 있다(표 5-2).

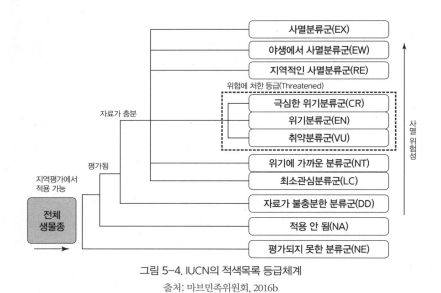

그림 5-4. IUCN의 적색목록 등급체계
출처: 마브민족위원회, 2016b

---

9. 우리나라의 고유종 수는 2015년 기준 총 2,253종으로 보고되었는데, 관속식물 451종, 척추동물 77종, 무척추동물 560종, 곤충 1,127종, 해조류 35종, 그리고 균류가 3종으로 나타났다.

표 5-2. 북한의 멸종위기 및 희귀종 현황

분류군	극심한 위기분류군(CR)	위기분류군(EN)	취약분류군(VU)	합계
포유류	1	5	8	14
조류	2	6	13	21
파충류	–	2	3	5
양서류	–	1	2	3
합계	3	14	26	43

출처: DPRK, 2016, 10

〈표 5-2〉에 포함된 위협받는 희귀종은 육상포유류의 17.7%, 조류의 5%, 파충류의 19.2%, 그리고 양서류의 17.6%를 차지한다. 서해 연안 지역의 조류 중 위협받는 종의 수는 21종(극심한 위기분류군 1종·위기분류군 6종·취약분류군 14종), 동해 연안 지역의 경우 16종(극심한 위기분류군 1종·위기분류군 5종·취약분류군 10종)이다(DPRK, 2016). 적색목록상 북한의 희귀식물 및 위험동물은 〈표 5-3〉, 〈표 5-4〉에 정리되어 있다.

표 5-3. 북한의 희귀식물

분류군	희귀식물명			
극심한 위기 분류군(CR)	비늘석송 한들고사리 아물고사리 밝은바위고사리 누운측백나무 졸참나무(섬속소리나무) 누운갯싸리 노각나무 숫명다래나무 풀산딸나무 봄보리수나무 인삼(산삼)	정향풀 천마박주가리나무 돌외 독미나리 련잎가락풀 넓은잎오독도기 바위용머리 시로미 산쓴풀거미줄풀(란나풀) 봉래꼬리풀 큰솔자리풀 끈끈이대나물	병아리다리 남가새 자주땅귀통발 큰만병초 조름나물 넓은잎제비꽃 선제비꽃 다북산괴쑥 묘향취 솜다리 산양사초 긴뿌리사초	조선황새풀 서수레(산마늘) 날개하늘나리 꽃장포 참부채붓꽃 부채붓꽃 해오리란 무엽란 털사철란 나비란
위기 분류군 (EN)	왕다람쥐꼬리(석송) 좀다람쥐꼬리(석송) 암공작고사리 주목 섬향나무 수원사시나무 각시수련 연밥갈매나무 선봉피나무 줄댕강나무 왕감제풀(큰감제풀)	산딸나무 배풍등 벌레잡이제비꽃 계뇨등 대택보풀 선투구꽃 노랑투구꽃 세잎할미꽃 바람꽃 덩굴바구지 그늘바람꽃	뿌리제비꽃 왕제비꽃 주먹참외 애기자운 느삼나무 분홍장구채 짤룩대나물 가는잎들별꽃 제비동자꽃 바늘능쟁이 설앵초	괴쑥 들꾀숙 과꽃 바위솜나물 남포취 노란상사화 까치무릇 왕둥굴레 갯천문동 새둥지란 육란(유영란)

분류군	희귀식물명			
위기 분류군 (EN)	물여뀌 흰동백나무 비목나무 뇌성나무 사람주나무 조선닥나무 아마풀	호프잎딸기 흰인가목 윤노리나무 이노리나무 좀돌배나무 민바위솔 모란바위솔	꼬리겨우사리 꼬리말발도리나무 바늘까치밥나무 산개나리꽃나무 산송이풀 솜백미꽃(솜아마존) 수염마름	구름제비란 향제비란 몽울란(큰몽울란) 조선몽울란 보춘화 천마
취약 분류군(VU)	공작고사리 고온비늘고사리 두메새고사리 누운잣나무 가문비나무 곰솔 버들산회나무 만리화 백두산자작나무 언덕좀박달나무 굴피나무 갈래잎산조팝나무 산국수나무 배제비고깔 큰곰매화(북금매화) 긴잎바구지 시호 등대시호 누런꽃바위솔 가시감초 자주단너삼 설령단너삼 노랑댓더부살이 더부살이	가막까치밥나무 흰물싸리 산마가목 운산오이풀 빈추나무 큰황경피나무 합다리나무 나도밤나무 두메마디나물 가시오갈피나무 좀쓴풀 왕대황 팥꽃나무 가지더부살이 오리나무더부살이 댕댕이나무 댕강나무 금방망이 애기우산나물 참솜다리 가는잎쇄채 쑥방망이 버들금불초 고성분취	골병풍 땅두릅나무 분홍바늘꽃 금강봄맞이 꽃갈퀴 들쭉나무 덩굴월귤 끈끈이주걱 수정란 종다리꽃 아욱제비꽃 붉은뿌리제비꽃 장백제비꽃 눈분취 가시절구대 물지채 아물천남성 넓은잎천남성 독사천남성 솔나리 섬말나리 자주솜대 부전패모 부채마	갑산제비꽃 제비꽃냉이 털병나무 줄현호색 땅귀통발 헛개나무 큰잎조개나물 애기물꽈리아재비 등에풀 천마송이풀 삼지구엽초 메감자 승마 북천문동 지모 금붓꽃 범부채 감자란 큰작란화 나도씨눈란 파란닭의란 물잔디
위기에 가까운 분류군(NT)	세뿔석위 배암톱 곱향나무 누운향나무 민수양버들 봉두신갈나무 떡신갈나무 대택자작나무 설령오리나무 홀별꽃 긴잎련꽃 갯방풍 금강기름나물 룡담	홀바람꽃 종덩굴 흰함박꽃 갯더부살이 매화말발도리나무 좀구슬피나무 둥근참빗살나무 백두산버들옻 금강초롱 돌꽃 바위돌꽃 초피나무 만병초 백리향	매자나무 나도석장풀 석장풀 이삭귀통발 자리풀 돌부채 등칡 방울풀 진펄현호색 주염나무 황경피나무 계박쥐나물 병풍 두메쑥방망이	금강애기나리 노랑푸초 두메푸초 솔붓꽃 쌍노랑붓꽃 제비붓꽃 큰이삭란 잠자리란 제비란 큰제비란 닭의란 두잎란 애기사철란 방울란

분류군	희귀식물명			
위기에 가까운 분류군(NT)	지치 덩굴꽃마리 고려꽃꼬리풀 금강제비꽃 태백제비꽃 금마타리 꽃정향나무 너도바람꽃	속썩은풀 뫼두릅나무 족두리풀 병아리꽃나무 조선섬야광나무 금강국수나무 나비국수나무	삽주 산머위 창포 점백이천남성 나도여로 말나리 가는피두메무릇	구름병아리란 구름나리란 키다리란 풍선란 십자란 모새달 신의대
자료가 불충분한 분류군 (DD)	산부싯깃고사리 실사리 물푸초 층층고란초 물고사리 느리미고사리 좀비자나무 누운노가지 털종비나무 종비나무 풍산가문비나무 미선나무 이팝나무 흑삼릉 섬꾀숙 외잎쑥 어리병풍 바위구절초 센털조뱅이 고려엉겅퀴	장수만리화 쌍실버들 노랑팽나무 장수팽나무 검팽나무 가침박달 흰따딸기 흑산가시나무 압록가시나무 노랑돌쩌귀풀 운봉금매화 피뿌리꽃 만삼 절구대 큰도꼬마리 솔인진 비단쑥 산흰쑥 파방망이 물방망이	조선삽주 둥근잎삽주 낙지다리풀 둥근잎택사 비로룡담 가는잎덩굴룡담 닻꽃풀 구름송이풀 새납풀 원지 참꽃(기생꽃) 홍월귤나무 월귤나무 갈풀 큰천남성 큰연령초 끈적속심풀 두메옥잠화 난쟁이붓꽃 약란	긴잎끈끈이주걱 구슬바위취 물범꼬리풀 좀어리연꽃 순비기나무 가시련 망개나무 산토끼풀 선백미 나도박주가리 큰제비꼬깔 련꽃바위솔 골담초 애기작란화(털복주머니란) 작란화(복주머니란) 민향기풀 까끄라기보리 갯크령 남포미꾸리꿰미풀 참쌀새

출처: 마브민족위원회, 2016b

표 5-4. 북한의 위험동물

분류군	위험동물명	분류군	위험동물명	분류군	위험동물명
포유류	큰첨서 갯첨서 검은오렌지옷수염박쥐 푸른자색고래 늑대(말승냥이) 승냥이 큰곰(갈색곰) 곰(반달곰) 흰족제비 검은다리 족제비	어류	정장어 사루기 은어 실망성어 등점버들치 금강모치 어름치 쉐리 강멸치	파충류	푸른바다거부기 붉은바다거부기 가죽거부기 남생이 대장지 실뱀 섬사 세줄무늬뱀 구렁이 꼬리줄무늬뱀

분류군	위험동물명	분류군	위험동물명	분류군	위험동물명
포유류	검은돈 산달 누른돈 수달 조선범 표범 시라소니 삵 물범 사향노루 누렁이(말사슴) 사슴 산양	어류	냇뱅어 돌상어 긴수염돌상어 부포미꾸라지 강명태 는메기 거슬횟대어 강가재미	양서류	합수도롱룡 발톱도롱룡 작은두꺼비 금개구리 애기개구리
조류	흑고니 큰고니(백조) 고니 댕기진경기 비오리 흰부리다마지 큰꽉새(신천옹) 바다제비 검은황새 황새 따오기 누른뺨저어새 저어새 노랑부리백로 펠리칸 흰죽지수리 번대수리 참매 붉은등수리 흰어깨수리	조류	검독수리 옆줄무늬매 너화 작은물병아리 알락배물병아리 큰흰두루미 재두루미 갯두루미 흰두루미(백학) 댕기두루미 긴다리도요 큰알도요 산골갯도요 큰깍도요 메깍도요 큰됫부리도요 쇠부리도요 마도요 알락꼬리마도요	조류	청다리북도요 주걱다리도요 목도리도요 은머리갈매기 흰죽지검은쇠갈매기 뿔바다오리 바다뿔주둥이 모래닭 클락새 팔색조 물개구마리 홍여새 쥐발귀 북쥐발귀 알락꼬리쥐발귀 강숲새 함북메새 노랑메새 검은머리메새

출처: 마브민족위원회, 2016a

(2) 남북 접경 지역의 생물다양성

남과 북의 생물상이 함께 존재하는 비무장지대 일원은 생물다양성이 매우 높은 것으로 알려져 있는데, 비무장지대의 생물상을 통해서도 북한의 생물다양성 현황을 엿볼 수 있다. 환경부 조사에 의하면 동서부 해안 지역과 동부 및 중부 산악 지역, 서부 평야 그리고 임진강 하수 등 비무장지대 일원에는 멸종위기 야생생물 101종을 포함하여 모두 5,929종이 서식하는 것으로 확인되었다(환경부 국립생태원, 2018). 이 중 곤충류는 모두 2,954종으로 비무장지대 일원에 서식하는 생물종의 약

절반을 차지하며, 식물 1,926종, 포유류 47종, 조류 277종, 담수어류 136종, 그리고 양서류 및 파충류 34종 등이 서식하고 있다. 또 멸종위기에 처한 야생생물 101종은 우리나라 멸종위기 야생생물종의 38%에 해당하며 멸종위기 야생생물 1급은 18종이 확인되었다.[10] 구체적으로는 사향노루, 수달 등 포유류와 검독수리 및 노랑부리백로와 같은 조류 10종, 수원청개구리와 담수성 어류인 흰수마자가 여기에 해당한다. 또한 멸종위기 야생생물 2급은 가시오갈피나무와 가는동자꽃 등 식물 17종, 담비

표 5-5. 비무장지대 일원의 생물종다양성

분류군	전체 종 수	멸종위기종 수
관속식물	1,926	17
포유류	47	11
조류	277	45
양서류 및 파충류	34	6
육상곤충류	2,954	5
어류	136	12
저서무척추동물	417	5
거미	138	–
합계	5,929	101

출처: 환경부 국립생태원, 2018

저어새
(황새목 저어샛과)

두루미
(두루미목 두루밋과)

검독수리
(매목 수릿과)

노랑부리백로
(황새목 백로과)

사향노루
(우제목 사향노룻과)

수달
(식육목 족제빗과)

산양
(우제목 솟과)

흰수마자
(잉어목 잉엇과)

물방개
(딱정벌레목 물방갯과)

대모잠자리
(잠자리목 잠자릿과)

가는동자꽃
(석죽목 석죽과)

가시오갈피나무
(미나리목 두릅나뭇과)

그림 5-5. 비무장지대 일원에 서식하는 멸종위기종의 사례

출처: 국립생물자원관 한반도의 생물다양성

---

10. 국립생물자원관(2018)에 의하면 우리나라의 멸종위기 야생생물종은 모두 267종이다.

등 포유류 11종, 조류 35종, 양서류 및 파충류 6종, 육상곤충류 5종, 담수어류 11종, 물방개와 대모잠자리 등 저서성 대형무척추동물 등 총 83종이 발견되었다. 비무장지대 일원은 국제적으로도 멸종위기에 처한 저어새와 두루미, 사향노루, 산양 등이 서식하고 있어 생물다양성 측면에서 특별한 가치가 있다고 할 수 있다. 남북한 접경지대에 서식하는 멸종위기종의 사례는 〈그림 5-5〉와 같다.

4. 북한의 자연보호 지역

1) 생물다양성 보전을 위한 관리체계

생물다양성을 보전하기 위한 가장 효과적인 접근법은 생물들이 살아갈 수 있는 서식처를 보존하는 것이다. 북한 또한 서식처 보존을 통한 생물다양성 보전에 노력하고 있다. 북한은 국가 차원에서 천연기념물 및 개별 보호림과 같이 종 혹은 개체군으로 생물다양성을 보전하고 있을 뿐 아니라 보존가치가 높은 생태계를 보호 지역으로 지정하여 관리하고 있다. 북한은 1980년대 중반 제정된「환경보호법」을 통해 특별히 보호해야 할 가치가 있는 지역을 자연보호구와 특별보호구로 지정하는 것을 명문화하였으며, 생물권보호구와 동식물보호구 등 자연보호구의 지정에 대한 내용을 다루고 있다. 또 2009년에는 자연보호구에 대한 내용을 별도로 다루는「자연보호구법」을 제정하였다. 북한은 생물다양성에 있어 중요한 지역을 보호 지역으로 선정하기 위해 여러 관련 법제를 구축하였는데,「토지법」,「산림법」,「환경보호법」,「자연보호구법」,「유용동물보호법」,「명승지·천연기념물보호법」, 그리고「민속문화유산보호법」이 있다(표 5-6).

산림이 국토의 주요 면적을 차지하는 북한에서는 생물다양성 보존을 위해 산림 보호가 특히 중요하다. 따라서 토지법과 산림법은 특별보호림과 자연보호림구 및 보호림의 지정과 같이 산림 보호에 대한 내용을 다룬다.

북한은 관련 법을 제정하여 생물다양성의 보전을 위해 보호 지역을 선정하는 접근 외에도 생물다양성과 관련된 국제협약에 가입하여 당사국으로 활동하고 있다. 그 대표적인 협약이 유엔의 생물다양성협약이다. 그 외에 물새 서식지로서 특히 국제적으로 중요한 습지에 관한 협약인 람사르협약, 북한의 주요 생태계 유형인 산림생태계의 보전 및 산림생태계 복원과 관련이 높은 유엔의 사막화방지협약, 그리고 멸종위기에 처한 야생동식물의 국제거래에 관한 협약(CITES)을 들 수 있다. 생물다양성의 보전과 직접적인 관련이 있는 생물다양성협약의 경우, 국가보고서를 통해 생물다양성 현황과 국가 생물다양성 전략 등 생물다양성 보전을 위한 노력을 국제사회에 보고하게 되어 있어 생물다양성 보전을 촉진할 수 있다. 북한은 CITES에는 아직 가입하지 않은 상태이며, 생물다양성이 특히 높아 보존가치가 높은 생태계인 습지에 대한 협약인 람사르협약에는 2018년에 가입하였다(표 5-7).

이 밖에 북한은 1997년 유네스코의 MAB에 참여하기 시작하였으며, 조선민주주의인민공화국 마브민족위원회를 조직하였다. 북한은 2017년 IUCN에 가입하여 회원국이 되었으며, 2018년에는 동아시아-대양주 철새 이동경로 파트너십(East Asian-Australasian Flyway Partnership, EAAFP)의 정식 회원국이 되어 생물다양성을 위한 국제적 노력에 동참하고 있다.

표 5-6. 북한의 생물다양성 관련 법

관련 법률(제정연도)	조항	보호구역
토지법(1977)	제37조 제40조 제75조	특별보호림, 자연보호림구 보호림(방품림, 사방림, 위생풍치림, 수원함양림) 특수토지
산림법(1992)	제3조 제27조	특별보호림, 일반보호림 자연보호림구
환경보호법(1986)	제11조 제14조	자연보호구(생물권보호구, 원시림보호구, 동물보호구, 식물보호구, 명승지보호구, 수산자원보호구), 특별보호구 명승지, 관광지, 휴양지와 천연기념물, 명승고적
자연보호구법(2009)	제2조	자연보호구(생물권보호구, 원시림보호구, 동물보호구, 식물보호구, 명승지보호구)
유용동물보호법(1998)	제5조	동물보호구, 새보호구
명승지·천연기념물보호법(1995)	제23조	명승지, 천연기념물보호구역
민속유산보호법(2015)	제30조	자연유산(명승지, 천연기념물), 역사유적보호구역

출처: 김서린, 2018

표 5-7. 생물다양성 관련 국제협약 가입현황

협약	협약 채택연도	가입연도	
		북한	남한
생물다양성협약	1992	1994	1994
사막화방지협약	1994	2003	1999
람사르협약	1971	2018	2018
CITES	1993	미가입	1993

2) 북한의 주요 보호 지역

서식처 차원에서 생물다양성을 보존하는 북한의 접근은 주로 보호구의 지정을 통해 이루어진다. 보호구는 자연보호구와 식물보호구 및 동물보호구를 포함하는 광의의 보호 지역을 의미하는데, 박우일 외(2005)는 보호구란 "자연환경과 자연자원의 보호, 경제의 지속적 발전을 촉진하기 위하여 설정하고 관리하는 법적으로 규정된 일정한 지리적 구역"이라 정의하였다. 자연보호구는 자연성이 특히 높아 자연을 훼손하는 인간의 활동을 엄격히 금지하는 보호 활동이 필요한 지역이다(박우일 외, 2018). 북한의 보호구는 남한의 국립공원 혹은 자연공원과 유사하다 할 수 있다. 북한에서의 보호구는 크게 생물다양성의 보호, 과학적 연구사업의 자연적인 실험실, 자연보호교육의 장, 자연자원의 지속가능한 이용의 모범사례, 그리고 휴양의 장소라는 다섯 가지 기능이 있다(박우일 외, 2005). 북한에서 제일 먼저 지정된 보호구는 1946년에 지정된 백두산식물보호구이다. 이후 1959년에 백두산과 묘향산이 자연보호구로 지정되었으며 같은 해 오가산이 자연보호구로 지정되었다. 1976년에는 전국적으로 자연보호구 6개, 식물보호구 14개, 바닷새번식보호구 6개, 수산자원보호구 4개가 설정되었다.

북한은 1998년 첫번째 국가 생물다양성 전략 및 행동계획을 수립하였는데, 당시 전체 자연보호 지역 면적을 국토의 5.67%에 해당하는 69만 5670ha로 설정하였다(DPRK, 1998). 북한은 보호 지역을 그 특성에 따라 생물권보호구를 비롯하여 원시림보호구, 자연경관보호구, 식물보호구, 동물보호구, 바닷새번식보호구, 철새보호구, 수산자원보호구 등으로 구분하고 있다. 그리고 IUCN의 분류체계에 입각하여 I. 엄격한 자연보호구, II. 자연보호구, III. 천연기념물 보호 지역, IV. 서식지 및 종 보호구, V. 경관보호구, VI. 자원보호구로 유형화하였다.[11] 북한은 지속적으로 보호지를 확대해 나가고 있는데, 현재 북한 전역에는 326개의 보호 지역이 있는 것으로 알려져 있다. 보호 지역으로 지정된 면적은 약 88만 ha로 알려져 있으나 개별 보호지의 이름이나 위치 및 면적, 생물다양성에 대한 구체적인 현황 등 상세한 정보는 알려져 있지 않다(표 5-8, 그림 5-6). 철새 및 바닷새 보호에서 중요한 의의를 가지는 북한의 주요 습지 현황은 〈표 5-9〉와 같다.

북한은 또한 생물다양성이 뛰어나고 자연환경과 경관이 수려한 지역을 유네스코의 생물권 보전 지역으로 등재하기 위한 노력을 기울여 왔다. 1989년에 지정된 백두산을 시작으로, 2004년에는 칠보산, 2009년에는 묘향산, 그리고 2018년에는 금강산이 유네스코 생물권 보전 지역으로 지정되

---

11. 북한에는 국립공원으로 불리는 보호구는 없으며, IUCN의 두 번째 유형인 자연공원을 자연보호구로 분류하고 있다.

표 5-8. 보호 지역 지정 현황

보호 지역 분류		보호 지역	개수	면적(ha)
I	엄격한 자연보호구	오가산, 관모봉 등 보호구와 기타지역;	4	63,912
		백두산, 구월산 생물권 보호 지역의 핵심구역	2	24,247
II	자연보호구	금강산 자연공원, 묘향산 자연공원, 칠보산 자연보호구 등	21	167,900
III	천연기념물 보호 지역		127	191,157
IV	서식지 및 종 보호구	식물보호구	25	25,698.2
		동물보호구	25	58,973.4
		철새(습지, 번식지)보호구	24	26,917.5
		바닷새보호구	7	214.5
V	경관보호구		60	223,667
VI	자원보호구	수산자원보호구	26	50,690
		식물자원보호구	4	6,659
		백두산 생물권 보호 지역의 완충구역	1	36,000
합계			326	879,275.2

출처: DPRK, 2011, 19-20

백두산 자연보호구

금강산 자연보호구

묘향산 자연보호구

칠보산 자연보호구

구월산 자연보호구

개마고원 보호구

그림 5-6. 북한의 보호구 사례
출처: 평화문제연구소

어 북한은 총 다섯 개의 생물권 보전 지역을 보유하고 있다. 또한 2018년에는 북한이 람사르협약
에 가입하면서 문덕과 나선의 철새보호구를 람사르습지로 지정하게 되었다. 이에 따라 북한은 국

표 5-9. 북한의 철새 및 바닷새 보호구

	보호구명		보호구명
1	문덕철새(습지)보호구	9	광포철새(습지)보호구
2	나선철새(습지)보호구	10	어랑천철새(습지)보호구
3	옹진철새(습지)보호구	11	신도철새(습지)보호구
4	강령철새(습지)보호구	12	대감도바닷새보호구
5	9.18저수지철새(습지)보호구	13	운무도바닷새보호구
6	배천역구도철새(습지)보호구	14	납도바닷새보호구
7	동정호철새(습지)보호구	15	묵이도바닷새보호구
8	금야철새(습지)보호구	16	나선알섬바닷새보호구

출처: 조선민주주의인민공화국 국토환경보호성, 2018

내에서 지정한 보호구 외에도 다섯 개의 유네스코 생물권 보전 지역 그리고 두 개의 람사르습지를 보유하게 됨으로써 국제적으로 생물다양성과 생태적 가치를 인정받았다고 할 수 있다.

5. 결론

인간은 생물다양성을 통해 식량을 비롯하여 의약품 등 인간이 살아가는 데 필요한 많은 것을 얻는다. 생물다양성이 사라지는 것은 인간의 생존에도 위협이 된다는 것을 의미하며, 지속가능한 발전을 이룰 수 없다는 것을 의미하기도 하다. 전 세계적으로 도시화와 개발이 빠르게 일어나고 있으며, 이에 따라 자연환경의 훼손 또한 계속될 것으로 전망된다. 국제사회는 생물다양성의 보전을 위하여 국토의 17%에 해당하는 보호 지역을 지정할 것을 권고하고 있으나 우리나라와 북한은 이에 훨씬 미치지 못하는 수준이다. 따라서 앞으로 생물들의 서식에 중요한 지역을 중심으로 보호 지역을 확대해 나가야 할 것이며, 훼손된 자연생태계를 복원하고 남북한 생태 축을 연결하여 생물다양성 보전과 지속가능한 발전의 성취에 기여하여야 할 것이다.

더 읽을 거리

DPRK, 2016, 5th National Report on Biodiversity of DRP Korea, *National Coordinating Committee or Environmen(NCCE)*, DPR Korea, 9.
→ 북한이 유엔 생물다양성협약에 제출한 국가보고서로 북한의 생물다양성 현황 및 변화와 국가 생물다양성 보

존전략을 살펴볼 수 있다.

김광주·박영호·조성룡, 2003, 『생물다양성기초』, 국토환경보호성, 모란인쇄기술사.

→ 생물다양성에 대한 기초 자료집으로 생물다양성에 대한 북한의 인식을 알 수 있으며, 백두산과 금강산 등 생물다양성과 보존가치가 뛰어난 북한의 주요 생태계를 소개하고 있다.

조선민주주의인민공화국 마브민족위원회, 2016a, 『우리 나라 위기동물』, 과학백과사전출판사.

조선민주주의인민공화국 마브민족위원회, 2016b, 『우리 나라 희귀식물』, 과학백과사전출판사.

→유네스코 MAB위원회가 멸종위기에 처한 북한의 희귀생물 현황을 IUCN의 적색목록체계에 따라 정리한 자료집으로 멸종위기에 처한 북한의 생물상 현황에 대해 살펴볼 수 있다.

평화문제연구소·과학백과사전출판사, 2003~2004, 『조선향토대백과』.

→ 북한의 동식물상과 천연기념물 등 북한의 지역별 생물다양성 현황에 대해 알 수 있는 유용한 자료이다.

참고문헌

김광주·박영호·조성룡, 2003, 『생물다양성기초』, 국토환경보호성, 모란인쇄기술사.

김서린, 2018, 「북한 보호지역의 보전과 이용」, 『국립공원연구지』, 9(3), 365-373.

마쓰이 다카후미(김원식 역), 2000, 『지구 46억년의 고독』, 푸른미디어.

박우일·림추연·로정삼·김광주·윤철남·박형선·주일엽·김리태·손경남·김성찬, 2005, 「우리 나라의 자연보호지역」, 조선민주주의인민공화국 마브민족위원회.

박우일·박준영·박제은·엄영일·진명숙·박인옥·남경옥·최현화, 2018, 『산림의 생태와 회복』, 과학기술출판사.

조선민주주의인민공화국 국토환경보호성, 2018, 「조선민주주의인민공화국의 습지보호사업」, Ramsar COP 13, Dubai.

조선민주주의인민공화국 마브민족위원회, 2016a, 『우리 나라 위기동물』, 과학백과사전출판사.

조선민주주의인민공화국 마브민족위원회, 2016b, 『우리 나라 희귀식물』, 과학백과사전출판사.

환경부, 2012, 「한국의 생물다양성 보고서」, 127.

환경부 국립생물자원관, 2019, 「2018 국가생물다양성 통계자료집」.

환경부 국립생태원, 2016, 「생태계를 위협하는 외래생물」.

환경부 국립생태원, 2018, 「DMZ 일원 생태계조사 보고서」.

Abelairas-Etxebarria, P. and Astorkiza, I., 2012, Farmland prices and land-use changes in periurban protected natural areas, *Land Use Policy*, 29, 674-683.

Curran, M., Hellweg S. and Beck J., 2014, Is there any empirical support for biodiversity offset policy?, *Ecological Applications,* 24(4), 617-632.

DPRK, 1998, The First National Report of the DPRK to the Conference of parties to the Convention on Biodiversity, DPR of Korea.

DPRK, 2011, 4th National Report of DPR Korea to the Convention on Biological Diversity, 19-20.

DPRK, 2016, 5th National Report on Biodiversity of DPR Korea, *National Coordinating Committee or Environmen(NCCE)*, DPR Korea, 9.

Gaston, K.J. and J.I. Spicer, 2004, *Biodiversity: An Introduction 2nd Ed.*, Wiley-Blackwell Science Ltd, Hoboken.

Mcdonald, R. I., Kareiva, P. and Forman, R. T. T., 2008, The implications of current and future urbanization for global protected areas and biodiversity conservation, *Biological Conservation*, 141, 1695-1703.

Roskov Y., Ower G., Orrell T., Nicolson D., Bailly N., Kirk P.M., Bourgoin T., DeWalt R.E., Decock W., Nieu-kerken E. van, Zarucchi J., Penev L., eds, 2019, Species 2000 & ITIS Catalogue of Life: 2019 Annual Checklist, Digital resource at www.catalogueoflife.org/annual-checklist/2019. Species 2000: Naturalis, Leiden, the Netherlands.

Seto, K. C., Fragkias, M. and Guneralp, B.A., 2011, Meta-Analysis of Global Urban Land Expansion, *PLOS ONE*, 6(8).

UN-DESA, 2011, Population Distribution, Urbanization, Internal Migration and Development: An International Perspective, 378, New York.

UNEP-WCMC and IUCN, 2016, Protected Planet Report 2016, Cambridge UK and Gland, Switzerland.

Wang, J., Chen, Y., Shao, X., Zhang, Y. and Cao, Y. 2012. Land-use changes and policy dimension driving forces in China: Present, trend and future, *Land Use Policy*. 29, 737-749.

WWF, 2014, Living Planet Report 2014.

국립생물자원관, http://www.nibr.go.kr

국립생물자원관 한반도의 생물다양성, http://species.nibr.go.kr

동아시아-대양주 철새 이동경로 파트너십(EAAFP) 홈페이지, https://eaaflyway.net

북한지역정보넷, http://www.cybernk.net

세계자연기금(WWF), https://www.wwfkorea.or.kr

제6장
북한의 물환경

———

장석환

대진대학교 건설시스템공학과 교수

1. 서론

북한의 최대 현안이 되고 있는 식량과 에너지 부족의 문제는 수자원 관리와 밀접하게 연관되어 있다. 반복되는 산사태·홍수 등으로 인한 피해로 농작물 수확의 감소 현상이 지속적으로 발생하고, 이로 인한 식량부족 및 연료부족은 또다시 산림의 황폐화라는 악순환으로 이어지고 있다. 또한 북한의 에너지 공급은 수력발전이 약 60% 정도로 그 의존비율이 대단히 높은 편이다. 따라서 북한의 물관리 및 수자원 분야의 역량은 북한 경제회생과 직결된다고 볼 수 있다.

깨끗하고 안심할 수 있는 정수처리와 하수처리는 북한 주민들의 위생과 건강에 직접적인 영향을 끼친다. 그러나 남한에 비하여 시설 및 기술이 절대적으로 부족하여 북한 주민들은 건강하고 쾌적한 삶을 보장받을 수 없는 실정이다. 더구나 기후변화로 인한 물문제는 심각한 재해로 발전하는 추세이며, 향후 에너지와 식량문제까지 악화될 것으로 예상됨에 따라 북한의 물환경 역량강화를 통해서 근본적으로 문제를 해결하는 노력을 기울일 필요가 있다. 이러한 이유로 본 장에서는 북한의 물환경에 대한 실태와 남북 공유하천의 현황 등을 포함한 북한 수자원의 이해를 다루고자 한다.

북한의 수자원 및 수질 현황은 여타 환경 분야와 마찬가지로 체계적인 모니터링을 통한 공식적인 자료가 없이 관련 연구문헌 또는 새터민들의 경험 등을 바탕으로 북한의 음용수 수질 실태나 수질오염 현황을 유추하는 경향이 있다. 이를 바탕으로 살펴보면 북한은 지하자원, 산림자원, 수산자원을 비롯한 다양한 자원을 보유하고 있으나 산간지대가 많이 분포하여 실사용할 수 있는 면적이 작고, 몬순기후대로 봄철엔 가물고 여름철엔 많은 비가 내리는 등 물 관리가 힘든 계절적 편차가 크게 존재한다. 따라서 이를 극복하기 위해 북한의 수자원 개발은 농업수리화, 강하천관리, 토지정리와 토지개량, 새땅찾기, 간석지 개간, 산림조성과 치산치수 등을 포함하는 일명 '자연개조사업'의 일환으로 추진되었다(김형석, 2018). 북한 또한 점진적 경제 성장으로 삶의 기준이 높아지면서 산업, 농업 및 식수 수요가 증가하고 있으며 물 공급은 댐과 저수지가 주된 역할을 하고 지표수는 수력발전에 이용되고 있다.

전체적으로 북한 수자원의 상황을 살펴보면, 북한의 연강수량은 변동 폭이 심하고 홍수와 가뭄 등 자연재해 대비에 있어 취약점이 많다. 수질은 계절과 지리에 따라 차이가 크며 식수와 농공용수는 전반적으로 대동강, 압록강, 두만강, 청천강에서 공급 중이지만 이 4개의 강은 수질이 점점 나빠지고 있는 추세이다. 그 원인으로는 산업폐수, 농촌 지역에서 나오는 미처리 오수, 농지 유출수 등이 있고 주된 오염원은 인간과 동물에게서 나오는 유기물이다. 또한 북한은 산림황폐화로 인해 수로에 토사가 많아 수질이 매우 좋지 않을 뿐만 아니라 기존에 존재하는 수질 모니터링 프로그램이 극히 제한적이어서 전국의 다양한 곳에서 수질 정보를 제공하지 못해 이를 해결하는 것이 가장 시급한 문제로 꼽을 수 있다. 본 장에서는 북한 수자원과 물 이용 그리고 수질 등 북한의 물환경 현황을 살펴보고, 최근 이슈가 되는 남북한 공유하천 현황과 그에 따른 남북한 갈등을 소개하고자 한다.

2. 수자원 현황

1) 북한 기후와 기상

북한은 남한과 같이 몬순기후대에 속해 사계절의 변화가 뚜렷한 특성을 가지고 있으나, 대륙성 기후의 영향으로 여름철에는 고온다습하며 겨울철에는 춥고 가문 특징이 있다. 연평균기온은 1991~2015년을 기준으로 보면 약 10℃/년이며, 최대와 최소 월평균기온은 각각 평양에서 24.9℃/월, 혜산에서 −14.4℃/월이다(한국수자원공사, 2016).

북한은 강우가 여름철에 집중적으로 내려 수자원의 계절 변화는 중요한 사안으로 평가된다. 2016년 기준 북한에서 운영 중인 우량관측소 중 관측자료 입수가 가능한 관측소는 27개소이며, 일부는 1973년부터 관측된 자료가 있다(DPRK, 2012). 북한의 연강수량의 60%는 7~9월에 집중되어 있으며 10월부터 이듬해 3월까지는 연간 강수량의 15% 정도에 그치고 있어, 강수량의 연변동과 계절적 변화가 심한 편임을 알 수 있다. 1991~2015년 기준으로 북한 지역의 연평균강수는 1,054mm/년으로 우리나라의 약 80% 정도이며, 최대와 최소 월평균강수량은 각각 263.8mm/월, 11.5mm/월이다(FAO, 2019). 남한과 동일하게 여름철 국지성 집중호우의 경향이 매우 심하며, 집중호우가 가장 많이 발생하는 7~9월의 최근 10년간 누적 발생일수는 7월 6회/월, 8월 4.9회/월, 9월 2.3회/월 수준이다. 지역별로는 함경남도 남부, 황해도, 평안북도 지역에서 자주 발생한 반면, 평안북도 북

표 6-1. 북한 지역의 월평균 강수 및 기온

구분	강수	기온
연평균	1,054mm/년	10℃/년
최대 월평균	263.8mm/월	24.9℃/월
최소 월평균	11.5mm/월	−14.4℃/월

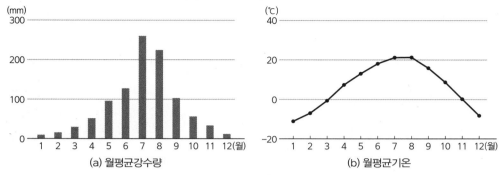

(a) 월평균강수량   (b) 월평균기온

그림 6-1. 1991~2015년 북한 지역의 월평균 강수 및 기온 그래프

출처: World Bank Group, 2018

표 6-2. 북한의 다우 지역과 소우 지역의 분포

구분	지역	내용
다우 지역	청천강 중·상류 지역(1,200~1,300mm)	황허와 몽골지방에서 동 또는 동남향으로 진행해 오는 저기압이 낭림산맥과 묘향산맥에 부딪쳐 다우 지역 형성
	원산만 일대(1,200~1,300mm)	습한 해풍이 함경산맥에 부딪쳐 비가 내리는 지형성 강우에 의한 다우 지역 형성
소우 지역	개마고원 및 주변 고원(500~600mm 내외)	높은 고원지대로 습한 바람의 영향이 미치지 못함
	대동강 하류 광량만 일대 및 황해남도 서해안(800mm 내외)	해안에 산지가 없어 습한 바람이 불어와도 통과만 함 서해 북부 해안에는 겨울철에 냉각했던 냉수괴가 남아 있어 비가 형성되지 못함

출처: 환경부, 2013

부와 함경남도 북부 등에서는 발생빈도가 매우 적은 편이다. 〈표 6-1〉과 〈그림 6-1〉은 북한 지역의 월평균 강수와 기온을 나타낸다.

북한의 지역별 강수량은 지형, 풍향 등에 따라 큰 차이를 보이므로 다우 지역과 소우 지역이 뚜렷하게 나타난다. 북부 고원지대와 평안남도 일대, 황해남도 서해안 지역이 소우 지역에 해당되고, 평안북도 청천강 지역, 강원도 동해안 원산만 일대가 다우 지역에 해당한다(환경부, 2013).

2) 수자원 특성

(1) 하천 특성

북한의 하천은 대부분 산지에서 발원하고 있으며, 하천 유역이 주로 높은 산줄기에 둘러싸여 있고 유역 간 경계가 명확한 특징이 있다. 이에 따라 북한의 하천들은 유속이 빠른 편이고 수량이 풍부하여 발전 등의 동력자원으로서의 활용성이 매우 높으나 내륙수로로 이용하기에는 많은 제약점들이 존재한다(한국농촌공사, 2006).

〈그림 6-2〉와 같이 북한의 하천들은 크게 동, 서, 북 3개의 유역으로 흐르고 있으며, 유로연장 100㎞ 이상의 주요 하천들은 두만강을 제외하면 대부분 서해로 유입된다. 또한 유역면적 200㎢ 이하인 하천이 전체의 75%에 해당되어 대부분의 하천이 중소규모이며, 압록강, 두만강, 대동강 등의 큰 하천들의 경우에는 지류의 대부분이 유역면적 500㎢ 이하에 해당된다. 유역의 규모는 서해로 흐르는 하천들이 동해로 흐르는 하천들에 비해 대체로 수배에서 수십 배까지 더 크다.

북한 지역의 유출 특성 중 남한과 가장 큰 차이를 보이는 것은 겨울철 융설에 의한 유출량의 비율이 상대적으로 높다는 점이다. 북한의 25개 주요 하천 중 주요 수문관측지점이 존재하는 하천의 유출량과 유출률을 보면, 압록강의 연평균 유출량[1]은 161㎥/sec, 유출률[2]은 0.57, 대동강의 연평균 유출량은 319.0㎥/sec, 유출률은 0.63, 청천강의 연평균 유출량은 162.0㎥/sec, 유출률은 0.71, 임진강의 연평균 유출량은 80.5㎥/sec, 유출률은 0.54이다. 앞서 살펴본 서해로 흐르는 압록강, 대동강, 청천강을 제외하면 대부분의 하천이 100㎥/sec 미만이고 연평균 유출률은 0.64로 남한 평균 유출률 0.57보다 높으며, 이는 북한의 낮은 기온에 따른 낮은 증발산 손실, 겨울철 융설 등이 반영된 것

그림 6-2. 북한의 주요 하천 현황도
출처: 한국농촌공사, 2006

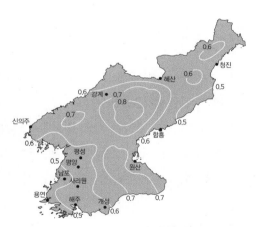

그림 6-3. 북한의 주요 하천의 연평균 유출률 현황도
(1951~1980)
출처: 한국농촌공사, 2006

1. 유출량(runoff): 유역 내 강우가 지하수 침투 등 손실을 제하고 하천으로 흐르는 양
2. 유출률(coefficient of runoff): 유역 내 강우로 인한 전체 홍수량 중 하천으로 유출되는 비율

으로 판단된다. 〈그림 6-3〉을 살펴보면 지역별 유출 특성을 알 수 있는데 중부 내륙 지역 및 북부 고원지대로 갈수록 유출률이 높아지며, 북동부 내륙 지역 및 동해, 서해안 지역으로 갈수록 낮아지는 것을 알 수 있다(환경부, 2013).

(2) 홍수 특성

북한은 앞서 서술한 바와 같이 자연지리적 조건과 기후학적 조건의 특수성으로 여름철에 90% 이상이 집중해서 홍수가 발생하나 특정한 지역에 집중적으로 발생하지는 않는다. 지역별로는 예성강 유역에서 5~6회, 대동강과 청천강 그리고 금야강 이남의 동해안 하천들에서 4~5회, 압록강 유역에서 2~3회, 두만강 유역과 금야강 이북 등의 해안 하천들에서 1~2회 정도 발생한다(전무갑 외, 2004).

1959~1982년 자료를 이용한 북한 주요 하천의 지점별 최대홍수량을 살펴보면, 대동강 삼석관측소는 20,300㎥/sec, 미림관측소는 28,900㎥/sec, 청천강 향산관측소는 10,000㎥/sec, 안주관측소은 16,200㎥/sec, 대령강 박천관측소는 13,130㎥/sec, 압록강 강계관측소는 8,090㎥/sec 등으로 기록되고 있다(환경부, 2013).

(3) 수자원 활용 가능성

수자원 부존량은 수자원 총량에 유출률을 곱한 값으로 총 하천 유출량 중 손실되는 양을 제외하고 실제 사용 가능한 수자원량을 의미한다. 북한의 수자원 이용현황을 살펴보면, 수자원 총량은 1277억 ㎥이며, 실제 용수 이용량은 총량의 8%인 96억 ㎥밖에 되지 않는다. 남한의 경우에 생활, 공업 및 농업용수로 이용하고 있는 수자원량이 하천 유출량 731억 ㎥의 약 35%인 260억 ㎥인 상황과 비교하면, 1990년 기준 북한의 용수 이용량은 남한의 1970년대 후반 수준의 물 이용량을 보이고 있다. 더욱이 생활, 공업, 농업용수로 이용되지 못하고 있는 454억 ㎥의 수력발전용수를 포함하면 총 551억 ㎥의 수량을 이용하고 있다. 〈표 6-3〉은 남한과 북한의 수자원 부존량 및 이용현황을 비교한 표이다.

북한의 연대별 전체 수자원과 1인당 수자원 변화 추이는 지속적으로 감소하고 있다. 1990년대의 수자원량은 1970년대와 비교하여 15% 감소하고, 1990년대 1인당 수자원은 1950년대와 비교하여 3.4배 감소하고 있는 실정이다. 북한은 이러한 수자원 감소를 기후변화의 영향과 인구 증가에 따른 결과로 해석하고 있다. 이와 같은 결과로 볼 때 향후 수자원의 철저한 보존과 관리가 필요할 것으로 판단된다.

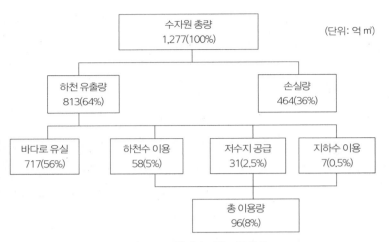

(단위: 억 ㎥)

그림 6-4. 북한의 수자원 이용현황

출처: 환경부, 2013

표 6-3. 남북한 수자원 부존량 및 이용현황 비교

구분	남한	북한	시사점
연평균 강수량 (mm/년)	1,283 (1969~1998)	1,040 (1951~1980)	• 30년 연평균 강수량의 경우, 남한에 비해 240㎜ 적음
수자원 총량 (억 m³/년)	1,276	1,277	• 북한의 강수량은 남한보다 적지만 이용 가능한 수자원량 은 남한보다 풍부
용수 이용량 (억 m³/년)	260	96	• 용수 이용량은 남한의 1/3 수준 * 하천유지용수 및 발전용수 제외
– 생활용수 – 농업용수 – 공업용수	73 158 29	10 71 15	• 공업·농업용수에 비하여 생활용수의 이용에서 남한과 큰 차이를 보임

표 6-4. 연대별 수자원 변화 및 1인당 수자원 변화 추이

구분	1920년대	1930년대	1940년대	1950년대	1960년대	1970년대	1980년대	1990년대	평균
수자원 변화 추이(%)	117	114	104	122	148	106	102	92	100
인당 수자원 (톤/인)	–	–	–	9,044	–	4,159	–	2,669	2,756

3) 하천수질 특성

북한의 강과 하천의 수질은 지역과 계절에 따라 차이가 크다. 오염물질 농도는 수위가 낮은 봄에 가장 높고, 비가 많이 와서 수위가 높은 가을에 가장 낮은 경향이 있다. 주요 오염원은 인간과 동물이 배출하는 유기물[3]이다. 북한에는 심각한 오염물질과 폐수를 배출하는 광산과 공장이 많아서 지역에 따라 공업폐수가 처리되지 않은 상태에서 방류되어 수질오염과 하천생태계 파괴를 야기하고 있는 경우가 많다. 북한은 국토환경보호성과 수자원 관련 입법을 통해 수질 보호에 노력을 기울이고 있다. 매년 봄철에 중소규모의 강과 하천에 불연속적인 주간을 지정하고, 매년 가을에는 강과 하천 개선·정비를 위한 전국적 운동을 벌이고 있다. 수질 관리와 관련된 입법에는 대동강오염방지법, 수자원법, 환경보호법, 하천법 등이 있다.

북한에는 압록강, 두만강, 대동강, 청천강 등 많은 하천과 지천이 존재하고, 북한 주요 하천 수질오염 현황은 UNEP와 북한의 발표자료(DPRK·UNEP, 2012)에 의하여 추정할 수 있다. 자료에 의하면 대동강의 계절별 수질 현황은 환경 기준을 크게 초과하지는 않지만, 염소와 대장균의 경우 환경 기준보다 상당히 높은 것을 알 수 있다. 특히 사계절 중 봄철의 COD[4] 농도가 높고, 대장균 수 또한 봄철에 가장 높다. 평양 취수원인 대동강은 1999~2008년의 약 10년에 걸쳐 전반적으로 수질이 악화되고 있음을 알 수 있다.

대동강은 오수, 분뇨 중 절반 정도가 정화되지 않은 채 그대로 유입되며, 대동강이 취수원인 수돗물을 그대로 마신 주민들은 복통을 호소한다는 사례가 있다. 평양시 수원을 담당하는 대동강과 보통강은 각 구역의 사업소를 통해 수자원 보호 및 수질 관리를 하고 있는 것으로 알려져 있다. 사업소에서는 정수시설 자원과 에너지 부족을 보완하기 위해 상류에서 하류까지 지속적·정기적으

표 6-5. 대동강의 계절별 수질 현황

지표	봄		여름		가을		겨울		연평균		환경 기준
	1999	2008	1999	2008	1999	2008	1999	2008	1999	2008	
COD	2.14	2.82	1.33	2.11	0.78	1.56	0.73	2.10	1.25	2.15	3.00
NH4-N	0.27	0.30	0.87	0.20	0.08	0.20	0.20	0.19	0.35	0.22	0.3 이하
Cl	7.20	8.60	8.40	16.33	8.40	13.53	10.00	7.49	8.70	11.49	0.3 이하
Coliform	311,666	33,743	4,847	63,234	2,300	257,880	68,500	12,000	96,828	33,689	10,000 이하

출처: DPRK·UNEP, 2012

---

3. 유기물: 일반적으로 탄소(C) 화합물을 가리키며, 수질오염의 원인이 되는 물질
4. COD(Chemical Oxygen Demand): 화학적 산소 요구량으로 물의 오염 정도를 나타내는 기준

로 담당 구역을 수작업으로 관리하고 있으며, 북부 지역 광산 및 공업 지역인 무산탄광, 회령제지공장, 중국 개산툰 펄프공장 등으로부터 탄광폐수, 표백제, 생활오수가 유입되어 수질오염이 심각한 상태라고 소개되고 있다. 즉 대도시나 공장과 광산 지역을 통과하는 북한의 주요 강에 대한 관리가 미흡한 것으로 추정된다.

그러나 2014년 이후 환경 관련 법의 수정보완과 주변 생활환경에 대한 당국의 엄격한 관리는 '환경규정을 어겼을 경우 기타의 위법행위보다 가중처벌'되고 있고, 행정력의 회복에 힘입어 대도시에서 중소도시 하천까지 육안으로 보이는 수질오염의 개선 및 하천변의 오염원 방지관리도 점차 나아지고 있는 실정이다.

3. 북한의 물이용 실태

1) 물이용 현황

공식적인 통계로만 보면 북한의 먹는 물에 대한 접근은 문제가 없는 것으로 보이며 실제 현실이 반영되었는지 여부는 확인하기 어렵다. 〈표 6-6〉은 각 기구에서 조사한 식수 접근 인구비율이다. 그러나 다른 조사보고에서는 북한 인구 약 천만여 명이 물 이용에 관한 기본적인 서비스 접근이 부족한 것은 물론 깨끗하고 위생적인 물 공급이 부족한 형편으로 조사되고 있다. 최근에는 빈번하게 발생하는 홍수와 장기화된 가뭄으로 상황은 더욱 악화되어 북한 주민들은 식량과 영양, 건강, 물, 개인 및 공공 위생이 충족되지 않는 생활에 노출되어 있다. 아동 영양실조의 40~60%는 반복되는 설사와 기생충 감염, 부적절한 식수를 포함한 비위생적인 생활환경, 개인위생 때문인 것으

표 6-6. 안전한 식수 접근 인구비율

구분		안전한 식수 접근 인구비율		
출처	기준연도	계(%)	도시(%)	농촌(%)
CIA	2015	99.7	99.9	99.7
WHO, UNICEF	1990	100	100	100
	2000	100	99	100
	2012	99	97	98
	2015	100	99	100

출처: CIA World Factbook

로 추정되고 있다. 많은 리·군 단위에서 병원시설의 물과 위생평가 실시 결과, 물이용이 안정적이지 못해 더욱 심각한 수준이라고 조사되었다(UN-DPRK, 2018).

북한의 상수도 보급 현황으로는 개선된 먹는 물 수원에 접근 가능한 인구는 총 93.7%로 높은 수준에 달한다. 이 중 수도로 공급받는 인구는 58.5%이고, 집까지 직접 수도가 들어오는 경우는 55.6%였다. 거주지까지 수도가 연결되어 있는 경우는 도시 지역이 66.4%, 농촌 지역이 38.7%, 평양의 경우는 72.9%에 달하는 것으로 조사되었다. 공공기관에 대한 상수도 보급 현황을 살펴보면 학교 56%, 보건시설 54%, 유치원 50%, 보육원 38% 등 상수도 접근 비율이 일반 가정보다 낮은 편이라고 할 수 있다.

도시와 농촌의 음용수의 주요 수원을 살펴보면 북한 음용수 수원의 수질은 23.5%가 대장균에 의해서 오염되어 있다. 농촌 지역의 경우는 45.2%의 수원이 수질오염으로 불안전한 상태로, 적절하고 충분히 정수처리방법을 이용해서 정수된 물을 마시는 인구비율은 16.5%에 불과하다. 이를 통해 확인할 수 있는 것은 음용수 정수처리가 부족하고, 평양 등 대도시의 경우만 여과를 통해 정수시킨다는 것을 알 수 있다. 또한 많은 리 단위와 군 단위의 병원시설에서 물이용이 매우 불안정적이라는 것을 알 수 있다(표 6-8).

표 6-7. 안전한 음용수의 주요 수원(단위: %)

구분	음용수의 주요 수원														
	개선된 수원(93.7%)												개선되지 않은 수원(6.3%)		
	수도관				지하 관정	안전한 우물	안전한 샘물	물탱크 트럭	작은 물탱크 손수레	키오스크	병물	안전하지 않은 우물	안전하지 않은 샘물	지표수
	주거지까지	집앞까지	인근지역	공동수도										
전체	55.6	0.8	0.2	1.9	15.8	8.6	2.7	0.0	0.0	7.8	0.3	4.8	1.2	0.3
도시	66.4	0.7	0.2	2.3	7.9	5.0	1.7	0.0	0.1	12.8	0.4	2.0	0.5	0.0
농촌	38.7	1.0	0.3	1.1	28.1	14.2	4.2	0.0	0.0	0.1	0.0	9.3	2.3	0.7

출처: Unicef DPRK, 2018

표 6-8. 가정에서 사용되는 물 처리 방법(단위: %)

구분	가정에서 사용되는 물 처리 방법									적정한 물 처리 기술을 적용하는 가구의 비율
	없음	끓임	섬유 거름	물 필터 사용	태양광 소독	자연 침전	소독 알약	기타	모름	
전체	83.2	14.2	0.1	2.4	0.0	0.1	1.1	0.2	0.0	16.5
도시	80.9	15.5	0.1	3.7	0.0	0.1	1.4	0.3	0.0	18.7
농촌	86.7	12.3	0.1	0.5	0.0	0.1	0.6	0.0	0.0	13.0

출처: Unicef DPRK, 2018

표 6-9. 가구에서 사용하는 위생시설(단위: %)

구분	가구에서 사용하는 위생시설							전체
	개선 위생시설				미개선 위생시설			
	수세식			환기 개선 구덩이 변소	슬래브 구덩이 변소	미처리 방류	지붕 없는 변소 혹은 노상 배변	
	하수도	정화조 (부패조)	구덩이 변소					
전체	44.6	9.6	2.7	0.4	26.8	0.1	15.8	100
도시	67.1	6.4	1.9	0.4	15.8	0.1	8.3	100
농촌	9.5	14.5	3.9	0.4	44.1	0.1	27.3	100

북한에서 안전한 식수와 위생 접근권이 좋지 않은 이유는 기존에 존재하는 설비의 보수와 유지 및 신축 등이 충분하지 않기 때문이다. 그 원인으로는 전력 부족이 49%, 펌핑 장비의 여건 부족이 25%, 파이프 연결망의 노후화 누수 20%를 주로 꼽을 수 있다. 이는 1970년대에서 1980년대에 구축한 상수도시스템 유지를 위한 북한 정부의 투자나 설비 작동을 위한 보수 작업 등이 충분하지 못하였기 때문이다. 이러한 상황은 홍수 피해가 빈번해지면서 더욱 악화되었다. 2016년 함경북도 지방에서 홍수로 인해 물과 위생 및 보건시설이 파괴되면서 60만 명의 주민들이 피해를 입은 사례가 있다.

북한의 하수관거 보급률은 44.6%로 절반이 되지 않는 수준이며 도시는 67.1%, 농촌은 9.5%이다. 수도인 평양은 83.2%로 도시 지역 중 가장 높다. 북한의 도시 지역에 수세식 화장실이 어느 정도 보급되어 있으나 농촌 지역은 하수관거 보급률이 9.5%에 불과하다. 농촌 지역은 구덩이 변소가 전체의 44.1%를 차지하는데 이는 토양오염과 직결되는 문제로 꼽을 수 있다(Unicef DPRK, 2018). 〈표 6-9〉는 가구에서 사용하는 위생시설에 대한 현황을 나타내고 있다.

2) 상하수도 시설

북한의 상수원과 상하수도에 관련된 자료는 부족하지만 가용자료를 통해 유추할 수 있는 상황은 북한에 상하수도 및 수처리 인프라 설비 및 투자가 미흡하다는 것이다. 특히 대부분의 하천으로 오수 분뇨와 같은 도시하수와 산업폐수가 유입되어 수질오염이 매우 심각하다. 게다가 열악한 재정 상황으로 인해 일부 대도시를 제외하고는 선진국 수준의 상수도망과 깨끗한 식수 공급이 매우 열악한 실정이다.

(1) 상하수도 시설 현황

UNEP의 보고서를 통해 북한은 1970~1980년대에 상수도 공급시스템의 설치를 대략적으로 완료한 것을 확인할 수 있다(UNEP, 2003). 하지만 북한의 상수도시스템은 1995년 홍수, 1996년 가뭄, 1997년 해일과 같은 자연재해로 배관과 처리공정 부분에서 파손을 입고 난 후 기존 상수관로, 수처리시스템 등이 노후화되었으나, 신규 투자를 통한 건설이나 노후시설에 대한 개·보수가 이루어지지 않은 실정이다. 특히 2000년대는 생활용수보다 공업, 농업용수 확보를 우선하여 상하수도 시설의 정비 및 현대화가 이루어지지 않았다고 볼 수 있다.

특히 설비 측면에서 1970년대 주철관을 이용한 상수관로가 설치되었지만 신규 투자나 노후시설에 대한 보수가 없어 전체 급수량 중 30~50%가 누수되는 것으로 알려져 있다. 또한 전력 부족으로 제한급수가 이루어지고 있으며, 이로 인한 수압 변화로 오수가 수도관으로 역류하는 현상도 발생하고 있다. 이는 설사병 유발의 주된 원인으로 더구나 북한의 상수도는 소독약품 미확보로 염소 소독을 완벽하게 하지 못하는 상태이다. 상수도를 소독하는 데 필요한 소독약품은 1년에 약 7,000톤으로 집계되고 있는데 약품 부족으로 상수도를 더 많이 사용하는 도시 지역이 시골보다 수인성 질병 위험성에 노출되어 있는 것으로 조사되었다(OCHA, 2002).

(2) 북한의 상수 공급 현황

평양 지역은 2015년 기준 인구 285만 명으로 하루에 85만 톤의 용수가 필요하지만 하루 최대 60만 톤 이하로 공급됨에 따라 약 25만 톤 정도의 상수도 보급이 부족하다고 알려져 있다. 2008년 UNEP의 보고서에서는 상수도 보급률이 93%에 달했지만 실제로는 전력난으로 공급에 많은 어려움을 겪고 있다고 한다. 농촌 지역은 더욱 심각하여 깊이 10m 안팎의 직접 판 얕은 우물에 의존하고 있으나 이 우물 대부분은 들이나 논 중간에 위치하고 있어 퇴비나 비료 등에 오염되어 있을 가능성이 매우 높다. 분뇨의 19.6%만 정화조나 하수처리장에서 처리가 되고, 대장균, 암모니아, 질산염, 아질산염, 인산염에 의한 오염 가능성이 높다고 한다(OCHA, 2002). 2018년 11월 30일 출발한 남북철도공동조사단 차량에 가득 실린 물통이 화제가 된 것은 북한의 식수에 대한 심각성과 2006년 공동조사 때 조사단원들이 북측에서 제공한 물을 마시고 복통을 호소한 경험이 있었기 때문인 것으로 보인다.

도시화 지역 주민의 65%는 수도관으로 상수도를 공급받지만, 상도관이 낡아 공급수의 50% 정도는 누수로 손실되고 있다. 수도관이 연결된 주민의 22%마저도 추가 수원이 필요하고, 나머지는 마을의 공동 우물 및 인공적으로 땅을 파서 만든 물웅덩이인 개인 졸짱[5]에 의존하고 있다. 2012년

(a) 마을 앞 농토에 있는 공동 우물

(b) 농촌마을 전경

(c) 대동강변 매점의 광천수

그림 6-5. 북한의 물이용 관련 현장

이후 새로 조성되고 있는 취락지구는 상하수도 및 에너지 재생 순환설계가 적용되는 저에너지 녹색건축으로 추진되어 오염부하를 줄이는 노력을 하고 있으며 도시화 지역의 음용수는 상수 대신 일부 광천수로 대체하고 있다. 〈그림 6-5〉는 북한의 물이용과 관련한 현장 사진이다.

한국수자원공사에서는 개성공단에 2007~2015년 총 저수량이 1830만 톤의 월고저수지를 수원으로 하는 수탁운영 수도사업을 진행하였다. 그러나 극심한 가뭄으로 월고저수지의 수위는 지속적으로 하락하고 있으며 비상취수원이나 이에 따른 지속가능한 취수원 확보가 필요하다.

(3) 북한의 하수 배제 및 처리 시설 현황

북한의 하수도인프라 역시 알려진 정보는 그리 많지 않으나 북한의 도시 지역에서 발생하는 하수와 인분 등으로 인해 지표수가 오염의 원인이 되고 있는 점은 분명하다. 〈표 6-10〉은 2013년 환경부에서 조사한 북한의 2010년도 지역별 생활하수 배출현황과 처리되지 않은 양을 추정한 값이

---

5. 북한에서 우물을 파기 위한 일종의 펌프

다. 생활오수는 자연유하식 배수로를 통해 배제하고, 평양시나 새로 건설된 도시에 한해서는 제한적으로 구조물 형태의 암거 건설을 통해 배제하고 있는 것으로 추정된다. 도시 지역에는 하수처리장이 존재하나 하수처리시설에서 물리적인 1차 처리[6]를 하여 방류하고 있으며, 응집제[7]를 투입하지 않고 침전조[8]를 가동할 개연성이 커서 침전효율이 높지 않고 생물학적 2차 처리[9] 공정이 충분하지 않아 유기물이 처리되지 않은 채로 방류될 가능성이 매우 높다. 또한 산업폐수 미처리로 인한 공장지대의 수질오염과 생활하수가 많이 배출되는 도시 지역 하천의 수질오염 상태가 심각하다. 이를 해결하기 위해서는 하천으로 무단 방류되는 하수 및 오폐수를 처리할 수 있는 처리장 확충이 시급하다.

〈그림 6-6a〉는 ○○ 시내에서 생활오수를 1차 침출식 정류한 후 해수욕장 인근 바다로 직접 배출하여 하수구가 연결된 구역마다 하얗게 거품이 일어나는 모습이다. 〈그림 6-6b〉는 △△지구 거주지의 하수를 배출하는 관로인데, 가정에서 배출된 하수는 건물 및 탱크에서 1차 침출시킨 후 재

표 6-10. 북한의 2010년도 지역별 생활하수 배출현황과 미처리량 추정(단위: 백만 m³)

구분	전체 지역			도시 지역			농촌 지역		
	오수량	처리율	미처리량	오수량	처리율	미처리량	오수량	처리율	미처리량
합계	425.5	19%	347.9	386.8	21%	289.1	58.65	1%	57.92
평양	165.4	48%	85.8	157.7	50%	78.8	7.76	10%	6.99
기타	260.1	0%	260.1	210.1	0%	210.2	50.9	0%	50.9

출처: 환경부, 2013

(a) ○○ 시내 생활오수 방류 처리　　　　　(b) △△지구 거주지 하수 배출 처리

그림 6-6. 생활오수 관리 현장

---

6. 주로 침전에 의해 부유물질을 제거하는 물리적 처리를 말함
7. 액체 속에 현탁되어 있는 고체입자가 몇 개씩 모여 약간 큰 덩어리를 만들기 위해 첨가하는 물질
8. 수중의 현탁물질을 밀도차를 이용하여 침강시켜 고체와 액체를 분리하기 위한 구조물
9. 1차 처리로 제거할 수 없는 비침전성의 부유물이나 용해석 유기물을 미생물 대사 작용을 이용하여 제거하는 생물 처리

활용하거나 하수로를 통해 직접 방류되는 모습을 볼 수 있다. 최근 나선경제무역도시 등 경제특구를 개발하면서 새롭게 계획되고 있는 하수처리시설에는 최신 수처리 기술도 도입되고 있는 실정이다.

4. 남북한 공유하천과 수자원 갈등

1) 공유하천 현황

공유하천(shared river 혹은 transboundary river)은 국제하천(international river)이라고도 불리며, 국가 간의 경계를 따라 또는 영토를 왕래하며 연속적으로 흐르는 하천을 의미한다(이준표, 2017). 국제법협회(ILA)에서는 공유하천을 "지표와 지하를 흐르는 물을 포함하여 유역경계[10]에 의해 결정되는 지역으로서 2개국 이상의 영토로 뻗쳐 있고, 공동의 하류로 흘러내리는 지리적 범위를 포괄하는 것"이라고 정의하고 있다. 이는 매우 넓게 공유하천의 지리적 범위를 인정함으로써 하천의 국제화를 통해 국가 간의 수자원 갈등 조정과 하천 환경오염의 효율적 규제를 반영하고 있다(사득환, 2017).

북한에서 발원한 하천들이 남한 지역까지 이어지면서 남한과 북한에 공유하천이 존재하며, 남북 공유하천은 한강 유역에 위치한다. 한강 유역의 총면적은 북한 지역을 포함한 34,647㎢로 전 국토의 35%를 차지하며, 유로연장은 459.3㎞이다. 한강 수계에서 북한 지역과 연계된 하천으로 태백의 대덕산에 있는 검룡소를 한강의 발원지로 하는 큰 하천은 제1지류인 북한강과 제2지류인 임진강으로 구성되어 있으며, 북한강과 임진강 유역의 각 23%와 63%가 북한에 속해 있다.

그림 6-7. 북한강과 임진강 유역 공유하천 위치

---

10. 빗물이나 눈 등의 강수를 모으는 지역의 범위

북한강의 특징을 살펴보면 북한강은 물 이용 측면에서 수자원 부존은 물론 하천의 지형적 특성 상 여러 가지 장점을 가지고 있으며 청평, 의암, 춘천, 소양강 및 화천댐 등이 건설되어 있어 우리 나라 강 중 수자원 이용이 가장 활발한 하천이다. 북한강은 임진강을 제외한 한강의 제1지류로 유 역면적이 10,834.8㎢, 유로연장은 317.5㎞로 한강 전체 유역면적의 약 41.3%에 해당된다. 임진강

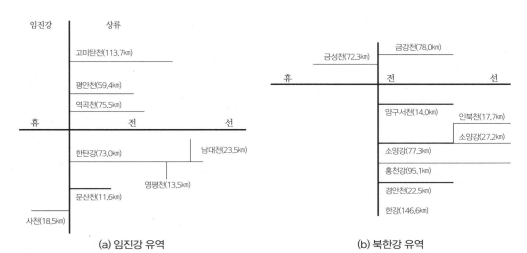

(a) 임진강 유역   (b) 북한강 유역

그림 6-8. 임진강과 북한강 유역의 하천 모식도

표 6-11. 임진강과 북한강의 특성 분석

구분	임진강	북한강
유로 연장	• 254.6㎞ • 북한 지역: 162.2㎞(64%)	• 317.5㎞(평균하폭 400m)
유역 면적	• 8,117.5㎢ • 북한 지역: 5,108.8㎢(62.9%)	• 10,834.8㎢(한강의 41%) • 북한 지역: 3,901㎢(58.5%)
남한 유입량	• 일일평균 300톤으로 추정되나 정확한 자료가 부족	• 북한강 상류(임남댐 건설 이전)에서 연간 17억 톤 정도가 남한으로 유입
유역 특성	• 상류는 하상경사가 급하고 중·하류부는 넓은 평야가 분포 • 하상경사가 완만하여 홍수 시 하류피해 심각 • 연평균 강수량은 1,273㎜	• 춘천을 제외하고는 거의 산악지대를 형성하고, 연평균 강수량은 1,170㎜로 주로 하류 지역에 집중됨 • 북한강 유역은 수도권 용수의 주요 공급원
북한의 수리시설	• 봉래댐: 1923년 건설된 사력댐으로 저수용량 5,556톤 • 내평댐과 장안댐: 소규모 수력발전댐이며 규모 미확인 • 북한강 쪽 수로터널 미착공 • 4월5일댐: 높이 10m, 저수량 3,500만 톤의 자연월류형	• 1996년 금강산발전소 1단계 준공 • 2000년 10월 20일 안변청년발전소 및 임남댐 준공 • 최근 10년 사이에 포천 1, 2댐과 전곡댐, 신명리댐, 조정지댐 등을 완공했거나 건설 중임

의 특징은 한강의 하구를 기준으로 제1지류이며, 함경남도 덕원군에서 발원하며 북한강과 유역 경계를 이루고 있다. 임진강의 대표적인 지류하천은 고미탄천, 역곡천, 한탄강, 평안천 등이다. 임진강 유역의 남동부에 위치한 한탄강의 유역면적은 2,436.4㎢로 임진강 유역의 약 30%이고, 유로 연장은 133.4㎞이며 연천에서 임진강 본류와 합류한다. 특히 임진강은 유역면적이 60% 이상이 북한에 위치하고 있고 상류에 댐을 건설하여 남북 수자원 갈등의 단초가 되고 있다. 〈그림 6-8〉은 임진강과 북한강 유역의 하천 모식도를 나타낸 그림이며, 북한강과 임진강의 지형적 특징을 정리하면 〈표 6-11〉과 같다.

2) 남북한 공유하천 물분쟁

공유하천을 둘러싼 국가들 사이의 이해관계가 상충되기 때문에 공유하천의 이용을 둘러싸고 분쟁이 발생할 수밖에 없는 상황이며, 인구 증가로 인한 담수자원 부족이 가장 중요한 분쟁의 원인이다. 〈표 6-12〉는 갈등주제에 따른 주요 쟁점을 정리한 표이다(손기웅, 2006).

남한과 북한의 공유하천에 따른 물분쟁은 1950년대부터 꾸준히 발생하였으며, 2009년 황강댐 무단방류로 인하여 남한에 사상자가 발생하는 일까지 있었다. 또한 최근 2018년까지 꾸준히 황강댐을 중심으로 남한에 사전통보 없이 무단방류하여 군남댐에서 급히 수위조절하는 사례가 지속적으로 발생하고 있다.

남북 공유하천의 문제를 간략히 살펴보면, 1986년 북한이 임진강과 북한강에 금강산발전소(안변청년발전소) 건설을 위한 댐을 착공하면서부터 시작하였다. 안변청년발전소는 시설용량 81만 kW의 유역변경식 수력발전소로 동해안 안변 지역에 위치하며, 북한강 상류의 금강산댐 및 전곡댐과 임진강 상류의 장안댐, 고미탄천의 내평댐 등 4개의 댐을 기본으로 한다. 임진강의 지류인 용지천, 평안천, 그리고 안변의 남대천을 비롯한 7개 하천의 취수언제로 유입되는 물을 동해안 안변지구로 보내 낙차를 이용하여 전력을 생산하는 발전소이다. 북한강 계통의 임남저수지는 높이 121.5m, 저수용량 26억 2400만 ㎥이며, 45㎞의 도수터널[11]을 통해 안변청년발전소에 이른다. 전곡저수지는 높이 118m, 저수용량 9억 7000만 ㎥로서 임남저수지로 유입되지 않고, 임남저수지와 발전소를 관통하는 도수터널의 중간에 연결되어 안변청년발전소에 이른다. 내평저수지는 높이 123m, 저수용량 5억 1000만 ㎥으로서 58.2㎞의 도수터널을 통해 발전소 조정지 앞에서 임남저수

---

11. 물이 일정한 방향으로 흐르게 하기 위하여 산 등을 뚫어 만든 물길

지의 물길과 합류한다.

이러한 북한의 댐 건설계획에서 가장 문제가 되는 것은 유역변경에 의한 수량차단의 문제이다. 즉 임남댐이 북한강 상류의 물길을 동해 쪽으로 돌리면 금강산댐에서 화천댐으로 유입되던 북한 쪽의 수량이 차단되므로 남한의 발전과 농·공업용수 공급에 상당한 차질이 빚어질 전망이기 때문이다. 더욱이 북한의 당초 계획에는 임진강의 물길을 변경하여 발전에 이용하는 것으로 발표된 바있다. 그러나 임진강 계통의 사업의 정확한 양이나 계획이 구체적으로 알려진 바가 없고 수자원의 변화가 어느 정도인지 정확하게 알 수가 없다. 북한이 공유하천 북한강 상류에 일방적으로 댐을 건설하면서 시작된 남북 간의 임남댐을 둘러싼 갈등은 우리나라의 요구에 의해 몇 차례 협의가 이루어졌으나, 하천의 공동 관리나 합리적인 수량할당 등 공유하천을 둘러싼 근본적인 문제들은 전

표 6-12. 공유하천 분쟁과 관련한 주요 쟁점

갈등 주제	주요 쟁점
내륙 주운	• 항행의 자유와 하천의 이용 시 다른 나라에 피해를 주는 경우: 라인강, 메콩강, 컬럼비아강 등
군사적 수단	• 군사적 목적을 위해 하천시설을 공격하는 경우: 요르단강 등
수량의 배분	• 수자원 배분이 공평성을 훼손하는 경우: 티그리스-유프라테스강, 나일강, 갠지스강 등
홍수 등 재해 방지	• 상류에서 수문 조작 등으로 인해 하류의 피해를 초래하는 경우: 도나우강, 메콩강 등
수질 보전	• 오염부하량 증가와 유량 감소로 수질이 악화되는 경우: 리오그란데강, 컬럼비아강, 라인강 등
생태환경의 보전	• 생물다양성 및 수생태환경이 훼손되는 경우: 컬럼비아강, 라인강, 두만강 등
유역의 개발	• 유역변경, 댐건설, 토지이용에 의해 수자원 환경이 악화되는 경우: 요르단강, 북한강 등

출처: 손기웅, 2006

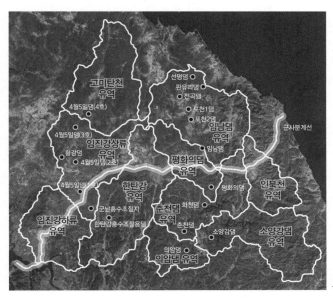

그림 6-9. 남북한 공유하천 내 댐 현황

혀 논의되지 못하고 있는 실정이다.

추가적으로 작은 소규모 댐을 포함한 공유하천 내 댐 현황을 살펴보면, 북한강 유역 내 존재하는 댐은 북한 5개, 우리나라는 7개로 총 12개가 있다(그림 6-9). 임진강 유역의 북한에 해당하는 댐은 4월5일댐 4개와 황강댐이며, 우리나라에는 군남홍수조절지와 한탄강홍수조절용댐으로 총 7개가 있는 것으로 분석되었다. 이 댐들은 용수공급 또는 홍수조절 및 방어 목적으로 건설되었다. 나머지 지방하천의 경우에는 하천규모가 협소하거나 댐 등의 구조물이 설치되어 있지 않은 것이 대부분이다. 지방하천 중 한탄강과 김화남대천의 경우는 비교적 규모도 크고 이수 및 치수 측면에서 임진강에 큰 영향을 미치고 있다.

3) 공유하천 임진강의 현황

(1) 임진강 유역의 수문 및 수리 특성

임진강은 북한 지역의 강원도 법동군 용포리 두류산 남쪽 계곡에서 발원하여 철원과 금화 지역을 거쳐 남쪽으로 흐르면서 경기도로 유입하여 한탄강과 합류한 후 강화만을 통해 황해로 유입한다. 중상류 지역은 경기도의 동북부와 황해도, 강원도의 험준한 산으로 둘러쳐져 있고, 총연장 254.6㎞에 유역면적은 8,117.5㎢이며 그 중 남한 지역이 3,008.7㎢이다. 북한 지역이 전체의 62.9%를 차지하고 있는 하천으로 북한에서 발원하여 남한으로 흐르는 대표적 하천이다. 임진강 수계 주요 지천으로는 북한 지역에 위치한 고미탄천, 평안천, 역곡천과 남한 내 위치한 한탄강, 사미천, 문산천 및 사천 등이 있으며, 임진강의 최대 지천인 한탄강의 지천으로는 김화남대천, 영평천, 포천천, 신천 및 차탄천 등이 있다. 임진강 유역의 지세는 험준한 산악구릉지대이며, 일부 하류구간을 제외한 대부분의 본류 및 지류는 급류하천으로 협곡을 형성하고 있는 구간이 많으며, 만곡부가 많으나 대체로 하폭이 일정하고 연안지가 협소한 편이다. 임진강 하류부 하상경사는 완만한 편으로 조위의 영향을 받으며, 곳곳에 천주 또는 간척지를 형성하고 있다. 따라서 중·상류부에서는 홍수로 인한 피해가 적은 반면, 문산 등의 하류구간은 수해가 발생할 가능성이 상대적으로 높은 지역이다.

임진강 하류의 홍수량은 하천기본계획보고서에 의하면 재현 기간 100년의 기본홍수량 규모가 문산천 합류점 하류 지역에서 19,779㎥/sec, 임진강 하구에서 20,427㎥/sec로 조사되었다. 또한 한강하천정비기본계획보고서의 한강하구지점 설계홍수량은 37,000㎥/sec이다.

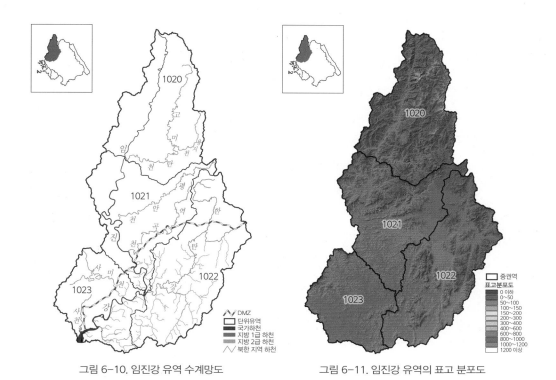

그림 6-10. 임진강 유역 수계망도   그림 6-11. 임진강 유역의 표고 분포도

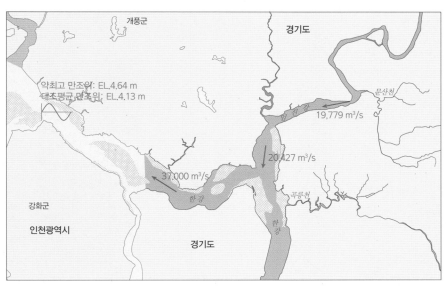

그림 6-12. 임진강 하류 수문특성도(계획홍수량 규모)

(2) 임진강 및 한강 하구 생태계 특성

임진강 및 한강 하류 지역은 우리나라 4대강 하구역 가운데 유일하게 하굿둑이 건설되지 않아 조수의 출입이 자유롭고 자연적인 하구 경관과 기수역생태계가 잘 보전된 곳이다. 또한 동북아시아와 호주를 이동하는 다양한 물새들의 중간 귀착지이자 월동 및 번식지이기도 하다. 한강 하구역은 버드나무림이나 갈대군락과 같은 수변 식생이 잘 발달해 있고 먹이가 되는 생물종이 풍부하여 저어새, 재두루미, 개리 등 희귀 철새들의 서식에 있어 매우 중요한 지역이다.

임진강 및 한강 하구 지역에 대하여 조사한 보고서로 「하구역 생태계 정밀조사」(환경부)와 「하구역 환경보전 전략 및 통합 환경관리 방안 수립」(한국환경정책평가연구원)의 분야별 조사 내용을 정리하면 다음과 같다.

식물상은 60과 175속 9변종 1품종 262종으로 총 272개 분류군으로 조사되었으며 양서·파충류는 총 2목 4과 8종으로 유미목종 도룡뇽과의 도룡뇽이 발견되었고, 어류는 총 20과 53종이 조사

표 6-13. 임진강 및 한강 하구의 습지 현황

수역 구분	명칭	위치	면적 (1,000m²)	습지 종류	토지 이용
계	13개소		356,431		
임진강	장못	연천·미산·우정	420	담수습지	군사시설보호구역, 하천
	초평도	파주·문산·장산 초평도	1,766	담수습지	군사시설보호구역, 하천
	장단	파주·장단·거곡	3,125	담수습지	군사시설보호구역, 하천
	문산	파주·문산·문산,내곡	420	하천형 습지	군사시설보호구역, 경작지
	임진각	파주·문산 자유의다리 군내·오룡 지천	496	하천형 습지	군사시설보호구역, 하천, 경작지
	신북	포천·신북·가체, 신평	165	하천형 습지	비행안전구역, 하천
	광탄	파주·광탄·신산	165	하천형 습지	군사시설보호구역, 하천
한강	산남	파주·교하·산남	225	강변 습초원	군사시설보호구역, 하천, 재두루미 도래지
	곡릉천	파주·교하·송촌	120	해수·담수 습지	군사시설보호구역, 하천
	장항	고양·신평	2,375	강변 습초원	군사시설보호구역, 하천, 도시계획구간, 개발제한구역
	화전	고양·덕양·도내, 화전	175	하천형 습지	군사시설보호구역, 하천, 도시계획구역
연안	김포	김포·월곶, 대곶 연안	7,479	연안습지, 갯벌	군사시설보호구역, 문수산 자연환경보전지역
	강화군	강화군(강화도, 석모도, 주문도, 불음도)	339,500	연안습지, 갯벌	

출처: 경기개발연구원, 1999; 2000; 해양수산부, 1999; 2003

되었다. 조류는 총 95종이 관찰되었으며, 관찰된 조류 중 환경부 지정 법정보호종으로는 저어새·
흰꼬리수리·매 등 3종의 멸종위기종과 재두루미·개리·큰기러기·물수리·솔개·말똥가리·독수
리·잿빛개구리매·흰목물떼새 등 9종의 보호종, 그리고 뿔논병아리·붉은배매새·황조롱이·검은
등뻐꾸기·뻐꾸기·솔부엉이·청호반새·물총새·파랑새·큰오색딱따구리·검은딱새·꾀꼬리 등
12종의 특정종이 분포하는 것으로 조사되었다.

또한 임진강 및 한강 하구역에서 생태적 보전가치가 큰 습지를 살펴보면 장단습지를 비롯한 임
진강 유역의 7개소, 장항습지를 비롯한 한강하구의 4개소 및 김포와 강화의 연안습지를 들 수 있
다. 조사된 습지현황을 정리하면 〈표 6-13〉과 같다.

4) 공유하천으로서 임진강의 갈등

(1) 임진강 유역의 홍수피해 사례 및 갈등

임진강 유역은 강우량 및 유출량과 같은 기
본적인 수문조사가 실시되지 않아 유역의 홍
수방어에 많은 불확실성을 내포하고 있다. 임
진강 유역은 2000년 이전만 해도 그동안 군
사보호구역과 기초자료의 미비로 수해문제
에 취약하였다. 1996년, 1998년, 1999년 경기
북부지방에 발생한 대규모 집중호우로 184
명의 인명피해와 약 1조 원의 재산피해가 있
었고 이후 약 3조 원의 복구 비용이 투입되었
다. 그러나 임진강 유역의 상류부는 산악구릉
지대이며, 일부 하류구간을 제외한 대부분의
본류 및 지류는 대개 급류하천으로 험준한 협
곡을 형성하고 있다. 또한 임진강 하류부는
완만한 편으로 조수간만의 영향을 받으며 곳
곳에 갯벌이나 간척지를 형성하고 있어 홍수
에 대단히 취약한 구조를 가지고 있다. 이 때

그림 6-13. 임진강 유역의 댐 개발 현황

문에 임진강 하류의 홍수피해를 근본적으로 해결하기 위해서는 상류인 북한과의 협력이 절실하

표 6-14. 임진강 유역의 남북 수리시설

구분	현황
북한의 수리시설	• 봉래댐: 1923년 건설된 사력댐으로 저수용량 5,556㎥ • 내평댐(계획): 고미탄천 수계에 건설 중이며, 높이 123m 총 저수용량 5.1억 ㎥ • 장안댐(계획): 임진강 수계 높이 115m, 총 저수용량 6.2억 ㎥(댐 지점 연평균 유입량 2.89억 ㎥) • 4월 5일댐(1~4호): 높이 10m, 저수량 3,500만 ㎥(총 1억 4천만 ㎥)의 자연월류형 댐 • 황강댐: 휴전선 상류 42.3㎞ 지점의 저수용량 3~4억 톤 규모. 예성강으로 물길을 돌리는 유역변경식 발전
남한의 수리시설	• 연천댐(철거): 소수력발전소. '96년과 98년 댐 범람 및 붕괴. '00년 철거 • 군남홍수조절지: 총 저수용량 7,160만 ㎥ 홍수조절량 6십만 ㎥ 높이 26m, 길이 656m • 한탄강 홍수조절댐: 총저수용량 2.7억 ㎥ 홍수조절량 0.7억 ㎥ 높이 83.8m, 길이 694m

표 6-15. 댐 무단 방류로 인한 임진강 유역의 홍수 피해

	발생 일시	수위 증가(군남지점 수위)	피해사례	피해금액(천만 원)
과거 사례	'01.10.10 20시	0.5m → 3.25m	어구피해	13
	'02. 9. 1 18시	0.9m → 2.73m	어구피해	6
	'05. 9. 2 12시	0.7m → 2.61m	어구피해	1.8
	'06. 5. 6 19시	0.9m → 2.51m	어구피해	12
	'06. 5.18 6시	0.15m → 1.58m	어구피해	7
	'09. 9.27 5시	0.6m → 3.11m	인명피해	(실종 6명)

표 6-16. 남북한 공유하천의 주요 갈등사례

구분	북한강	임진강
주요 갈등 사례	• 1985: 인민경제발전 제3차 7개년계획 (1985~1991)에 의거 임남댐 건설 발표 • 1986: 임남댐 착공 • 2002: 임남댐 댐 안정성 문제 제기 • 2003: 임남댐 여수로를 포함한 전체 공사 완료 • 2003: 평화의댐 2단계 축조 완료	• 1999: 황강댐 착공 • 2000: 임진강공동수해발지사업 합의 • 2007: 황강댐 담수 시작 • 2008: 예성강유역으로 유역변경시 하류하천에 영향 발생 • 임의적 수문방류에 따른 하류 어업피해 발생
주요 쟁점	• 유역변경에 따른 하류 유량감소 문제 • 임남댐 댐체의 안정성 문제 • 통합유역관리 차원의 공동이용 문제	• 유역변경에 따른 하류 유량감소 문제 • 임진강 하류지역의 수질환경 문제 • 통합유역관리 차원의 공동이용 문제
현안	• 유역변경상태가 고착화되기 전에 상호 공동이용방안 모색 필요 • 북한 수력발전재건을 위한 포괄적 대화 필요 • 하류보장량 검토 필요	• 황강댐 도수에 의한 영향 평가 필요 • 인진강 수해방지를 위한 실질적 협력 구상 필요 • 북한과의 대화시 남한이 제시할 하류 하천유지유 량산정 필요

출처: 손기웅, 2006

다. 이뿐만 아니라 최근 들어 북한 지역 상류의 댐 무단방류로 인한 피해가 빈번하게 발생하고 있는 실정이다. 북한은 2001년 이후 총 열 차례 이상 댐 방류를 하였지만 사전예고를 한 경우는 두 차

례에 불과하다. 무단방류로 인한 임진강 유역의 홍수피해가 발생한 건은 다섯 차례이며 그 외에 파주 문산 일대에서 그물 통발, 어구 등이 유실되어 어부들이 피해를 입어 왔다. 임진강 하류의 상습적인 수해를 방지하기 위해서는 남북 간의 협력을 통한 수계관리가 필요하며, 특히 하류에 있는 남한의 입장에서는 북한과의 협력 없이 근본적인 수해 방지 대책을 세우기가 곤란하다.

또한 이수적 관점, 즉 물 이용 측면에서의 공유하천의 갈등 사례도 빈번하다. 최근 경기 북부의 가뭄 발생에 따른 유량 감소로 인해 2014, 2015년의 파주 장단반도 일대에는 농업용수 부족과 하구의 조위에 의한 염분피해, 하류부 급수 불량 등 피해가 발생하였으며 이는 임진강 유역의 북한의 댐 영향이 절대적인 부분을 차지한다. 가뭄은 일반적으로 기상학적 가뭄,[12] 수문학적 가뭄,[13] 사회경제적 가뭄[14] 등으로 나눌 수 있는데, 임진강 유역에서 발생한 가뭄은 수문학적 가뭄으로서 상류부인 북한의 저수지 건설 등의 영향으로 인한 저수지 방류량, 하천유지유량 부족 등으로 설명될 수 있다. 최근 2014, 2015년의 가뭄은 강수 발생이 적어서 생긴 기상학적 가뭄과 함께 상류로부터 공급되는 물의 부족에서 기인했다고 볼 수 있다.

임진강 유역에 위치한 황강댐은 2007년 완공되어 담수가 시작되었다. 댐의 영향이 유량감소로 이어졌는지 확인하기 위해 가장 하류부에 위치한 적성관측소의 유량을 살펴본 결과, 황강댐 건설 후 2008년 이후에는 유량이 크게 낮아져 갈수기 유량 변동폭이 매우 감소한 것으로 나타났다. 강수량 감소뿐만 아니라 북한의 댐 건설로 인한 갈수기 유량 감소가 임진강 하류까지 영향을 주는 것으로 분석되었다.

(2) 임진강 유역의 수자원 문제에 따른 남북한 협의

임진강 유역은 대체로 삼림이 차지하고 있는 면적이 크고 임상이 좋기 때문에 수자원의 양적인 면인 수량이 풍부하며 질적인 면인 수질도 대체로 양호한 상태를 유지하고 있어 수자원의 개발가능성이 많다. 또한 남북이 대치하는 접경 지역이라는 특수성 때문에 군사 지역으로 지정되어 개발이 제한됨으로써 자연환경이 비교적 잘 보전되어 앞으로 그 상대적인 가치가 더욱 돋보일 수 있는 지역이다. 하지만 북한이 농업용수의 부족 등과 같은 수자원의 확보와 심각한 전력난의 해소를 위해 임진강 상류에 다수의 소수력발전댐을 건설해 왔고, 최근에는 예성강으로 물길을 돌리는 황강댐을 건설하였다. 수자원장기종합계획보고서에서는 황강댐 운영 시 남한의 물 부족량이 연간

---

12. 강수량이나 무강수 계속일수 등으로 정의되며 기상현상의 영향을 직접적으로 표현하는 가뭄
13. 물 공급에 초점을 맞추고 하천 유량, 저수지, 지하수 등 가용수자원의 양으로 정의한 가뭄
14. 다른 측면의 가뭄(기상학적, 수문학적, 농업적 가뭄)을 모두 고려한 넓은 범위의 가뭄

표 6-17. 남북한 공유하천의 주요 갈등사례

시기	협의 내용
2001년 2월	제1차 수해방지를 위한 남북한 실무회의 개최(평양): 공동조사 세부사항에 관한 실무의견 교환
2001년 10월	4월5일댐의 갑작스러운 방류로 수위가 급격히 상승하면서 경기도 파주·연천 지역 등 임진강 하류 지역 주민들이 수해
2002년 8월	제2차 남북경제협력추진위원회(서울): 현지조사 착수 등에 대해 합의
2002년 10월	제2차 남북임진강수해방지실무협의회(평양): 산림조성, 묘목생산, 기자재 지원 등에 대해 협의
2003년 8월	제6차 남북경제협력추진위원회(서울): 문서 교환을 통하여 임진강 수해방지에 대해 계속 협의하기로 합의
2004년 3월	제8차 남북경제협력추진위원회(서울): 남북의 단독조사, 공동조사 후 수방대책 시행하기로 합의
2004년 4월	제3차 임진강수해방지실무협의회(개성): 현지조사와 관련된 조사항목, 북측에 제공할 조사용 기자재 품목, 북측의 기상·수문자료 제공 항목 등 합의
2006년 4월	제18차 장관급 회담(평양): 수도권 골재난 해소, 임진강 홍수피해 완화, 군사적 긴장 완화를 위한 한강하구 공동이용 사업 추진 제안
2006년 6월	제12차 남북경제협력추진위원회(제주): 한강 하구 골재 채취사업을 군사적 보장조치가 취해지는 데 따라 협의 추진하기로 합의
	제1차 임진강 수해방지 실무접촉(개성): 2005년 실시한 쌍방의 단독조사 결과 검토, 임진강 유역 공동조사 실시방안, 홍수피해 방지에 필요한 세부대책 등에 대해 논의하였으나 이견을 좁히지 못하고 회담 종료
2007년 4월	제13차 남북경제협력추진위원회(평양): 임진강 수해방지와 관련한 합의서를 5월 초에 문서 교환 방식으로 채택하자는 합의가 이루어졌고 합의서 이행에 따른 설비·자재 제공과 현장방문 및 기술지원 협력방안 논의

4700만 ㎥가 증가할 것으로 전망하였다. 북한의 경우 임진강 상류 지역의 삼림이 황폐화되어 있고, 유역의 관리가 제대로 이루어지지 않아 해마다 심각한 물 부족과 수해를 겪고 있는 것으로 알려져 있다.

남북한 수자원 문제를 논의하기 위하여 2001년 제1차 남북한 실무회의를 개최한 이후로 2007년까지 13차례 남북경제협력추진위원회가 열렸다. 이후 남북한은 2005년 제10차 남북경제협력추진위원회 합의문에는 "남과 북은 임진강 수해방지를 위한 단독조사 자료를 빠른 시일 내에 상호 교환하고 군사적 보장조치가 조속히 마련되는 데 따라 8월 하순경에 공동조사를 진행하기로 한다. 당면한 올해 홍수철 피해대책을 위해 북측은 임진강과 임남댐의 방류계획을 남측에 통보하기로 한다."라는 내용을 명시하였다. 그러나 2006년 6월 제1차 임진강 수해방지 실무접촉과 2007년 남북경제협력추진위원회 논의를 마지막으로 협의가 이루어지지 못하고 있다(정관수 외, 2008).

(3) 공유하천 갈등 해소 및 상생 방안

임진강을 포함한 공유하천은 홍수조절을 위한 치수문제, 상류 댐 건설로 인한 하류의 수량 부족문제, DMZ를 포함한 유역의 환경보존 관리문제를 비롯한 남북 공동개발 문제부터 통일 문제까지 복잡하고 다양한 남북 간의 협력과 상생을 필요로 하고 있는 분야가 많다. 이처럼 공유하천인 임진강과 북한강의 문제는 남북 간의 협력이 없으면 불가능하기 때문에 남북 공유하천 관리의 일반적인 목표와 원칙에 입각하여 남북 공유하천 문제를 재조명하고 합리적인 공동관리 방안을 수립하는 것은 매우 중요하고 시급한 문제이다. 또한 공유하천의 문제해결과 협조체계가 중요함에도 불구하고, 남북 관계의 특수성으로 인해서 수공위협이나 남북 경협 등 정치·군사적인 측면만 부각되어 왔던 것도 사실이다.

따라서 공유하천 문제의 해결방안은 남북 공유하천 수자원 관리 및 이용 협력방안을 통한 대북정책의 보다 계획적이고 체계적인 접근이 필요하고, 주어진 비협조 게임의 규칙 내에서 고민하는 것이 아니라 게임의 메커니즘 자체를 변화시키거나 설계해야 한다. 가능하다면 남북 공유하천 수자원 관리 위원회의 설립을 통한 수자원 관리가 필요하다. 이를 통하여 남북 간의 합의하에 공유하천 관련 문제를 법적, 제도적 차원에서 접근하고 실천해야 한다. 대북 문제는 각 정권마다 정치적 접근 방법이 다르므로 정치적으로 매우 민감할 수 있기 때문에 반관, 반민 형태의 거버넌스 형태의 위원회를 통한 접근이 대안이 될 수 있으며, 필요하다면 제3국(중국)의 참여를 고려할 수도 있다. 수계 협력의 주체를 남북 정부 당국에 한정하지 않고 전문가를 중심으로 하는 민간, 사회단체, 국제기구 등 다양한 분야의 비정치적 협력을 추진하는 것 또한 고려해야 한다. 마지막으로 위원회를 통한 공유하천의 수계관리는 제1단계인 기술적 자료 구축 단계, 제2단계인 수자원 공동사업 및 협력 단계, 제3단계인 경제적 협력 및 수계 공동관리 단계 등 단계적 접근방안의 수립과 함께 상호 협력과 상생을 모색하는 단계별 전략이 필요하다.

5. 기후변화에 따른 북한 물환경 영향

기후변화에 따른 우리나라와 북한 수문기상변화 전망을 알아보기 위해 국내 기존 연구사례들 중 최근 기후변화에 관한 정부 간 협의체(Intergovernmental Pannel on Climate Change, IPCC)의 AR5(Annual Report Fifth) 배출시나리오를 기반으로 한 국내 연구결과들을 중심으로 정리·분석하고 기상 전망과 수자원 전망으로 구분하여 살펴보았다(표 6-18).

표 6-18. 기후변화에 따른 우리나라 수문수자원 변화 연구사례

연구자	내용
명수정 외 (2010)	• 시나리오: AR4 A1B 시나리오 / ECHO-G • 내용: 100년 빈도 극치강수 경우 0~50㎜ 증가 　　　　21세기 후반부일수록 강수량이 남한보다 증가 추세
손아롱 외 (2013)	• 시나리오: RCP 8.5와 4.5 • 지역: 서울(탄천) • 내용: RCP 4.5 기준으로 2100년 확률강우량은 재현 기간에 따라 8% 증가 　　　　RCP 8.5 기준으로 2100년 확률강우량은 재현 기간에 따라 약 10% 증가
통계개발원 (2014)	• 시나리오: RCP 8.5와 4.5 • 내용: 21세기에 지속적으로 한반도 강수량 증가(현재: 1144.5㎜) 　　　　2046~2065년: +21% / +13%, 2081~2100년: +18% +/ 20%
미래창조 과학부(2014)	• 시나리오: RCP 8.5와 4.5 • 내용: 북한 지역의 연강수량이 증가 추세로 나타남(최대 30%)
이옥정 외 (2016)	• 시나리오: RCP 8.5 / HadGEM3-RA • 지역: 전국 • 내용: 지속시간 4시간 이상에서는 모든 영향면적에서 PMPs 증가하며, 공간적 편차가 큼(2045년 기준). 지속시간 4시간 이상에서는 모든 영향면적에서 PMPs 증가하며, 공간적 편차가 크지 않음(2070년 기준)
어규 외 (2018)	• 시나리오: RCP 8.5 • 내용: 21세기에 지속적으로 북한 댐들의 유입량 증가 　　　　(2011~2040년: 1.01배, 2041~2070년: 1.17배, 2071~2100년: 1.23배)
이후상 외 (2018)	• 시나리오: RCP 8.5 / ECHO-G • 지역: 한강 본류 • 내용: 한강 본류 제방에 대한 안전도가 2016년 계획홍수위 기준(100%)으로 좌안 상류부는 73.3%(2025년), 우안 하류부는 최대 28.3%(2055년)까지 감소함
모나와 배덕효 (2018)	• 시나리오: RCP 8.5와 4.5 + INMCM4 • 지역: 5대강 유역 • 내용: 건기 시 RCP 4.5에서 2025년과 2055년 유출량은 -7.23%와 -3.81% 감소 및 2085년에 북부는 유량 증가, 남부는 유량 감소 　　　　RCP 8.5에서 남부 가뭄 취약성 증가

1) 북한 기상 전망

　북한 강수량을 살펴보면 전반적으로 연강수량은 최대 30% 증가하며, 후반기(2071~2100년)로 갈수록 연평균 강수량의 증가 추세가 더 뚜렷해져 〈그림 6-14〉에서처럼 여름철 강수량이 크게 증가하는 것으로 나타났다(어규 외, 2018). 지역별로 살펴보면 남한이 북한보다 강수량 증가율이 더 강하게 나타났으며, 북한 내에서 북한 남쪽보다 북쪽의 증가 경향이 더 크게 나타나 지역별 변동

성이 큰 것으로 전망되었다. 또한 강수량이 20㎜ 이상 발생일수, 지속시간 5일 강수량이 10% 이상 증가하는 것으로 나타났으나 전체적으로 강수일수는 감소하는 것으로 나타나 강우강도[15]의 증가로 이어지고 있는 것으로 나타났다(정세진 외, 2019b).

확률강우량은 RCP[16] 시나리오별로 차이가 있으나 재현 기간에 관계없이 대부분 증가하는 것으로 나타났다. RCP 4.5 시나리오에서는 10년 빈도를 기준으로 최대 19%, RCP 8.5 시나리오에서는 최대 35%까지 확률강우량이 증가하는 것으로 전망되었다(염웅선 외, 2019).

극한강수량은 연구마다 조금의 차이는 있으나 변동성이 크지 않거나 다소 증가하는 것으로 나타났으며, 지역적으로 북쪽 지역은 다소 증가하는 경향을 나타내고 남쪽은 다소 감소하는 추세로 전망되었다(정진홍 외, 2019).

기온의 경우, RCP 시나리오별로 차이는 있으나 전반적으로 최저기온(최소 0.3℃~최대 0.7℃)·평균기온(최소 0.2℃~최대 0.7℃)·최고기온(최소 0.2℃~최대 0.7℃) 모두 증가하는 것으로 전망되었으며, 기온증가율은 남한보다 북한이 더 큰 것으로 나타났다(장유정, 2012). 또한 북한의 영하일수는 감소하지만 겨울철 기온은 하강하는 경향을 나타내 추운 날은 줄어드나 극심한 추위가 발생하는 것으로 전망되었으며, 여름철 기온도 상승하여 열대야일수도 증가하는 것으로 전망되었다. 또한 압록강을 포함한 북쪽 유역은 갈수록 증발산량이 증가하는 것으로 나타났다(정세진 외, 2019a).

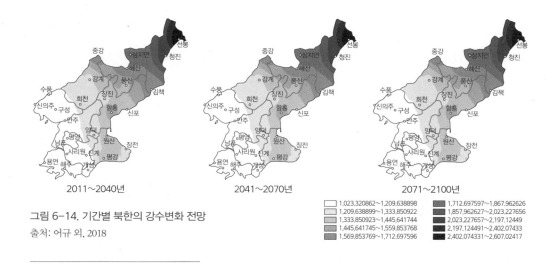

2011~2040년   2041~2070년   2071~2100년

그림 6-14. 기간별 북한의 강수변화 전망
출처: 어규 외, 2018

1,023.320862~1,209.638898	1,712.697597~1,867.962626
1,209.638899~1,333.850922	1,857.962627~2,023.227656
1,333.850923~1,445.641744	2,023.227657~2,197.12449
1,445.641745~1,559.853768	2,197.124491~2,402.07433
1,569.853769~1,712.697596	2,402.074331~2,607.02417

---

15. 단위 시간(1시간)당 강우량을 측정한 것으로 보통 ㎜/hr 단위를 사용함
16. Representative Concentration Pathways의 약자로, 대표 농도 경로로 인간의 활동이 지구의 대기에 미치는 영향의 변화를 나타내는 것

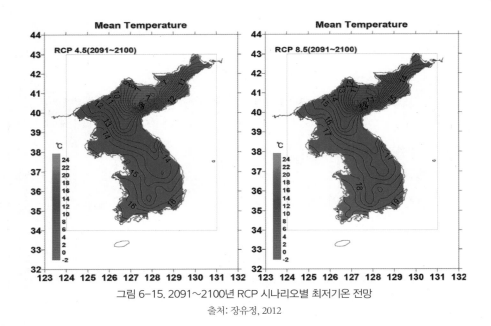

그림 6-15. 2091~2100년 RCP 시나리오별 최저기온 전망
출처: 장유정, 2012

2) 수자원 전망

하천 유량의 발생 전망을 지역별로 살펴보면, 강수량 전망에서의 지역변동성 영향으로 하천 유량이 북부지방은 증가하나 남부지방은 감소하는 것으로 전망되었다(모나와 배덕효, 2018). 또한 하천 유량이 유입되는 북한 수자원시설 중 운영 댐들을 중심으로 유입량 전망을 살펴보면, 후반기로 갈수록 유입량이 1.1~1.3배까지 증가하는 것으로 전망되었으며(정세진 외, 2019a), 앞서 언급한 바와 같이 북쪽 지방 댐들의 유입량이 더 크게 증가하는 것으로 나타났고 이에 따라 전체적으로 댐들의 발전량도 증가할 것으로 전망된다. 특히 강우강도의 증가 전망으로 홍수 및 가뭄 등의 극한사상에 동시에 취약한 것으로 전망되었으며, 가능최대강우량(Probable Maximum Precipitation, PMP)의 증가로 인해 가능최대홍수량(Probable Maximum Flood, PMF) 역시 증가할 것으로 나타났다.

압록강 유역에 대한 유출 특성을 살펴보면, 월별로 강수량은 7월이 가장 크게 증가하는 것으로 나타났으며, 이에 따라 7월 유출고가 가장 크고 미래 전망 후반부(2071~2100년)에 최대 30%까지 증가하는 것으로 나타났다(정진홍 외, 2019). 또한 풍수량은 최소 34% 감소(2041~2060년)에서 최대 66%까지 증가(2071~2100년)하는 것으로 전망되었다(정세진 외, 2019a).

지금까지 IPCC의 RCP 시나리오를 따라 국내에서 수행된 북한 수문기상변화 전망 연구사례를

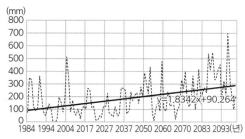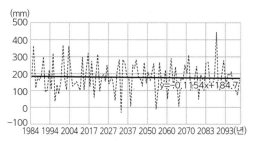

그림 6-16. 기후전망 기간에 따른 하천 유출고(좌)와 저류량(우) 변화 경향

출처: 정세진 외, 2019a

살펴보았으며, 정리하면 다음과 같다.

① 미래 북한 지역의 강수량이 전반적으로 증가하는 경향을 나타내고 있다.

② 미래 북한 지역의 강수량 증가는 유량 증가로 이어지며, 이는 향후 북한 댐 운영에 있어서 변화를 줄 가능성이 크다.

③ 북한 지역의 유량 등 수자원 증가는 북한 댐에서의 발전·치수 등의 이유로 인한 방류량 증가로 이어질 가능성이 크며, 이는 곧 한강 유역의 유량에 직접적인 영향을 미치므로 이에 대응할 수 있는 분석 및 대응책이 필요하다.

④ 추가적으로 계절별 수문·기상변수에 대한 증감에 대한 분석이 미흡하여 이에 대한 추가 조사가 필요하다.

북한이라는 지역적 한계로 인하여 자료 취득 및 모형구축·적용·검증 등에 많은 어려움이 있으나 앞서 살펴본 바와 같이, 미래 기후변화에 의해 북한 수문·수자원의 변화가 발생할 것은 분명해 보인다. 이는 우리나라에 반드시 영향을 미치므로 남북한 공동으로 추가적인 연구가 필요할 것으로 판단된다.

더 읽을 거리

한국환경정책·평가연구원, 2019, 북한 물 관리 전문가 세미나.

→ 북한의 산림복원과 기후변화가 물관리 취약성에 미치는 영향과 정책방향 연구, 한반도 지속가능발전을 위한 북한환경 연구로드맵 수립에 관한 북한 물관리 전문가 세미나이다. 회의 주제로는 북한의 물관리 부문별 현황, 남북한 환경협력과 정책과제가 있다.

한국수자원공사, 2019, 「한강 물 문제 해소를 위한 댐 관리체계 개선 방안 연구 용역」.

→ 한국수자원공사에서 2019년 1년간 북한 댐으로 인한 한강 유역의 유량 감소 등 물 관리 여건이 점차 악화됨에 따라 이에 대비하여 한강 유역 공유하천 현황과 국내외 물 관리 체계 사례조사 등을 통해 공유하천 활용, 기존 댐과의 연계방안을 마련하고 한강 유역 물문제 해소방안을 수립하기 위한 학술용역보고서이다.

김형석, 2017, 「북한의 수자원 현황과 역량강화를 위한 협력방안에 관한 연구」.

→ 북한의 수자원 역량을 평가하기 위해 에너지(수력발전) 역량, 재해대응 역량, 용수공급에 관한 역량으로 구분하여 평가한 학위논문이다. 이를 토대로 향후 북한의 수자원 분야 역량 강화를 위해 우선적으로 남북 공유하천 공동관리 사업과 용수확보 사업의 추진이 필요함을 언급하였고, 이를 위한 단계적 협력방안을 제시함으로써 향후 남북 간 지속가능한 수자원 분야의 교류협력 기반 구축에 기여하고자 하였다.

장유정, 2012, 「RCP 기반 기후변화 시나리오에 따른 한반도 미래 기후특성 분석」, 고려대학교 대학원 석사학위 논문.

→ 북한뿐만 아니라 한반도 전역에 걸쳐 RCP 4.5와 RCP 8.5 기반의 12.5㎞ 고해상도 지역기후변화 시나리오를 활용하여 미래 기후를 예측한 학위논문이다. 이를 토대로 한반도의 미래 기후는 전반적으로 기온과 강수가 증가하고, 북한이 남한보다 변화 경향이 더 강하게 나타날 것으로 추정하였다. 또한 이런 현상이 미래에도 지속될 것으로 전망하고 있어, 기후변화에 따른 남북한 지역별 편차를 해소하고, 보다 적극적이고 효과적으로 기후변화에 대처하는 데 기여하고자 하였다.

참고문헌

김영봉·이문원·조진철, 2005, 『북한강 유역의 남북한 평화적 이용방안』, 국토연구원.

김익재·이진희·송영일·추장민·명수정·김호정·김경준·홍현정, 2010, 『공유 하천 물안보 체계 구축을 위한 협력 방안』, 한국환경정책·평가연구원.

김형석, 2017, 「북한의 수자원 현황과 역량강화를 위한 협력방안에 관한 연구」.

사득환, 2017, 「남북 공유하천 갈등과 독일 통합사례」, 『한국행정학회학술발표논문집』.

어규·이찬희·심우배·안재현, 2018, 「기후변화 영향을 고려한 유출변화에 따른 북한 수자원시설 발전량 평가」, 『한국수자원학회논문집』, 51(4), 355-369.

염웅선·박동혁·권민성·안재현, 2019, 「RCP 기후변화 시나리오를 활용한 남북공유하천유역 미래 극한강수량 변화 전망」, 『한국수자원학회논문집』, 52(9), 647-655.

장유정, 2012, 「RCP 기반 기후변화 시나리오에 따른 한반도 미래 기후특성 분석」, 고려대학교 대학원 석사학위 논문.

전무갑·김성준·정승권, 2004, 「북한의 농업용수이용체계현황 및 개선방안 연구」, 한국수자원학회.

정세진·강동호·김병식, 2019a, 「RCP 기후변화시나리오를 이용한 미래 북한지역의 수문순환 변화 영향 평가: II. 압록강유역의 미래 수문순환 변화 영향 평가」, 『한국습지학회지』, 21(S-1), 39-50.

정세진·박종렬·양동민·김병식, 2019b, 「국가 표준기후변화 시나리오 ETCCDI지수를 이용한 한반도의 미래 극한사상변화 전망」, 『한국방재학회논문집』, 19(7), 105-115.

정진홍·박동혁·안재현, 2019, 「앙상블 경험적 모드분해법을 활용한 북한지역 극한강수량 전망」, 『한국수자원
　　학회논문집』, 52(10), 671-680.

통일연구원, 2006, 「남북한 공유하천 교류협력 방안」.

한국농촌공사, 2006, 「북한의 농업용저수지 개발방향 설정에 관한 연구(I)」.

한국수자원공사, 2016, 「북한 수자원 관리체계 및 이용 실태 조사」.

한국수자원공사, 2019, 「한강 물 문제 해소를 위한 댐 관리체계 개선 방안 연구 용역」.

환경부, 2013, 「통일을 대비한 북한 상하수도 인프라 구축을 위한 연구」.

DPRK · UNEP, 2012, *Democratic People's Republic of Korea Environment and climate change outlook.*

OCHA, 2002, *DPR Korea OCHA situation bulletin.*

Sager, 2001, *Wasser.*

UN-DPRK, 2018, *DPR Korea needs abd priorities.*

UNEP, 2003, *DPR Korea: State of the environment.*

Unicef DPRK, 2018, *2017 DPR Korea Multiple Indicator Cluster survey finding report.*

World Bank Group, http://www.worldbank.org

제7장

북한의 생태계서비스와 환경문제

———

이훈종

서울대학교 국토문제연구소 책임연구원

• 이 챕터 내용은 2019년 대한민국 교육부와 한국연구재단의 지원을 받아 수행된 연구임(NRF–2019S1A5B5A0104 6231).
• 이 챕터 내용은 『대한지리학회지』 제55권 제2호에 게재된 저자의 논문 「북한의 토지이용과 2030년대 생태계서비스 가치변화 특성 및 전망」(2020)의 내용과 체계를 수정 및 재구성한 것임.

1. 서론: 한반도의 생태환경과 북한 생태계의 변화

한반도의 생태환경은 남북 방향으로 백두산에서 태백산을 거쳐 지리산으로 이어지는 백두대
간을 중심으로 핵심 생태축(ecological axis)을 이루고 있으며 풍부한 생태적 기능(ecosystem
function)과 생물다양성(biodiversity)을 보유하고 있다(Yi, 2019). 한반도의 생태계는 뚜렷한 사계
절의 변화와 강수량, 고도 및 지형의 차이에 따라 다양한 동식물(flora and fauna)이 서식하는 생
태계의 보고이며, 인간의 경제 활동에 이용될 수 있는 유형·무형의 가치와 다양한 혜택을 제공한
다(공우석, 2019). 그와 더불어 부지불식간에 우리 민족의 정서와 정체성에 깊이 자리 잡은 자연자
본(natural capital)이기도 하다.

그러나 오늘날 한반도의 자연생태계는 남북한의 상이한 체제하에서 파편화되고, 빠른 인구 증
가와 토지이용 변화로 인해 환경수용력(environmental carrying capacity)이 지속적으로 감소하
고 있다. 생태계로부터의 다양한 혜택과 생물다양성에도 불구하고 지난 70년 이상 지속되고 있는
국토공간의 남북 분단, 이질적인 토지 이용, 산업화와 경제발전은 생태계를 크게 훼손하였고, 지
속가능한 이용(sustainable use)에 대한 심각한 우려를 낳고 있다(정회성 외, 1996; 환경부, 2019).
이와 함께 생물다양성과 생태계서비스 손실(loss of biodiversity and ecosystem services), 토지
황폐화(land degradation), 기후변화(climate change) 등으로 인한 환경문제는 현재 세대와 미래
세대가 동등한 기회를 가지고 자연환경을 이용하거나 혜택을 누릴 수 있도록 하는 환경적 지속가
능성(environmental sustainability)을 저하시키고 있다(UN, 2012).

그동안 삶의 질 향상을 위한 공간연구의 접근법에서 환경·생태에 대한 종합적 연결고리를 탐
색하는 연구와 분석은 미흡하였다(박영한, 2000). 최근 새롭게 등장한 생태계서비스(ecosystem
services)는 인간이 생태계로부터 얻는 다양한 편익을 의미하여, 비(非)시장재화에 대한 가치평가
를 통해 삶의 질 향상과 자연자본의 지속가능성을 연계하는 데 기여하고 있다. 더욱이 남북 분단
후 지속적으로 이질화되고 있는 한반도 생태환경의 통합성을 회복하고, 인간 웰빙과 지속가능발
전(sustainable development) 패러다임으로의 전환을 모색하는 혁신적이고 체계적인 생태계서비
스 연구의 필요성이 커지고 있다(이민부 외, 2011; 이민부·김걸, 2016; Yi, 2019).

북한의 생태계서비스 변화에 따른 환경문제를 이해하기 위해서는, 우선 토지이용 변화와 생
태계서비스의 공간분석이 필수적이다(Rindfuss et al., 2004; Lambin and Meyfroidt, 2011;
UNCCD, 2017; Yi et al., 2018a). 이를 바탕으로 북한 생태계서비스의 가치평가와 공간변화를 파
악하고, 지속가능발전의 틀 안에서 체계적이고 통합적인 사회−생태체계 접근법(social−ecolog−

ical systems approach)을 통한 관리방안을 제시할 수 있다(Yi, 2019). 본 장에서는 북한의 토지이용 및 생태계서비스의 가치변화를 중심으로 북한의 환경문제와 2030년대 환경적 지속가능성을 살펴보고자 한다.

2. 생태계서비스 개관

1) 생태계서비스 개념 및 유형

생태계서비스는 "생태계와 생물종이 지속하고 인간 생활을 영위하게 하는 상태와 과정"(Daily, 1997), "인간이 생태계 기능으로부터 직접 또는 간접적으로 얻는 재화와 서비스 혜택"(Costanza et al., 1997), "인간이 생태계로부터 얻는 편익"(MEA, 2005), 그리고 "인간이 생태계로부터 얻는 각종 혜택"(생물다양성법, 2020) 등으로 다양하게 정의된다. 본 장에서는 생태계서비스를 '모든 사람의 웰빙을 위해 자연자본이 제공하는 필수불가결한 혜택'으로 정의하며, 자연자본의 중요성과 현재세대와 미래 세대를 포함하여 세대를 아우르는 모든 사람의 지속가능한 이용이라는 관점에서 분석하고자 한다. 일반적으로 자본은 서비스 플로(flow)를 제공하는 스톡(stock)이며, 이런 의미에서 자연자본은 다양한 생태계서비스를 지속적으로 공급한다(Costanza et al., 1997; 2014). 한편 생태계 디스서비스(Ecosystem Disservices, EDS)는 생물다양성 손실(Chapin et al., 2000), 조류독감(Avian Influenza, AI), 아프리카돼지열병(African Swine Fever, ASF), 신종코로나바이러스 감염증(COVID-19) 등의 질병 매개체(vectors of diseases) 관련 공중보건 이슈(Lyytimäki et al., 2008; Andersen et al., 2020)에서 해악적인 생태계 기능을 의미한다. 본 장에서는 생태계 디스서비스를 '사회-생태체계에서 인간 웰빙에 부정적인 영향을 주는 생태계의 기능'으로 정의하며, 후술하는 이륜역학모델의 일반적 분석 틀과 인간-환경 상호작용 관점에서 생태계서비스 가치평가의 고려 대상으로 파악한다.

새천년생태계평가(Millennium Ecosystem Assessment, MEA)에 따르면 생태계서비스는 인간 웰빙, 행복, 삶의 질(quality of life) 향상, 지속가능발전을 위해 필수적인 생태계의 기능과 편익임에도 불구하고, 전 세계적으로 약 60%가 훼손되었으며, 지속가능성을 위한 과학적인 연구와 공동의 관리방안 마련을 촉구하고 있다(MEA, 2005). 〈그림 7-1〉에서 생태계서비스와 인간 웰빙 구성요소 간의 연결 관계는 대체성과 연계 강도에 따라서 달라진다. 공급, 조절, 문화, 지지 등의 생태

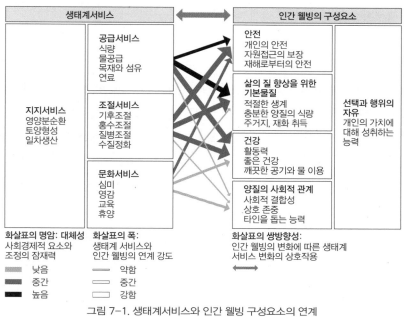

그림 7-1. 생태계서비스와 인간 웰빙 구성요소의 연계
출처: MEA, 2005에서 저자 재구성

계서비스는 선택과 행위의 자유(freedom of choice and action)를 바탕으로 인간 웰빙의 구성요소인 안전(security), 삶의 질 향상을 위한 기본 물질(basic material), 건강(health), 양질의 사회적 관계(social relations)에 영향을 준다.

여기에서 대체성(substitutability)은 사회·경제적 요소들과 조정에 대한 잠재력을 의미하여 주로 공급서비스에서 강하게 나타나고, 문화서비스로 갈수록 상대적으로 약하게 나타난다. 생태계서비스와 인간 웰빙의 연계 강도는 화살표의 폭으로 표시되며, 조절서비스의 경우 기본욕구의 충족과 삶의 질의 측면에서 연계 강도가 큰 것으로 나타난다. 이와 더불어 인간 웰빙은 상호작용을 통해 생태계서비스에 영향을 미치는 쌍방향의 연결 관계를 가지고 있으며, 대체성과 연계 강도는 상이한 생태계의 특성과 지역의 범위에 따라 달라지게 된다(MEA, 2005). 따라서 생태계서비스의 가치평가와 분석에 있어서는 인간-환경 상호작용(human-environment interactions)이라는 동태적 특성을 바탕으로 환경정의(environmental justice), 생태계 디스서비스(ecosystem dis-services), 스케일(scale), 분배(distribution), 능률적 배분(efficient allocation) 등이 주요 분석요인으로 고려되고 있다(NRC, 2005; Ostrom, 2009; Daly and Farley, 2010; Yi, 2017; Yi et al., 2018a; 2019; Zhang et al., 2007).

2) 생태계서비스 특성 및 분류체계

생태계서비스는 사적재화(私的財貨)가 아닌 비(非)시장재화로서 공공재(public goods) 또는 공유재(common pool resources)로서의 특성을 가지고 있으며, 배제성(excludable)과 경합성(rival)을 중심으로 구분된다(표 7-1). 예를 들어, 조절 및 문화서비스는 순수공공재로서 비배제성과 비경합성을 가지고 있으며, 시장재화와는 달리 접근과 소비에 있어서 재산권이나 독점력을 행사할 수 없는 특성을 가지고 있다. 또한 자연자원이 제공하는 편익이나 생태계서비스의 제공을 위한 사회적 비용(social cost)은 일반적으로 시장재화나 서비스에 비하여 과소평가되고 이에 따라 의사결정 과정에서 고려되지 못한다(Daly and Farley, 2010).

수산 및 산림자원 등의 공급서비스는 공유재로서 이용에 있어서는 경합적이고, 배제할 수 없는 특성을 가지고 있다. 이로 인해 사익의 극대화를 추구함으로써 남용되거나 쉽게 고갈되어 지속가능한 이용이 어려워진다. Hardin(1968)이 언급한 공유지의 비극(tragedy of commons)은 생태계서비스가 가진 오픈액세스(open access)와 공유자원으로서의 특성으로 인해, 자원의 남용과 고갈, 사회적 비용이 발생하는 딜레마 상황을 의미한다. 클럽재는 배제성과 비경합성을 가진 잠재적인 시장재화로서의 특성을 가지고 있으며 유료 공원 이용 등의 문화서비스가 이에 해당한다. 한편 식량, 목재 등의 공급서비스는 시장재화와 유사한 경합성과 배제성을 가지고 있다. 기타 세부적인 특성 분류는 〈표 7-1〉과 같다.

생태계서비스의 분류체계는 학자들과 국내외 기관·제도별로 상이하다. 〈표 7-2〉에서 MEA(2005)는 생태계서비스를 ① 공급서비스, ② 조절서비스, ③ 문화서비스, ④ 지지서비스의 네 가지 유형으로 체계화하였으며, 31개의 생태계서비스 기능에 대하여 식량 및 섬유·물·연료·유전자원·장식용 생물종·생화학 및 자연약품 등을 공급 서비스, 대기질 조절·기후 조절·폭풍우 방어·물 조절·수질 정화·폐기물 처리·침식 조절·인간질병 조절·식물 수분·생물학적 조절 등을 조절

표 7-1. 생태계서비스 특성에 따른 분류

특성	배제성(Excludable)	비배제성(Non-excludable)
경합성(Rival)	시장 재화와 서비스 (사례: 식량, 목재 등 공급서비스)	공유재 (사례: 수산 및 산림자원 등 공급서비스)
비경합성(Non-rival)	클럽재 및 잠재적인 시장재화 (사례: 유료 이용 문화서비스)	순수공공재 (사례: 기후 조절, 교육 등 조절 및 문화서비스)

주: 생태계서비스의 사례는 재화와 서비스(goods and services)를 모두 포함한다.
출처: Daly and Farley, 2010; Costanza et al., 2015에서 저자 재구성

서비스, 휴양·생태관광·미적 가치·영감·문화유산 가치·영적 가치·종교적 가치·교육가치·사회적 가치·지식체계·장소성·문화다양성 등을 문화서비스, 그리고 영양분 순환·서식지·토양 형성·일차생산·산소 생성·물 순환 등을 지지서비스로 분류하였다. Costanza et al.(1997)는 생태계 서비스를 17개의 생태계 기능으로 세분화하였고, Costanza et al.(2014)는 식량생산·물 공급·원료물질·유전자원 등을 공급서비스, 기체 조절·기후 조절·교란 조절·물 조절·폐기물 처리·침식 조절 및 퇴적물 보유·토양 형성·식물 수분·생물학적 조절 등을 조절서비스, 휴양·심미·예술·교육 등을 문화서비스, 그리고 영양분 순환·서식지 등을 지지서비스 및 서식지로 분류하였다.

생태계 및 생물다양성의 경제학(The Economics of Ecosystem and Biodiversity, TEEB)(2010)은 22개의 생태계서비스 유형에 대하여 식량·물·원료물질·유전자원·장식용 자원·의료자원 등을 공급서비스, 대기질 조절·기후 조절·극한 자연현상 완화·물흐름 조절·수질 정화·폐기물 처리·침식 방지·토양 비옥도 유지·식물 수분·생물학적 조절 등을 조절서비스, 휴양·관광·심미적 정보·문화·예술적 영감·디자인·영적 경험·인지발달 정보 등을 문화 및 편의서비스, 그리고 이동생물종의 수명주기 유지·유전다양성의 유지 등의 서식지서비스로 분류하였다. de Groot et al.(2010)는 23개의 생태계서비스 지표를 사용하였으며, 식량·물·섬유·연료·원료물질·유전물질·장식용 생물종 자원·생화학생산물·의료자원 등을 공급서비스, 대기질 조절·기후 조절·자연재해 완화·물 조절·폐기물 조절·침식 조절·토양 형성 및 재생·식물 수분·생물학적 조절 등을 조절서비스, 휴양·심미·미학·예술·문화적 영감·문화유산·정체성·영적 영감·종교적 영감·교육 및 과학 등을 문화 및 편의서비스, 그리고 육종 서식지·유전군 보호를 지지서비스로 분류하고 있다.

우리나라는 2020년 6월부터 시행하는 「생물다양성 보전 및 이용에 관한 법률」(이하 생물다양성법)에서 생태계서비스에 대해 처음으로 정의하고 13개의 혜택을 예시하였으며, 생태계서비스의 측정과 가치평가와 관련한 기본원칙을 신설하였다. 구체적인 분류체계는 식량·수자원·목재 등 유형적 생산물을 제공하는 공급서비스, 대기 정화·탄소 흡수·기후 조절·재해 방지 등의 기능을 통한 환경조절서비스, 생태관광·아름답고 쾌적한 경관·휴양 등의 문화서비스, 그리고 토양 형성·서식지 제공·물질 순환 등 자연을 유지하는 지지서비스로 이루어진다. 이상으로 생태계서비스의 분류체계를 검토하고 종합적으로 고찰한 결과, 학자들과 국내외 기관·제도별로 분류 유형과 세부 기능들에 일부 차이는 있으나, 대체로 MEA(2005)의 분류체계에 비추어 볼 때 대동소이하다고 할 수 있다(Yi, 2019). 다만 향후 사회-생태체계에서 인간-환경 상호작용을 보다 명확하게 이해하기 위해서는 생태계서비스뿐만 아니라, 생태계 디스서비스에 대한 정의가 추가되고 생태

표 7-2. 생태계서비스 유형 및 국내외 분류체계 비교

유형	Costanza et al. (1997; 2014)	MEA(2005)	TEEB(2010)	de Groot et al. (2010)	생물다양성법 (2020)
공급서비스	식량생산 물 공급 원료물질 유전자원	식량 및 섬유 물 연료 유전자원 장식용 생물종 생화학 및 자연약품	식량 물 원료물질 유전자원 장식용 자원 의료자원	식량 물 섬유, 연료 원료물질 유전물질 장식용 생물종 자원 생화학생산물 의료자원	식량 수자원 목재
조절서비스/ 환경조절서비스 (생물다양성법, 2020)	기체 조절 기후 조절 교란 조절 물 조절 폐기물 처리 침식 조절 및 퇴적 물 보유 토양 형성 식물 수분 생물학적 조절	대기질 조절 기후 조절 폭풍우 방어 물 조절 수질 정화 폐기물 처리 침식 조절 인간질병 조절 식물 수분 생물학적 조절	대기질 조절 기후 조절 극한 자연현상 완화 물흐름 조절 수질 정화 폐기물 처리 침식 방지 토양 비옥도 유지 식물 수분 생물학적 조절	대기질 조절 기후 조절 자연재해 완화 물 조절 폐기물 처리 침식 조절 토양 형성 및 재생 식물 수분 생물학적 조절	대기 정화 탄소 흡수 기후 조절 재해 방지
문화서비스/ 문화 및 편의서 비스(de Groot et al., 2010; TEEB, 2010)	휴양 문화 및 심미	휴양, 생태관광 미적 가치 영감 문화유산 가치 영적·종교적 가치 교육가치 사회적 가치 지식체계 장소성 문화다양성	휴양, 관광 심미적 정보 문화, 예술적 영감 디자인 영적 경험 인지발달 정보	휴양 심미, 미학 예술, 문화적 영감 문화유산, 정체성 영적, 종교적 영감 교육, 과학	휴양, 생태관광 아름다운 경관
지지서비스 및 서식지/ 서식지서비스 (TEEB, 2010)	영양분 순환 서식지, 피난처	영양분 순환 서식지 토양 형성 일차생산 산소 생성(광합성) 물 순환	이동생물종의 수명 주기 유지 유전다양성의 유지	육종 서식지 유전군 보호	물질 순환 서식지 제공 토양 형성
합계	17개 기능	31개 기능	22개 유형	23개 지표	13개 혜택

출처: Costanza et al., 1997; 2014; MEA, 2005; TEEB, 2010; de Groot et al., 2010; 생물다양성법, 2020에서 저자 재구성

계 디스서비스 가치평가와 관련된 논의가 확대되어야 할 것이다. 한편, 서식지와 피난처를 제공하는 지지서비스는 생물다양성과 밀접한 관련성을 가지고 있으므로, 분류체계상으로는 생태계서비스와 생물다양성이 통합되거나 별도의 생물다양성과 생태계서비스(Biodiversity and Ecosystem Services, BES)의 체계에서 논의될 수 있다(Yi et al., 2018a).

3) 지속가능성을 위한 생태계서비스 가치평가 및 연구동향

생태계서비스의 보전(保全)은 오직 지속가능발전목표(SDGs)에서 가능하다(Wood et al., 2018; FAO, 2020). 이를 위해 생태계서비스 가치평가(Ecosystem Services Valuation, ESV)는 지속가능발전과 인간 웰빙을 위해 생태계서비스 기여에 대한 트레이드오프(trade-offs) 또는 구성요소 간의 균형을 양적으로나 질적으로 평가하는 것이라고 할 수 있다(Costanza et al., 2014; Yi, 2017; Yi et al., 2017). 다시 말해 '사회-생태체계(Social-Ecological Systems, SES)에서 생태계의 상대적인 기여(relative contribution), 즉 기능과 편익(function and benefit) 또는 생태계 디스서비스에 대하여 트레이드오프 내지 균형을 다중스케일 관점에서 정량적이거나 정성적으로 평가'하는 것이다(Yi, 2017; 2019). 이러한 맥락에서 화폐단위(monetary units)에 의한 생태계서비스 가치평가는 지속가능발전을 위한 상대적인 기여를 화폐가치로 평가하는 것이며, 평가의 절차와 과정은 의사결정에서 중요한 역할을 한다. 또한 생태계서비스 가치평가는 시장에서 거래되는 상품과 같은 사유화(privatization)를 의미하거나 절대적인 화폐가치를 의미하지 않는다는 점에 유의하여야 한다(Costanza et al., 2014; Yi, 2017; 2019).

Ostrom(2009)은 사회-생태체계의 지속가능성을 달성하기 위해서는 일괄적으로 문제를 해결하는 것이 아니라 다양한 제도(institutions)와 조정(coordination), 집합적인 의사결정(collective

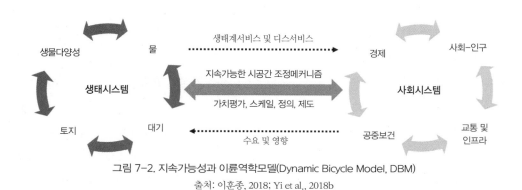

그림 7-2. 지속가능성과 이륜역학모델(Dynamic Bicycle Model, DBM)
출처: 이훈종, 2018; Yi et al., 2018b

decision-making), 거버넌스(governance)의 결합을 통한 맞춤형 해결방안이 필요하다는 것을 강조하였다. 〈그림 7-2〉에서 생태계서비스 가치평가는 이륜역학모델에서 지속가능성을 위한 동태적 조정메커니즘의 절차와 과정으로 이해할 수 있다. 다시 말해 생태계서비스 가치평가는 스케일(scale), 정의(justice), 제도(institutions) 등과 더불어 지속가능한 시공간 조정메커니즘의 구성요소이며, 사회-생태체계를 구성하는 각각의 시스템이 동태적인 조화와 균형을 이루는 데 기여한다고 할 수 있다.

Costanza et al.(1997)는 자연자본을 16개 글로벌 바이옴(biome)과 17개의 생태계서비스 기능으로 세분화하고, 메타분석(meta analysis)을 통해 얻은 가치계수(value coefficient)와 편익이전법(Benefit Transfer Method, BTM)을 적용하여 전 세계 생태계서비스 가치에 대해 최초로 정량적인 분석을 수행하였다. 당시 생태계서비스의 경제적 가치는 세계 GDP의 2배 이상인 연간 33조 달러로 추정되었고, 후속 연구들에서는 지구 생태계서비스의 편익이 더욱 악화된 것으로 분석되어 세계적인 반향을 불러일으켰다(de Groot et al., 2012; Costanza et al., 2014). 이후 생태계를 보전하고 지속가능한 이용과 과학적인 정책대안 마련을 위한 논의가 학계와 국제기구 간에 활발하게 진행되고 있다(IPCC, 2007; SCBD, 2010; TEEB, 2010; IPBES, 2015). 한편 Nelson et al.(2009)와 Polasky et al.(2011) 등은 InVEST(Integrated Valuation of Ecosystem Services and Trad-eoffs)를 이용한 생태계 생산함수기법을 적용하여 생태계서비스의 개별 기능에 대한 편익을 연구하였으며, 이 외에 지역별로 생태계서비스의 다양한 가치를 평가하는 많은 정량적, 정성적 연구가 진행되고 있다(Tallis and Polasky, 2009; Kareiva et al., 2011).

국내에서는 생태계서비스에 대한 논의가 최근에 시작되었으며, 국제적으로도 북한 지역의 생태계서비스 및 가치평가에 대한 연구가 없는 실정이다(Seppelt et al. 2011; Haase et al., 2014). 다만 이민부 외(2011)는 중국과 접경 지역인 북한 무산시와 회령시에 대해 1917년, 1976년, 2006년의 토지이용 변화에 따라 중국의 가치계수를 적용하여 생태서비스 가치변화를 분석하였다. 실제적으로 북한 지역에 대한 생태계서비스 연구는 현지조사와 물리적인 접근의 제한성으로 인해 가치평가를 위한 데이터의 획득이나 이용에 제약이 많은 상황이다. 이에 따라, 북한 전역의 토지이용과 생태계서비스 가치변화에 대한 체계적이고 통합적인 연구와 분석이 현재까지 수행되지 않고 있으며 공백 상태에 머물러 있다.

〈표 7-3〉에서 생태계서비스 가치평가는 크게 편익이전법, 시장가치법, 현시선호법, 잠재선호법 등으로 유형화할 수 있다. 첫째, 편익이전법은 단위가치이전(unit value transfer)을 통해 연구 지역(study site)에서 사용된 단위가치를 사례 지역(policy site)의 가치평가에 적용한다. 둘째, 시장

표 7-3. 생태계서비스 가치평가 유형 및 장단점

유형	항목	내용 및 적용방법	장점	단점
편익이전법 (Benefit transfer)	단위가치이전법 (Unit value transfer method)	기존 다른 지역의 단위 가치를 사례 지역의 가치 평가에 활용	현지조사가 어렵고 정보부재 지역에 적용(예:북한 지역) 시계열 비교분석(예:남북한 비교연구)	적용범위 및 가치평가 결과에 대한 타당성 확보 문제
시장가치법 (Market valuation)	시장가격법 (Market prices)	국내외 시장에서 거래되는 재화와 서비스의 가격 적용	시장가격은 목재, 물고기 등 거래되는 비용-편익에 대한 지불의사	시장가격의 왜곡현상 발생 가능
	생산함수법 (Production function)	생태계 가치의 경제적 모형 구축 및 가치평가	경제 활동의 영향을 기준으로 생태계 변화를 가치평가	모형의 명확성과 구성요소 간 관계 설정
	회피비용법 (Avoided cost)	생태계 피해를 줄이거나 회피하기 위해 지불하는 비용을 측정	회피에 따른 간접편익을 추정	간접편익과 실제편익 차이 발생
	대체비용법 (Replacement cost)	생태계 편익에 대한 대체재 비용을 측정	생태계 비용함수를 추정할 수 없는 경우 대체편익 추정	대체편익과 실제편익 차이 발생
	복원비용법 (Restoration cost)	생태계 가치를 복원하는 비용을 추정	특정한 환경 기능에 대한 가치 부여에 유용	생태계의 복원이 어려운 경우 적용 불가
현시선호법 (Revealed preference)	여행비용법 (Travel cost)	여행경비와 시간 등의 정보로 지불의사 측정	국립공원, 휴양지, 생태관광 등의 가치 추정	소비자 행동에 대한 이해 및 통계 필요
	헤도닉가격법 (Hedonic pricing)	환경가치를 관련 재화 및 재산권에서 추정	토지가격, 주택 편의성 관련 지불의사 추정	시장가격의 왜곡 및 소득수준에 따른 제약
잠재선호법 (Stated preference)	조건부가치법 (Contingent valuation method)	가상의 시장을 설정하여 소비자의 지불의사 파악	비사용가치를 추정하는 데 유용	설문양식에 따른 결과의 편차가 발생
	조건부서열법 (Contingent ranking)	생태계 가치에 대한 상대적인 선호도 파악	금전적인 단위가 아닌 질적인 선호도 파악	정량적인 환경가치를 산출하지 않음

주: 그 외에 비용접근법으로는 간접기회비용법(indirect opportunity cost), 이전비용법(relocation cost)이 있으며, 잠재선호법으로는 컨조인트분석법(conjoint analysis) 등을 적용할 수 있다. 또한 생태계 디스서비스의 가치를 평가하는 방법론에 대한 논의가 이루어지고 있다(Zhang et al., 2007).
출처: Barbier et al., 1997; Zhang et al., 2007; TEEB, 2010; Johnston et al., 2015에서 저자 재구성

가치법은 다섯 가지의 유형으로 세분화된다. 시장가격법은 시장에서 거래되는 재화와 서비스의 가격을 중심으로 지불의사(willingness to pay)를 결정하고, 생산함수법은 생태계 가치의 경제적 모형 구축을 통해 가치평가를 수행한다. 회피비용법은 생태계 피해를 줄이거나 회피하기 위해 지불하는 비용을 측정하며, 대체비용법은 생태계 편익에 대한 대체재 비용을 측정한다. 복원비용법은 생태계 가치를 복원하는 비용을 추정하여 가치평가를 수행한다. 각각의 장단점은 해당 가치평

가 방법의 특성에 따라 달라지게 된다. 셋째, 현시선호법은 현실의 시장을 반영하여 여행비용법과 헤도닉가격법으로 나누어진다. 여행비용법은 여행경비와 시간 등의 정보로 지불의사를 측정하고, 생태관광의 가치평가에 유리하지만 소비자 행동에 대한 이해와 통계 작성에 어려움이 있다. 헤도 닉가격법은 주택 및 토지가격과 관련된 지불의사 추정이 가능하지만 시장가격의 왜곡 및 소득수 준에 따른 분석의 제약이 있다. 넷째, 잠재선호법은 가상의 시장을 고려하여 조건부가치법과 조건 부서열법으로 나누어진다. 조건부가치법은 가상의 시장을 설정하여 소비자의 지불의사를 파악하 고, 비사용가치를 추정하는 데 유용하지만 설문양식에 따른 결과의 편차가 발생한다. 조건부서열 법은 질적인 선호도를 파악하는 장점을 가지고 있지만 정량적인 가치를 산출하는 것이 어렵다.

3. 북한의 토지이용 변화 및 특성

1) 토지변화

토지변화(land change)는 인간-환경 상호작용(human-environment interactions)에서 토지 피복(land cover)과 토지이용(land use)의 역동성으로 파악할 수 있으며, 지속가능한 사회-생태 체계에서 생태계서비스의 제공을 결정하는 주요 요인이다(Lambin et al., 2001; Rindfuss et al., 2004; Turner et al., 2007). 토지피복지도는 지표면의 지리적 사상을 과학적 기준에 따라 동질의 특성을 지닌 지역과 컬러 인덱스(color index)로 분류하여 지도 형태로 표현한 공간정보 데이터 베이스 형식의 환경주제도이다(환경부, 2018). 토지피복은 지표면의 물리적 현황을 분류한 것이 며, 토지이용은 인위적으로 토지피복을 개발하거나 전환하는 것을 의미한다(NOAA, 2020). 토지 이용은 인간의 영향이 토지피복에 반영되는 공간현상으로 시계열의 토지피복을 비교함으로써, 토지이용의 추세와 변화를 파악하고 이를 정량화할 수 있다. 또한 토지피복지도는 토지이용 현 황에 대한 정보를 제공하기 때문에 생태계서비스 가치평가에 유용한 대리변수(proxy)로서의 역 할을 한다(Lambin and Meyfroidt, 2010; 2011; Yi, 2017; Yi et al., 2017). 아울러, 인공위성을 활 용한 원격탐사는 물리적인 접근이 어려운 북한 지역을 효율적으로 조사하는 기술적 수단이 되고 있다(이민부 외, 2011; Yi, 2019). 2010년도 북한의 전체 면적은 12,239,276ha로 한반도 전체 면적 22,234,030ha의 약 55%에 해당하고 있다(Yi, 2019).

본 장에서는 환경부가 제작한 북한의 시계열 대분류 토지피복지도를 이용하였다. ArcGIS 10.3

과 국토지리정보원(2020)의 셰이프파일(SHP)을 이용하여 북한 전역을 전처리한 후 1980년대 말, 1990년대 말, 2000년대 말로 나누어 토지이용과 생태계서비스 가치변화를 분석하였다. 2030년대 초 토지피복에 대한 예측은 기후, 토양 등 다른 조건이 변하지 않는다는 가정(ceteris paribus approach)에서 산림, 초지, 농지의 순서로 식생만의 변화를 통해 토지피복 면적의 변화추세를 연장하는 BAU(business as usual) 시나리오(OECD, 2009; O'Neill et al., 2017; 기상청, 2020)와 기간별 이동평균법(moving average method)을 적용하였다. 이에 따라 북한의 산림 지역과 초지는 2030년대 초까지 매년 약 0.3%, 4.2%씩 감소하였고, 농업 지역의 경우는 매년 약 0.8%씩 증가하였다. 환경부의 대분류 토지피복지도는 공간해상도 30m의 랜드샛 계열의 위성영상을 처리하여 시가화건조 지역, 농업 지역, 산림 지역, 초지, 습지, 나지, 수역의 7개 항목으로 분류한다(환경부, 2020). 위성영상의 촬영시기는 각각 1980년대 말(1987~1989), 1990년대 말(1997~1999), 2000년대 말(2008~2010)에 해당하며 경위도를 15′ 간격으로 분할하여 축척 1:50,000 도곽을 기준으로 제작되었다. 공간자료의 형식은 점, 선, 면 형태의 벡터자료(vector data)의 경우 셰이프파일(SHP), 사진과 영상 형태의 래스터자료(raster data)의 경우 지오티프(GeoTiff) 형식으로 제작되었다. 토지피복지도의 품질을 나타내는 분류정확도는 토지피복 분류 결과가 기본 영상과 일치하는 정도를 의미한다. 대분류 토지피복지도의 분류정확도는 도엽별 분류정확도 평균 75% 이상으로 남북한 평균 75%, 북한 평균 70% 이상이다(환경부, 2018).

2) 북한의 토지이용 변화 및 특성

〈그림 7-3〉에서 북한의 시계열 토지피복 변화는 농업 지역이 증가하고 산림 지역이 감소하는 추세를 보이고 있다. 토지이용 변화의 공간적 특성을 살펴보면 1980년대 말에서 2000년대 말까지 남서 지역을 중심으로 농업 지역의 확대가 두드러진다. 주로 평안남북도, 황해남북도를 중심으로 농업 지역이 증가하였으며, 함경남도 해안 지역, 양강도, 함경북도의 일부 접경 지역에서도 다락밭 형태의 농업 지역이 증가한 것으로 나타났다. 농업 지역의 확대는 2030년대까지 지속될 것으로 예측되었으며, 인구가 많은 지역의 초지와 산림은 농업 지역으로 토지이용 전환(Land-Use Transitions, LUT)이 확대될 것이다(표 7-4). 따라서 평안남북도, 황해남북도의 평야지대를 중심으로 남서 지역에 편중된 비대칭적인 토지이용 변화(asymmetric land-use change)가 지속될 전망이다.

북한 농업 지역의 면적은 1980년대 2,136,271ha, 1990년대 2,403,737ha, 2000년대 3,041,882

	시가화건조 지역
	농업 지역
	산림 지역
	초지
	습지
	나지
	수역
	No data

0 30 60   120
Kilometers

| 1980년대 말 | 1990년대 말 | 2000년대 말 |

그림 7-3. 북한의 시계열 토지피복 변화

출처: 이훈종, 2020

표 7-4. 북한의 토지피복 변화

분류항목	면적(ha)							
	1980년대	%	1990년대	%	2000년대	%	2030년대	%
시가화건조 지역	141,148	1.2	204,063	1.7	194,090	1.6	194,090	1.6
농업 지역	2,136,271	17.4	2,403,737	19.6	3,041,882	24.9	3,599,196	29.3
산림 지역	9,172,618	74.9	8,642,780	70.6	8,631,553	70.5	8,122,291	66.4
초지	503,545	4.1	624,597	5.1	53,809	0.4	5,757	0.1
습지	43,633	0.4	30,929	0.3	23,062	0.2	23,062	0.2
나지	98,104	0.8	180,838	1.5	118,533	1.0	118,533	1.0
수역	143,406	1.2	149,609	1.2	176,347	1.4	176,347	1.4
No data	551	0.0	2,723	0.0	0	0.0	0	0.0
합계	12,239,276	100.0	12,239,276	100.0	12,239,276	100.0	12,239,276	100.0

ha, 2030년대 3,599,196ha이며, 비율은 각각 17.4%, 19.6%, 24.9%, 29.3%로 전체면적 대비 지속적으로 증가하고 있다. 이에 반해 산림 지역의 면적은 1980년대 9,172,618ha, 1990년대 8,642,780ha, 2000년대 8,631,553ha, 2030년대 8,122,291ha이며 비율은 각각 74.9%, 70.6%, 70.5%, 66.4%로 감소하고 있다. 초지의 경우 1980년대 503,545ha, 1990년대 624,597ha, 2000년대 53,809ha, 2030년대 5,757ha이며, 비율은 각각 4.1%, 5.1%, 0.4%, 0.1%로 감소하고 있다. 기타 분류항목별 토지피복 변화 및 전망은 〈그림 7-3〉 및 〈표 7-4〉와 같다.

위와 같은 토지이용의 변화는 북한이 농업생산 증대를 위하여 1976년에서 1981년까지 추진한 '자연개조 5대방침'을 통해 밭 관개사업의 완성, 다락밭의 건설, 토지정리와 토지개량사업의 실시, 치산치수사업의 실시, 간석지의 개간 등을 시행하여 계속적으로 농지를 확장한 결과이기도 하다.

더욱이 1994년 7월 김일성 사망 이후 1995년부터 잇따른 홍수와 가뭄 등의 자연재해 및 경제난으로 1996년부터 2000년까지 이른바 '고난의 행군' 시기를 거치면서 식량과 연료를 얻기 위한 산림 훼손과 토지황폐화가 가속화되고 있다(통일부, 2020). 이륜역학모델에서 2030년대 북한은 농업 지역과 산림 지역을 중심으로 식량 및 연료 공급을 위해 생태계서비스에 대한 수요 증가와 경작지 확대(agricultural intensification)를 시행하는 제도, 국내 정책의 영향력이 증가함에 따라 농업 지역으로의 토지이용 전환을 지속할 것으로 예상된다.

4. 북한의 생태계서비스 가치변화 및 환경문제

1) 편익이전법을 적용한 가치평가

북한 전역에 대한 생태계서비스 가치의 체계적인 평가를 위해 Costanza et al.(1997)의 글로벌 가치계수와 편익이전법을 적용하였다. 편익이전법은 단위가치이전을 통해 다른 연구 지역에서 이미 분석된 생태계서비스 가치계수를 사례 지역의 가치평가에 활용하는 것으로, 현지조사를 통한 정보의 획득이 어려운 북한 지역의 생태계서비스 가치평가에 적합한 분석방법이라고 할 수 있다(표 7-3).

글로벌 가치계수와 편익이전법 적용을 위해서는 환경부 토지피복지도의 분류항목과 글로벌 바이옴을 일치시키는 과정이 필요하다(표 7-5). 바이옴은 일정한 기후조건에 따른 동식물의 극상군집 서식지를 의미하며(Costanza et al., 1997), 한반도는 위도에 따라 계절별 기온과 강수량의 차이가 뚜렷하게 나타난다(이승호 외, 2005). 따라서 지리적으로 다양한 바이옴이 분포하며, 민감도

표 7-5. 환경부 토지피복지도 분류항목과 글로벌 바이옴

환경부 분류항목(코드)	글로벌 바이옴	생태계서비스 가치계수(2010 US$ ha^{-1} yr^{-1})
시가화건조 지역(100)	Urban	0
농업 지역(200)	Cropland	132
산림 지역(300)	Temperate/Boreal	438
초지(400)	Grass/Rangelands	337
습지(500)	Swamps/Flood plains	28,417
나지(600)	Desert	0
수역(700)	Lakes/Rivers	12,332

분석(sensitivity analysis)을 수행하여 글로벌 가치계수의 타당성에 대하여 검토하여야 한다(Yi et al., 2017; Yi and Kreuter, 2019).

$$ESV = \sum (A_k \times VC_k) \qquad (1)$$

$$ESV_f = \sum (A_k \times VC_{fk}) \qquad (2)$$

$$CS = \frac{(ESV_f - ESV_i)/ESV_i}{(VC_{jk} - VC_{ik})/VC_{ik}} \qquad (3)$$

글로벌 가치계수(Value Coefficient, VC)는 북한 지역에 대한 마지막 위성영상 촬영시기인 2010년의 명목미국달러가치(US$)를 기준으로 단위면적(ha)당 생태계서비스 가치계수(US$ ha⁻¹ yr⁻¹)를 산출하여 적용하였다(표 7-5). 편익이전법의 함수방정식 (1)에서 전체 생태계서비스 가치(ecosystem services values, ESVs)는 토지피복 k의 면적(A_k)×가치계수(VC_k)를 통해 산출하였고, 함수방정식 (2)에서 토지피복 k의 면적(A_k)×기능별 가치계수(VC_{fk})를 통해 기능별 생태계서비스 가치를 산출하였다. 이후 함수방정식 (3)에서는 가치계수를 ±50%씩 조정하여 변화된 생태계서비스 가치의 민감도계수(Coefficient of Sensitivity, CS)를 측정하고 글로벌 가치계수의 타당성을 검토하였다(Kreuter et al., 2001; Zhao et al., 2004; Yi et al., 2017; Yi and Kreuter, 2019).

2) 북한 생태계서비스 가치변화 및 특성

〈그림 7-4〉에서는 글로벌 가치계수의 공간단위인 헥타르(hectare, 기호 ha)로 리샘플링된 단위면적당 북한 생태계서비스 가치의 변화를 보여 준다. 시계열 공간의 생태계서비스 가치평가는 생태계서비스 가치(ESVs)의 공간분포를 나타내며, 탄소 저장, 서식지 상태, 토양 유실 등 생태계서비스 기능에 따라 분포를 파악할 수 있는 장점이 있다(Yi et al., 2018a). 북한은 농업 지역의 확장과 함께 전반적인 생태계서비스 가치가 감소하는 것으로 나타나고 있으며, 농지를 포함한 주변부의 생태계서비스 가치도 동반하여 감소하는 것을 알 수 있다. 따라서 황해남북도, 평안남북도를 포함하는 남서 지역을 중심으로 생태계서비스 가치가 감소하고 있다. 한편 북동 지역의 경우는 일부의 해안 지역과 접경 지역을 제외하고 상대적으로 생태계서비스 가치를 유지하고 있는 것으로 나타났다.

북한의 생태계서비스 가치는 1980년대 말에서 2030년대 초까지 각각 74억 7천7백만 달러(8,972.4×10⁹원, 1200원=1달러), 70억 3천7백만 달러(8,444.4×10⁹원), 70억 3천만 달러(8,436×

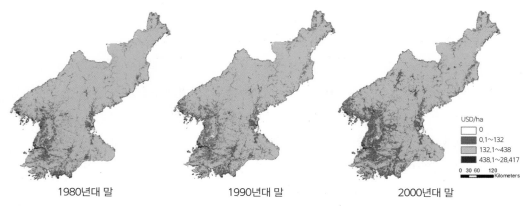

	1980년대 말	1990년대 말	2000년대 말

1980년대 말   1990년대 말   2000년대 말

그림 7-4. 북한의 시계열 생태계서비스 가치의 변화

출처: 이훈종, 2020

표 7-6. 북한 생태계서비스 가치의 변화

	1980년대 말	1990년대 말	2000년대 말	2030년대 초
시가화건조 지역	0.00	0.00	0.00	0.00
농업 지역	281.98	317.29	401.52	475.09
산림 지역	4,017.60	3,785.53	3,780.62	3,557.56
초지	169.69	210.48	18.13	1.94
습지	1,239.91	878.90	655.35	655.35
수역	1,768.48	1,844.97	2,174.71	2,174.71
합계(백만 달러)	7,477.69	7,037.20	7,030.34	6,864.66

주: 시가화건조지역의 생태계서비스 가치에 나지를 포함한다.

10^9원), 68억 6천4백만 달러(8,236.8×10^9원)로 감소하였다(표 7-6). 남서 지역을 중심으로 농지가 확장됨에 따라, 농업 지역의 생태계서비스 가치는 2억 8천1백만 달러, 3억 1천7백만 달러, 4억 1백만 달러, 4억 7천5백만 달러로 증가하였다. 이에 반해 산림 지역의 생태계서비스 가치는 40억 1천7백만 달러, 37억 8천5백만 달러, 37억 8천만 달러, 35억 5천7백만 달러로 감소하였고, 농업 지역의 증가분에 비하여 크게 감소한 것으로 나타났다. 기타 분류항목별 생태계서비스 가치의 변화는 〈그림 7-4〉 및 〈표 7-6〉과 같다.

3) 북한 생태계서비스 기능별 가치변화 및 민감도 분석

북한의 생태계는 산림 지역의 생태계서비스를 중심으로 다양한 혜택을 받고 있다. 산림 지역은 기후 조절, 교란 조절, 폐기물 처리, 침식 조절, 토양 형성 등의 조절서비스뿐만 아니라 휴양, 문화 등의 문화서비스를 제공하고, 동식물에 서식지를 제공하여 생물다양성과 생물자원의 지속가능한 이용에 중요한 기능을 한다. 그러나 시계열 생태계서비스 가치 분석에 따르면, 북한의 생태환경은 초지와 산림 지역의 감소로 인해 지속적으로 생태계서비스가 감소하고 있다. 〈그림 7-5〉에서 함수방정식 (2)를 적용하여 Costanza et al.(1997)의 17개 생태계서비스의 기능별 가치변화를 나타냈다. 생태계서비스 가치가 감소함에 따라서 기후 조절, 폐기물 처리, 교란 조절, 토양 형성 등 기능별 가치도 동반하여 감소하는 추세를 나타내고 있다.

북한은 농업 지역의 확대에도 불구하고, 공급서비스와 관련된 식량생산, 식물 수분 등의 생태계 서비스 기능을 제외하고는 전반적인 생태계서비스 가치의 증가에는 크게 기여한 것이 없는 것으로 나타났다. 이에 반해 토지이용 변화와 생태계서비스 가치의 트레이드오프, 공급서비스와 조절 서비스 간의 트레이드오프가 증가하고 있어 환경적 지속가능성(environmental sustainability)과 생태계의 회복력(resilience)을 훼손시키고 있다(그림 7-5). 다시 말해, 산림 지역의 감소에 따른 기후 조절, 토양 형성, 침식 조절 등 조절서비스의 감소가 농지의 증가에 따른 일부 공급서비스의 편익 제공을 상쇄하고 있으며, 전반적인 생태계서비스 가치의 감소와 함께 홍수 및 가뭄, 기후변화에 따른 자연재해에 대한 취약성을 높이고, 생태복원력을 훼손하는 주원인이 되고 있는 것이다.

민감도 분석 결과, 농업 지역의 민감도계수는 1980년대에서 2030년대까지 가치계수의 ±50% 변화가 생태계서비스 가치에 미치는 영향이 0.04에서 0.07로 증가하는 것으로 나타났다(표 7-7).

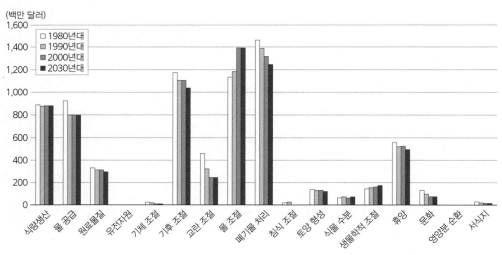

그림 7-5. 북한의 시계열 기능별 생태계서비스 가치

표 7-7. 북한의 시계열 생태계서비스 가치의 민감도계수(CS)

가치계수(VC)	1980년대		1990년대		2000년대		2030년대	
	%	CS	%	CS	%	CS	%	CS
시가화건조 지역 VC±50%	0.00	0.00	0.00	0.00	0.00	0.00	0.00	0.00
농업 지역 VC±50%	1.89	0.04	2.25	0.05	2.86	0.06	3.46	0.07
산림 지역 VC±50%	26.86	0.54	26.90	0.54	26.89	0.54	25.91	0.52
초지 VC±50%	1.14	0.02	1.50	0.03	0.13	0.00	0.01	0.00
습지 VC±50%	8.29	0.17	6.24	0.12	4.66	0.09	4.77	0.10
수역 VC±50%	11.82	0.24	13.10	0.26	15.46	0.31	15.84	0.32

주: 시가화건조 지역의 CS에 나지를 포함한다.

이에 반해 산림 지역은 가치계수의 ±50% 변화에 따라 민감도계수는 0.54에서 0.52로 감소하였고, 북한의 생태계서비스 가치에서 가장 큰 값을 나타냈다. 즉, 산림 지역이 2030년대까지 북한의 생태계서비스 가치에서 가장 큰 영향을 미치는 것으로 나타났다. 이에 비하여, 습지의 민감도계수는 0.17에서 0.10으로 감소하였고, 초지는 0.02에서 거의 영향을 주지 못하고 있다. 한편 수역의 경우는 0.24에서 0.32로 증가하였는데, 이것은 각종 저수지와 댐 건설의 결과로 2000년대 말 토지피복지도상에서 북한 수역의 면적이 증가하였기 때문이다. 기타 분류항목별 생태계서비스 가치의 변화와 민감도계수는 〈표 7-7〉과 같다.

이상에서 Costanza et al.(1997)의 글로벌 생태계서비스 가치계수를 ±50% 적용하여 산출한 북한의 시계열 민감도계수를 종합적으로 검토할 때, 토지피복의 면적과 항목별 가치계수에 따라 민감도계수는 1보다 작으며, 0에서 0.54까지의 합리적 범위 안에 있는 것으로 나타났다. 따라서 글로벌 가치계수가 북한 지역에 적용될 수 있으며, 편익이전법은 북한 지역의 생태계서비스 가치평가에 타당한 것으로 나타났다. 다만, 북한의 생태계서비스 가치는 토지변화를 중심으로 보수적으로 평가된 경제적 가치의 일부라고 할 수 있으며, 가치평가의 불확실성을 포함하고 있다. 이를 보완하기 위해서는 Costanza의 가치계수에 대한 다중스케일 관점에서의 검토 등 다면적인 접근을 통한 생태계서비스 가치평가를 실시하여야 한다(Yi et al., 2017). 그러나 글로벌 가치계수의 적용을 통해 북한 생태계서비스 가치의 변화 추세를 확인하고, 일정한 시점에서의 특정 생태계서비스의 가치평가를 위한 횡단면 분석보다는 시계열 종합적 분석에서의 타당성을 확보하였다는 점에서 의의가 크다고 할 수 있다(Kreuter et al., 2001; Yi, 2017; Yi and Kreuter, 2019).

4) 북한의 환경문제와 2030년대 환경적 지속가능성

북한은 분단 이후 폐쇄적인 사회·경제시스템과 1990년대 '고난의 행군' 시기를 거치면서 심각한 식량난과 에너지 부족을 극복하기 위해 초지와 산림 지역에서 농업 지역으로 토지이용 전환이 지속되었고, 이에 따른 재해발생 위험과 피해 규모가 증가하고 있다. 따라서 북한의 환경문제를 토지이용 및 생태계서비스 기능변화와 연계하여 살펴볼 필요성이 있다. 북한 지역의 생태계서비스 기능변화를 파악하는 것은 북한 생태계 및 사회-생태체계의 환경적 지속가능성과 회복력을 위한 기초자료를 제공한다.

지속가능발전은 다양한 개념과 지표를 통해서 활용되고 있다. 생태계서비스에서는 대표적으로 Daly(1990)가 자연자원에 대한 지속가능발전의 몇가지 원칙을 제시하였다. 첫째, 재생가능자원(renewable resources)의 경우 수확속도와 재생속도가 동일한 지속산출량(sustainable yield)을 유지하고, 둘째, 사용배출량이 생태계의 동화용량(assimilative capacities of ecosystems)을 초과해서는 안 된다는 것이다. 이와 함께 재생불가능자원(non-renewable resources)의 경우 사용속도가 대체물의 생산속도를 초과하지 않도록 하는 것이다. 본 연구에서 환경적 지속가능성은 인간 생활의 영위와 자연자본을 이용함에 있어서 세대 내(intra-generation) 또는 세대 간(inter-generation) 생태계서비스 가치변화에 대한 조화와 균형을 유지하는 것이며, 토지이용 변화와 생태계서비스 가치의 트레이드오프 그리고 공급서비스와 조절서비스의 트레이드오프를 통해 고찰하였다.

토지이용 변화를 분석한 결과, 북한의 산림 감소는 2030년대까지 지속될 것으로 예측되었다. 이에 따라 산림 생태계서비스의 기능 저하에 따른 재해위험(disaster risk)의 증가로 현재보다 빈번한 자연재해에 노출될 것으로 보인다. 북한에서 산림 지역의 감소는 토지황폐화뿐만 아니라 수자원에도 영향을 주기 때문에 물 공급과 물 조절의 기능 감소로 가뭄과 홍수 위험에 노출된다. 이와 더불어 기후 조절 기능의 감소에 따라 대기질의 저하와 장기적으로 기후변화에 대한 취약성을 높여 북한의 환경문제를 증폭시키게 될 것이다.

북한에서 농업 지역의 확장으로 나타나는 대표적인 환경문제는 토양침식(soil erosion)이라고 할 수 있다(국토지리정보원, 2017). 토양침식의 피해는 주로 경작지와 경사지에 개간된 다락밭에서 일어나며, 토사 유출로 인한 홍수 피해를 증가시킨다. 이것은 토양유실공식(Universal Soil Loss Equation)을 사용하여 단위면적(i)에서 발생하는 토양손실(tons ha^{-1} yr^{-1})을 산출하는 함수 방정식 (4)를 통해 알 수 있다(Yi et al., 2018a).

$$USLE_i = R_i \times K_i \times LS_i \times C_i \times P_i \qquad (4)$$

여기서, R_i는 강우인자($MJ \cdot mm \cdot (ha \cdot hr)^{-1}$), K_i는 토양침식성인자($ton \cdot ha \cdot hr \cdot (MJ \cdot ha \cdot mm)^{-1}$), LS_i는 경사인자(unitless), C_i는 작물인자(unitless), P_i는 관리인자(unitless)이다. 구성인자의 변화를 종합적으로 고려할 때, 산림 지역에서 농업 지역으로의 확대는 산림 지역의 토양 형성과 유지 기능을 약화시키고 토양침식을 증가시켜 해마다 토양의 유실이 증가할 것으로 예측된다.

〈그림 7-6〉에서 왼쪽은 2015년 10월 함경북도 회령시 일대의 다락밭 전경을 보여 주는 구글어스 정사영상으로서 고도 프로필을 통해 경사 15° 이상 다락밭의 개간 현황을 잘 보여 준다. 오른쪽은 2016년 8월 동일 지역에서 발생한 대규모의 홍수 피해 사진으로 다락밭 개간에 따른 토양침식과 강수로 인해 자연재해의 피해가 큰 것으로 나타났다. 북한 주재 유엔 인도주의업무조정국에 따르면 홍수와 토사의 유출로 인해 약 3만 5천 가구, 14만 명 이상이 피해를 입었고 인근 60만 명의 주민이 물 공급과 식량, 위생, 보건문제를 겪은 것으로 나타났다(UN DPRK, 2016).

북한의 생태계는 2030년대까지 생태계서비스의 가치와 기능이 지속적으로 감소할 것으로 예측되었다. 이를 사회-생태체계와 이륜역학모델에서 살펴보면 북한의 환경문제는 자연재해 등의 자연환경 요인뿐만 아니라, 인위적인 사회-경제 문제가 결합되어 나타나고 있는 것을 의미한다. 즉 사회-생태체계에서 식량생산을 위한 사회적 요인에 의해 생태계의 불균형이 지속되고, 환경적 지속가능성과 회복력이 하락하여 환경문제로 나타나고 있다. 앞으로 북한의 환경문제는 북한만의 문제로 그치지 않을 것으로 예측된다. 머지않아 남북한의 국경을 넘는(transboundary) 환경재해로 확대될 수 있으며, 이는 결국 한반도 전체의 사회적 비용으로 전가되어 미래 세대에게 회복 비용을 부담하게 될 것이다.

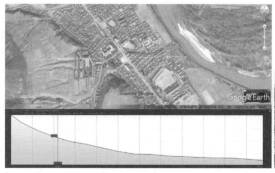

그림 7-6. 함경북도 회령시 일대의 다락밭(좌)과 자연재해(우)
출처: Google Earth, 2020; UN DPRK, 2016

북한의 생태계서비스 기능별 변화를 통해 북한의 기후변화와 환경재해의 위험에 대해 파악할 수 있다. 현재 진행 중인 토지이용과 생태계서비스 가치변화의 특성과 추세를 고려할 때 북한은 2030년대에 이르러 생물다양성과 생태계서비스 손실, 토지황폐화, 기후변화 등을 복합적으로 포괄하는 '삼중환경위험(triple environmental jeopardy)'에 노출될 가능성이 크다. 토지이용 변화의 경로를 살펴보면, 1980년대와 1990년대를 거쳐 2000년대에 이르는 동안 토지이용 변화와 생태계서비스 가치의 트레이드오프가 지속되고 있다. 따라서, 현재 사회-생태체계의 경로의존성(path dependency)을 고려할 때 2030년대에 환경적 지속가능성과 유엔 지속가능발전목표를 달성하기는 어려울 것이다. 다시 말해 지속가능성 전환(sustainability transitions)의 전제조건으로 토지이용과 생태계서비스의 원윈(win-win) 관계와 시너지를 위해서는 기존 토지이용에 대한 조정메커니즘를 통해 사회-생태체계의 경로 변경이 필요하다는 점을 시사하고 있다. 따라서 동태적인 이륜역학모델에서 가치평가, 제도 등 시공간 조정메커니즘를 활용하여 환경적 지속가능성을 파악하고 이를 보완하는 관리방안이 효과적이라고 할 수 있다.

5. 지속가능발전을 위한 남북한 생태환경 분야 협력

1) 유엔 지속가능발전목표 달성을 위한 파트너십

유엔 지속가능발전목표(Sustainable Development Goals, SDGs)는 새천년발전목표(Millennium Development Goals, MDGs)의 후속 의제로서, 2016년부터 2030년까지 빈곤종식과 지속가능발전목표를 위한 전 세계적인 노력을 촉구한다. '우리가 사는 세상의 전환: 2030년까지의 지속가능한 발전 의제'에서는 17개의 목표와 169개의 세부 목표와 내용을 구체화하고 있다(UN, 2015). 이와 관련하여 〈그림 7-7〉에서는 생태계서비스가 지속가능발전목표에 크게 기여하고 있으며, 17개의 목표 중에서 12개의 목표와 연계되어 있는 것으로 나타났다.

지속가능발전목표와 생태계서비스의 기여도는 우선 토지이용과 밀접한 관련을 가진 육상생태계 보호(SDG15)가 가장 크게 나타났으며, 다음으로 기아종식(SDG2), 해양 생태계 보존(SDG14), 깨끗한 물과 위생(SDG6), 지속가능한 도시와 공동체(SDG11), 지속가능한 생산과 소비(SDG12), 빈곤퇴치(SDG1), 건강과 웰빙(SDG3), 양질의 일자리와 경제성장(SDG8), 깨끗한 에너지(SDG7), 산업·혁신·사회기반시설(SDG9), 기후변화 대응(SDG13)의 순서로 나타났다. 양질

의 교육(SDG4), 성 평등(SDG5), 불평등
감소(SDG10), 정의·평화·효과적인 제도
(SDG16), 글로벌 파트너십(SDG17) 등 5개
목표는 생태계서비스와 관련하여 평가되
지 않았다. 그러나 남북한의 경우에는 생태
환경 분야별 협력과 관련하여 교육, 환경정
의, 평화, 제도, 파트너십 등에서도 기여할
것으로 예상된다.

현재 남북한은 기후변화협약, 생물다양
성협약 등 주요 국제환경협약에 공동으로
가입하고 있으므로 생태환경 분야의 파트
너십을 통해 한반도 생태환경공동체 형성
과 유엔 지속가능발전목표 달성에 기여할
수 있다. 북한은 2016년 유엔과 '유엔전략계
획 2017~2021'에 서명하고, ① 식량 및 영양
안보(food and nutrition security), ② 사회
발전서비스(social development services),

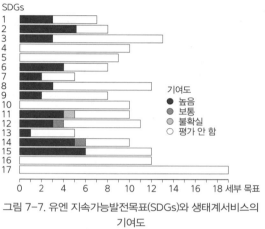

그림 7-7. 유엔 지속가능발전목표(SDGs)와 생태계서비스의
기여도

출처: 국무조정실, 2018; Wood et al., 2018에서 저자 재구성

③ 회복력과 지속가능성(resilience and sustainability), ④ 데이터와 발전관리(data and develop-
ment management)를 4대 우선순위로 설정하였고, 지속가능발전목표의 세부 목표와 연계하고
있다(UN DPRK, 2017). 남한 역시 2030년까지 달성해야 하는 국가지속가능발전목표(K-SDGs) 체
계안에 17개 분야, 122개 세부 목표, 214개 지표를 구성하고 있다(환경부, 2019). 이와 함께 기후변
화에 관한 정부 간 협의체(Intergovernmental Panel on Climate Change, IPCC)는 「기후변화와
토지 특별보고서」를 통해 기후변화 대응을 위해서는 기후요인뿐만 아니라, 다양한 인간 영향에
의한 기후변화를 강조하고 있다(IPCC, 2019). 그중에서도 토지이용 변화는 생물다양성과 생태계
서비스, 토지황폐화, 기후변화에 상호 영향을 주는 요인으로 작용한다(UNCCD, 2017). 따라서 북
한의 토지이용 변화는 제 요인들과 결합하여 남북한의 국경을 넘어 한반도의 환경적 지속가능성
에 영향을 미치게 될 것이다(Yi, 2019).

2) 생태계서비스의 공간적 비대칭 완화와 생태계 접근법

북한의 생태계서비스는 농업 지역의 확대가 초지와 산림 지역의 감소로 연계되는 토지이용 변화와 생태계서비스 가치의 트레이드오프, 생태계 공급서비스와 조절서비스의 트레이드오프가 지속되는 것으로 분석되었다. 또한 남서 지역을 중심으로 농업 지역이 확장됨에 따라 생태계서비스 공간분포도 비대칭적으로 변화하는 것으로 나타난다. 이러한 현상은 토지이용과 생태계서비스 변화가 결합된 사회-생태체계의 분열(Social-Ecological Divide, SED)을 의미한다(Yi et al., 2019). 다시 말해, 생태계서비스 공급의 불평등이나 공간적 환경격차로 인해 북한의 취약계층과 미래 세대에게 불평등한 환경비용을 부담시키는 결과를 가져오고, 사회적 형평과 환경정의의 문제가 제기될 것으로 예상된다.

생태계 접근법(ecosystem approach)은 사회 영역과 과학 분야를 포함하여 '보전과 지속가능한 이용을 공평하게 촉진하기 위해 토지와 물, 생물자원을 통합관리하는 전략'이며, 생물다양성 보전, 지속가능한 이용, 공정한 이익의 공유를 목표로 한다(SCBD, 2004). 생태계 접근법은 생태계 기반의 관리(ecosystem-based management)를 통해 지속가능한 생태계서비스 이용에 많은 시사점을 제공하고 있다(Yi, 2017; Yi et al., 2019). 구체적으로 생태계 기반의 관리방안은 생태계 기능에 대한 불확실성을 전제로 하여 예방적인 접근(precautionary approach)을 적용한다. 예를 들어, 생물다양성과 생태계서비스는 불가역성(irreversibility)으로 인하여 이미 훼손된 생태계를 원래대로 되돌리기에는 많은 비용과 시간이 필요하기 때문에 생태계 보전을 위한 생태적 책임감(ecological responsibility)을 강조한다. 이와 함께 토지이용 변화의 비선형적(non-linear) 특성과 생태계 변화의 시차(time lag) 및 티핑포인트(tipping points)에 대한 고려가 선행되어야 한다.

생태계 기반의 관리방안은 기후변화 적응 및 완화를 위해서도 중요하다. 예를 들어 산림 지역은 탄소 저장(carbon storage)을 통해서 생태계의 손실을 방지하고, 이산화탄소로 인해 발생하는 온실가스의 생성을 억제하는 탄소 격리(carbon sequestration) 기능을 활성화한다. 이러한 자연 기반의 해결방안(nature-based solutions)은 비용 대비 효과 면에서 생물다양성의 보전과 지속가능한 이용에 크게 기여한다. 이와 같은 맥락에서 우리나라의 생물다양성법 제3조에서는 "생태계서비스는 생태계의 보전과 국민의 삶의 질 향상을 위하여 체계적으로 제공되고 증진되어야 한다"라고 새로이 명시하고 있다(생물다양성법, 2020). 이를 위한 전제조건으로 남북한의 생물다양성과 생태계서비스를 체계적으로 분석하고 평가하는 학술연구가 선행되어야 할 것이다.

6. 결론

　본 장에서는 지금까지 시도되지 않았던 북한 전역에 대한 생태계서비스 가치평가를 국내 연구로서는 처음으로 수행하였다. 본 연구는 북한의 개별 지역을 대상으로 현상을 고찰하는 기존 연구들과는 차별화되며, 통합적인 사회-생태체계와 이륜역학모델을 중심으로 북한의 시계열 토지이용과 생태계서비스 가치변화에 대하여 분석하고 2030년대 환경적 지속가능성에 대하여 전망하였다. 글로벌 가치계수를 적용하여 북한 전역의 생태계서비스 가치를 평가하고, 민감도 분석을 통해 글로벌 가치계수의 시계열 종합적 분석에서의 타당성을 확인하였다. 이와 더불어 생태계서비스 가치를 기능별로 검토하여 토지이용과 생태계서비스 가치의 트레이드오프 그리고 공급서비스와 조절서비스 간의 트레이드오프를 세대 내, 세대 간 형평성과 사회-생태체계 분열(SED)의 관점에서 살펴보았다. 이상으로 종합하면, 북한의 2030년대 환경적 지속가능성은 토지이용과 생태계서비스 가치의 트레이드오프로 인해 달성이 어려울 것으로 예측되었다. 지속가능성 전환을 위해서는 시공간 조정메커니즘의 역할이 필요하며, 생태계서비스 가치평가와 제도 등이 효과적인 관리방안이 될 것이다.

　북한의 생태계는 분단 이후 물리적인 접근이 제한된 미지의 영역이었다. 그러나 전 세계적인 환경 및 기후변화에 따라 남북한이 함께 지속가능발전의 파트너십을 형성해야 한다는 인식이 점차 확산되고 있다. 더욱이 남북한은 모두 유엔 지속가능발전목표 이행과 생물다양성협약, 기후변화협약 등 국제환경협약에 가입해 있으며, 이에 따라 한반도 생태환경공동체 수립을 위한 체계적인 공동연구와 상호 협력의 필요성이 증가하고 있다. 현재까지 우리나라는 생태계서비스의 가치를 체계적으로 평가하고 의사결정에 반영하는 절차와 과정이 국제적인 흐름에 비추어 볼 때 미흡한 실정이다. 따라서 생태계서비스를 측정하고 가치를 평가하는 과정은 앞으로도 많은 도전과제를 가지고 있다. 생태계 기능과 생산함수에 대한 정보의 부족, 가치평가의 불확실성, 시공간 스케일, 생산과 분배, 생태계 디스서비스 등이 고려되어야 하며, 다면적인 접근을 통해 생태계서비스 가치평가를 보완하도록 해야 한다. 이와 함께 글로벌 가치계수는 전 세계 바이옴에 대한 분류를 통해 메타분석으로 추출하였기 때문에 한반도의 생태계와는 지역적 차이가 발생한다. 이러한 점은 앞으로 남북한 현지조사의 확대를 통해 중국이나 일본과는 차별화되고 한반도 전체에 적용할 수 있는 고유한 생태계서비스 가치계수의 축적과 체계화, 공간 데이터베이스의 구축이 필요하다는 것을 의미한다. 앞으로 생태계서비스를 활용한 사회-생태체계 접근법은 한반도의 생태계 보전, 토지황폐화 방지, 기후변화 대응을 위한 트리플윈(win-win-win)의 시너지 창출과 지속가능한 생태환경공동체 형성을 위한 새로운 과학적 기반 마련에 크게 기여할 것이다.

더 읽을 거리

Costanza, R., d'Arge, R., de Groot, R., Farber, S., Grasso, M., Hannon, B., Limburg, K., Naeem, S., O'Neill, R.V., Paruelo, J., Raskin, R.G., Sutton, P., and van den Belt, M., 1997, The value of the world's ecosystem services and natural capital. *Nature*, 387(6630), 253-260.

⋯⋯▶ 1997년 자연자본과 생태계서비스 가치평가에 대한 본격적인 출범을 알리면서, 전 세계적인 반향을 일으킨 논문이다. 지리학, 환경학, 생태학, 공학, 생태경제학 등 다양한 분야의 저자들이 공동으로 참여하여 바이옴에 대한 메타분석과 글로벌 차원의 편익이전법을 적용하여 지구 생태계서비스의 가치를 최초로 산출하였다. 현재까지 수많은 생태계서비스 가치평가 연구에 영향을 미치고 있다.

Turner, B.L., Lambin, E.F., and Reenberg, A., 2007, The emergence of land change science for global environmental change and sustainability, *Proceedings of the National Academy of Sciences*, 104(52), 20666.

⋯⋯▶ 글로벌 환경변화와 지속가능성을 이해하기 위한 통섭적인 학문으로서의 토지변화를 이해하고, 적용 분야에 대해 소개하고 있다. 토지변화를 인간-환경 상호작용체계에서 토지피복과 토지이용의 역동성으로 파악한다. 지리학자의 관점에서 토지시스템의 개념, 토지변화의 이론, 모델, 구성요소에 대하여 사례를 통해 설명한다.

Ostrom, E., 2009, A general Framework for Analyzing Sustainability of Social-ecological Systems. *Science*, 325, 419-422.

⋯⋯▶ 인간-환경 상호작용의 다양한 구성요인들에 대하여 상세하게 설명하고 있다. 이와 함께 공유지의 비극으로 비유되는 생태계와 환경문제에 대해 새로운 시각과 해결방안을 제시하고 있다. 사회-생태체계의 다양한 상호작용을 제도와 규칙, 조정, 집합행동, 공동체 등을 중심으로 파악하고 지속가능성에 대하여 분석한다.

Yi, H., Güneralp, B., Filippi, A.M., Kreuter, U.P., and Güneralp, İ., 2017, Impacts of Land Change on Ecosystem Services in the San Antonio River Basin, Texas, from 1984 to 2010. *Ecological Economics*, 135, 125-135.

⋯⋯▶ Costanza의 편익이전법에서 발생하는 가치평가의 과대추정 오류에 대해서 다중스케일의 민감도 분석을 통해 처음으로 입증한 논문이다. 이와 함께 2014년도 Costanza 가치계수의 메타분석 과정에서 발생하는 오류에 대해서도 검토하고 있다. 우리나라를 비롯한 지역 실정에 맞는 가치계수의 데이터베이스 구축 및 스케일에 따른 가치평가에 대하여 시사점을 제공한다.

Yi, H., Kreuter, U.P., Han, D., and Güneralp, B., 2019, Social segregation of ecosystem services delivery in the San Antonio region, Texas, through 2050. *Science of The Total Environment*, 667, 234-247.

⋯⋯▶ 생태계서비스를 환경정의와 연계하여 새로운 영역으로 확장하고, 미래 예측을 통해 2050년까지 미국 샌안토니오의 소수인종에 대한 사회적 형평을 분석하고 있다. Ostrom의 사회-생태체계를 바탕으로 이륜역학 모델을 구축하고 환경정의, 제도, 스케일 등의 요소를 조정메커니즘으로 파악한 논문이다. 사회-생태체계의 상호작용, 생태계 불균형과 시스템 분열에 대하여 분석하고 있다.

참고문헌

공우석, 2019, 『우리 나무와 숲의 이력서』, 청아출판사.

박영한, 1999, 「21세기 삶의 질과 한국 지리학의 과제」, 『대한지리학회학술대회논문집』, 5-10.

이민부·김걸, 2016, 「통일지리학의 연구동향과 과제」, 『대한지리학회지』, 51(6), 873-892.

이민부·김남신·김석주·김애분·주철, 2011, 「북한 무산시와 회령시의 토지이용 변화에 따른 생태서비스 가치 연구」, 『한국지역지리학회지』, 17(4), 493-504.

이승호·허인혜·이경미·권원태, 2005, 「우리나라 상세기후 지역의 구분」, 『한국기상학회지』, 41(6), 983-995.

이훈종, 2018, 「이륜역학모델을 적용한 환경정의 분석: 나프타체제하의 산안토니오 지역 연구」, 『대한지리학회학술대회논문집』, 103.

이훈종, 2020, 「북한의 토지이용과 2030년대 생태계서비스 가치변화 특성 및 전망」, 『대한지리학회지』, 55(2), 97-121.

정회성·강광규·강철구, 1996, 「북한의 환경문제와 통일한국의 환경정책방향」, 한국환경기술개발원.

Andersen, K.G., Rambaut, A., Lipkin, W.I., Holmes, E.C. and Garry, R.F., 2020, The proximal origin of SARS-CoV-2, *Nature Medicine*, 26(4), 450-452.

Barbier, E., Acreman, M. and Knowler, D., 1997, *Economic valuation of wetlands: a guide for policy makers and planners*, Gland: Ramsar Convention Bureau.

Chapin, F.S., Zavaleta, E.S., Eviner, V.T., Naylor, R.L., Vitousek, P.M., Reynolds, H.L., Hooper, D.U., Lavorel, S., Sala, O.E., Hobbie, S.E., Mack, M.C. and Díaz, S., 2000, Consequences of changing biodiversity, *Nature*, 405(6783), 234-242.

Coase R.H., 1960, The Problem of Social Cost, *Journal of Law and Economics*, 3, 1-44.

Costanza, R., d'Arge, R., de Groot, R., Farber, S., Grasso, M., Hannon, B., Limburg, K., Naeem, S. and O'Neill, R.V., Paruelo, J., Raskin, R.G., Sutton, P. and van den Belt, M., 1997, The value of the world's ecosystem services and natural capital, *Nature*, 387(6630), 253-260.

Costanza, R., de Groot, R., Sutton, P., van der Ploeg, S., Anderson, S.J., Kubiszewski, I., Farber, S. and Turner, R.K., 2014, Changes in the global value of ecosystem services, *Global Environmental Change*, 26, 152-158.

Costanza, R., Cumberland, J., Daly, H., Goodland, R., Norgaard, R., Kubiszewski, I. and Franco, C., 2015, *An Introduction to Ecological Economics*, CRC Press, New York, USA.

Daily, G. C.(ed.), 1997, *Nature's Services: Societal Dependence on Natural Ecosystems*, Island Press, Washington, DC, USA.

Daly, H. E., 1990, Toward some operational principles of sustainable development, *Ecological Economics*, 2, 1-6.

Daly, H.E. and Farley, J., 2010, *Ecological Economics: Principles and Applications*, Island Press, Washington, DC, USA.

de Groot, R., Brander, L., van der Ploeg, S., Costanza, R., Bernard, F., Braat, L., Christie, M., Crossman, N., Ghermandi, A., Hein, L., Hussain, S., Kumar, P., McVittie, A., Portela, R., Rodriguez, L.C., ten Brink, P.

and van Beukering, P., 2012, Global estimates of the value of ecosystems and their services in monetary units, *Ecosystem Services*, 1(1), 50-61.

de Groot, R.S., Alkemade, R., Braat, L., Hein, L. and Willemen, L., 2010, Challenges in integrating the concept of ecosystem services and values in landscape planning, management and decision making, *Ecological Complexity*, 7(3), 260-272.

FAO, 2020, Incentives for Ecosystem Services. http://www.fao.org/in-action/incentives-for-ecosystem-services/policy/sdgs/en/

Google Earth, 2020, https://www.google.com/earth/versions/

Haase, D., Larondelle, N., Andersson, E., Artmann, M., Borgström, S., Breuste, J., Gomez-Baggethun, E., Gren, Å., Hamstead, Z., Hansen, R., Kabisch, N., Kremer, P., Langemeyer, J., Rall, E.L., McPhearson, T., Pauleit, S., Qureshi, S., Schwarz, N., Voigt, A., Wurster, D. and Elmqvist, T., 2014, A Quantitative Review of Urban Ecosystem Service Assessments: Concepts, Models, and Implementation, *AMBIO*, 43(4), 413-433.

Hardin, G., 1968, The Tragedy of the Commons, *Science*, 162(3859), 1243.

Intergovernmental Panel on Climate Change(IPCC), 2007, *Climate Change 2007: Synthesis Report*. In: Core Writing Team, Pachauri, R.K., Reisinger, A.(Eds.), Contribution of Working Groups I, II and III to the Fourth Assessment Report of the Intergovernmental Panel on Climate Change, IPCC, Geneva, Switzerland(104 pp.).

Intergovernmental Panel on Climate Change(IPCC), 2019, Summary for Policymakers. In: Climate Change and Land: an IPCC special report on climate change, desertification, land degradation, sustainable land management, food security, and greenhouse gas fluxes in terrestrial ecosystems. https://www.ipcc.ch/srccl/

Intergovernmental Platform on Biodiversity and Ecosystem Services(IPBES), 2015, The third session of the Platform's Plenary(IPBES-3), http://www.ipbes.net

Johnston, R. J., Rolfe, J., Rosenberger, R. and Brouwer, R. (Eds.), 2015, *Benefit Transfer of Environmental and Resource Values - A Guide for Researchers and Practitioners*, Springer, New York.

Kareiva, P., Tallis, H., Ricketts, T. H., Daily, G. C. and Polasky, S. (Eds.), 2011, *Natural capital: Theory & practice for mapping ecosystem services*, Oxford: Oxford University Press.

Kreuter, U.P., Harris, H.G., Matlock, M.D. and Lacey, R.E., 2001, Change in Ecosystem Service Values in the San Antonio Area, Texas, *Ecological. Economics*, 39(3), 333-346.

Lambin, E.F. and Meyfroidt, P., 2010, Land use transitions: Socio-ecological feedback versus socio-economic change, *Land Use Policy*, 27(2), 108-118.

Lambin, E.F. and Meyfroidt, P., 2011, Global land use change, economic globalization, and the looming land scarcity, *Proceedings of the National Academy of Sciences*, 108(9), 3465-3472.

Lambin, E.F., Turner, B.L., Geist, H.J., Agbola, S.B., Angelsen, A., Bruce, J.W., Coomes, O.T., Dirzo, R., Fischer, G., Folke, C., George, P.S., Homewood, K., Imbernon, J., Leemans, R., Li, X., Moran, E.F., Mortimore, M., Ramakrishnan, P.S., Richards, J.F., Skånes, H., Steffen, W., Stone, G.D., Svedin, U., Veldkamp, T.A., Vogel, C. and Xu, J., 2001, The causes of land-use and land-cover change: moving beyond the myths, *Global Environmental Change*, 11(4), 261-269.

Lyytimäki, J., Petersen, L.K., Normander, B. and Bezák, P., 2008, Nature as a nuisance? Ecosystem services and disservices to urban lifestyle, *Environmental Sciences*, 5(3), 161-172.

Millennium Ecosystem Assessment(MEA), 2005, *Ecosystems and Human well-Being: Synthesis*, Island Press, Washington, DC, USA.

National Research Council, 2005, *Valuing Ecosystem Services: Toward Better Environmental Decision Making*, Washington, DC, USA.

Nelson, E., Mendoza, G., Regetz, J., Polasky, S., Tallis, H., Cameron, D., Chan, K.M.A., Daily, G.C., Goldstein, J., Kareiva, P.M., Lonsdorf, E., Naidoo, R., Ricketts, T.H. and Shaw, M., 2009, Modeling Multiple Ecosystem Services, Biodiversity Conservation, Commodity Production, and Tradeoffs at Landscape Scales, *Frontiers in Ecology and the Environment*, 7(1), 4-11.

NOAA, 2020, What is the difference between land cover and land use? https://oceanservice.noaa.gov/facts/lclu.html

O'Neill, B. C., Kriegler, E., Ebi, K. L., Kemp-Benedict, E.,Riahi, K., Rothman, D. S., van Ruijven, B. J., van Vuuren, D. P., Birkmann, J., Kok, K., Levy, M. and Solecki, W., 2017, The roads ahead: Narratives for shared socioeconomic pathways describing world futures in the 21st century, Global Environmental Change, 42, 169-180.

Organisation for Economic Cooperation and Development (OECD), 2009, The Economics of Climate Change Mitigation: Policies and Options for Global Action Beyond 2012, OECD Publishing, Paris, France.

Ostrom, E., 2009, A general Framework for Analyzing Sustainability of Social-ecological Systems, *Science*, 325, 419-422.

Polasky, S., Nelson, E., Pennington, D. and Johnson, K.A., 2011, The Impact of Land-Use Change on Ecosystem Services, Biodiversity and Returns to Landowners: A Case Study in the State of Minnesota, *Environmental and Resource Economics*, 48(2), 219-242.

Rindfuss, R.R., Walsh, S.J., Turner, B.L., Fox, J. and Mishra, V., 2004, Developing a science of land change: Challenges and methodological issues, *Proceedings of the National Academy of Sciences of the United States of America*, 101(39), 13976.

Secretariat of the Convention on Biological Diversity(SCBD), 2004, *The Ecosystem Approach (CBD Guidelines)*, Montréal, Canada.

Secretariat of the Convention on Biological Diversity(SCBD), 2010, *Global Biodiversity Outlook 3*, Montréal, Canada.

Seppelt, R., Dormann, C.F., Eppink, F.V., Lautenbach, S. and Schmidt, S., 2011, A quantitative review of ecosystem service studies: approaches, shortcomings and the road ahead, *Journal of Applied Ecology*, 48(3), 630-636.

Tallis, H. and Polasky, S., 2009, Mapping and Valuing Ecosystem Services as an Approach for Conservation and Natural-Resource Management, *Annals of the New York Academy of Sciences*, 1162(1), 265-283.

TEEB, 2010, *The Economics of Ecosystems and Biodiversity: Ecological and Economic Foundations*, Earthscan, London and Washington.

Turner, B.L., Lambin, E.F. and Reenberg, A., 2007, The emergence of land change science for global environmental change and sustainability, *Proceedings of the National Academy of Sciences*, 104(52), 20666.

UN DPRK, 2016, North Hamgyong Floods 2016, https://dprkorea.un.org/en/10219-north-hamgyong-floods-2016

UN DPRK, 2017, New Framework Sets Out Strategy for Next Five Years, https://dprkorea.un.org/en/9979-new-framework-sets-out-strategy-next-five-years

United Nations Convention to Combat Desertification(UNCCD), 2017, *Global land outlook*, Bonn, Germany.

Wood, S.L.R., Jones, S.K., Johnson, J.A., Brauman, K.A., Chaplin-Kramer, R., Fremier, A., Girvetz, E., Gordon, L.J., Kappel, C.V., Mandle, L., Mulligan, M., O'Farrell, P., Smith, W.K., Willemen, L., Zhang, W. and DeClerck, F.A., 2018, Distilling the role of ecosystem services in the Sustainable Development Goals, *Ecosystem Services*, 29, 70-82.

World Commission on Environment and Development(WCED), 1987, *Our Common Future*, Oxford University Press.

Yi, H., 2017, *Spatial and Temporal Changes in Biodiversity and Ecosystem Services Provision in the San Antonio River Basin, Texas, From 1984 to 2010*, Texas A&M University, College Station, TX, USA.

Yi, H., Güneralp, B., Filippi, A.M., Kreuter, U.P. and Güneralp, İ., 2017, Impacts of Land Change on Ecosystem Services in the San Antonio River Basin, Texas, from 1984 to 2010, *Ecological Economics*, 135, 125-135.

Yi, H., Güneralp, B., Kreuter, U.P., Güneralp, İ. and Filippi, A.M. 2018a, Spatial and temporal changes in biodiversity and ecosystem services in the San Antonio River Basin, Texas, from 1984 to 2010, *Science of The Total Environment*, 619-620, 1259-1271.

Yi, H., Kreuter, U.P., Güneralp, B. and Han, D., 2018b, *Urban greenness and socio-environmental conditions in Bexar County, Texas, USA*, Paper presented at the 2018 American Association of Geographers Annual Meeting, New Orleans, Louisiana.

Yi, H., 2019, *Changes in ecosystem services and national forecasts of environmental sustainability in the Korean Peninsula through 2030s*, Paper presented at the 2019 Annual Meeting of the Korean Geographical Society, 122-123, Seoul.

Yi, H. and Kreuter, U.P., 2019, *Comparative Sensitivity Analysis of Ecosystem Service Values in the San Antonio River Basin, Texas, from 1984 to 2010*, Paper presented at the 2019 American Association of Geographers Annual Meeting, Washington DC.

Yi, H., Kreuter, U.P., Han, D. and Güneralp, B., 2019, Social segregation of ecosystem services delivery in the San Antonio region, Texas, through 2050, *Science of The Total Environment*, 667, 234-247.

Zhang, W., Ricketts, T.H., Kremen, C., Carney, K. and Swinton, S.M., 2007, Ecosystem services and dis-services to agriculture, *Ecological Economics*, 64(2), 253-260.

Zhao, B., Kreuter, U., Li, B., Ma, Z., Chen, J. and Nakagoshi, N., 2004, An ecosystem service value assessment of land-use change on Chongming Island, China, *Land Use Policy*, 21(2), 139-148.

국무조정실 대한민국 ODA 통합홈페이지, http://www.odakorea.go.kr

국토지리정보원 http://www.ngii.go.kr

국토지리정보원 대한민국 국가지도집, http://nationalatlas.ngii.go.kr

기상청 기후정보포털, http://www.climate.go.kr

법제처 국가법령정보센터, http://www.law.go.kr

통계청 북한통계포털, https://kosis.kr/bukhan

통일부 북한정보포털, https://nkinfo.unikorea.go.kr

환경부 지속가능가능포털, http://ncsd.go.kr

환경부 환경공간정보서비스, https://egis.me.go.kr

UN, 2012, Realizing the future we want for all: Report to the Secretary-General, https://www.un.org/millenni-umgoals/pdf/Post_2015_UNTTreport.pdf

UN, 2015, Transforming our world: the 2030 Agenda for Sustainable Development, A/RES/70/1, https://sus-tainabledevelopment.un.org

제8장
북한 소재 명승과 자연관광자원

———

신성희

문화재청 문화재위원회 전문위원, 경기연구원 연구위원

1. 서론

1) 연구동향 및 이 글의 방향

북한 관광의 기존 연구는 첫째, 경제개발 및 개방의 관점에서 둘째, 남북협력 및 교류의 방안이라는 관점에서 주로 다루어져 왔다고 할 수 있다. 관광은 남북이 분단된 현실에서 경제협력과 사회문화적 교류가 가능한 많지 않은 수단의 하나로 간주되어 왔기 때문이다.

또한 베트남과 동유럽 사회주의 국가들의 관광개발을 통한 경제개발을 목도한 북한이 경제개발의 수단으로 관광에 주력하고 있으며 이에 대한 연구와 보고 또한 최근에 더욱 활성화되어 있다. 북한을 대상으로 하는 다른 분야의 접근과 마찬가지로, 관련 정보와 통계의 절대적인 부족으로 인해 관광연구 역시 대외 개방 지역인 금강산을 비롯하여 백두산, 개성과 같은 특구 지역에 연구물과 정보가 집중되어 있다.

한편 뛰어난 자연경관에 기초하여 역사적으로 이름난 명승지들에 관한 연구는 주로 휴전선 이남 영역에 제한되어 있다. 이 역시도 명승지의 평가지표 또는 항목을 제시하거나, 명승지 지정 및 보존방안의 정책 수립을 지원하는 연구가 주를 이루고 있다(표 8-2).

따라서 북한 영토에 소재하고 아름다운 경치를 감상할 수 있는 장소와 명소에 관한 사유를 수행하는 순수한 관광학적, 문화지리학적 연구는 제한적이었으며 아직 이러한 접근은 시작 단계라고 말할 수 있다.

표 8-1. 북한 관광 관련 주요 선행연구

연구자(연도)	주제
김홍식 (2002)	• 육로관광을 통한 남북한 관광협력 활성화방안: 협력 기반의 단계적 구축방안 및 파급효과 분석을 중심으로 – 육로관광 활성화에 의한 영향을 분석함
김영봉 (2006)	• 북한 관광자원의 효율적 활용방안에 관한 연구: 북한 관광시범사업의 협력적 추진방안 – 북한의 현 상황에 맞는 관광개발유형 및 활용방안을 제시함
윤인주 (2015)	• 김정은 시대 북한의 관광산업 평가 및 전망 – 현재 북한의 관광산업 개방유형을 확인하고, 이에 대한 평가를 수행함
윤인주 (2016)	• 북한의 관광개발: 핵개발 국면의 정책 모순과 관리가능성 – 관광개발과 핵개발이 상충함에 따라 시도된 북한의 제도적 층화를 분석함
남성욱 (2019)	• 김정은 정권의 관광특구 개발, 전략과 의도는? – 이전 세대 북한의 관광 정책을 확인하고, 오늘날 관광 정책의 특징을 분석함
박은진 (2019)	• 북한의 관광산업 현황 및 전망 – 최근 북한에서 시행하고 있는 관광산업 정책 확인 및 전망 제시

표 8-2. 명승자원 선행연구

연구자(연도)	주제
김윤식 (2002)	• 자연문화재 개관, 자연유산 심포지엄 – 천연기념물, 명승과 같은 자연유산의 실태를 분석함
신승진 (2004)	• 명승 지정을 위한 평가지표 설정에 관한 연구 – 영월 동강 어라연 지역을 중심으로 명승의 가치를 분석하기 위한 지정 가치평가 기준을 제시함
이재근 (2004)	• 명승 지정 평가지표 설정에 관한 연구: 상주 경천대를 중심으로 – 상주 경천대를 중심으로 명승의 가치와 지정 평가지표에 대한 가치를 제시함
김지혜 (2006)	• 우리나라 명승 지정의 현황 및 개선방향 – 우리나라의 명승 현황을 분석하여 명승의 개선방향을 제시함
김대열 (2008)	• 우리나라 명승 지정 확대방안 연구 – 명승의 지정 확대를 위하여 한국과 일본의 법, 제도, 특성 등을 비교하여 제시함
박근엽 (2008)	• 명승 지정을 위한 경관평가항목 개발에 관한 연구 – 명승 지정을 위한 경관평가표를 통해 자연 문화경관과 생태요인까지 비교분석할 수 있는 항목을 설정하여 제시함
이재근 (2010)	• 한국 명승 보존관리의 문제점 및 개선방향 – 한국 명승 보존관리에 대한 문제점과 개선방향에서 명승 개념을 재정립, 지정기준에 대한 재확립, 명승의 다양한 지정 및 확대 등의 문제를 제시함
김대호 (2011)	• 명승자원으로서 별서정원의 가치 – 명승자원으로서의 별서가치를 재해석하고 분석함
박창민 (2012)	• 전통어업경관의 명승자원으로서의 가치: 남해·태안군에 위치한 독살을 중심으로 – 명승자원으로서 독살의 가치를 규명하고 사라져 가는 독살을 재조명함으로써 명승 및 천연기념물로 지정될 수 있는 준거를 마련함
문화재청 (2009~2010)	• 2009 전국 별서정원 명승자원 지정조사 보고서 – 전국 별서정원 지정 조사연구를 시행함
문화재청 (2011)	• 2011 유형별 전국 명승 자원조사 – 유형별 전국 명승자원 전통산업경관의 다랑이논·염전·독살에 대한 조사를 시행함
문화재청 (2012)	• 2012 유형별 전국 명승 자원조사 – 도서 지역을 명승으로 지정할 수 있는 근거를 제시함

이 글에서는 기존의 남북 경제협력 및 교류의 수단으로서의 관광이라는 관점에서 벗어나 북한에 소재한 관광자원의 현황과 향후 개발의 방향에 대한 전망을 검토하여 보았다. 특히 북한의 자연이 자아내는 빼어난 풍광에 의존하는 자연관광자원을 중심으로 다루었다. 또한 이러한 자연관광자원 중에서도 역사적으로 '명승(名勝)'으로서 알려진 곳을 중심으로 하였는데, 이곳들을 향후에도 우선적인 관광 개발의 위치 이점이 있는 곳으로 파악하였기 때문이다. 이러한 접근이 필요한 이유는 북한의 관광 개발이 앞으로는 훨씬 더 자본집약적이고 다각적으로 이루어지리라는 전망에서 비롯되었다.

그동안 북한의 관광 정책은 다양한 지리적 위치와 수려하고 깨끗한 자연환경을 활용하기보다는, 북한 사회의 이른바 '모델하우스 도시'라 할 수 있는 수도인 평양시 내부 요소의 상품화에 집중되었다. 이처럼 제한적인 관광자원들은 체제 선전을 위해 주로 동원되었지만, 지속가능한 집객력을 유지하는 데에는 많은 한계가 있다는 것을 최근의 북한 당국 또한 인식하는 바이다.

2) 명승–관광의 연계 이해의 필요성

일반적으로 구소련을 비롯하여 사회주의 국가들은 민족문화를 중시하여 지속적인 관심을 견지한다(이우영, 2012). 북한 사회주의를 건설한 김일성 또한 1949년 10월 15일 묘향산을 방문하였을 때, "민족문화유산을 잘 보존하여야 한다."고 강조하였다. 북한에서 명승은 국토의 특정한 위치에 형성된 자연환경이 역사적으로, 문화적으로 특수하게 인식되어 경관이라는 측면에서 보존되고 있는 민족문화유산이라고 할 수 있다. 이러한 관점에서 북한의 명승 보호와 관리는 민족문화 정책의 중요한 한 축인 동시에, 국토에 대한 북한 사회주의 특유의 태도를 알 수 있게 한다는 점에서 이 글에서는 명승을 다루고자 한다.

북한의 문화 정책은 전반적으로, 변화가 비교적 적었으며 다른 사회주의 국가들에 비해 민족문화를 강조하는 경향이 두드러졌다. 북한은 1970년대에 민족문화유산에 대한 본격적인 관심을 보이기 시작했는데 그 과정에서 국토 전반에 대한 조사와 명승지에 대한 정리가 이루어졌다. 남한의 명승지가 순전히 자연경관의 위치만을 의미하는 데 비해 북한에서 명승지는 단순히 아름다운 경치일 뿐 아니라 학술교양적으로도 의미 있는 곳을 칭하고 있다. 실제로 문화경관 명승지(203개소)가 자연현상 명승지(105개소)보다 훨씬 많으며 명승지 평가에 있어서도 역사적 유래가 중요시된다. 명승지에 대한 평가는 국가 차원에서 이루어지는데 명승지의 기능에 북한 사회의 지도 이념과 정책을 배우는 교양교육이 포함된다. 이 글에서는 정보와 자료 구득의 한계를 노정하고 있지만, 개괄적으로나마 북한의 문화재 관리제도에 관한 내용을 파악하여 제시하였다. 오랜 세월 동안 아름다운 경관을 간직한 명승지들은 보존 방식과 범위, 관리 양태에 따라 달라지기 때문이다.

2. 북한 명승의 관리와 유형

1) 북한 문화재 보호제도의 이해

(1) 남북한 문화재 보호제도의 비교

문화재 보호제도에서 남한과 북한은 다소 차이를 보인다. 남한의 문화재 보호는 「문화재보호법」 단일 법령에 의해 시행되고 있는 반면, 북한의 문화재 보호는 여러 제도를 통해 시행되고 있다. 구체적으로 1990년대 「명승지의 보호관리 및 이용에 관한 규정」(1990), 「천연기념물의 보호관리에 관한 규정」(1990), 「역사유적과 유물보존에 관한 규정」(1992)이 제정되었다. 1993년 북한 최고인민회의는 「민족문화유산을 옳게 계승발전시키기 위한 사업을 더욱 강화할 데 대하여」라는 결정을 내렸으며(이규창, 2010), 이후 민족문화유산에 대한 발굴수집사업, 유적·유물 복원사업, 보존관리사업을 활발하게 하고 새로운 법과 규정을 제정할 것을 촉구했다. 이에 1994년 「문화유물보호법」을 제정·공포했으며, 1995년 「명승지·천연기념물보호법」을 제정했다.

오늘날 북한의 문화재 보호 관련 법령은 아래 두 가지 법의 제정으로 대체된 것으로 보인다. 문화유산에 관한 제도는 「문화유물보호법」이, 자연유산에 대한 제도는 「명승지·천연기념물보호법」이 시행되고 있다.

그림 8-1. 북한의 문화재 보호 관련 법령의 변화
출처: 이규창, 2010의 내용을 도식화함

(2) 주요 내용과 특징

① 문화유물보호법

「문화유물보호법」은 문화유물을 역사유적과 역사유물로 구별하고(제2조), 문화유물의 발굴과 수집(제2장), 평가와 등록(제3장), 보존·관리(제4장) 등의 내용을 규정하고 있다. 이는 기존 「역사유적과 유물보존에 관한 규정」에서부터 규정된 사항이며, 따라서 「문화유물보호법」은 기존 북한에서 시행되던 「역사유적과 유물보존에 관한 규정」을 대체할 신법으로서의 성격을 띠고 있는 것으로 보인다. 한편 「역사유적과 유물보존에 관한 규정」이 4장 19조로 편제되어 있는 것에 비해, 「문화유물보호법」은 6장 52조로 구성되어 내용도 더 자세하게 규정되었다고 평가할 수 있다.

② 명승지·천연기념물보호법

「명승지·천연기념물보호법」은 「명승지의 보호관리 및 이용에 관한 규정」과 「천연기념물의 보호관리에 관한 규정」 2가지를 대체한 것으로 보인다. 조사등록(제2장), 보호관리 및 이용(제3장), 제재 및 처벌(제4장) 등 내용의 틀을 유지하면서, 나뉘어 있던 2가지 분야를 합치고, 4장 34개 조문으로 구성함으로써 내용을 더욱 구체적으로 규정하고 있다.

2) 북한 명승의 현황과 유형

(1) 남북한 명승 개념 및 제도의 비교

오늘날 문화재로서 명승의 제도적 보존과 관리의 시작을 거슬러 올라가면, 일제강점기인 1933년에 제정된 「조선보물·고적·명승·천연기념물보존령」에 의하여 처음 시행된 것으로 파악할 수 있다. 이때에는 한반도 전체의 명승, 천연기념물, 고적 등이 일괄적인 체계와 제도하에 관리되다가, 광복 이후에는 제헌헌법에 의하여 「조선보물·고적·명승·천연기념물보존령」이 존속되었으며, 1962년 남한의 「문화재보호법」이 새로 제정되어 휴전선 이남의 영토에 제한된 명승의 지정과 관리가 분리되었다고 할 수 있다.

① 남한의 명승

'명승(名勝)'의 사전적 정의는 "뛰어나게 아름다워 이름난 경치"이다.

일반적으로 남한 사회에서 명승이라 함은 주로 순수하게 아름다운 자연경관을 의미하는 것으로 인식되고 있는데, 문화재청의 명승 개념은 예술적·경관적·관상적 측면에서 부각되며 「문화재보호법」상 지정문화재 중 기념물에 해당한다. 1970년 11월 강원도 강릉에 소재한 명주 청학동 소금강의 명승 제1호 지정을 시작으로 전라남도 강진 소재의 강진 백운동 원림이 2019년 5월에 명승 제115호로 신규 지정되었다.[1]

② 북한의 명승

반면 북한에서의 명승은 아름다운 경치로 이름이 났거나 희귀하고 독특하며, 학술교양적 의의가 있어 국가가 특별히 지정하고 보호하는 지역이다.

---

1. 남한에서 명승 지정의 기준은 첫째, 이름난 건물이 있는 경승지 또는 원지(苑地), 둘째, 화수(花樹)·화초·단풍 또는 새와 짐승 및 어충류(魚蟲類)의 서식지, 셋째, 이름난 협곡·해협·곳·급류·심연·폭포·호소(湖沼) 등, 넷째, 이름난 해안·하안·도서 기타, 다섯째, 이름난 풍경을 볼 수 있는 지점, 여섯째, 특징이 있는 산악·구릉·고원·평야·하천·화산·온천·냉광천 등이 있다.

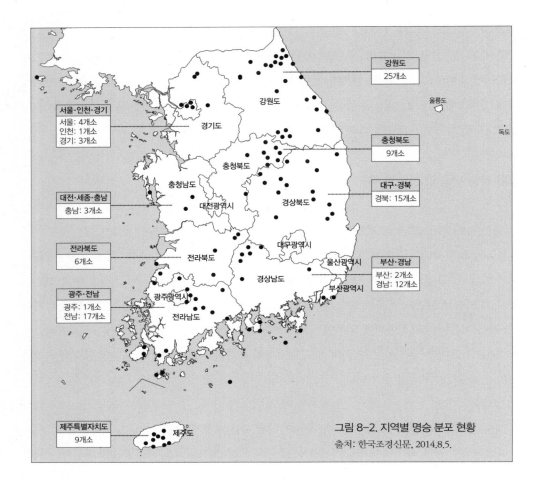

그림 8-2. 지역별 명승 분포 현황
출처: 한국조경신문, 2014.8.5.

구체적으로 보면 첫째, 산·해안·강과 호숫가·지하(동굴)와 같은 '아름다운 자연환경을 가진 곳' 그리고 둘째, 혁명사적물·역사유적유물·문화오락시설 등 '인간이 오랜 역사를 두고 이룩한 창조물이 있는 곳'을 의미한다. 이는 북한에서의 명승이 단순히 아름다운 경치일 뿐만 아니라, 학술적·교양적 의의가 있어야 함을 나타낸다.

북한에서 명승의 개념은 지정기준에서도 나타난다. 「명승지·천연기념물보호법」 제1조에서 명승지정 목적을 "조선민주주의인민공화국 명승지·천연기념물보호법은 명승지, 천연기념물의 조사, 등록, 관리에서 제도와 질서를 엄격히 세워 명승지, 천연기념물을 보호하고 인민들의 문화생활과 건강증진을 보장하는 데 이바지한다."라고 명시되어 있다. 이는 명승지를 북한 인민들의 '문화생활과 건강증진'을 위한 것으로 규정하며, 특히 '문화생활'은 남한의 문화생활과 구별되는 사회주의 문화 정책으로 나타난다.

백두산 천지

삼지연

묘향산

출처: Wikimedia Commons_Wanghongliu

금강산

칠보산

출처: Wikimedia Commons_Uri Tours

몽금포 코끼리바위

출처: 평화문제연구소

구룡폭포

출처: Flickr_Uri Tours

백령대굴

출처: 평화문제연구소

그림 8-3. 북한의 자연현상 명승지

김정일 생가
출처: Eckart Dege

백두산지구 혁명사적지
출처: Eckart Dege

마전유원지
출처: 평화문제연구소

송도원 국제야영소
출처: Wikimedia Commons_Uri Tours

고구려 고분군
출처: Flickr_Caitriana Nicholson

선죽교
출처: 국립중앙박물관

개성 남대문
출처: 국립중앙박물관

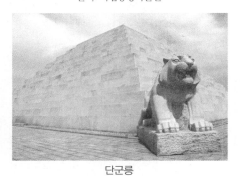

단군릉
출처: Wikimedia Commons_Laika ac

그림 8-4. 북한의 문화역사적 명승지

보편적으로 명승지의 기능은 관광과 휴식에 치우쳐 있으나, 북한은 지식 습득과 주체사상 교양, 충성심 교양 등을 추가하고 있다. 실제로 북한은 김일성·김정일의 혁명사적물과 그 일대를 명승지로 지정하였으며, 사회주의·애국주의 교양을 담당하고 있다.

(2) 북한 소재 명승의 유형

북한의 명승지는 넓게 보면 '문화역사적 명승지(인간이 오랜 역사를 두고 이룩한 창조물이 있는 곳)'와 '자연현상 명승지(아름다운 자연환경이 있는 곳)'로 구분된다. 여기서 북한 명승의 특징이 나타나는데, 양적으로도 문화역사적 명승지(205개소)가 자연현상 명승지(105)보다 두 배 정도로 많다. 이는 북한의 명승법상 교양교육의 기능이 있어 과거 인간의 활동으로 이루어진 경관·창조물이 중시되었기 때문으로 보인다.

북한의 자연현상 명승지는 산악이 가장 많았으며 해안, 계곡·폭포, 호수의 순으로 나타난다. 특히 산의 비중이 높게 나타나는데, 이는 산을 여러 구역으로 분할하여 명승지로 지정·관리하고 있기 때문이다.

북한의 인문경관 명승지는 대상지명 및 경관요소를 기준으로 할 뿐만 아니라, 해당 지역에서 인간의 여가행태, 경치, 풍경 등을 지정하는 경우도 있다. 특히 팔경의 경우 '~구경', '~행태', '~상황', '~경치' 등 구체적인 문화적 경관을 표현한 경우가 많았다. 이는 남한과 구분되는 북한 명승지의 독특한 특징이다.

표 8-3. 평양팔경

명칭	세부적 명칭	주요 경관요소	특징
평양 팔경	을밀대의 봄구경	금수산, 을밀대 누정, 봄의 풍경	봄의 풍경으로서 봄에만 볼 수 있는 풍경
	부벽루의 달구경	부벽루, 청류벽, 대동강, 달구경	부벽루에서 바라본 달의 모습으로 달이 경관의 조건이 됨
	영명사의 중을 찾다	5층8각석탑, 석조불감	영명사는 현재 남아 있지 않음
	보통문에서 길손을 보내다	보통문, 보통강	1473년에 지어진 보통문은 현존하는 한국 성문 중 가장 오래됨
	거문 앞의 뱃놀이	대동강	대동강에서 뱃놀이를 하는 경치, 인간 활동
	연당에서 비 내리는 소리를 듣다	비 내리는 연못, 연꽃	비가 내리는 연못의 풍경으로 날씨가 중요한 역할을 함. 연당은 현재 남아 있지 않음
	대성산의 저녁풍경	대성산유원지, 대성산성	대성산에서 바라본 저녁풍경
	마탄의 봄물	말여울, 대동강, 눈	봄에 눈이 녹아 대동강이 범람하는 풍경

출처: 이강민, 2013의 내용을 정리함

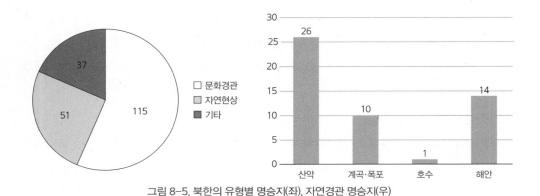

그림 8-5. 북한의 유형별 명승지(좌), 자연경관 명승지(우)

그림 8-6. 을밀대(좌), 부벽루(우)

3. 북한의 자연관광자원과 개발

1) 북한 관광 개발의 이해

북한에서 '관광'이라는 말은 최근 들어 새롭게 인식되고 있는 개념으로서 "다른 지방이나 다른 나라의 자연풍경, 명승고적, 인민경제의 발전면모, 역사유적 등을 구경하는 것"으로 설명하고 있다. 관광이라는 용어가 경제 활동과 관련하여 공식적으로 사용된 것은 1984년에 제정된 「조선민주주의인민공화국 합작법」과 「조선민주주의인민공화국 합영법」 및 1996년에 승인된 「자유경제무역지대 관광규정」 등이다. 위의 합작법이나 합영법에서 합작사업의 대상 분야로 관광봉사 부문을 거명하고 있으나 합작사업을 어떻게 추진하고 관광부문의 성격을 어떻게 규정하는지에 대해서는 언급하고 있지 않다. 최근의 「자유경제무역지대 관광규정」에서도 '관광'에 대한 구체적인 개념을 밝히지 않고 있으며 "관광에는 려행을 통한 구경, 인식, 휴양, 연구, 오락과 같은 것이 포함된다."라고 설명하고 있다(현대경제연구원, 2005).

중국·쿠바 등 사회주의 국가들에서 관광이 외화 획득에 큰 역할을 하고 있음을 인식하면서, 북한은 우수한 자연환경을 관광객 유치를 통해 단기간에 많은 외화를 획득할 수 있는 중요한 수단으로 보고 있다. 이에 「조선민주주의인민공화국 합작법」, 「조선민주주의인민공화국 합영법」, 「자유경제무역지대 관광규정」의 합작·합영사업 분야에 관광부문을 포함시키며 관광의 중요성을 인식하게 되었다.

특히 북한은 1994년 이후로 본격적인 관광객 유치를 시도하였다. 국가관광실행계획(National Tourism Action Plan)에 국제관광 개발의 주요 목적으로 지역주민의 경제적 혜택 창출, 자연보호, 사회적 조건 및 인적 자원과 일치하는 균등한 분배 추구를 명시하였고, 관광 개발을 위한 다양한 노력을 시작하였다. 또한 남포 와우도지구, 원산 송도원지구, 통천 시중호지구, 나진·선봉지구, 해주, 함흥을 외국인 전용 관광구역으로 설정하였다.

평양외국어대학교, 평양상업대학교, 국제관계대학교 등에서는 관광교육을 시행하여 전문인력을 배출하고 있고, 동남아시아에서 어학교육, 연수 등을 실시하고 있다. 재원조달을 위해 일본, 홍

표 8-4. 북한의 관광진흥 추진 현황

계획	주요 시책	
관광지구 개발계획	• 4대 관광지구 지정, 집중개발(1997.4) – 나진·선봉자유경제무역지대 – 두만강지구(회령, 온성 중심) – 압록강지구(신의주 중심) – 칠보산지구(함경북도)	• 금강산 계발계획 – 동아시아 최대의 관광단지 조성계획 – 싱가포르 형태의 관광개발 목표 • 칠보산·구월산지구 개발계획
관광기반 시설 확충	• 평양–향산 간 120㎞ 관광도로 개통(1995.10) • 백두산 향도봉–천지 간 케이블카 운행(1.3㎞)	• 원산–금강산 간 101.5㎞ 개통(1997.4) • 회령–학송 간 전철화로 북부지구 철도순환망 완성
관광인력 양성	• 평양 소재 일부 대학에 관광학부 신설 운영	• 관광전문일꾼양성학교 설립 – 안내요원, 접대서비스요원, 전문요리사 양성
관광 관련 법규 제정	• 자유경제무역지대 관광규정(1996.7) – 관광여행절차, 관광관리, 지대 내 관광부문에 대한 외국인 투자 등 명시	
관광 시장 다변화	• 동남아시아 관광객 유치 노력 – 국제 여행사 사무소 설치, 항공노선 개설	– 현지 여행사에 대북비자 발급업무 대행 허용
신규 관광 상품 개발	• 신의주, 샛별, 온성군 등 압록강, 두만강 지역 – 1~3일 단기관광코스 개발(변경관광) • 백두산 천지 외국관광객에 대한 무비자 개발 추진	• 버섯채취, 사이클링 투어 등의 관광상품 개발 • 남한 주민에 대한 금강산 관광상품 개발(1998.11)

출처: 통일부 통일교육원, 2007

콩 등에서 투자설명회를 개최하여 외자유치도 시도하고 있다. 세계관광기구(WTO), 유엔개발계획(UNDP), 태평양아시아관광협회(PATA) 등 국제 관광기구를 통한 관광 개발도 추진하고 있는데, 이는 국제협력의 필요성을 인지하였기 때문이다.

1998년 이후 금강산관광이 실시되면서 외화 획득을 위한 관광 개발은 더욱 중시되고 있다. 2002년 아리랑축전은 관광인프라에 대한 인식을 바꿔 놓았으며, 전시회 및 교역전의 중요성을 인식하여 동남아시아 등지에서 유치 활동을 전개하기도 했다.

2) 주요 자연관광자원과 개발 현황

(1) 주요 자연관광자원의 분포 현황

관광자원은 관광 활동에 필요한 제반요소의 총칭을 의미한다. 즉, 관광자원은 관광객의 의욕을 유발하고 동기를 충족시키는 유·무형의 자원이다. 이는 형태에 따라서 자연적 관광자원, 문화적 관광자원 등으로 분류된다. 북한의 관광자원은 크게 문화유적지, 자연자원 및 경승지, 온천 휴양지로 구분되며 유적, 사적, 자연경승, 문화재, 향토특산물 등 관광자원 또한 비교적 온전히 보호·관리되고 있다.

북한은 상대적으로 좁은 규모의 국토이지만, 특색 있고 다양한 자연관광자원들을 많이 보유하고 있다. 구체적으로 살펴보면, 자연 명승은 해안 혹은 내륙 산간지대에 분포해 있다. 이러한 명승지들은 최근 산간지대가 개발되고 도로가 확장되면서 점차 알려지고 있다. 대표적으로 내륙 지역에는 금강산, 백두산 동쪽의 백무고원, 함경북도 칠보산, 함경남도 부전고원·백운산, 황해도 수양산·구월산·장수산, 평안북도 묘향산·석승산, 양강도와 자강도 경계의 장자산·오가산 등이 있다. 해안 지역에도 자연명소가 산재해 있으며 휴양·관광지, 해수욕장 등으로 이용되고 있다.

이처럼 북한은 풍부한 관광자원을 지니고 있는 반면, 관광산업은 기초적인 단계에 머물러 있다. 이는 관광산업이 여전히 부정적으로 인식되고, 체제적·사회적 폐쇄성과 열악한 시설의 한계에 부

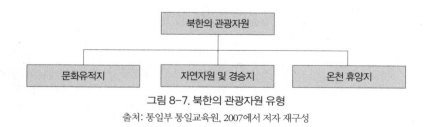

그림 8-7. 북한의 관광자원 유형

출처: 통일부 통일교육원, 2007에서 저자 재구성

산악 지형: 만물상 일부   급애와 폭포: 비봉, 구룡폭

해안: 해금강   호수: 삼일포

그림 8-8. 다양한 지형경관의 금강산관광특구 모습

출처: 신성희, 2006

표 8-5. 북한의 자연관광자원 유형

구분	내용
동서 두 면이 바다를 끼고 있는 지형	동해는 가장 넓고 깊은 곳이며, 만·반도·섬이 적고 해안선이 곧음. 동해의 섬 267개 중 188개가 북측에 있음. 서해는 북한과 중국 사이의 만과 같이 얕은 바다임.
자연호수가 100여 개, 인공호수 1,700개 이상	자연호수: 백두산 천지, 삼지연, 서번포, 광포, 장연호, 시중호, 삼일포 저수지: 수풍호, 부전호, 장진호, 만풍호, 연풍호, 태성호, 서흥호
92개의 약수지대 52개의 온천지대	국토 면적에 비해 온천과 약수가 많음. 온천(주로 해안지대에 위치): 경성온천, 웅진온천, 석탕온천, 외금강온천 약수(주로 내륙지대에 위치): 광명약수, 강서약수, 옥호동약수, 삼방약수
자연·자연자원 보존·연구· 교육의 목적으로 자연보호구 설정	종류: 자연보호구, 식물보호구, 동물보호구, 바닷새번식보호구, 수산자원보호구 등 동식물·광물암석 표본 채집 시 관리기관의 승인 요구 답사·실습·견학 시 지정된 길로 통행

출처: 통일부 통일교육원, 2007에서 저자 재구성

딪히고 있기 때문이다. 특히 체제적 폐쇄성은 수용체계의 미비와 맞물려서 관광 활동을 크게 저해하고 있다.

(2) 주요 관광특구의 개발 현황과 특징

① 북한의 관광특구

북한에서 관광특구는 다른 사회주의 국가들의 개방 과정에서 도입된 경제특구의 한 유형으로 이해된다. 그러나 기존의 경제특구에서 관광 개발만을 목적으로 하는 경우는 없었으며, 종합형 경제특구의 한 부문으로서 개발·대외개방과 함께 추진되고 있었다. 중국 또한 경제특구 내 외국인들에게 관광산업을 활성화하는 차원에서 관광을 허용했다.

북한의 경제특구가 이전의 금강산 관광과 어떤 차이를 지니고 있는지는 현재 분명하지 않으나, 대체로 경제특구와 유사하게 일정 지역을 개방하고 법률·제도 등이 다르게 적용되는 지역으로 볼 수 있을 것이다. 따라서 북한 내에서 관광특구가 지정될 경우 이동 허용, 외국계 자본 투자 허용, 출입국 간편화 등 다양하고 포괄적인 개방적 조치가 이루어져야 할 것이다.

표 8-6. 북한의 관광 관련 경제특구 및 경제개발구 현황

분류	명칭	면적(㎢)	지정연도	주요 기능
경제특구	원산–금강산국제관광지대	100.0	2002	국제적 관광지
중앙급 경제개발구	무봉국제관광특구	84.0	2015	백두산 연계 관광지
지방급 경제개발구	청수관광개발구	37.7	2014	혁명사적지, 관광단지 등
	신평관광개발구	8.1	2013	탑승, 휴양, 체육, 오락 등
	온성섬관광개발구	1.7	2013	수영장, 골프장, 경마장 등

출처: 김성윤 외, 2018

② 관광특구의 조성: 대남 개방, 금강산관광특구 개발

기존의 종합적인 경제특구에서 관광전용 개발을 목적으로 하는 북한 영내 최초의 관광특구는 '금강산관광특구'의 조성으로 볼 수 있을 것이다. 이러한 금강산 관광개발사업은 1998년 11월 18일 금강호의 첫 출항으로 분단 이후 반세기 만에 현실화되었다.

이는 '햇볕정책'이라 일컬어지는 정부의 전향적인 대북정책, 그리고 현대그룹 창업주의 강력한 사업의지 등에 토대하여 상당히 빠른 속도로 진행되었다. 순조롭게 진행되던 금강산 관광은 개시 7개월 만에 남측 관광객이 억류되면서 잠정 중단되었다가 재개되었다. 2003년 9월부터는 육로관광이 시작되며 더욱 활기를 띠게 되었다. 그러나 2008년 7월 11일 남측 관광객 한 명이 북한 군인에 피격되는 사건으로 인하여 금강산 관광은 전면 중단되었다. 그간 금강산관광특구가 개발되어 남측 방문객들이 왕래하면서도 여러 가지 문제점들을 노정하였다.

우선 당시의 북한 내 관광에 대한 인식이 미약하였다는 점을 들 수 있다. 관광객을 위한 편의·서비스 제공에 부정적이었으며, 북한의 내부 시스템상 오랜 시간이 소요되었다. 또한 현지 주민과의

접촉을 제한함으로써 북한 주민들과 만나고 문화를 체험하길 원하는 관광객들의 욕구를 충족시키지 못하였다. 즉 금강산 관광은 관광객들의 요구를 충족시키지 못하는 근본적인 한계를 지니고 있었으며, 금강산에 대한 한국 국민의 신비함, 외경감, 동경심 등에 의존하고 있었다.

따라서 북한의 관광에 대한 제한적 요소를 제거하고, 관광객들의 자유로운 행동을 보장할 필요성이 제기되었다. 금강산 관광에 행동의 제한이 많은 점을 '하지마관광', '철조망관광' 등으로 평가했던 것은 위의 제한에 대한 부정적이고 냉소적인 평가로 볼 수 있다. 역사적으로 한반도의 가장 아름다운 명산이자 한국인이라면 평생 꼭 한 번 가 보고자 하는 여행지인 금강산 관광은 과거 피격 사건으로 중단되었다가 국제적인 정치경제 등 현재의 상황과 맞물리면서 결국 무기한 연기된 상태이다.

③ 최근 관광특구의 경향: 국제성 강화

2012년도에 김정은 위원장은 "조선(북한)이 경제 발전을 하려면 외국 투자를 받아야 하는데, 지금 미국이 제재를 가하는 상황에서 방법이 많지 않다. 현재 외화를 벌 수 있는 가장 쉬운 방법은 관광이다. 관광객을 대폭적으로 늘려 관광을 발전시켜야 한다."(남성욱, 2019)라고 하였는데, 여기에서 북한이 관광을, 특히 현재의 제재 상황에서 최선이자 거의 유일한 외화벌이의 수단으로 보고 있음을 알 수 있다. 또한 "관광업을 중요산업의 하나로 발전시키기 위해 적극 노력하고 있다."고 스스로 언급하였다(조선중앙통신, 2013년 8월 28일).

이처럼 오늘날 북한은 관광산업을 적극적으로 활용하려 하고 있으며, 특히 외화벌이의 수단으로 강조하고 있다. 이에 2013년 「경제개발구법」을 만들면서 북한 전역에 13개의 경제개발구가 설치되었고, 2014년에 추가로 6개가 설치되어 총 19개의 경제개발구가 설치되었다. 2015년에는 무봉산국제관광특구, 경원경제개발구까지 확대되었는데, 이 중 관광특구 및 개발구는 5개가 있다. 2013년에는 온성과 신평, 2014년에는 청수와 금강산, 2015년에는 무봉이 순차적으로 지정되었다.

북한 내부에서도 관광산업을 육성하려는 활동이 활발히 전개되었다. 국가관광총국 산하 조선국제여행사는 외국 대사관 관계자, 여행사 대표를 상대로 외자 유치 설명회를 열었다. 총국 산하 국제여행사는 상하이에서 북한 관광 설명회를 열었고, 런던에서 열린 '세계여행박람회'에 북한 여행 상품을 출시하기도 했다. 지속적으로 중국으로부터 관광 수요를 끌어들이고자 했으나, 동시에 중국 의존도를 줄이고자 노력하고 있다. 이에 따라 외국인 관광객 다변화를 도모하기 위해 스위스에서 열린 '베른 홀리데이 박람회'에 참가하여 북한의 관광명소를 홍보하기도 했다.

이전 금강산관광특구도 개선한 것으로 파악된다. 우선 현재 대남 관광개방은 폐쇄하였으나, 그밖의 중국을 비롯한 외국에 대한 개방 수위를 이전보다 높인 것이 특징이다. 가령 새해 첫날 가정

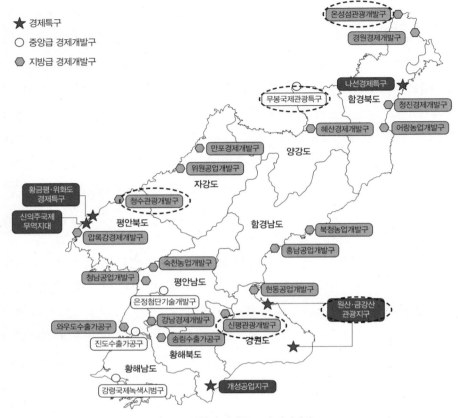

그림 8-9. 북한의 경제특구 및 경제개발구

집을 외국인 관광객에게 공개하기도 하며 평양 국제축구학교와 만경대상 마라톤대회, 군영화촬영소 등을 개방했다. 신의주에 처음으로 외국인 숙박관광을 허용하였으며 새로운 관광코스가 개통되면서 북한 국경도시가 추가로 정식 개방되었다(통일부, 2016).

그림 8-10. 스위스 베른에서 열린 관광박람회. 북한 국가관광총국 소속 이영범 관광대표가 북한 관광 안내를 하고 있다.
출처: 연합뉴스

교통을 비롯하여 관광 개발에 요구되는 인프라와 서비스도 보완하였다고 알려져 있다. 기존 군사공항이었던 어랑공항(칠보산 인근), 삼지연공항(백두산 인근), 갈마공항(원산 인근)을 민영화하고, 백두산 관광철도 공사를 다시 시작하였다. 원산에 관광객을 대상으로 하는 호텔이 새로 건설되고, 마식령 스키장을 완공했다.

이처럼 북한은 최근 관광을 정식 산업화하여 대내외 관광을 허용하고, 관광개발구 지정, 관광 전문인력 양성, 관광산업의 상업적 발전연구 등을 통해 관광산업 활성화 정책을 그 어느 때보다도 적극적으로 추진하고 있다. 과거에는 엄격히 제한되었던 '관광'을 최근에는 산업으로 인정하고 적극 허용하고 있는 것이다(박은진, 2019). 일례로 북한 주민의 국내 여행에 대해 과거에는 관혼상제의 경우에만 여행증명서로 지역 이동을 허용했으나, 현재는 모집광고를 통한 유료관광을 허용하고 있다. 또한 외국인의 북한 관광에 대해 과거에는 사회주의 폐쇄 정책에 따라 엄격히 통제했으나, 현재는 외화수입 및 투자유치를 위한 관광산업 활성화를 위한 방안을 적극적으로 모색하고 있다.

특히 평양 중심의 국제관광지를 다른 지역으로 다각화하려는 노력들이 보고되고 있다. 그 예로 원산-금강산관광개발구는 김정은 위원장의 관심으로 관광개발구들 가운데 가장 우선하여 개발이 진행될 것으로 전망된다(박은진, 2019).

④ 종합 및 향후 전망

북한은 대북제재로 인한 경제봉쇄 돌파구의 주요한 수단으로 관광산업에 더욱 집중하고 있다. 이러한 경향은 향후에도 지속될 것으로 예상된다. 현재까지 북한 관광은 폐쇄국에 대한 호기심에 기반한 것으로, 종합적으로는 국제적인 경쟁력과 차별성을 갖춘 관광상품의 개발이 부족하다는 평가가 지배적이다. 이에 따라 개발의 훼손으로부터 보호되어 오염되지 않고 빼어난 아름다움을 자아내는 자연풍광을 지닌 명승지, 명산 등의 상품화에 보다 적극성을 띠게 될 가능성이 높다. 금강산, 백두산과 같은 명산 그리고 DMZ 등은 이러한 오염되지 않은 순수한 자연경관과 생태를 간직하고 있는 잠재적인 관광자원들로서, 보존된 환경자산에 기초한 상품 개발이 심화될 것으로 보인다. 또한 원산-금강산관광개발구는 북한 당국의 집중투자지로서, 기존 금강산 관광으로 구축된 인프라 등의 활용 및 확장과 같은 측면에서 관광개발구 중 우선 개발이 진행될 전망이다.

더 읽을 거리

이광수, 2011, 『금강산 유기』.
⋯ 한국인이라면 누구나 한번은 가 보고 싶은 최고의 여행로망지이자 북한의 제1호 관광특구인 '금강산'에는 한반도에서 가장 아름다운 산이라는 일종의 장소신화(place myth)가 강력하게 작동하고 있다. 이처럼 특이한 금강산의 장소신화의 형성배경을 살펴보면 한국적 자연과 미학에 관한 이해를 확장할 수 있다. 또한 우리가 가 보지 못하는 국토의 일부인 북한의 자연과 명승에 대한 지리적 상상력과 따뜻한 감수성을 돋우어 줄 것이다. 이와 관련하여 조선시대 금강산 여행을 엿보기에는 당시 선비들이 남긴 다양한 '금강산 유산기(遊

山記)'들이 번역되어 있으니 읽어 볼 것을 추천한다. 또한 일제강점기에 한반도 최초의 근대적 관광이 시작된 곳 또한 금강산이며 당대의 최고 엘리트라 불리던 최남선, 이광수 등이 남긴 '금강산 유기(遊記)'가 현대식 국문으로 정리되어 단행본으로 출간되어 있다. 문화지리학적 관점의 논문으로는 「'자연'의 생산과 근대적 '관광'의 형성: 일제시대 금강산, 전기철도, 온천」(신성희, 2016)의 논문이 유일하다.

뤼디거 프랑크(안인희 역), 2019, 『북한여행: 유럽 최고 북한통의 30년 탐사리포트』, 한겨레출판사.

⋯ 북한 관광에 대해서는 정기적으로 통일부, 한국관광공사 등에서 리포트들이 제출되고 있어 비교적 정보를 잘 파악할 수가 있다. 한편, 실제로 북한을 여행하고 경험한 이들의 생생한 답사기, 여행기들이 최근 출간되어 있다. 2019년 한겨레출판사에서 번역, 출간된 오스트리아 빈 대학 교수인 뤼디거 프랑크가 저술한 이 책은 북한 여행에 관심이 있는 독자들에게 주목을 받고 있는 책으로서 참고할 만하다.

참고문헌

경남대학교 북한대학원, 2006, 『북한 문화, 둘이면서 하나인 문화』, 한울아카데미.

국회도서관, 2018, 『세상의 변화를 읽는 101권의 책』, 국회도서관.

김성윤·박경열·김상태, 2018, 「북한 관광개발계획 현황과 남북관광 협력방향」, Research Brief, 경제·인문사회연구회 한반도평화번영연구단.

김영봉·이문원·조진철·윤양수·김의준, 2006, 「북한 관광자원의 효율적 활용방안에 관한 연구: 북한 관광시범사업의 협력적 추진방안」, 국토연구원.

김홍식·이수옥, 2002, 「육로관광을 통한 남북한 관광협력 활성화방안: 협력기반의 단계적 구축방안 및 파급효과 분석을 중심으로」, 경기개발연구원.

남궁승태, 2002, 「남북 통일을 대비한 문화재보호법제에 관한 연구」, 한국문화관광연구원.

남성욱, 2019, 「김정은 정권의 관광특구 개발, 전략과 의도는?」, 북한연구소.

문화재청, 2009, 「전국 별서정원 명승자원 지정조사」.

박은진, 2019, 「북한의 관광산업 현황 및 전망」, weekly KDB report.

법제처 국가법령정보센터, 문화재보호법 시행규칙(시행 2009.05.21)(문화체육관광부령 제34호, 2009.05.21, 일부개정): [별표 1] 국가지정문화재의 지정기준[제2조 관련]」.

신성희, 2006, 「장소의 선택적 조성과 자산화: 북한 금강산관광특구의 개발을 사례로」, 서울대학교 박사학위논문.

신성희, 2016, 「'자연'의 생산과 근대적 '관광'의 형성: 일제시대 금강산, 전기철도, 온천」, 『문화역사지리』, 28(2), 81-100.

윤인주, 2015, 「김정은 시대 북한의 관광산업 평가 및 전망」, 『북한연구학회보』, 19(1), 93-123.

윤인주, 2016, 「북한의 관광개발: 핵개발 국면의 정책 모순과 관리가능성」, 『국가전략』, 22(3), 89-112.

이강민, 2013, 「북한 명승의 현황 및 지정분석에 관한 연구」, 상명대학교 대학원.

이규창, 2010, 「북한 문화재보호법제에 관한 연구」, 법제처.

이우영, 2012, 「북한 명승지 정책의 성격」, 『통일인문학』, 53, 131-170.
통일부 통일교육원, 2007, 「북한의 관광자원 실태와 전망」.
한국관광공사, 2001, 「북한관광특구및확대가능성」.
한국관광공사, 2003, 「북한관광자원: 인문지리, 사적, 명소」.

남북협회 뉴스레터, https://www.sonosa.or.kr/newsinter/vol44
동아닷컴, http://www.donga.com
두피디아, http://www.doopedia.co.kr
목포시민신문, http://www.mokposm.co.kr
북한지역정보넷, http://www.cybernk.net
자유아시아방송, https://www.rfa.org/korean
통일부, https://www.unikorea.go.kr/unikorea
한국조경신문, http://www.latimes.kr

제9장

북한의 경제·산업

————

이정훈

경기연구원 북부연구센터장

1. 서론

　분단된 한반도를 통합하고, 궁극적 통일로 나아가기 위해서는 남북한 간 산업과 경제의 유기적 결합이 필요하다. 그러나 현재 남북한의 산업·경제생태계는 발전의 격차가 클 뿐만 아니라 이질적이다. 또한 우리는 북한의 경제와 산업에 대해서 제한된 지식과 정보만을 가지고 있다. 남북 간의 경제협력, 나아가 경제통합전략의 수립과 효과적 실천을 위해서는 남북의 산업생태계와 산업의 지역적 구성에 대한 보다 정확한 이해가 필요하다.

　남북한의 사회경제적 통합은 국가 단위에서 포괄적 합의를 이루겠지만, 실제적 작동은 지역 단위로 이루어질 것이다. 이러한 의미에서 특히 남북한 접경 지역 및 배후도시 지역은 남북의 사회경제적 통합의 초기 단계에서 매우 중요한 역할을 할 것으로 전망된다. 나아가 통합이 진전되면 남과 북의 전 국토의 주요 도시와 산업 지역 간 유기적 협력이 이루어질 것이고 새로운 산업생태계와 도시구조가 형성될 것이다.

　본 장은 북한의 산업과 경제의 지역구조, 즉 북한의 산업경제지리에 대해 살펴본다. 그러나 북한의 산업과 경제의 지역구조에 대한 자료와 정보는 북한 전체에 관한 정보보다도 더 제한되어 있다. 특히 1990년대 이전에 비해 그 이후의 변화와 실태에 대한 자료가 매우 부족하다. 정확한 통계와 자료를 구하기 어려운 시기의 변화에 대해서는 과거의 자료와 현재의 기술적·정성적 논의와 판단, 개별 정보들에 입각한 추정과 전망에 근거하여 기술하였다. 본 연구의 한계에도 불구하고 이와 같은 작업은 남북한의 사회경제적 통합을 위한 구상과 실천계획 수립에 중요한 역할을 할 것이다.

　북한의 산업경제지리를 이해하기 위한 사전 단계로 북한의 정부 수립 이후 사회주의 경제체제의 확립과 변천에 대해 살펴본다. 다음으로는 북한 공업의 지역적 구조의 형성에 대해서 살펴본다. 북한 공업의 지역적 구조는 사회주의 경제체제의 수립과 전후 복구 과정에서 형성되어 1990년대까지 이어진다. 1990년대 이후 소위 '고난의 행군' 시기에 북한의 산업과 경제시스템은 사실상 붕괴되었다. 북한의 계획경제시스템 붕괴 이후 주민들은 생존전략으로 시장을 활용했고 북한 정부도 시장시스템을 묵인하거나 인정할 수밖에 없었다. 특히 김정일 집권 후반기와 김정은 시대에는 주민뿐만 아니라 기업 경영에서도 시장의 영역이 확대되었다. 이는 1990년대까지 형성된 북한의 산업구조와 경제지리에 대한 구조적 변화의 중요한 요인이 될 수 있다.

　2000년대 후반부터 시작된 북한의 시스템 변화는 현재 진행형이다. 북핵 개발과 유엔 대북제재는 시장의 도입과 제한적 개방을 통해 경제성장을 추구하던 북한의 길에 커다란 변수가 되었다.

시장과 서비스업, IT 등 새로운 산업이 어떠한 공간적 패턴으로 북한에 자리 잡을지 더 지켜봐야 할 것이다. 김정은 시대에 들어와 지정한 경제개발구의 성공 여부도 북한의 산업경제지리 변화의 주요 요인이 될 수 있다. 또 북한의 제한적 개방 정책 속에서 남북한 접경지대, 북중 접경도시의 변화도 주목할 필요가 있다. 아울러 남북한의 경제 통합이 어떠한 방식으로 이루어질 것이며, 경제적으로 통합된 한반도의 산업지대와 경제권은 어떠한 패턴과 구조로 형성될 것인지도 세밀한 검토가 필요하다. 본 장에서는 이와 같은 북한의 경제·산업의 지역적 구조의 형성과 변화의 흐름에 관한 주요 사항들을 살펴보고자 한다.

2. 북한의 경제·산업 현황과 사회주의 경제체제의 변천

1) 북한 경제·산업 현황

북한 경제는 1990년을 기점으로 그 이전과 이후로 나누어 이해할 수 있다. 1990년대 초 경제난이 발생하기 전까지 북한은 효율성이 떨어지기는 하지만 중화학공업을 중심으로 일정 수준의 사업 기반과 자기완결적 산업연관구조를 가지고 있었다. 전력, 에너지, 금속, 화학소재, 산업용 기계, 소비재 등의 분야에서 나름의 산업 기반을 구축했던 것이다.

그러나 1990년대 초부터 경제난으로 산업 기반과 산업연관구조가 급격히 파괴되었다. 소련과 동유럽 사회주의권의 붕괴에 따른 원유 등 핵심 원부자재의 수입 격감, 석탄 생산량의 급격한 감소, 대규모 수해에 의한 식량난 및 노동력 공급 위축 등이 겹치면서 산업 전체가 사실상 붕괴하게 되었다. 김정일 및 김정은 정권은 북한의 산업기반 및 산업연관구조의 복원을 위해 노력을 기울였다. 그 결과 2000년대에 들어서면서 어느 정도 회복되는 경향을 보이고 있지만 여전히 그 성과는 제한적이다.

한국은행이 발표한 북한의 산업별 성장률 추이를 보면 이러한 상황이 잘 나타난다. 1990년 북한의 실질 GDP는 35조 269억 원을 기록했으며, 그 이후 1998년까지 계속 마이너스 성장을 했다. 1999~2005년까지는 1%대의 플러스 성장을 했으나 2006~2007년, 2009~2010년에 다시 마이너스 성장을 기록했다. 김정일 집권 말기부터 김정은 집권 초기인 2011~2014년에는 다시 1%대의 성장을 보였으나 2015년 마이너스로 돌아선 뒤 2017년과 2018년에는 각각 −3.5%, −4.1%로 큰 폭의 마이너스 성장을 기록했다. 김정은 집권 이후 기업의 자율성을 높여 주는 등 개혁조치가 일정한 효과를 거두었지만 대북제재의 강화가 북한의 경제에 적지 않은 영향을 미친 것으로 나타난다. 특히 2018년에 들어와서 대북제재는 중화학공업 −12.4%, 광업 −17.8%, 건설업 −4.4% 등 북한의 경제에 직접적 타격을 주고 있는 것으로 보인다(표 9−1, 9−2).

1990년과 2000년 사이 북한에서 제조업의 비중은 31.8%에서 17.7%로 크게 감소한 반면, 농림어업의 비중은 27.4%에서 30.4%로 오히려 상승했다. 제조업 중에서도 중화학공업의 비중이 25.6%에서 11.2%로 대폭 감소하였고, 경공업 비중은 6.2%에서 6.5%로 큰 변화가 없었다(표 9−3). 북한의 경공업부문 생산액은 1990년 2조 3554억 원에서 2018년 2조 631억 원으로 소폭 감소한 것에 비해, 같은 기간 중화학공업 생산액은 9조 5711억 원에서 3조 5679억 원으로 크게 축소된 상태에서 벗어나지 못하고 있다.

산업별 실질 GDP의 추이를 보면 제조업의 2000년 생산액이 5조 9465억 원으로 1990년의 11조 8349억 원에 비해 절반 가까이 줄었다. 그러나 연구자에 따라서는 지금까지 살펴본 한국은행 통계가 2000년대 중반 이후 북한의 경제에서 시장의 도입과 서비스업의 성장을 반영하고 있지 못하다고 주장한다.[1] 따라서 북한의 서비스업이 어느 정도 성장했는지는 정확한 데이터로 확인될 때까지 북한의 산업구조 및 GDP 통계를 볼 때 유의해서 볼 필요가 있다.

표 9−1. 1990~2003년 북한의 산업별 성장률(단위: %)

항목명	1990	1991	1992	1993	1994	1995	1996	1997	1998	1999	2000	2001	2002	2003
농림어업	−10.5	2.6	−3.3	−8	2.8	−11.1	1.1	−2.7	4.4	9.2	−5.1	7.3	4.2	1.7
광공업	−3.7	−12.3	−15.3	−3.4	−4.3	−4.1	−9.1	−17.7	−3.3	9.5	2.7	3.7	−2.2	2.9
광업	−5.6	−6.9	−5.7	−7.2	−5.2	−0.6	−12	−15.8	−5.4	14.2	5.8	4.9	−3.8	3.2
제조업	−3.2	−13.9	−18.3	−2	−3.9	−5.3	−8	−18.3	−2.6	7.9	1.4	3.2	−1.5	2.7
(경공업)	0.9	−4.5	−7.6	5.2	0.1	−5	−5.8	−14.2	0.2	2.9	6.3	2.3	2.7	2.7
(중화학공업)	−4.1	−16.1	−21.3	−4.5	−5.5	−5.4	−9	−20.3	−4.2	10.4	−1	3.7	−3.9	2.8
전기가스수도업	−3.8	−5.1	−6.3	−9.6	4.4	−0.1	−8.5	−10.5	−9.9	7.3	3.1	3.9	−4	4.3
건설업	5.9	−3.6	−2.4	−9.7	−26.9	−3.3	−11.8	−10	−11.3	24.4	13.5	7.1	10.5	2.1
서비스업	0.7	2.7	0.8	1.3	2.3	1.5	1	1.1	−0.5	−1.7	1.1	−0.3	−0.2	0.6
(정부)	1	4.3	2	2.1	3.2	2.6	1.7	1.9	−0.4	−3.9	0.6	−0.4	−1.3	0.2
(기타)	0.2	0	−1.1	−0.1	0.6	−0.7	−0.4	−0.7	−0.9	3.7	2.3	0	2.4	1.6
GDP	−4.3	−4.4	−7.1	−4.5	−2.1	−4.4	−3.4	−6.5	−0.9	6.1	0.4	3.8	1.2	1.8

주: 명목 GDP에서 각 산업별 생산액이 차지하는 비중
출처: 한국은행

---

1. 박영자 외, 2018, 「김정은 시대 북한 경제사회 8대 변화」, 통일연구원.

표 9-2. 2004~2018년 북한의 산업별 성장률(단위: %)

항목명	2004	2005	2006	2007	2008	2009	2010	2011	2012	2013	2014	2015	2016	2017	2018
농림어업	4.1	5.3	−2.6	−9.1	8	−1	−2.1	5.3	3.9	1.9	1.2	−0.8	2.5	−1.3	−1.8
광공업	1	4.3	0.9	1	2.5	−2.3	−0.3	−1.4	1.3	1.5	1.1	−3.1	6.2	−8.5	−12.3
광업	2.5	3.1	1.9	1.5	2.4	−0.9	−0.2	0.9	0.8	2.1	1.6	−2.6	8.4	−11	−17.8
제조업	0.3	4.8	0.4	0.7	2.6	−3	−0.3	−3	1.6	1.1	0.8	−3.4	4.8	−6.9	−9.1
(경공업)	−0.2	3.8	−0.6	−2.2	1.3	−2.1	−1.4	−0.1	4.7	1.4	1.5	−0.8	1.1	0.1	−2.6
(중화학공업)	0.6	5.4	1	2.2	3.2	−3.5	0.1	−4.2	0.2	1	0.5	−4.6	6.7	−10.4	−12.4
전기가스수도업	4.7	4.4	2.7	4.8	6	0	−0.8	−4.7	1.6	2.3	−2.8	−12.7	22.3	−2.9	5.7
건설업	0.4	6.1	−11.5	−1.5	1.1	0.8	0.3	3.9	−1.6	−1	1.4	4.8	1.2	−4.4	−4.4
서비스업	1.3	1.3	1.1	1.7	0.7	0.1	0.2	0.3	0.1	0.3	1.3	0.8	0.6	0.5	0.9
(정부)	0	0.6	0.8	1.8	0.3	0.5	0.2	0.1	−0.2	0.3	1.6	0.8	0.6	0.8	0.8
(기타)	4.6	2.9	1.7	1.5	1.7	−0.8	0.3	0.6	0.8	0.4	0.5	0.6	0.5	−0.3	1.2
GDP	2.1	3.8	−1	−1.2	3.1	−0.9	−0.5	0.8	1.3	1.1	1	−1.1	3.9	−3.5	−4.1

주: 명목 GDP에서 각 산업별 생산액이 차지하는 비중
출처: 한국은행

표 9-3. 1990~2018년 북한의 산업구조(단위: %)

항목명	1990	1995	2000	2005	2010	2015	2016	2017	2018
농림어업	27.4	27.6	30.4	25.0	20.8	21.6	21.7	22.8	23.3
광공업	40.8	30.5	25.4	28.9	36.3	32.7	33.2	31.8	29.4
광업	9.0	8.0	7.7	9.9	14.4	12.2	12.6	11.7	10.6
제조업	31.8	22.5	17.7	19.0	21.9	20.4	20.6	20.1	18.8
(경공업)	6.2	6.8	6.5	6.7	6.6	7.0	6.9	6.8	6.8
(중화학공업)	25.6	15.7	11.2	12.4	15.3	13.4	13.7	13.3	12.0
전기가스수도업	5.1	4.8	4.8	4.3	3.9	4.5	5.2	5.0	5.4
건설업	8.6	6.7	6.9	9.6	8.0	9.0	8.8	8.6	8.9
서비스업	18.0	30.3	32.5	32.2	31.0	32.2	31.1	31.7	33.0
(정부)	11.0	20.7	22.6	22.6	22.4	23.3	22.4	23.2	24.6
(기타)	7.0	9.6	9.8	9.6	8.6	8.9	8.7	8.4	8.5
GDP	100.0	100.0	100.0	100.0	100.0	100.0	100.0	100.0	100.0

주: 명목 GDP에서 각 산업별 생산액이 차지하는 비중
출처: 한국은행

표 9-4. 북한의 실질 GDP 변화(단위: 10억 원)

항목명	1990	1995	2000	2005	2010	2015	2016	2017	2018
농림어업	6,074.7	5,064.0	5,385.5	6,720.3	6,225.2	6,967.9	7,144.1	7,049.4	6,921.8
광공업	18,097.2	11,916.5	9,693.2	10,654.9	10,848.2	10,765.6	11,428.7	10,462.0	9,173.4
광업	5,732.0	4,398.7	3,725.4	4,104.5	4,300.4	4,418.0	4,790.4	4,265.5	3,506.7
제조업	11,834.9	7,428.4	5,946.5	6,530.1	6,547.8	6,353.1	6,657.9	6,196.6	5,631.7

(경공업)	2,355.4	2,081.5	1,845.0	2,060.8	1,961.4	2,093.6	2,116.5	2,118.2	2,063.1
(중화학공업)	9,571.1	5,401.6	4,101.9	4,453.6	4,586.3	4,262.4	4,549.3	4,074.1	3,567.9
전기가스수도업	1,318.7	1,104.8	902.0	1,025.5	1,161.5	975.4	1,192.5	1,157.3	1,223.2
건설업	3,494.9	2,100.9	2,090.0	2,687.8	2,395.3	2,576.5	2,608.7	2,494.0	2,383.8
서비스업	7,877.3	8,577.4	8,662.9	8,908.3	9,249.7	9,505.2	9,561.6	9,608.8	9,693.4
(정부)	5,668.9	6,523.7	6,513.8	6,453.0	6,682.2	6,860.6	6,904.4	6,958.4	7,012.1
(기타)	2,140.3	2,113.7	2,195.8	2,457.7	2,567.6	2,644.4	2,657.1	2,650.3	2,681.5
GDP	35,026.9	27,815.1	26,535.5	30,047.6	29,879.9	30,804.9	31,996.6	30,882.3	29,601.3

출처: 한국은행

2) 북한의 사회주의 경제체제의 변천

해방 이후 현재까지 북한 경제는 크게 다섯 시기로 구분할 수 있다.[2] 이 시기의 구분은 북한이 그동안 추진해 온 경제개발계획을 바탕으로 북한 사회주의 경제체제의 전환 과정에서 나타나는 특징을 중심으로 이루어졌다.

첫 번째 시기는 해방 이후 1960년까지로 제1차 5개년 계획 시기이다.

두 번째 시기는 1961년부터 1974년까지로서 북한은 제1, 2차 7개년 계획 및 6개년 계획을 수립·실행하며 본격적으로 사회주의 경제 건설에 임하였다. 이 기간 북한의 경제성장률은 연간 5~10%로 높았다.

세 번째 시기는 1975년부터 1989년까지의 기간이다. 이 기간에 북한의 사회주의 경제는 쇠퇴기를 맞이한다. 1975년에는 연간 5%의 성장률을 기록하다가 1989년에는 연간 1%대로 지속적으로 하락하였다.

네 번째 시기는 1990년 이후 사회주의 경제체제의 몰락이 이루어진 시기이다. 이 시기를 어디에서 끊을지는 다양한 논의가 있으나 김정일 정권 말기~김정은 정권 이후 경제의 새로운 변화가 일어나고 있다는 점에서 2010년을 기준으로 전후를 구분할 수 있을 것이다.

다섯 번째 시기는 김정은 정권 시대로 시장의 역할을 암묵적으로 인정하고 개인과 기업의 자율성을 인정함으로써 경제의 순환이 시작되는 시기이다. 이러한 변화에 의해 북한은 식품 등 소비재 산업과 서비스산업, 건설부문 등에서 성장하고 있으나 한편으론 제조업이 전체적으로 여전히 침체되어 있다. 여기에다 핵실험 이후 유엔과 미국의 대북 경제제재로 어려움을 겪고 있다.

---

2. 정연호, 2002, 「북한 사회주의 경제체제의 변화 추이 및 평가」, 『KDI 북한경제리뷰』, 4(7).

(1) 해방과 분단 시기 사회주의 경제 건설(1945~1960)

북한 경제를 이해하기 위해서는 해방과 분단·전쟁 시기 이후 상황에 대한 정확한 파악이 필요하다. 특히 분단으로 남과 북의 산업생태계가 단절되면서 남북은 모두 식민시대의 극복 및 독립국가로서 기반 마련을 위한 경제생태계 복원이라는 과제에 당면하였다. 일제 식민지시대에 형성된 산업공간은 남북 간 편중이 매우 심하였다. 남쪽에서 사용하는 전력의 92%는 북한의 발전소에서 보내고 있었다. 한편 농업과 경공업은 대부분 남쪽에 있었기 때문에 북한은 식량과 소비재가 부족하였다.[3]

1940년의 공업부문별 생산액을 도별로 살펴보면 그러한 특징이 잘 드러난다(표 9-5). 기계, 방직, 제재 및 목제품, 인쇄, 식료품 등 경공업과 소비재공업은 경기도와 경상남도, 전라남도 등 남한 지역에 집중되어 있었다. 이에 비해 화학공업은 52.2%가 함경남도에, 13.5%가 함경북도에 집중되어 있었으며 요업은 황해도와 평안남북도, 함경남북도에 분포되어 있었다. 제재 및 목제품 공업은 평안남북도에 집중되어 있었으며 금속공업은 황해도와 함경북도에 각각 37.0%, 40.1%로 집중

표 9-5. 일제 말기 1940년 공업부문별 생산액의 도별 비율(단위: %)

	계	금속 공업	기계기구 공업	화학 공업	요업	방직 공업	제재 및 목제품 공업	인쇄 및 제본업	식료 공업	기타 공업 (가스, 전기 업 포함)
계	100.0	100.0	100.0	100.0	100.0	100.0	100.0	100.0	100.0	100.0
경기도	18.9	5.4	55.2	5.6	8.9	34.7	21.9	63.4	20.2	34.5
충청북도	0.9	0.6	0.2	0.1	0.3	1.3	0.2	0.3	2.6	1.1
충청남도	1.7	0.3	0.7	0.2	1.2	3.6	0.9	1.8	3.3	2.9
전라북도	2.8	0.4	3.3	1.2	1.5	2.2	2.1	1.8	3.2	8.6
전라남도	4.9	0.3	1.6	1	2.2	11.5	4.2	3.5	10.8	4.3
경상북도	5.2	0.9	2.3	1.3	1.1	9.1	6.5	4.2	9.2	10.7
경상남도	8.6	3.9	8.5	2.4	10.8	18.9	10.5	8.5	14	9.4
강원도	5.5	0.2	0.4	10.9	1.2	2.3	1.6	0.9	3.3	3.3
황해도	6.8	37.0	2.6	4	19.4	1.4	1.8	0.6	6.1	4.2
평안남도	8.7	2.9	4.6	4.6	16.4	10.2	12.6	3.8	15.1	9.3
평안북도	3.4	2.5	3.8	3	11.2	2.5	19.5	2	3.9	3
함경남도	23.3	5.5	12.8	52.2	14.4	1.7	9.5	6.6	5.3	7.1
함경북도	9.4	40.1	4.0	13.5	11.4	0.6	8.7	2.6	3	1.6

출처: 『조선총독부통계연보』(1940년판), 126-161; 김익성 외, 1989, 『조선지리전서: 공업지리』, 41.

---

3. Byung-Yeon Kim, 2017, Unveiling the North Korean Economy, Seoul National University Press, 41.

되어 있었다.[4] 남북한으로 나누어 비교해 보면 편중된 비율이 대체로 8:2에서 7:3으로 나타나고 있다. 전쟁 후 본격화된 북한의 사회주의 경제 건설은 이러한 현실적 토대 속에서 이루어졌다.

해방과 분단 이후 시기에 북한의 경제 건설은 농업에서는 토지개혁과 집단화, 공업에서는 주요 산업의 국유화와 중앙집권적 관리체제를 토대로 이루어졌다. 이러한 조치들은 대부분 김일성의 교시를 토대로 한 법령의 형태로 이루어졌다.[5]

① 토지개혁과 농업 집단화, 주요 산업의 국유화[6]

사회주의 경제체제 구축의 가장 중요한 과제 중 하나로 북한은 토지개혁을 시행하였다. 1946년 3월 해방 이후 설립된 북조선임시인민위원회가 「토지개혁법령」을 공포하여, 당시 북한 토지 약 200만 정보 중 일본인, 5정보 이상을 소유하고 있던 지주, 소작시키고 있던 자 등의 토지 100여 만 정보가 무상으로 몰수되어 국가에 귀속되었다. 사회주의 경제체제 구축의 또 하나의 중요한 과제로 북한은 1946년 8월 「주요산업국유화법령」을 공포하여 주요 산업을 국유화하였다. 일본 제국주의 소유의 공장, 광산, 발전소, 철도, 운수, 체신, 은행, 상업 및 문화기관 일체 등 총 1,034개 기업을 무상으로 몰수하여 국유화하였다.

② 중앙집권적 관리체계[7]

이 기간 동안 북한의 경제관리체계는 중앙집권적 국가 중심의 지배인 유일관리제로 설명할 수 있다. 이 시기 북한의 경제관리는 내각을 중심으로 이루어졌다. 이는 1960년대에 당의 경제관리가 본격화되는 것과 대비된다. 초기에 북한은 기업소를 세분화하여 각 부문별로 담당하는 중앙의 성-국이 직접 지도하게 하였다. 기업소 내의 관리체계도 중앙집권적 경제관리가 용이할 수 있도록 지배인 유일관리를 실시하였다. 이상의 계획은 경제개발계획을 통해 수립되고 집행되었다.

③ 일용품 등 경공업제품과 기계공업 육성에 집중[8]

북한은 국민의 생활상 불편을 해소하기 위해 경공업 분야의 취약성 극복에 중점을 두었다. 따라

표 9-6. 공업생산액에서 남북 간 비율

부문	남한	북한
금속공업	10	90
화학공업	18	82
기계기구공업	72	28
용업	21	79
가스 및 전기업	36	64
섬유공업(방직공업)	85	15
인쇄 및 제본업	89	11
식료공업	65	35

출처: 조선은행조사부, 『조선경제연보』(1948년판), 1-101; 김익성 외, 1989, 『조선지리전서: 공업지리』, 42

---

4. 김익성 외, 1989, 『조선지리전서: 공업지리』, 41.
5. 김익성 외, 1989, 앞의 책, 55.
6. 정연호, 2002, 앞의 논문, 4-7.
7. 정연호, 2002, 앞의 논문, 7-13.
8. 정연호, 2002, 앞의 논문.

서 북한에 있는 대규모 공장에 생필품공장을 만들도록 독려하고 개인기업을 적극 유도하였다. 또 공업의 자립적 기초를 다지기 위해 기계공업을 발전시키고자 이미 북한에 만들어진 국영기업을 바탕으로 전문화를 추진하였다. 방직부문에서 신의주, 사리원 등의 기존 공장만으로는 생산량이 매우 부족하여 대규모의 평양방직공장을 건설하였다. 또 평양과 신의주에서 고무 생산을 늘려 신발공업을 육성하였고, 도 소재지마다 학용품공장을 만드는 등 일용품 자급 정책을 추진하였다.[9]

④ 전후 인민경제복구 발전 3개년 계획: 지방공업 육성과 주요 공업 후방 배치

북한은 전쟁으로 대규모 공장들이 파괴되면서 전후 복구를 위해 지방공업을 육성하였다. 국민 생활에 필요한 일용필수품 증산과 상품유통사업 강화를 위해 도영 지방사업을 조직하였다. 신의주, 청진, 함흥 등 주요 도청 소재지를 거점으로 천, 옷, 신발, 비누, 양초, 가죽과 유리제품, 학용품 등 생필품 생산에 집중하였다. 새로운 공업입지를 선택함에 있어 북한은 군사적 안보를 중시하였다. 그 결과 군수산업 등 중공업공장은 양강도, 자강도 등 북중 접경 지역의 내륙지방에 집중 배치 되었다. 전후 복구 과정을 통해서 북한은 취약했던 기계공업, 방직공업의 비중을 높였다. 기계제작 및 금속가공공업의 비중은 1944년 1.6%에서 1955년 17.9%로, 방직공업은 같은 기간에 6%에서 17.2%로 높아졌다.[10]

⑤ 5개년 인민경제계획과 대안의 사업체계 확립[11]

북한은 1957년 5개년 인민경제계획을 통해 기술수준과 자립적 토대를 높이고 취약한 공업부문을 보완하고자 하였다. 아울러 대외환경 변화에 대한 대응도 필요했다. 그러나 스탈린 사망 이후 소련과의 관계 악화로 외부로부터의 원조가 크게 줄어들어 정책을 추진할 수 있는 자원 및 기술 공급이 부족해졌고 계획경제시스템의 추진 동력도 약화되었다. 이러한 문제를 극복하기 위해 1958년부터 1961년 사이에 천리마운동을 전개하였다. 이 운동은 '속도전'을 통해 노동자 개인의 노력을 극대화하고자 하였다. 북한은 1959년 이후 기업소 관리를 중앙기관에서 도경제위원회 산하로 이관하였다. 이로부터 기업소 관리가 내각 중심에서 당 중심으로 넘어가게 되었다. 또한 1961년 12월 김일성의 대안전기공장 현지지도를 계기로 대안의 사업체계를 확립하였다. 북한의 통계를 보면 연평균 성장률은 1960년부터 1965년까지 평균 14.4%, 1965년부터 1970년까지 11.1%로 기록되었다.

9. 김익성 외, 1989, 앞의 책, 55.
10. 김익성 외, 1989, 앞의 책, 60.
11. Byung-Yeon Kim, 2017, 앞의 책, 43-44.

(2) 사회주의 경제 건설기(1961~1974)[12]

이 기간 동안 북한은 공업화의 확대와 자립적 민족경제 건설을 추진하였다.

① 공업화 정책

북한은 1961년 제1차 7개년 계획으로 본격적인 공업화를 시도한다. 북한 사회주의 공업화 정책의 특징은 첫째, 중공업을 우선 발전시키는 동시에 경공업과 농업을 병행해서 발전시킨다. 둘째, 북한의 공업화 정책에 소요되는 자본을 자력갱생의 원칙하에 스스로 해결한다. 이것은 1960년대에 소련 및 동구 사회주의 국가들의 지원이 급격히 줄어든 상태에서 자구책으로 선택된 것이다. 셋째, 공업화 정책 전개 과정에서 천리마운동, 속도전과 같은 대중 동원 방식을 최대한 이용한다. 이러한 방식은 북한 사회주의 경제체제의 구조적 문제를 일으켰고 결국 1970년대 중반에 북한식 공업화 정책에 한계를 보이면서 1980년대에 전면적으로 수정될 수밖에 없었다.

② 자립적 민족경제 건설

북한은 "혁명과 건설에서 나서는 모든 문제를 자신이 책임지고 자체의 힘으로 해결하여 나가는 입장과 정신"인 자력갱생을 바탕으로 자립적 민족경제 건설을 추구하였다. 이로부터 북한 경제는 기술, 해외자본 도입 등 국제분업과 국제협력의 부진을 초래해서 성장에 한계를 보였다.

(3) 사회주의 경제 쇠퇴기(1975~1989)[13]

1975년 외채상환 불이행을 시작으로 북한 경제는 쇠퇴기에 접어들고, 남한의 국민소득이 북한을 추월하게 된다. 북한은 1989년까지 성장률이 둔화되면서도 플러스 성장을 하다 1990년부터 마이너스 성장을 하기 시작하였다.

북한은 중국의 경제특구 설치와 같은 정책에 자극을 받아 1980년대에 들어와 무역의 확대 및 다각화, 다양화, 신용제일주의 등 대외개방 정책을 본격적으로 추진하였다. 그러나 북한의 대외개방 정책은 자립적 민족경제노선과 명령경제체제의 기본 틀 속에서 커다란 성과를 거두지는 못하였다. 이 시기 북한은 경제관리체계로 연합기업소[14]와 독립채산제를 도입하였다.

북한은 1975년 외채 상환 불이행 이후 외자유치가 힘들어지자 1984년 합영법을 제정하였다. 그러나 합영법에 의한 초기 외국자본 투자는 대부분 조총련계 기업들로부터 이루어졌다. 북한의 합영사업이 부진한 원인은 인프라 미비, 에너지 공급 불안정, 사업에 필요한 제품과 원재료 공급의

---

12. 정연호, 2002, 앞의 논문, 16-20.
13. 정연호, 2002, 앞의 논문, 27-35.
14. 연합기업소는 일종의 기업 연합체로 수직적, 수평적 통합을 통하여 하나의 경영체계를 이루는 것이다.

불안정, 합영사업 관련 법규 미비, 낮은 대외경제신용도 등을 들 수 있다.

(4) 사회주의 경제 몰락기(1990~)[15]

1990년대에 들어서면서 사회주의 경제권의 몰락으로 북한 경제도 타격을 받아 경제성장률이 9년 연속 마이너스를 기록하였다. 이 시기 북한은 극심한 식량난을 겪었다. 북한의 식량난은 사회주의 집단영농의 비효율성, 농기계 및 비료 부족 등에서 초래되었다.

1990년대 북한의 경제관리체계는 실질적으로 붕괴하기에 이르렀다. 중앙계획기관이 하부 단위 기업소에 자금과 물자를 제대로 공급할 수 없게 되면서 정부가 하급 단위에 대한 통제력을 상당 부분 상실하였다. 이에 따라 북한의 공장가동률은 1990년대 초 40%에서 1990년대 중반 25%로 하락하게 되었다.

북한은 계획경제의 붕괴로 새로운 경제계획을 채택하지 못하다가 1998년에 들어서 새로운 경제정책 노선으로 강성대국 건설론을 제시하였다. 이를 위한 5대 선행부문은 농업, 석탄, 전력, 철도운수, 금속부문이다. 과학기술 발전에 기초한 경제회복을 추진하여 단번도약론 등을 달성하고자 하였다. 이 외에 경제난 해결을 위해 1995년부터 시작된 고난의 행군에서 벗어나 1998년에 '사회주의 강행군'을 강조하였다. 이는 1958년의 천리마운동과 유사하여, 제2의 천리마운동으로 본격화되었다.

1984년 제정한 합영법이 실효를 거두지 못하는 것을 극복하기 위해 북한은 새로운 외자유치 전략의 일환으로 경제특구전략을 추진하였다. 1990년대 초 나진·선봉자유경제무역지대 공표, UNDP 두만강개발프로젝트 착수 등이 이루어졌다. 그러나 나진·선봉자유경제무역지대는 여전히 투자가 부족한 상태이다.

(5) 김정은 집권 이후의 변화(2012~)

김정은이 집권하면서 북한의 산업은 인민생활 관련 부문의 육성에 중점을 두었다. 식품, 기계, IT, 건설 등 소비 분야에서 이전과는 다른 모습을 나타내고 있으며, 국산화와 과학기술 분야를 중시하였다. 또한 사회주의 책임관리제의 도입을 통해 기업에게 자율권을 부여하고 시장을 활용하여 붕괴된 기업의 공급망을 복원하고자 하였다. 그 결과 북한 경제는 중공업의 침체로 인한 생산, 소득, 일자리 감소의 충격을 시장 활동과 서비스업의 성장을 통해 완화하고 있다. 그러나 북한 경

---

15. 정연호, 2002, 앞의 논문, 35-44.

제는 여전히 많은 문제를 안고 있다.

김정은 시대의 북한 경제와 산업의 변화에 대해서는 제4절에서 조금 더 자세히 살펴본다. 제3절에서 살펴볼 북한 공업의 지역구조는 1990년 이후 붕괴되었고, 2000년대 중반 이후 시장의 합법화를 통해 조금씩 호전되기 시작하였다. 특히 김정은 시대에 들어와 경공업과 건설업을 중심으로 부분적 회복세를 보였으나 유엔 대북제재로 인해 최근에는 그마저 주춤한 상황이다. 북한 경제가 어느 정도로 회복되었는지에 대해서는 정확한 데이터가 없기 때문에 연구자에 따라 다르다. 북한이 주력 산업인 중공업 분야의 침체를 서비스업과 일부의 경공업을 중심으로 보완해 가고 있는 경향은 뚜렷하게 나타난다. 이에 대해서는 제4절에서 자세히 살펴본다.

3. 북한 공업의 지역구조 형성

1) 전후 북한의 공업 배치

북한 산업의 공간구조를 이해하기 위해서는 전후 공업의 복구 및 입지 재배치 과정과 1990년대까지의 공업화 과정을 살펴보는 것이 중요하다. 현대 북한의 주요 산업 기반은 대부분 전후 시기부터 고난의 행군이 시작되기 직전인 1990년 초반 기간 동안에 형성되었기 때문이다.

앞의 〈표 9-4〉에서 살펴본 대로 2018년 북한의 제조업 총생산액은 5.6조 원으로 1990년 제조업 생산액인 11.8조 원의 절반 수준에도 미치지 못하고 있다. 특히 중화학공업의 경우 같은 기간 동안 생산액이 9.6조 원에서 3.6조 원으로 산업 규모가 1/3로 크게 축소되었다. 상대적으로 경공업의 경우는 같은 기간 동안 2.4조에서 2.1조로 소폭 감소하였다. 이상으로부터 북한 공업의 지역구조를 이해하기 위해서는 전후 1990년대에 이르는 시기의 변화를 알아볼 필요가 있다.

1990년대 북한의 경제위기가 지역의 위기로 이어지는 것은 피하기 어려웠을 것이다. 즉, 중화학공업 중심의 경제구조를 가지고 있는 지역은 침체와 쇠퇴를 겪을 수밖에 없었다. 이에 경공업과 지역산업, 그리고 시장화를 통해 산업 연계의 붕괴 속에서 새롭게 자생하는 방식을 만들어 왔던 것이다.[16]

---

16. 구체적으로 어느 지역에서 어느 정도의 산업이 축소되었는지, 새롭게 육성되는 산업부문과 집적지구가 어디인지에 대해서는 지역별 데이터와 정보가 불충분한 관계로 명확한 분석과 진단이 어렵다.

북한 공업의 지역구조 형성의 기원은 일제강점기까지 거슬러 올라간다. 일제강점기 공업입지는 한반도의 내적 연계보다는 일본의 식민지 정책의 필요성과 관련하여 이루어졌다. 해방 후 북한의 공업입지 선정에 있어서 가장 중요한 기준은 일제식민 기간 동안 병참기지화에 입각해서 조성된 산업입지의 유산을 조속한 시일 내에 재조정하는 것이었다. 남북 분단으로 인해 생긴 산업 구성의 불균형을 시정하는 것 또한 중요한 과제였다.

한국전쟁 후 김일성은 전후 공업배치 방식에 대하여 "우리는 공업을 복구 건설할 때에 원래의 자리에 기계적으로 복구 건설할 것이 아니라 재배치하도록 하여야 하겠습니다. 물론, 적지 않은 공장들은 복구의 속도와 경제적 절약을 보장하기 위해 과거 위치에 그대로 복구하여야 하겠지만, 신설하게 될 공장들과 제조소들 특히, 기계제작공장들은 새로운 위치에 배치하여야 할 것입니다." 라고 언급하였으며 이것이 이후 북한 공업입지의 기본 원칙이 되었다. 여기에 자력갱생의 자립적 경제 구축과 중화학공업 우선정책, 그리고 공업의 집중 방지의 원칙하에서 북한의 공업은 재배치 되었다.

2) 북한 공업의 지역구조

전후 재배치를 통해 형성된 북한의 공업은 지리적 공간의 성격을 바탕으로 군(郡)공업기지, 도(道)공업기지, 대도시공업지구 등 3개 계층으로 형성된다.[17]

(1) 지방공업 발전 단위로서 '군(郡)공업기지'

가장 기초적 공간 단위에서의 생산을 담당하는 '지방공업' 단위로서 군공업기지이다. 전후 복구 및 공업화 당시 북한 행정구역의 골간을 이루는 군(郡) 단위 지역을 지방공업화의 기초 단위로 설정한 것이다. 군 지역의 산물인 원료를 현지에서 조달하고 주민에게 필요로 하는 소비품을 원활히 공급할 것을 목적으로 한다. 북한의 경제건설 원칙이었던 자립경제 달성을 토대로 군공업기지 육성을 선택한 것이다. 군공업기지는 지역의 자연지리 및 지형적 특성에 따라 산간지대 군공업기지, 바다가벌방지대 군공업기지, 중간지대 군공업기지 등 3개 유형으로 나누어진다.

산간지대 군공업기지는 매우 다양한 제품을 생산하며, 일용품(종이·가구·토기·가죽 등), 방직, 식료, 화학(목재화학제품·화학제품), 건재, 기계공업 등의 구조를 갖는다. 농산품, 목재 등 지역의

---

17. 김익성 외, 1989, 앞의 책, 290.

산물을 활용하는 것이 특징이다. 산간지대 군공업기지에서 종업원 1,000명 이상[18]으로 규모가 큰 곳으로는 중국 국경에 접해 있는 자강도의 중앙에 위치한 전천군과 성간군, 평양시 북동쪽의 평안남도 신양군, 강원도와 함경도 경계에 위치한 평안남도 양덕군 등이 있다.

바다가별방지대 군공업기지는 물고기·조개 등 수산물 가공, 식료품과 일용품 생산을 담당한다. 바다가별방지대 군공업기지는 동해 바다가별방지대와 서해 바다가별방지대로 구분되며 주요 산물에 차이가 있다. 동해안은 겨울철 명태 가공, 여름철 정어리 가공 등 계절에 따른 수산물가공품을 생산하는 군이 많은 반면에, 쌀 생산 중심지인 서해안의 경우 수산물 생산에는 계절적 제한이 있어 동해안에 비해 고기가공품의 비중이 높다. 또한 동해안의 군들에서는 명태, 다시마, 미역, 김 가공이 발전하여 주민에게 공급하는 역할을 담당한다. 동해안 공업지대에서 공업지점 수가 3개 이상인 군은 홍원군, 금야군(5개), 문천군(4개), 안변군, 통천군(3개) 등이다. 서해안 공업지대에서는 온천군, 은율군(5개), 장연군(4개), 용천군, 선천군, 증산군(3개) 등이 있다. 남북 접경 지역에 있는 강령군, 청단군은 1개, 옹진군은 2개로 공업의 비중이 높지 않다.

중간지대 군공업기지는 산이 많지만 절대 높이가 높지 않고 분지성 지형이 발달되어 있다. 산간지대와 바다가별방지대의 중간적 성격을 띠고 있으나 엄밀하게는 산간지대 공업지대와 더 가까우며 산간지대보다는 노동력이 풍부하다. 식료공업에서 수산물, 과일가공품의 생산이 적고 고기, 채소(남새) 가공과 기름의 생산비중이 높다. 일반적으로 평안남도 군공업기지들의 규모가 크며 다음으로는 평안북도의 규모가 크다. 황해북도와 강원도의 군공업기지는 대부분 500명 안팎의 규모를 가지고 있다.

(2) 지방의 종합적 공업생산기지인 '도(道)공업기지'

도공업기지는 자립을 추구하는 북한의 경제 정책에서 중요한 역할을 하고 있다. 도공업기지는 국가 차원의 요구와 지방 차원의 요구를 연결하는 기업을 도 영역 안에 배치한 결과로 성립되었다. 도공업기지는 원료 생산에서 가공의 일정 단계까지 서로 연결된 생산순환체계를 만들고자 하였다. 도공업기지는 다시 서부지구와 동부지구로 나누어 살펴볼 수 있다. 서부지구는 평안남도, 남포시, 평안북도, 자강도, 황해남북도로 구성되며, 동부지구는 함경북도, 함경남도, 강원도와 양강도로 구분된다.

---

18. 북한 공업의 지역구조의 기술에서 활용한 수치는 1980년대 중반 기준이다. 그 이후에는 북한 당국이 지역 수준의 상세한 데이터를 공개하고 있지 않다.

① 서부지구의 도 단위 공업생산기지

북한의 수도인 평양을 둘러싸고 있는 남포시를 포함한 평안남도는 정치에서뿐만 아니라 공업에 있어서도 매우 큰 비중을 차지하고 있다. 1982년 도공업총생산액에서 약 80%가 중앙공업일 정도로 국가적 차원에서 중요한 의미를 가지고 있다. 평안남도에는 공업의 종합적 발전에 필요한 원료, 연료, 동력자원이 풍부하다. 무연탄, 유연탄, 석회석, 철광석, 아연광, 금, 은, 동광을 비롯한 지하자원이 풍부하며 대동강 수력자원과 산간지대 산림자원, 간석지의 소금자원까지 갖추고 있다. 평양, 남포 외에 안주, 평성, 순천 등이 주요 생산지이다.

평안북도는 1980년대 북한 공업총생산의 1/10을 차지하고 있다. 흑색금속 생산기지와 유색금속 생산기지도 창설하였다. 도의 지리적 조건에 따라서 동력, 연료, 원료의 기지와 기계, 화학, 경공업, 금속공업 등 가공공업기지들이 배치되었다. 압록강과 청천강 수계의 수력자원과 금속자원, 석탄자원, 석회석 등이 풍부하다. 신의주, 정주 등이 주요 공업지구이다.

자강도는 기계공업이 도시를 중심으로 발전하였다. 희천, 강계, 만포 등이 주요 공업도시이다. 동 제련을 통해 유색금속압연품으로 가공하여 기계공업발전의 토대로 삼고자 하였다. 산림이 많은 자강도의 특성상 펄프 관련 공업이 발전하였다. 압록강다이아(타이어)공장은 1970년대 북한에서 가장 큰 규모로, 1971년에 이미 30만 개의 생산능력을 갖추고 있었다.

황해북도의 주요 공업 생산은 1958년 황해제철소로 조업을 시작한 오늘날의 황해제철연합기업소와 송림시가 중요하다. 국가 공업의 주요 부문인 흑색금속공업부문과 관련된 기업이 집적되어 있다. 송림시는 평양과 인접한 공업도시로서 역할을 담당하고 있다. 황해북도는 풍부하고 질 좋은 자연자원, 석회석, 아연광, 중석, 석재, 초무연탄 등을 보유하고 있어 공업지구로 발전하기에 유리한 조건을 갖추고 있다. 1982년 황해북도는 북한 공업총생산액의 3.8%를 차지하였다. 사리원에는 기계, 견직, 곡물 등 중공업과 경공업 기지가 있다.

황해남도는 공업보다는 농업, 특히 쌀 생산 비중이 높다. 이는 북한의 남서부 연안으로 기후가 온화하여 이모작이 가능하고 너른 벌판을 가지고 있기 때문이다. 또한 철광, 금, 은, 동, 연 등 유색금속광물이 많이 매장되어 있어 은율, 재령, 태탄에 광산이 운영되고 있다. 특히 은율광산은 북한 서부 철광산 중 규모가 가장 크다. 북한은 황해남도와 황해북도에 유색야금원료기지 육성을 추진한 바 있다. 과일군에는 과일가공공장, 해주에는 강냉이를 가공하는 해주곡산공장이 있다. 해주연결농기계공장에서는 트랙터, 자동차를 생산한다.

② 동부지구의 도 단위 공업생산기지

동부지구는 함경남북도, 양강도, 강원도로 구성되어 있으며, 함경남북도가 공업지대로 먼저 발전되었다.

함경북도에는 일찍이 제철, 조선, 화학, 광업 등 중화학공업이 발전하였다. 김책시(성진시), 청진, 성진, 나진 등이 주요 공업도시이다. 함경북도는 북한에서 가장 규모가 큰 무산철광, 유연탄, 니켈광, 석회석, 하석, 운모, 두만강의 수력, 중소하천, 백두산과 함경산줄기의 산림자원, 수산자원 등 풍부한 자원을 가지고 있다. 인프라도 중요해서 청진-나진 간 철길, 청진항, 김책항, 나진항 등 항구를 활용한 해운물류도 중요하다. 함경북도의 무산-청진-김책 일대에 흑색금속 생산의 집적이 이루어졌다. 또 김책시 등에서 수산업과 수산물가공기지, 조선소가 발달하였다.

함경남도는 북한에서 가장 큰 아연광, 철광, 마그네사이트광과 유연탄, 무연탄, 풍부한 수력자원을 가지고 있어 공업 발전에 유리하다. 함흥에서는 카바이드비날론 등 화학공업이 발전하였다. 공업에 필요한 전기는 장진강, 부전강 수력발전소가 담당하였다. 함흥은 또 암모니아, 질소비료 생산이 발전하였다. 흥남제련소 등 유색금속 생산의 발전을 추구하였다. 동해 연안으로 조선소, 어구공장, 물고기가공공장, 소금공장 등이 발전하였다.

양강도는 북한에서 산림자원이 가장 풍부한 지역이며 수력자원과 지하자원도 풍부하다. 지하자원은 갑산군(금·은·동), 운홍군(은·동·아연·마그네사이트·명반석·고령석), 혜산시(동·아연)에 주로 묻혀 있다. 양강도는 1982년 기준 북한 공업 생산의 1.9%를 차지하였다. 혜산이 주요 공업지대로 제재, 제지, 기계, 농기계, 일용품, 시멘트, 유리 등을 생산한다. 또 혜산에는 편직, 방직, 신발, 도자기, 자전거, 악기, 양곡 가공 등 경공업 기업도 있다. 백두산과 연결되는 삼지연군이 양강도에 위치한다.

강원도는 석회석, 무연탄, 희귀 유색금속광물자원, 수력자원 등 공업의 발전에 필요한 자원을 많이 보유하고 있으며 수산자원도 풍부하다. 강원도 천내군 일대에는 석회석이 풍부하게 매장되어 있어 한 해 50만 톤 이상의 석회석을 채굴했다. 유색금속광물자원으로 다른 지역에는 희소한 철망간중석(금강군), 니켈(판교군·이천군) 등이 매장되어 있다. 강원도는 1982년 당시 전국 공업 총생산의 4.7%를 차지하였다. 원산이 주요 공업지대로 조선, 화학, 시멘트, 방직, 일용품 등이 생산된다.

(3) 주요 공업도시와 인근 공업지대

북한의 공업 발전 과정에서 주요 공업도시와 공업지구가 형성되었다. 1960년대 이후 1980년대 초반까지 공업 성장 과정에서 농촌의 리는 약간 줄어들고 도시의 동은 배가되었으며 노동자구의 수도 3배로 증가하였다. 노동자구는 공업도시에 속해 있으며, 그 생산품에 따라 광산노동자구, 임산노동자구, 수산물 및 가공공업 중심지구가 형성되고 있다.

북한의 행정도시들은 대부분 공업도시로 전환되었다. 평양시, 함흥시, 청진시가 대표적이다. 도 소재지들은 대체로 가공공업 종업원 수가 1만 명 이상인 공업도시로 바뀌었다. 사리원시, 신의주시, 원산시, 강계시, 해주시는 가공공업 종업원 수가 2만~5만 명의 공업도시이며, 개성시, 평성시, 혜산시는 2만 명 이하이다.

개성시는 중공업원료용 지하자원이 많지 않아 경공업, 자체원료에 의존하는 지방공업에 적합하다. 도 소재지 외에 3만~1만 명 규모의 가공공업 종업원을 가진 공업도시로 김책시, 송림시, 순천시, 희천시, 단천시, 안주시가 있다. 만포시, 나진시는 1만 명이 안되지만 이러한 성격의 도시에 포함시킬 수 있다.

덕천, 문천, 길주, 회령, 정주 등이 1만 명 이상의 가공공업 종업원을 가진 공업도시이다. 도행정 중심지가 아닌 공업도시들은 중앙공업에 속하는 대규모 금속, 기계, 화학, 건재공업 종업원이 압도적인 비중을 차지하고 있다. 이것은 이러한 도시가 국가적 의의를 가지는 지하자원, 물자원, 교통, 국방안보상의 지리적 이점에 의거하고 있기 때문이다.

북한의 주요 생산시설은 도시별·산업별로 고르게 분포하고 있지만 그 가운데에서도 평양공업지구로의 집중현상이 두드러지며 특히 기계공업과 전기·전자 및 금속공업시설은 평양과 남포 지역에 집중되어 있다.

① 평양·남포 공업지대[19]

평양[20]·남포시는 평양, 남포, 송림, 사리원을 포함하는 북한의 최대 공업지구를 이룬다. 전기·전자, 기계, 철강, 조선, 의류, 시멘트, 판유리, 방직, 식료, 신발 등의 생산에 특화되어 있다.[21]

평양시는 기계공업을 핵심으로 하는 다양한 중공업부문들과 피복, 방직공업을 비롯한 경공업부문들이 유기적으로 결합된 산업구조를 이룬다. 또한 수도로서 양호한 입지조건과 함께 은율, 재령 등 주변 지역에 철광석과 같은 풍부한 지하자원이 부존해 있어 북한의 다른 도시와는 달리 중공업과 경공업이 함께 발달한 종합공업지대로서의 특징을 지니고 있다.

평양의 공업분포를 지역별로 보면 일부 지방공업공장을 제외한 대부분의 기업이 주로 평천구역, 선교구역 그리고 서성구역을 중심으로 입지하고 있다. 평양시 중심부의 서남쪽에 위치한 평천

---

19. KDB산업은행, 2015, 「북한의 산업」, 22-36; 김익성 외, 1989, 「조선지리전서: 공업지리」, 318-331.
20. 평양시는 1982년 기준으로 전국 공업총생산의 14.3%, 전국 공업부문 종업원 수의 11.2%를 차지한다. 인구는 전국 인구의 11.1%이다(김익성 외, 1989, 「조선지리전서: 공업지리」).
21. 평양과 남포를 포함하는 평양공업지구는 북한의 대규모 주요 기업이 집중되어 있어 북한 공업생산액의 약 1/4을 차지하고 있는 것으로 평가되고 있다.

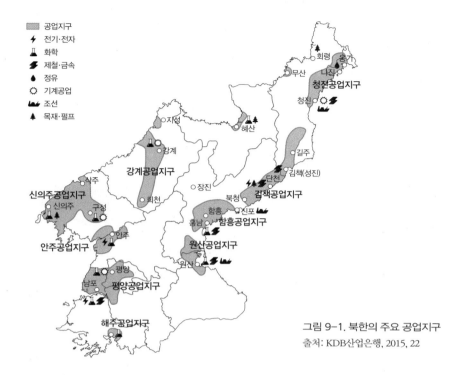

그림 9-1. 북한의 주요 공업지구
출처: KDB산업은행, 2015, 22

구역은 전기전자부문의 기업을 중심으로 한 각종 기계공업이 집중 입지해 있으며 건설자재 생산 기업 역시 다수 분포하고 있다.

평양시는 다른 도시에 비해 수도로서 사무원과 학생의 비중이 높고 과학연구기관, 설계기관 등 지식, 숙련노동력이 많다는 점이 특징이다. 평양 주변의 도시들은 공업, 과학, 문화 등의 분야별로 전문화되는 경향이 있다.[22] 근래에 평양에는 미래과학자거리,[23] 여명거리 등 과학기술과 전문서비스산업 종사자를 위한 주거지가 조성되고 있다.

남포는 광복 전에는 농업이 주를 이룬 지역이었으나 광복 후 근본적인 변화를 맞아 기계공업 등 대규모 중공업공장이 집중 배치되면서 유력한 공업지대로 변모하였다. 주변에 철광석과 무연탄 등 지하자원이 풍부하게 매장되어 있고 항구도시로 교통조건이 유리하며 대동강을 통해 공업용수

---

22. 김익성 외, 1989, 앞의 책.
23. 김정은 위원장이 2010년 들어 여명거리와 함께 개발을 지시한 지구로, 마천루 밀집 지역이다. 김책공업종합대학교의 과학기관과 아파트 등을 짓기 위해 대동강 쑥섬에 조성한 신시가지로 2010년 개발을 시작해 2015년 11월 3일 개장했다. 미래과학자거리는 6차선 거리에 초고층 건물들이 늘어서 있는데, 고급주택단지는 물론 4D 영화관, 상업편의시설 등을 갖추고 있다. 특히 2016년엔 트윈타워, 초록타워, 파랑타워 등의 초고층 건물이 완공됐다(pmg 지식엔진연구소, 「시사상식사전」, https://terms.naver.com/entry.nhn?docId=5678885&cid=43667&categoryId=43667).

조달이 용이하다. 1986년에 완공된 대동강 하구의 서해갑문은 제방 길이 8㎞에 3개의 갑실을 가지고 있어 남포항의 접안능력을 높이는 동시에 농업 및 공업용수를 공급하고 있다. 남포항은 서해갑문으로 대동강 깊숙이 들어와 있으며 수심이 평균 9~11m로 깊어 1만 톤 이상의 대형선박 여러 척을 동시에 접안하고 상하선 작업을 할 수 있다.[24]

② 신의주공업지구

신의주는 일제강점기에 건설된 경의선의 종점으로 철도 등을 통해서 중국과 연결되면서 도시 성장이 본격화된 계획도시로, 특히 수풍수력발전소가 가동된 이후부터 풍부한 전력 공급을 바탕으로 여러 산업이 성장하게 되었다. 이 지역은 중화학공업보다는 경공업이 강한 면모를 보이고 있으며 신의주 인근(반경 30㎞ 지역)에는 평양·남포와 안주 다음으로 많은 노동력이 존재한다. 또한 신의주는 경의선 철도의 종착점인 동시에 중국의 중국횡단철도(TCR), 몽골종단철도(TMGR) 등과 연결되는 지역이기도 하다. 신의주시와 주변 지역에는 역청탄과 갈탄이 많이 매장되어 있으며 이러한 자원을 바탕으로 제철, 기계, 화학공업 등의 중화학공업과 섬유, 식료, 신발, 일용품, 제지공업 등 경공업이 비교적 고루 발달하였다.

③ 함흥공업지구

함흥시는 함경남도의 도 소재지로 주변에 흥남을 포함하며 동해안 지역에 위치한 화학공업의 중심지이다. 이 외에 제련 및 기계산업 등도 같이 입지하고 있다. 함경남도는 일제강점기 후반부터 일본이 정책적으로 광업과 화학공업을 육성하여 북한 최대의 공업 지역으로 개발되었다. 그 결과 해방 직후에는 함경남도 공업생산액이 북한 전체 생산의 약 20%로 평양 다음으로 가장 많은 비중을 차지하였다. 함흥시의 주요 공업으로는 화학공업, 기계공업, 금속공업, 건재공업, 방직 및 피복공업, 식료공업, 일용품공업 등이 있다. 북한에서 함흥~원산을 잇는 대규모 기계공업지구의 일부로서 북한 기계공업 총생산액의 16%를 차지하여 평양 다음으로 중요한 기계공업기지를 이루고 있다.

④ 청진공업지구

청진공업지구는 청진, 나진, 선봉, 은덕, 나남 등을 포함하며 제철, 제강공업 등 중공업 위주의 공업이 발달하였다. 청진시는 풍부한 지하자원 등 양호한 지리적 여건들로 인해 일찍이 공업이 발달하였고, 함경북도 도청 소재지로 기능하면서 함경북도의 최대 중공업도시로 부상하였다. 북한

---

24. 평화문제연구소·과학백과사전출판사, 「조선향토대백과」, https://terms.naver.com/entry.nhn?docId=2866757&cid=57922&categoryId=57947

은 특히 1983년 5대 지구 건설계획을 공표하면서 이 지역을 제철 및 제련공업의 중심지로 집중개발해 왔다. 또한 1991년 자유무역지구로 지정된 나선 지역을 통해 해외자본을 적극적으로 유치하고자 하고 있다. 이곳에는 북한에서 가장 큰 종합금속 생산기지인 김책제철연합기업소가 입지해 있으며 여기서는 선철, 강철뿐만 아니라 여러 가지 규격의 압연강재 및 주강품들을 생산하고 있다. 기계공업 분야에서는 공작기계, 채굴설비, 전기기구 및 애자류, 임업설비 등을 주로 생산하고 있다.

⑤ 강계공업지구

북부내륙 지역에 위치하고 있는 강계공업지구는 강계, 만포, 희천, 전천을 중심으로 공작기계, 정밀기계 및 군수품의 생산에 특화되어 있는 지역이다. 강계시는 북한 북부내륙 지역의 교통요지로서 도내의 여러 지역과 연결되어 있고 평양과 만포를 잇는 만포선이 경유하며 중국으로 연결된다. 강계 지역은 광복 전에는 감자, 귀리, 조 등을 생산하던 농업 지역이었으나 광복 후 전력공업, 기계공업, 방직공업 등을 발전시켜 나갔다. 강계공업지구를 포함한 자강도는 지역개발에 있어 위치상 휴전선이나 해안 지역에서 멀리 떨어져 있는 북부내륙 지역인 관계로 기계 및 군수공업의 중심지로 성장하였다. 또한 철, 구리, 무연탄 등의 풍부한 지하자원과 납, 아연, 흑연 등이 생산됨으로써 도내에 주요 공장과 기업을 배치하여 북한 최대의 군수공업기지로의 육성이 가능하였다.[25]

⑥ 김책공업지구

함경북도의 최남단에 자리한 김책공업지구는 김책시와 길주 및 함경남도의 단천을 포함하는 지역으로, 성진제강연합기업소 이외의 공장들은 광복 이후에 새로 건설된 신흥 공업 지역이다. 이 지역은 마천령산맥의 지하자원과 북부내륙지방의 임산자원을 이용하기 용이하다. 특히 함흥공업지구와 청진공업지구의 중간에 위치하고 있어 소재, 금속, 화학, 선박 등 중화학공업이 발달하였을 뿐만 아니라 일부 경공업도 입지하고 있다. 김책시에는 갈탄, 인회석 및 흑연의 채굴이 많으며 대리석도 대규모로 생산되고 있다. 학동탄광과 성진청년탄광에서 갈탄을, 쌍용광산에서 인회석을 생산하며 업억광산에서는 흑연을 생산하고 있다. 인근의 성진, 단천에 제강, 제련, 건재 등 주요 기업이 있다.

⑦ 원산공업지구

원산공업지구의 중심도시인 원산은 1946년 강원도에 편입되면서 북한 강원도의 도청 소재지가

---

25. 주요 공업 지역으로 중점 육성한 결과 자강도는 북한 내에서 가공공업이 차지하는 인구 비중이 가장 높은 지역이 되었다.

되었다. 원산공업지구는 항만 및 철도를 효과적으로 이용한 산업 배치가 이루어졌으며 차량, 석유, 조선, 수산가공이 일제 때부터 발전하였다. 해방 이후에는 섬유, 일용품 등 소비재 경공업이 발달하였고 1970년대 이후 기계공업 및 화학공업이 발달하게 되었다.

⑧ 해주공업지구

해주에는 특별한 광물자원이 없으나 황해남도 전체적으로는 은율, 재령, 하성, 태탄 등에 철광석이 많이 분포하고 있으며 신원지구에는 석회석이 풍부하게 매장되어 있다. 이 밖에도 납, 아연, 구리, 금, 은 등이 서부 및 남부 지역을 중심으로 생산되고 있다. 해주를 중심으로 한 해주공업지구는 시멘트, 제련 및 인비료 생산에 특화되어 있다. 특히 시멘트공업은 신원지구의 풍부한 석회석을 바탕으로 크게 발달하였다. 황해남도의 중심을 이루고 있는 공업은 광업, 기계공업, 건재공업 및 방직·식료·일용품 등의 경공업 분야이다.

4. 2000년대 이후 북한 경제체제와 산업공간 변화: 시장화와 경제개발구

1) 1990년대 북한 계획경제시스템의 붕괴와 시장화의 진전

1990년대에 북한의 공공배급망(Public Distribution System, PDS)이 급속도로 붕괴되었다. 경제난으로 식량, 소비제품에 대한 배급량은 크게 줄거나 중단되었다.[26] 1990년대 북한의 주요 산업생산 순환이 무너져 근로자들에게 정상적인 일거리와 급여를 주기 어렵게 되면서 주민들은 생계를 꾸리기 위해서 시장으로 나아갔다. 이에 따라 기존의 합법적 소규모 농민시장이 '장마당'이라는 암시장이 되었다.

북한 당국은 시장에서의 거래 품목을 통제하지 못했다. 장마당에서는 식량뿐만 아니라 생활필수품, 내구소비재, 생산재 등 다양한 거래가 이루어졌다. 이에 따라 시장은 공간적으로 합법적인 농민시장 내부를 벗어나, 사람들이 많은 도롯가나 주택가 인근 등 여러 지역에서 형성되었다. 시장이 매일 개장하였으며 이용객이 증가했고 상인들이 등장했다.[27]

26. Byeong-Yeon Kim, 2017, 앞의 책, 91–93.
27. 이무철 외, 2019, 「북한 분야별 실태 평가 및 변화 가능성 전망」, 경제인문사회연구회, 160–162.

북한 당국은 2003년에 종합시장을 공식적으로 인정했다. 이에 따라 상품공급자와 상품공급량이 대폭 늘어나기 시작했다. 시장 판매를 위한 무역회사들의 수입이 합법적으로 가능해졌으며, 개인들도 부업으로 개인수공업 생산을 하기 시작했다. 또 국영상점에 자신의 자본을 투입해 종업원을 고용하고 북한 국내나 중국에서 상품을 들여와 일반 주민들에게 판매하는 사실상의 개인사업이 생겨났다. 이런 경영 활동을 통해 얻은 수입의 일부는 종업원에게 임금으로 주고 또 일부는 국가에 세금으로 납부한 뒤 나머지는 자신의 이윤으로 하는 식이다.

아울러 기업들도 시장 판매를 목적으로 제품을 생산하기 시작했다. 특히 2000년대에는 기업들이 시장 판매를 통해 현금을 확보하는 것이 일부 허용되었고, 이는 시장 판매 생산을 촉진하는 유인으로 작용했다. 또 2002년 '사회주의 물자교류시장'이라는 합법적 생산재시장이 등장한 이후 기업들은 시장을 통해 원자재를 구매할 수 있게 되었다. 이를 통해 생산재시장과 소비재시장이 연계되었다.[28]

최근의 조사결과(홍민 외, 2016)에 따르면 북한의 공식시장은 404개로 나타났다. 지역별로 보면 평양, 남포, 평안남도 지역에 116개의 시장이 운영되고 있어 전체 시장의 1/4 이상을 차지한다. 다음은 평안북도 51개, 함경남도와 함경북도가 각각 48개, 46개로 다른 도에 비해 시장 수가 많은 편이다. 도별 평균 시장 수는 33.7개이다. 시군별로 보면 평양시에 26개로 가장 많고, 청진시 19개, 함흥시 11개, 신의주시와 평성시에 각각 6개로 함경남북도와 평안남북도의 도 소재지에 시장이 많이 형성되어 있는 것을 알 수 있다. 또 양강도의 도 소재지인 혜산시에도 5개의 시장이 있다. 시장이 있는 많은 도시들은 도 소재지이면서 신의주, 혜산, 청진, 함흥과 같이 중국과 근접해 있어서 물자의 유통이 활발한 지리적 특징을 보인다.[29]

이렇게 종합시장이 활발하게 운영됨에 따라 상인층이 형성되기 시작했다. 시장화가 진전되면 신용, 나아가 금융도 발전할 수 있다. 초기 형태의 임노동 관계뿐만 아니라 '돈주'로 불리는 잠재적 자본가층이 형성되었다. 결국 이러한 식으로 해서 소비재시장, 생산재시장, 금융시장, 노동시장 등 이른바 4대 시장이 형성되었다.[30]

경제위기 속에서 북한의 국민경제는 계획부문과 시장부문으로 분화되었으며, 또 한편으로는 당경제, 군경제, 내각경제, 주민경제(비공식경제) 등 4개 부문으로 분화되었다. 특히 핵심적인 기업 및 산업에 대해서는 국가가 계획경제의 틀 속에서 직접적인 명령과 강제를 통해 장악하고 관리하

28. 이무철 외, 2019, 앞의 책, 160–162.
29. 홍민 외, 2016, 「북한 전국 시장 정보: 공식시장 현황을 중심으로」, 통일연구원, 17–20.
30. 이무철 외, 2019, 「북한 분야별 실태 평가 및 변화 가능성 전망」, 경제인문사회연구회, 160–162.

는 한편, 여타의 기업에 대해서는 시장에 맡기는 방식으로 국가가 손을 뗐다. 전자는 군수산업, 중공업부문으로 대표되는 국가 기간산업이고 후자는 경공업부문 등 주민생활과 직접 관련된 소비재부문이다. 1998년 김정일 시대 공식출범 이후 정책기조로 내세운 7.1조치는 이러한 이중구조전략을 공식화하는 성격을 지닌다.

그러나 북한 정부는 시장화의 딜레마 속에 있다. 1990년대 초 경제난이 발생한 이후 20여 년 동안 시장에 대한 북한 당국의 정책은 통제와 허용을 반복해 왔다. 김정일 시대 말기 및 김정은 시대 개막 이후 북한 당국은 적극적으로 시장시스템을 도입하고 있다.현실적으로 시장을 인정하면서 체제의 부담을 최소화하려는 고민을 하는 것이다.[31]

2) 김정은 집권 이후의 경제체제 변화

(1) 산업 정책: 인민생활 관련부문 육성 및 산업의 변화

김정은은 2013년 전국경공업대회에서 "경공업은 농업전선과 함께 현 시기 경제강국 건설과 인민생활 향상을 위한 투쟁에서 화력을 집중해야 할 주타격 방향"이라고 밝히고 "인민생활에 절실히 필요한 소비품들을 다량 생산하며, 특히 기초식품과 1차 소비품 생산을 결정적으로 늘려야" 한다고 강조하였다.[32] 김정은 집권 이후 혹은 대략 2010년 이후 북한 산업은 다음과 같은 몇 가지 특징적 변화가 일어났다.[33]

첫째, 북한의 식품, 기계, IT 등의 부문에서 이전과는 다른 모습이 나타나고 있다. 이것이 실제 생산력이 복구 혹은 확충되었기 때문인지 확인이 필요하다.

둘째, 전반적 투자의 증가에도 불구하고 생산역량 확대를 위한 투자는 경공업 일부 업종에 제한적으로 이루어지고 있다. 2010년을 전후하여 에너지 전환을 위한 투자가 확대되고 있다.

셋째, 자동차, 철도차량, 선박 등 수송기계나 농기계 등에서 성과보도가 증가하고 있다. 또한 평양어린이식품공장 설비 현대화가 국산설비로 이루어지고 있다고 선전되고 있다. 이러한 경향이 북한의 산업역량 확대로 이어질지 효율이 떨어지는 설비 공급에 그칠지 주시할 필요가 있다.

넷째, 금속 및 화학 등 소재부문은 여전히 북한 산업의 회복 및 성장에 걸림돌로 작용하고 있는 반면, 식품가공 등 일부 소재부문에서는 중국과의 경쟁에서 우위를 점하는 품목이 나타나고 있다.

31. 양문수, 2013, 「북한의 시장화: 추세와 구조변화」, 『KDI 북한경제리뷰』, 15(6).
32. 경애하는 김정은 동지께서 전국경공업대회에서 하신 연설, 노동신문 2013.3.19., 홍제환(2017)에서 재인용.
33. 이석기, 2016, 「북한산업의 현황과 관련 연구동향」, 『KDI 북한경제리뷰』, 18(12).

또한 정보통신기술 등 수입판매되던 기술제품 중 북한 내부에서 조립 생산하는 품목이 일부 나타나고 있다.

(2) 과학기술 중시 정책

김정은 정권은 자립경제강국과 지식경제강국이 곧 사회주의 경제강국의 모습임을 강조하고 있다. 김정일 시대 이래 이루어지던 컴퓨터수치제어(CNC) 공작기계 보급사업이 지속되고 있고 추가적으로 IT, BT 등 첨단산업과 고수익 분야에도 관심을 기울이고 있다.

은하과학자거리, 위성과학자주택지구, 미래과학자거리 등이 조성되어 과학자들의 주거환경이 크게 개선되었으며 과학기술전당이 신축되었다. 주체비료, 주체비날론 등 주체공업론이 강화되면서 원료국산화를 추구하고 있다.

(3) 우리식 경제관리 방법의 도입

김정은은 2012년 6월 28일 「우리식의 새로운 경제관리체계를 확립할 데 대하여」라는 방침을 밝혔다. 우리식 경제관리방법이란 "생산수단에 대한 사회주의적 소유를 확실히 고수하면서 국가의 통일적 지도 밑에 모든 기업체들이 경영 활동을 독자적으로, 창발적으로 해 나감으로써 생산자대중이 생산과 관리에서 주인으로서의 책임과 역할을 다하도록 하는 사회주의 기업관리방법"이다.[34] 김정은은 이를 도입함으로써 생산수단의 사회적 소유, 중앙집권적 계획경제시스템은 그대로 유지하되 기업 활동에 대해서는 자율성을 보다 많이 부여하겠다는 것이다.

이렇게 구축한 제도를 사회주의 기업책임관리제라고 부른다. 사회주의 기업책임관리제는 기업소 지표의 도입 등을 통하여 계획의 수립 및 수행과 평가 등 계획화 전반에 대한 기업의 권한을 크게 제고했다. 그리고 이러한 과정을 거쳐서 획득한 소득의 처분에 대한 기업의 권한도 크게 강화시켜 기업은 국가예산 납부 이후의 기업 소득을 임금이나 설비투자 등으로 배분할 수 있는 권한을 상당 부분 확보하게 되었다.[35] 그러나 중국의 개혁개방과 비교하면 아직 제한적인 수준에서 개방이 이루어지고 있다.

---

34. 경애하는 김정은 동지께서 조선로동당 중앙위원회 2013년 3월 전원회의에서 하신 연설, 노동신문, 2013.3.19., 홍제환(2017)에서 재인용.
35. 이석기, 2019, 「김정은 시대 북한 경제개혁 연구: '우리식 경제관리방법'을 중심으로」, 「KDI 북한경제리뷰」, 21(3).

(4) 외자유치를 통해 새로운 성장동력을 마련하기 위한 경제개발구 추진

2013년 김정은 정권은 「경제개발구법」을 제정하였다. 「경제개발구법」에서 경제개발구를 "국가가 특별히 정한 법규에 따라 경제 활동에 특혜가 보장되는 특수경제지대"로 정의하고, 부문(공업·농업·관광·수출가공·첨단기술 등)과 관리주체(지방·중앙급 등)에 따라 구분하였다. 관련 기관과 조직체계 및 역할, 투자자, 기업 활동 관련 혜택 등에 대해서도 구체적으로 명시하였다. 또한 그해에 경제개발구 13개와 신의주특수경제지대를 설치하였다. 2014년에는 대외무역성을 신설하였고, 기존 금강산관광특구를 확대하여 원산-금강산국제관광지대로 변경하였다. 2014년에 경제개발구 6개를 추가 지정하였다. 2013년 제정되어 시행되고 있는 「경제개발구법」의 특징은 다음 몇 가지로 들 수 있다.[36]

① 일반화: 이전에는 지역별로 별도의 특별법을 제정하여 운영하였으나 나선특구의 경험을 토대로 법을 제정하였고, 지정절차까지 정해 놓았다. 이것은 북한이 경제개발구의 성공을 토대로 전국을 발전시키려는 목표를 가지고 있기 때문이다. 따라서 경제개발구 정책은 사실상 북한의 대외경제개방 정책이라고 할 수 있다.

② 국제화: 기업에 대한 세금 감면 등 등 각종 우대제도를 도입하였으며 국제관례를 따르도록 하였다.

③ 경영자율권 보장: 부동산 투자, 개발, 거래, 가격 결정권을 개발 기업에게 부여하여 이용권의 거래를 인정하고 있다.

④ 분권화: 과거에는 중앙에서 별도로 관리하는 방식을 지향했으나, 현재는 지방별로 상황에 맞게 개발구를 추진할 수 있게 하고 있다.

⑤ 전문화: 과거 특구는 종합적 성격으로 다양한 기능을 수행했으나 개발구는 특정 부문에 특화시키고 있다. 공업, 농업, 가공무역, 관광, 첨단 등의 분야로 구분한다.

⑥ 현대화: 특구·개발구 설치 목적에서 투자를 통한 선진기술 도입 및 생산기술 현대화, 국내산업구조의 현대화를 중시하고 있다. 실제로 경제개발구 지역선정 원칙 중 하나로 "경제 및 과학기술 발전에 이바지할 수 있는 지역"을 규정하고 있다. 또한 첨단과학기술부문 투자에 대해 세금 감면 조건을 제시하고 있다.

최근에 평양 시내에 지정된 은정첨단기술개발구는 국가과학원이 직접 주관기관이 되어 산하연구소 130개, 연구원 1만 명을 수용하는 개발구이다. 이상과 같은 「경제개발구법」의 제정 운영 경

---

36. 문인철, 2019, 「서울시 대북 경제협력 방향」, 서울연구원.

표 9-7. 북한 접경 지역 경제개발구

도	시(군)	개발구명	주요 개발사업	비고
평양시	은정구역	은정첨단기술개발구	첨단기술	중앙급
	강남군	강남경제개발구	농업, 관광, 무역	지방급
황해북도	신평군	신평관광개발구	관광	지방급
	송림시	송림수출가공구	수출가공, 창고보관(유통), 화물운송업	지방급
황해남도	강령군	강령국제녹색시범구	친환경 공업, 농업	중앙급
강원도	원산시	현동공업개발구	정보산업, 경공업, 관광기념품산업	지방급
남포시	와우도구역	와우도수출가공구	수출지향 가공조립업(임가공)	지방급
		진도수출가공구	가공조립	지방급
운영 중		개성공업지구		중앙급
		원산-금강산국제관광지대		중앙급
		황금평-위화도경제지대		중앙급
		나선경제무역지대		중앙급
미정		칠보산관광지구		중앙급
		개성고도기술개발구		중앙급

출처: KDB산업은행, 2015; 차명철, 2018

험은 향후 북한의 개방을 연착륙시킬 수 있는 중요한 자산이다. 그러나 현재 일부 기능만이 사용되고 있고, 법이 실제 제대로 작동할 수 있는지에 대해서는 의문이 제기되고 있다.

「경제개발구법」 제11조에는 개발구의 지역선정 원칙이 공표되어 있다.

첫째, 대외경제협력과 교류에 유리한 지역

둘째, 나라의 경제 및 과학기술 발전에 이바지할 수 있는 지역

셋째, 주민거주 지역과 일정하게 떨어진 지역

넷째, 국가가 정한 보호구역을 침해하지 않는 지역

위 네 가지 중 첫째 원칙과 세 번째 원칙은 접경 지역 혹은 연안 지역 특성에 부합한다. 접경 지역의 관문이나 연안 지역의 항구는 대외경제협력과 교류에 유리하다. 그리고 주민거주 지역은 국경에서 떨어진 곳에 위치한다. 특히 남북한 접경 지역과 같이 군사적 대립 상황이 계속되는 곳은 산업과 도시가 발전하기 어렵다. 이는 남북한 접경 지역 모두에 해당한다. 이 두 가지 조건은 북한의 대외개방 정책이 접경과 해안을 중심으로 설정한 중국의 특구 정책과 방향을 같이하고 있다는 점을 말해 주고 있다.

이상에서 살펴본 것처럼 북한의 「경제개발구법」은 대외경제개방을 목표로 해외투자자들에 대한 편의와 혜택을 명시하고 있다는 점에서 제도적 진전이라고 판단된다. 여기서 이러한 제도들이 실제로 그러한 법 취지대로 운영이 된 성공사례를 확인할 필요가 있다.

3) 이행기에 있는 북한 경제와 산업의 지역구조

이상 제4절에서 살펴본 바와 같이 2000년대 중반 이후, 그리고 특히 김정은 시대에 들어와 북한 경제의 운영 방식에서 중요한 변화가 이루어지고 있다. 시장화와 서비스화, 그리고 경제개발구로 대표되는 대외개방 정책이 그 주요 내용이다. 시장화와 서비스화를 통해서 최대 고용인원의 50%까지 이를 것으로 추정되는 북한 기업의 불안정 고용에 따른 민생문제와 산업 순환의 문제를 보완하고 있는 것이다. 즉, 북한의 국영기업에 고용되어 있는 많은 사람들이 시장에 참여하여 소득을 올리고 생계를 유지하고 있는 실정이다. 이에 따라 '돈주'라 불리는 자본가 계급도 생겨나고 있다. 시장 활동의 진전에 따라 금융, 교통 등 개인서비스산업도 생성되고 있다.[37] 2003년 합법화된 종합

---

37. 박영자 외, 2018, 「김정은 시대 북한 경제사회 8대 변화」, 통일연구원.

시장에 종사하는 인원은 100만 명을 넘어설 것으로 추정된다.[38] 이러한 시장화와 서비스산업화는 1980년대에 그 형태가 완성된 북한 산업의 지역구조에 적지 않은 변화를 일으킬 것이다. 특히 부진한 전통적 중화학공업 지역의 경우 명목상으로는 기업의 근로자로 잡혀 있지만 실제로는 시장에서 생계를 이어 가는 이중적 형태의 근로자가 많을 것으로 예상된다.

김정은 시대에 들어와 외국자본 투자 유치를 위한 제도를 정비하고 지정한 27개의 경제개발구는 이러한 북한 내 산업, 특히 제조업의 순환을 복원하고 새로운 국가 경제의 성장 엔진이 될 것으로 기대되고 있다. 그러나 아직 경제개발구 정책의 가시적 성과가 나타나지 않고 있다. 경제개발구가 북한의 전통적 공업지대와 어떠한 연계, 보완 관계를 맺고 발전해 나갈 것인지에 대해 세밀한 논의가 필요하다.

요약건대 향후 북한 경제의 성장과 산업의 지역구조 변화는 시장화와 서비스산업화, 경제개발구의 발전 정도, 전통적 산업지대와 새로운 부문 및 산업지대 간의 연계·협력 관계에 의해 좌우될 것이다. 남북 간 경제협력 및 경제통합 논의도 이러한 점을 고려하여 이루어져야 할 것이다.

5. 남북 경제협력과 경제통합전략: 경제특구, 트윈시티, 메가리전으로 진화

1) 북한 대외개방의 거점 경제개발구

남과 북은 정치적 이해관계를 떠나 남북 간 경제협력이 서로에게 필요하다는 점을 잘 알고 있다. 북한의 김정은은 경제성장을 통해 지도자로서 자신의 정당성을 구축하고자 한다. 중국이 북한의 가장 긴밀한 협력 파트너이기는 하지만 한국을 완전히 배제한 상태의 대외개방과 경제성장 전략을 택하지는 않을 것이다. 안보적 긴장 상태만 완화된다면 남한과 북한은 북한과 중국 못지않은, 아니면 그 이상의 경제적 협력관계를 구축할 수 있다.

근래에 북한은 중국으로부터 기계 등 생산설비를 수입하고 중국에 석탄 등 지하자원을 수출한다. 또 중국보다 임금이 1/4 이하이기 때문에 저임금 가공 비즈니스가 발달하였다. 다양한 소비재의 교역도 이루어진다. 2018년 기준으로 북한의 대중국 교역 의존도는 95.8%로 극단적인 편중을

38. 홍민 외, 2016, 「북한 전국 시장 정보: 공식시장 현황을 중심으로」, 통일연구원.

보이고 있으며 대북제재 국면 속에서 대중국 무역적자가 23.6억 원에 이른다. 2017년에 비해 북한의 대중국 수출은 86.3% 감소했으며 수입은 31.2% 감소하였다.

김정은 집권 이후 대외개방을 위해 지정한 27개 경제개발구 중 13개가 북중 접경 지역에 있다. 이에 비해 남북한 접경 지역에는 금강산관광특구, 강령국제녹색시범구와 해주경제개발구가 계획되어 있다. 개성공단은 27개 경제개발구에서 제외되어 있다. 또한 남북 접경지대는 대체로 북중 접경 지역에 비해 산업적 기반이 약하다. 농수산업, 일용품 제조업, 소비재 등 경공업 중심이며, 그나마 다른 지역과 비교해 보아도 산업이 우월하게 발달하지 못했다.

앞에서 살펴보았듯이 평양·남포에는 기계 및 전자산업, 소비재산업이 집적되어 있다. 동해안의 원산, 함흥, 청진, 나진, 선봉 등은 중화학공업의 집적지구이다. 북한의 산업지대와 내부적 수요를 잘 이해하고 그를 기반으로 남북 간 경제협력 방안을 제시할 필요가 있다. 또 서로 다른 체제나 발전 단계를 가진 국가 간의 경제협력이 어떠한 패턴으로 이루어지는지를 살펴볼 필요가 있다.

정부가 제시하고 있는 한반도 신경제구상, 남북 정상의 합의사항인 서해경제공동특구, 동해경제공동특구 등은 아직 정부 차원의 구체적 실천 계획이 수립되어 있지 않다. 지금까지 남북 경제협력 실천이나 구상은 국가 단위 경제협력의 초기 단계에서 이루어져 왔다. 남북 경제협력의 새로운 전환점을 마련한 것으로 평가되는 개성공단이나 금강산 관광사업도 큰 틀에서 보면 경제협력의 초기 단계에서 볼 수 있는 모델이다.

개성공단은 저임금에 기반한 임가공 수출단지에 머물고 있다. 멕시코가 산업화를 위해 1960년대 후반에 미국 등 외국 자본을 국경지대에 유치하여 조성한 마킬라도라단지와 유사한 성격을 가진 곳이다. 북한의 경우 근로자를 보내 주고 월급을 받는 것 이외에 산업 순환 속 유의미한 연계가 거의 없다는 점에서 장기적 관점으로 보면 개선이 필요한 모델로 인식했을 가능성이 높다.

이상의 내용을 종합해 보면 북한이 한국과 어떤 내용의 경제협력을 어떠한 공간에서 실천할 것인지에 대한 계획이 구체화되어 있지는 않은 것으로 보인다. 북한이 체제를 유지하면서 외국 자본과 투자, 기술을 도입하기 위해서는 접경 지역이나 해안 지역이 유리하다. 중국의 경우 선전, 상하이 등 연안 지역 개방구를 지정하여 시장경제와 혁신적 기술을 도입할 수 있었다. 북한도 「경제개발구법」에 근거하여 우선 중국의 투자를 통해 산업 순환의 위기를 벗어나겠다는 의도 속에서 북중 접경 지역 중 주요 산업 거점이 있는 도시를 경제개발구로 지정한 것으로 보인다.

2) 남북 접경 공동경제특구와 트윈시티[39]: 남북 경제협력 및 통합 실험 거점화

이러한 현황을 바탕으로 보면 남북 관계가 개선되어 경제협력이 본격화된다면 남북한 접경 지역에도 다수의 경제개발구를 개발할 수 있을 것이다. 개성, 해주, 원산 등 접경 지역에 가까운 도시와 아울러 강령, 개풍, 철원, 평강 등 접경 군 지역도 남북 협력사업을 위한 경제개발구의 개발이 가능할 것이다.

이는 멀리 미국과 멕시코의 경제협력에서 국경개발 프로그램에 의한 마킬라도라 산업지구 개발, 그리고 가까이는 홍콩−선전의 국경지대 경제협력의 과정을 통해 엿볼 수 있다. 즉, 경제협력 초기 단계에는 접경 지역에 산업지구를 조성하여 협력을 진행하고 시간이 지나면서 접경 지역의 배후도시나 인근 대도시까지 협력의 공간적 범위가 확대된다. 이렇게 초기의 초국경 공간협력을 통해 국경을 마주한 두 도시가 서로 동조하면서 유기적 협력 관계를 맺으며 발전하는 현상을 트윈시티라고 한다(그림 9−2).

9.19 공동선언에서 남북한 정상이 합의한 서해경제공동특구는 남북 접경 지역에서 기존 개성공단 모델을 뛰어넘는 새로운 형태의 남북 경제통합 거점으로 조성할 수 있을 것이다.[40] 파주−개성공단의 협력을 확대하여 김포−개풍, 강화−강령−해주에 남북한이 서해경제공동특구를 조성하고 IT, 바이오 등 지식산업과 신재생에너지, 농업, 수산업, 관광 등 지역특화산업 육성을 위한 협력도 가능하다. 남북 접경지대에는 산업단지뿐만 아니라 교육, 의료, 주거, 관광, 유통, 비즈니스 등 복합적 첨단 국경도시를 조성하고 신재생에너지를 기반으로 하는 4차산업혁명시대의 공유경제 실험 등을 기획할 수도 있을 것이다.

현재 북중 접경 지역에는 이러한 접경지대의 트윈시티화가 진전되고 있다. 신의주−단둥, 만포−지안, 남양−투먼 등이 북중 접경 지역의 긴밀한 교류가 있는 트윈시티로 발전하고 있는 것으로 보인다. 북한은 중국과의 접경도시에 신의주국제경제지대, 황금평−위화도경제지대, 위원공업개발구, 만포경제개발구, 혜산경제개발구, 경원경제개발구 등을 조성하여 경제위기로부터 벗어나고자 한다.

---

39. 이정훈 외, 2019b, 「트윈시티모델에 기반한 남북한 접경지역 분석과 발전 전망」, 경기연구원. 131−137.
40. 이정훈 외, 2019a, 「한반도 경제권의 중핵 서해경제 공동특구」, 경기연구원.

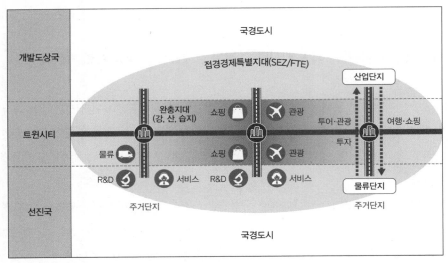

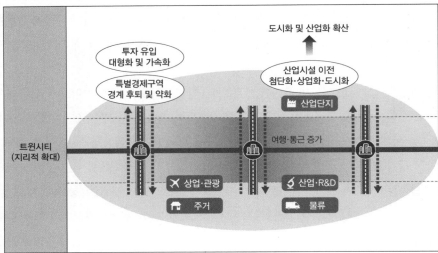

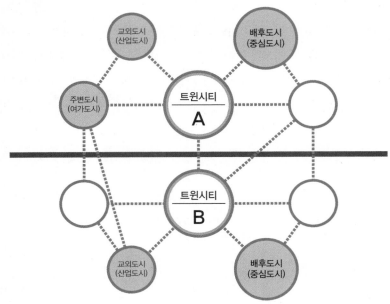

그림 9-2. 홍콩-선전 사례를 통한 트윈시티 형성의 초기 단계(상)와 중간 단계(중), 최종 단계(하)

출처: 이정훈 외, 2019c

3) 트윈시티의 진화: 한반도 경제권 성장거점으로서 한반도 메가리전 형성

트윈시티가 발전하면 초국경 교류가 배후 대도시 권역으로 확장되면서 메가리전으로 진화한다. 남북한 접경 지역과 한반도 경제권에서도 이러한 발전 경로를 예상할 수 있다.

초국경 메가리전의 가장 두드러진 예가 광둥-홍콩-마카오 등이 포함된 웨강아오 대만구 (Greater Bay Area) 개발계획[41]이다. 이 계획은 초국경 협력의 초기 단계인 트윈시티를 넘어 여러 대도시들이 하나의 경제 권역으로 통합되어 공동 발전의 비전을 실현하는 중요한 시도이다. 웨강아오 대만구 개발계획은 2017년 3월 리커창 총리가 전국인민대표대회에서 처음 공개했고, 2019년 2월 중국 국무원이 웨강아오 대만구 발전계획을 발표하였다. 이 지역의 총면적은 5만 6500㎢, 인구 6800여만 명, GDP 1600조 원에 달한다.

웨강아오 대만구 프로젝트의 핵심은 권역을 연결하는 인프라 조성, 고용, 금융서비스 등 제도적 통합, 기술협력 및 공동 신산업단지 조성 등이다. 웨강아오 대만구 계획은 중국의 수도권인 베이징-톈진-허베이성을 통합적으로 발전시키는 징진지 권역, 상하이와 저장성, 장쑤성, 안후이성 등 창장 삼각주 지역을 통합하는 '창장 삼각주 일체화계획'과 더불어 중국의 3대 국가급 지역경제 통합사업이다.[42]

웨강아오 대만구 프로젝트에 해당하는 남북한 접경 지역의 프로젝트로 '한반도 메가리전' 프로젝트를 기획할 수 있을 것이다. 한반도 메가리전은 한국의 경기, 인천, 충남의 북서부 지역과 북한의 개성, 개풍, 해주, 남포, 평양 등 핵심 경제 지역을 연결하여 북한 개방과 남북 경제통합의 실험장으로서 적합하다. 나아가 통합된 한반도의 새로운 성장동력으로서 중국, 일본, 미국, 유럽의 주요 메가리전과 경쟁할 수 있는 역량을 갖출 것이다.

한반도 메가리전은 다른 메가리전과 마찬가지로 고속철도, 고속도로, 항만, 공항 등의 인프라를 공유해야 한다. 또 기업이 투자와 기업 활동을 자유롭게 할 수 있도록 국경의 제도적 장벽을 상당한 수준으로 낮춰야 한다. 남북한의 산업과 자원의 보완 관계를 잘 활용하여 협력과 통합전략을 수립하고 실행할 필요가 있다.

평양, 남포, 해주, 개성, 사리원 등 경기만 남북 통합 초국경 대도시권에 속한 북한의 도시들은

---

41. 粤港澳大湾区發展規劃要綱(Outlile Development Plan for the Guangdong-Hong Kong-Macao Greater Bay Area), https://www.bayarea.gov.hk/en/outline/plan.html
42. 한국경제신문·한경닷컴, 「한경 경제용어사전」, https://terms.naver.com/entry.nhn?docId=5739559&cid=42107 &categoryId=42107

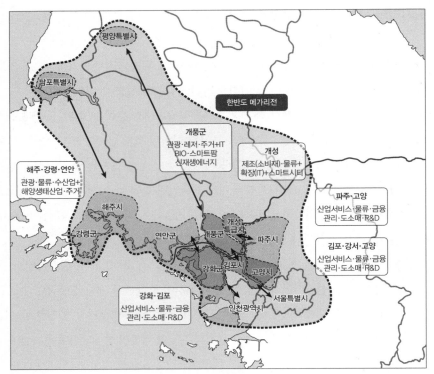

그림 9-3. 한반도 메가리전의 중핵으로서 서해경제공동특구 구상도

출처: 이정훈 외, 2019c

기계공업, 경공업, 유색금속공업 등이 발전하였으며[43] 북동부의 중화학공업도시에 비해 상대적으로는 산업경쟁력을 갖추고 있는 것으로 알려져 있다. 또 이 지역은 북한 내에서는 IT 등 지식기반산업을 수행할 수 있는 고급인력들을 상대적으로 많이 확보하고 있다.

한반도 메가리전은 남한 수도권의 첨단지식 및 기술, 자본 등을 북한의 자원과 결합하고 인프라 및 제도적으로 통합하며 나아갈 것이다. 남과 북의 산업 수준 및 생태계, 경제 및 산업 정책적 수요 등을 조율하여 협력 관계를 만들어 간다면 한반도 메가리전은 통합된 한반도의 새로운 성장동력으로 중추적 역할을 할 것이다.

---

43. 김익성 외, 1989, 앞의 책.

더 읽을 거리

이무철 외, 2019, 「북한 분야별 실태 평가 및 변화 가능성 전망」, 경제인문사회연구회.

⋯ 통일연구원의 주관으로 관련 학회 및 국책연구기관들이 정치·군사, 경제·산업, 에너지·인프라, 사회문화 등 주요 분야별로 최근 현황과 변화 가능성을 전망하였다. 북한에 관한 가장 최근의 자료와 관점을 볼 수 있어 북한 이해에 도움이 된다.

Byung-Yeon Kim, 2017, *Unveiling the North Korean Economy*, Seoul National Univerisity Press.

⋯ 북한 경제체제의 특징과 계획경제시스템의 붕괴 및 이행 과정을 자료분석 및 이론적 관점에서 체계적으로 제시한 책이다. 경제적 관점에서 북한을 이해하는 데 도움이 된다.

이정훈 외, 2019, 「트윈시티모델에 기반한 남북한 접경 지역 분석과 발전 전망」, 경기연구원.

⋯ 남북 협력 관계를 트윈시티모델에 기초해서 접경 지역에서의 지리공간적 협력의 형성과 확산의 관점에서 살펴본 연구서이다. 홍콩–선전, 미국–멕시코 국경지대의 협력 사례에 대한 분석을 토대로 남북한 접경 지역에서의 협력 방식과 변화를 전망하였다.

참고문헌

김영봉, 2006, 「북한 산업입지정책의 전개와 향후 과제」, 『국토』, 299, 108–120.

김익성 외, 1989, 『조선지리전서: 공업지리』, 교육도서출판사.

문인철, 2019, 「서울시 대북 경제협력 방향」, 서울연구원.

박영자 외, 2018, 「김정은 시대 북한 경제사회 8대 변화」, 통일연구원.

박천조, 2018, 「섬유패션산업 관련 개성공단 재개와 활성화 방안」, 남북상생발전을 위한 섬유패션산업의 협력 전략 정책토론회 발표자료.

양문수, 2013, 「북한의 시장화: 추세와 구조변화」, 『KDI 북한경제리뷰』, 15(6).

이무철 외, 2019, 「북한 분야별 실태 평가 및 변화 가능성 전망」, 경제인문사회연구회.

이석기, 2016, 「북한산업의 현황과 관련 연구동향」, 『KDI 북한경제리뷰』, 18(12).

이석기, 2019, 「김정은 시대 북한 경제개혁 연구: '우리식 경제관리방법'을 중심으로」, 『KDI 북한경제리뷰』, 21(3).

이영성, 2019, 「남북 산업협력의 방향과 도시지역의 혁신」, 『북한토지주택리뷰』, 4(1).

이정훈 외, 2019a, 「한반도 경제권의 중핵 서해경제 공동특구」, 경기연구원.

이정훈 외, 2019b, 「트윈시티모델에 기반한 남북한 접경지역 분석과 발전 전망」, 경기연구원.

이정훈 외, 2019c, 「한반도 신경제구상과 경기북부 접경지역 발전 전략」, 경기연구원.

정연호, 2002, 「북한 사회주의 경제체제의 변화 추이 및 평가」, 『KDI 북한경제리뷰』, 4(7).

차명철, 2018, 『조선민주주의인민공화국 주요경제지대들』, 조선민주주의인민공화국 외국문출판사.

평화문제연구소·과학백과사전출판사, 2005, 『조선향토대백과』.

협동조합 북한과학기술연구센터, 「북한 과학기술을 활용한 남북 교류협력 방안 연구」.

홍민·차문석·정은이·김혁, 2016, 「북한 전국 시장 정보: 공식시장 현황을 중심으로」, 통일연구원.

홍제환, 2017, 「김정은 정권 5년의 북한경제: 경제정책을 중심으로」, 통일연구원.

KDB산업은행, 2015, 「북한의 산업」.

KOTRA, 2019, 「2018년 북한 대외무역 동향」.

Byung-Yeon Kim, 2017, *Unveiling the North Korean Economy*, Seoul National Univerisity Press.

한국은행 경제통계시스템 북한 GDP 관련 통계, https://www.bok.or.kr/portal/main/contents.do?menuNo
    =200091

제10장

북한의 지역농업 개발 및 협력방안

———

김영훈

한국농촌경제연구원 선임연구위원

1. 서론

한반도를 둘러싼 지정학적 질서와 남북 관계는 2018년 초부터 시작된 남·북·미 3국 대화를 계기로 변화할 조짐을 보였다. 비록 베트남 하노이에서 열린 북·미 정상회담의 결렬로 지금은 소강상태이나 앞으로의 대화 재개와 진전에 따라 상황의 변화를 기대할 수 있다. 따라서 향후 한반도 평화체제 이행과 남북 경제협력 국면에 대비한 농업 분야의 준비가 필요하다.

농업부문의 대북 교류협력을 새롭게 준비해야 한다면 그 준비를 어디에서 시작해야 할까. 남북 농업교류협력이 재개되는 상황이 열린다면 과거 협력사업의 재검토와 분석에서 출발할 필요가 있다. 남북 간 농업교류협력사업이 과거에 나름의 성과를 거두었으므로 그 성과를 토대로 발전시키는 작업이 필요할 것이기 때문이다. 그러나 과거의 교류협력사업은 많은 시행착오도 겪었다. 오랜 기간 남북한은 서로 상반된 체제에서 단절되고 적대적인 상황에 있었기 때문에 양측 간의 교류협력사업이 처음부터 아무 문제 없이 순조롭게 추진되었을 수는 없다.

과거 남북한 간의 농업협력사업은 1990년대 말부터 2000년대 중후반까지 민간지원단체와 지방자치단체를 중심으로 활발히 추진되었다. 이를 통해 북한 농촌에 대한 지원효과와 남북한 농업의 교류협력 실현이라는 차원에서 적지 않은 성과를 거둘 수 있었다. 그러나 농업개발협력사업 자체의 효과성과 지속가능성 측면에서 몇몇 문제가 제기되기도 했다. 특히 많은 자본과 현대적인 고급 장비, 기술이 투입되어야 할 농업협력사업의 경우 협력 당사자의 역량이나 북한 농업·농촌의 실질적 수요와 유리된 채 추진되기도 했다는 지적이 있었다. 이러한 농업협력사업의 경우 단기적인 성과는 얻을 수 있으나 지속적이고 중장기적인 효과를 기대하기 어렵다. 더욱이 협력사업 추진에 있어 정치적 유인이나 상업주의가 섣불리 개입될 경우 농업협력사업 추진 목적 자체에 왜곡이 발생할 수밖에 없다.

이러한 점에 대한 검토와 분석을 토대로 새로운 대북 농업개발협력사업을 구상할 필요가 있다. 이 글에서는 2000년대에 추진되거나 계획되었던 대북 농업개발협력사업을 계승하는 한편, 대북 농업개발협력사업을 한 단계 더 발전시킨다는 차원에서 새로운 접근을 모색하고자 하였다. 이를 위해서는 우선 북한의 상황과 개발 수요가 충분히 고려되어야 한다. 그리고 북한이 채택하고 있는 경제개발전략도 충분히 고려되어야 한다. 북한의 농업지리적 상황, 북한의 수요, 북한의 경제개발 전략에 부합하는 대북 농업개발협력사업을 적극적으로 개발하여 추진할 필요가 있다.

2. 북한의 농업문제와 과제

1) 북한 농업의 문제

2012년 출범한 북한의 김정은 정권은 농업부문에서 식량생산 증대, 농업생산 기반의 정비, 산림 복구 등 이전 정권부터 강조해 온 정책을 변함없이 시행하고 있다. 만성적인 식량난을 겪고 있기 때문에 식량생산 증대는 북한의 농업에서 가장 중요한 목표이다. 또한 1990년대 중반 경제위기 이래 농업생산 기반이 열악해짐에 따라 농업생산 기반의 정비·복구사업 역시 북한 농업에서 중점적으로 추진되어 왔다. 산림의 황폐화현상도 심각하다. 이에 북한은 산림을 복구하고 녹화하는 시책도 강조하고 있다.

그러나 증산을 통한 식량자급 목표 달성은 지금까지 성과를 보이지 않고 있다. 중요한 이유는 두 가지다. 첫째, 북한은 농업개혁에 소극적이었다. 최근 북한은 집단적 농업생산 및 경영구조를 개선(2012년 6.28방침)하는 한편, 협동농장과 농가에 책임농지를 지정하고 자율권을 부여하는 조치(2014년 5.30조치)를 취하였다. 이러한 변화는 1978년 포산도호(包産到戶)와 1982년 포간도호(包幹到戶) 등 과거 중국의 농업생산책임제 개혁을 연상시킨다. 그러나 북한이 실제로 내린 개혁조치는 계획경제체제의 근본적인 전환이라는 성격을 보이지 않았으며, 그나마 농촌 전역에 전면적으로 시행되었다는 소식도 아직은 없다. 또한 생산물에 대한 국가 수매 압력은 농민에게 줄 인센티브의 확대를 저해하는 큰 제약요소로 작용하고 있다.

둘째, 국제사회의 지원과 협력이 줄어들고 법·제도 정비나 특구 확대와 같은 투자 유치 시도가 성과를 거두지 못함에 따라 북한은 농업생산에 필요한 자원을 충분히 조달할 수 없었다. 이를 보완하기 위해 북한은 기존 경제특구의 재편, 신규 경제개발구의 설치, 외자를 유인하려는 법규 개정 등의 정책적 노력을 기울였다. 그러나 후속되어야 할 세부 제도화 작업의 부진과 국제사회의 대북제재 국면 속에서 북한 농업은 기대했던 결과를 내지 못하였다.

2) 북한 농업의 개발과제

북한 농업에 대한 이와 같은 진단과 평가는 비단 과거의 일만이 아니다. 북한 농업이 획기적인 개혁·개방 국면으로 들어서지 않고 근본적인 개발에 착수하지 않는 한, 북한이 추구하는 농정전략과 농업개발 과제는 앞으로도 미해결로 남을 가능성이 크다.

북한의 농업문제는 스스로 자국의 능력과 여건에 맞게 실효성 있는 농업개발전략을 수립해 풀어 나가야 한다. 또한 이를 효과적으로 추진하기 위해서 한국을 비롯한 국제사회의 협력도 적극적으로 유치해 부족한 자본과 개발 노하우를 보완해야 한다. 본 글에서의 이후 논의는 북한 지역 농업투자의 방향 제시에 집중할 것이다. 이를 위해 먼저 통일 후 농업부문의 중기 정책과제로서 농업지대별 시범 농업개발사업 추진에 관해 간략히 정리하고자 한다.

3. 북한의 농업지대와 농업 개발 방향

1) 북한의 농업지대 구분과 특성

북한은 지역에 대한 국가적 요구와 국민경제적 수요, 주체농법의 실현을 위한 자연조건의 특성, 생산수단의 결합 상태, 현존 생산력의 지역적 특성과 사회적 생산조직들의 형성 및 발전 과정, 노동력 조건과 집약화 수준, 지역의 경제·지리적 위치, 타 부문과의 상호관계 등을 고려해 농업 지역을 구분해 설정하고 있다.

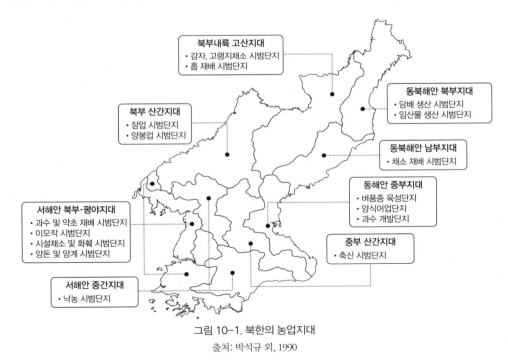

그림 10-1. 북한의 농업지대
출처: 박석규 외, 1990

표 10-1. 북한의 농업지대 구분

지대·지구	시·군
1. 서해안 북부·평야지대	
1) 평북북부 연해지구	신의주, 용천, 염주, 철산, 동림, 선천, 곽산
2) 평남북부, 평북남부 연해지구	정주, 운전, 박천, 문덕, 숙천, 평원
3) 평남남부 및 남포지구	증산, 온천, 대동, 와우도, 항구, 용강, 대안, 강서, 천리마
4) 재령강 유역지구	신천, 삼천, 송림, 은천, 안악, 재령, 사리원, 황주, 봉산, 은파
5) 황남서부 연해지구	은율, 과일, 송화, 장연, 용연
6) 황남서남부 연해지구	태탄, 옹진, 강령, 벽성
7) 황남남부 및 개성지구	해주, 청단, 연안, 배천, 개성, 개풍, 판문
2. 서해안 중간지대	의주, 피현, 구성, 태천, 영변, 운산, 향산, 구장, 안주
1) 평남 및 평북 중부지구	개천, 순천, 평성, 성천, 강동
2) 황북 중부지구	상원, 연탄, 서흥, 인산, 신원, 봉천
3) 예성강 상류지구	수안, 곡산, 신계
4) 예성강 및 임진강 중류지구	평산, 금천, 토산, 이천, 철원, 장풍
5) 강원 남부지구	판교, 평강, 김화, 창도
3. 북부 산간지대	
1) 압록강 연안지구	만포, 위원, 초산, 우시, 벽동, 창성, 삭주
2) 자강 중부지구	중강, 자성, 장강, 시중, 강계, 성강, 전천, 고풍, 송원
3) 평북 중부지구	동창, 대관, 천마
4) 청천강 상류지구	희천, 동신
5) 낭림산맥 주변지구	김형직군, 화평, 용림, 대흥
4. 중부 산간지대	
1) 대동강 및 금야강 상류지구	영원, 덕천, 맹산, 북창, 요덕
2) 북대봉산맥 남단지구	신양, 양덕, 회창, 신평, 인산, 법동
3) 강원 중부지구	세포, 회양, 금강
5. 동북해안 북부지대	
1) 두만강 연안지구	회령, 온성, 새별, 은덕
2) 함남중부 연해지구	나진·선봉, 청진, 부령, 경성
3) 함북 남부지구	어랑, 화성, 명천, 길주
6. 동북해안 남부지대	
1) 함북남부, 함남북부 연해지구	화대, 김책, 단천, 이원
2) 함남중부 연해지구	북청, 신포, 홍원, 낙원
3) 부전령산맥 동남변지구	허천, 덕성, 신흥
7. 동해안 중부지대	
1) 함남남부 연해지구	함흥, 영광, 함주, 정평
2) 원산만 연해지구	금야, 고원, 천내, 문천, 원산, 안변, 고산
3) 강원남부 연해지구	통천, 고성
8. 북부내륙 고산지대	
1) 두만강 상류지구	무산, 연사
2) 백두 고원지구	대홍단, 삼지연, 보천, 백암
3) 압록강 상류지구	혜산, 운흥, 갑산, 삼수, 김정숙군
4) 장진강 및 허천강 상류지구	풍서, 풍산, 부전, 장진, 낭림
평양 주변 농업지구	강동, 상원을 제외한 군, 구역

출처: 박석규 외, 1990

북한의 농업지대 구분에서는 생산수단의 결합 상태로서 농업용 토지조건과 특성, 지형조건을 중요하게 고려하고 있다. 이 기준에 따라 북한의 농업지대는 평양을 제외하고 서해안 평야지대, 서해안 중간지대, 북부 산간지대, 중부 산간지대, 동북해안 북부지대, 동북해안 남부지대, 동해안 중부지대, 북부내륙 고산지대 등 8개 지대로 설정되어 있다(그림 10-1).

북한의 8개의 농업지대는 다시 34개의 농업지구로 구분된다. 북한의 8개 농업지대와 세부 농업지구에 각각 속해 있는 지역을 구분해 보면 〈표 10-1〉에서 보는 바와 같다. 이렇게 농업지구가 세분화될 수 있는 것은 같은 농업지대 안에서도 농업생산 배치를 위한 자연조건에서 차이와 특성이 나타나기 때문이다. 북한은 산악이 많아 비교적 좁은 영역 안에서도 기후조건이 서로 달라 지대적 특성을 띤다. 이러한 자연적 특성에 따라 각 지역은 역사적으로 형성되고 발전되어 온 지역 고유의 농업생산 패턴을 가지게 되었다(김두얼 외, 2012).

농업 지역은 자연경제적 조건을 구체적으로 고려하여 세분화해야 농업생산 전문화를 더욱 정확히 반영할 수 있다. 예를 들어, 산간지대는 경지 중 밭이 많고 경사지의 밭 비율이 기타 농업지대에 비하여 높다. 따라서 이들 농업지대에서는 산지를 효과적으로 이용하는 것이 지역농업의 발전에 매우 중요해진다.

이러한 조건하에 구체적인 지형 및 기후특성에 따라 농축산업의 결합 상태에서 적지 않은 지역적 차이가 나타나며 농업이 서로 다른 방향으로 발전되기도 한다. 실례로 평안남북도와 함경남도의 경계를 이루고 있는 백두대간의 한 축인 북대봉산맥 남단 지역은 밭작물 생산을 위주로 잠업, 담배, 축산업이 결합되어 있는데, 같은 산간지대에 속하는 낭림산맥 주변 지역은 감자의 생산 비중이 높고 냉한성 작물이 많이 재배되며 초식가축과 양봉업이 결합되어 나타나는 특성을 보이고 있다(김두얼 외, 2012).

2) 북한의 농업지대별 시범 특화단지 개발 방향

지역 단위 농업개발사업도 지대·지역별 특성에 따라 추진할 필요가 있다. 대단위 농업종합개발이 지역 단위의 필요 사업을 연계하여 동시에 개발하는 방식의 사업이라면(패키지 방식), 지역 단위 농업개발은 단일 목적을 갖고 있는 개발 방식이다. 지역에 적합한 작목을 선택하여 시범생산단지, 시범유통단지 등을 건설하는 사업이 대표적인 지역농업 개발사업이다. 이런 방식의 농업개발은 지역의 사회경제적 특성을 고려하고 해당 지역의 자연조건에 맞는 전통적 농업을 계승한다는 측면에서 경제 이외의 효과도 거둘 수 있게 한다.

표 10-2. 북한의 농업지대별 시범농업개발사업 내용

지대	대표 지역	시범농업개발사업 내용
북부내륙 고산지대	양강도 혜산시, 무산군, 삼지연군, 대홍단군 함남 장진군	• 감자, 고랭지채소 시범단지 • 홉 재배 시범단지
동북해안 북부지대	함북 나진선봉시, 회령군, 청진시, 명천군, 길주군	• 담배 생산 시범단지 • 임산물 생산 시범단지
동북해안 남부지대	함남 함흥시, 신포시, 허천군, 북청군 함북 김책시	• 채소 재배 시범단지
동해안 중부지대	강원 원산시, 통천군, 고성군 함남 금야군, 고원군	• 벼품종 육성단지 • 양식어업단지 • 과수 개발단지
북부 산간지대	자강도 강계시, 만포시, 희천시 평북 천마군, 영변군 양강도 김형직군	• 잠업 시범단지 • 양봉업 시범단지
중부 산간지대	평남 덕천시, 북창군, 양덕군 강원도 회양군, 법동군	• 축산 시범단지
서해안 중간지대	황북 신계군, 곡산군, 서흥군, 토산군, 평산군	• 낙농 시범단지
서해안 북부·평야지대	평북 신의주시, 의주군 평남 평원군 황남 해주시, 과일군, 재령군, 벽성군 황북 사리원시, 황주군, 개성지구	• 과수 및 약초 재배 시범단지 • 이모작 시범단지 • 시설채소 및 화훼 시범단지 • 양돈 및 양계 시범단지

출처: 김운근 외, 2000

북한의 지역 단위 시범농업개발은 우선 자연경제적 조건을 고려하며 농업생산 배치와 지역특성에 따른 전문화가 뚜렷한 지역에 기초하여 추진되어야 한다. 지역 단위 시범농업개발사업은 북한의 지대별 특성에 따라 〈표 10-2〉의 내용과 같이 분류될 수 있다. 이를 보다 구체적으로 살펴보면 다음과 같다.

(1) 북부내륙 고산지대

북부내륙 고산지대는 북한의 양강도가 위치하고 있다. 이 지역은 지형과 기후 등 자연조건뿐 아니라 경제적 조건에서도 다른 지역과 뚜렷이 구분되는 특징을 지니고 있다. 이 지대에는 백무고원(해발고도 1,260m)과 개마고원(해발고도 1,340m) 등 고원지대가 상당 부분을 차지하고 있어 감자 주산지와 단경기 고랭지채소 재배지로 적합하다. 이 지대는 기온이 매우 낮고 강수량이 적으며 연간뿐 아니라 일일 기온 변화도 매우 심하여 냉한성 농작물 재배와 그 밖의 특수작물 재배에 유리하다.

이 지역은 또한 감자의 주산지인 대홍단군이 포함되어 있다. 북한 당국은 이 지역에 위치한 대홍단군 종합농장과 삼지연군 포태종합농장을 시범농장으로 지정하여 범국가적으로 지원한 바 있다. 이 지역의 특산물인 감자는 춘궁기 식량난 해결에 기여하는 작물로 중시되어 왔으나, 최근 북한에서는 쌀과 옥수수 다음으로 중시되는 식량작물로서 위치를 점하고 있다. 감자는 1998년 재배면적 4만 정보에서 2000년대를 지나면서 20만여 정보까지 확대된 것으로 알려져 있으며, 30만 정보까지 확대하기로 계획된 바 있다(UNDP/FAO). 감자재배 확대 정책의 성패는 무바이러스 감자 종자의 조직배양기술 개발과 보급 그리고 농자재의 효과적인 조달에 달려 있다.

감자 외에 개마고원 등 해발고도가 높은 고랭지대의 단경기 고랭지채소 재배도 남한의 대관령 고랭지대처럼 개발 수요가 높다. 북한 지역은 해발 600m 이상 되는 고지대에 위치한 밭 면적이 약 10만 정보에 달하는데, 고랭지채소 재배가 가능한 지역의 대부분이 이 지역에 속해 있다. 북한 고랭지밭은 감자 생산의 적지이며 여름채소 생산의 적지이다.

한편 홉은 이 지대의 기후 풍토조건에 맞는 특산물로 맥주와 약품 생산의 원료로서 수요가 많은 작물이다. 서늘한 지역에서 잘 자라는 홉의 특성 때문에 이 지대에서 생산되는 홉의 질은 비교적 우수한 것으로 평가받고 있다. 홉의 주산지는 북위 50° 내외의 해발 1,000~2,500m의 고산지대이다.

이 지역에는 700여 정보의 국영농장 홉 재배지와 1,200여 정보의 협동농장 홉 재배지가 위치하고 있다. 따라서 이 지대에서 홉 재배면적이 가장 많은 적지를 홉 재배 시범단지로 지정하여 개발하는 것도 가능하다. 군 단위로 보면 갑산군이 445정보로 가장 많고, 그 밖에 삼수군, 김정숙군, 풍서군, 보천군, 운흥군에 많은 면적이 분포하고 있다. 이 지대 홉 재배면적 중에서 갑산군은 35%, 삼수군은 20%, 김정숙군은 14%를 차지하고 있다.

(2) 동북해안 북부지대

이 지대는 위도상으로 북한의 최북단 지역에 있는 함경북도의 대부분 지역을 포함하고 있고 북한 전체 면적의 10.4%를 차지하며 13개의 시·군으로 구성되어 있다. 이 지역은 바다와 인접한 연안 지역도 포함하고 있으나 여러 산맥으로 이루어져 기본적으로 산지 지형이 우세하다.

이 지역은 북부내륙 고산지대의 농업생산 조건과 유사한 서늘한 기후를 가진 농업지대이다. 농경지 비율은 10.3%로 일반 산간지대 농경지 비율에 비해 약간 높지만 북한의 평균 농경지 비율보다는 낮은 수준이다. 이 지대는 농경지 조건이 산간지대에 가까운 특징들을 가지고 있어 약초 등 임산물 재배에도 적합하다.

이 지대는 여름철 기온이 낮고 일조량이 적으며 10℃ 이상 연간 적산온도는 2,500~3,000℃이고 지속일수는 150~170일이다. 이 지대는 냉해현상이 빈번하여 1990년대 이후 농작물 피해가 계속 나타나고 있다. 따라서 농산물보다는 한랭한 기후에 강한 임산물 생산 적지로서 개발수요가 있을 것으로 판단된다.

한편 이 지역은 북한의 담배 재배면적 규모가 가장 큰 7개 군 가운데 회령군, 온성군, 새별군, 은덕군 등 4개 군이 포함되어 있으며, 이들 군은 각각 300정보 이상의 담배 재배면적을 가지고 있다. 그 가운데서 회령군, 온성군의 담배 재배면적은 500정보 이상인 것으로 기록되고 있다. 이 지역 중 담배 재배 규모가 가장 큰 온성군에 담배 생산 및 유통 시범단지를 조성하여 개발할 수 있을 것이다.

(3) 동북해안 남부지대

이 지역은 함경북도의 남부와 함경남도의 성천강 이북 대부분 지역을 포괄하고 있다. 이 지역은 북한 전체 면적의 8.5%를 차지하지만 농경지 면적 비중은 5.5%에 불과하다. 이 지대는 농경지 비율, 농경지의 해발고도, 경사도 조건 등에서 산간지대의 특징을 갖고 있지만 농경지 지목의 구성은 오히려 중간지대와 비슷한 경향을 띠고 있다. 농경지 지목 구성에서는 13.2%로 과수원 비율이 높으며 상전도 4.3%로 높게 나타나고 있다.

이 지대는 산맥과 해안에 연해 있으므로 기온의 수직적 차이가 크게 나타난다. 특히 이 지역은 겨울철 기온이 동일 위도상의 서해안 지역보다 높기 때문에 겨울철 작물 재배에 유리한 생태적 조건을 갖고 있으며 과수와 다년생 식물의 생육에도 유리한 편이다. 이 지역에는 동북부 연안 지역을 배후 수요처로 삼는 원예 시범단지 개발을 고려할 수 있다.

(4) 동해안 중부지대

이 지대는 함경남도 남부의 연해 지역과 강원도 연해 지역을 포괄하는 지역으로 북한 전체 면적의 6.5%를 차지하며, 13개 시와 군이 포함되어 있다. 이 지역은 야산과 구릉이 비교적 많은 면적을 차지하고 있으며 규모가 큰 평야들도 연안에 잘 발달되어 있다. 남부에 위치한 통천평야는 해당 지대 총면적의 21.5%를 차지하고 있다. 그 밖에 연해 지역과 하천 연안도 양식어업기지로서 비교적 양호한 조건을 가지고 있다.

이 지역은 북한 전체 농경지 면적의 7.9%가 배치되어 있고 농경지 비율은 18.2%이다. 또 이 지대는 논의 비율이 비교적 높은 지역으로서 농업 생산에서 논농사가 중요한 부분을 이루고 있다.

따라서 동해안 지역 특성에 적합한 내랭성 벼품종 육성기지로 개발한다면 지역농업의 발전과 식량 증산에 기여할 수 있을 것이다. 한편 이 지역은 과수원 비율이 13.4%로 농경지 지목 구성에서 과수원이 차지하는 비율이 북한 내에서 가장 높은 지역이다. 따라서 이 지대는 과수단지로의 개발 잠재성이 높다.

(5) 북부 산간지대

이 지대는 압록강 중류 지역으로부터 청천강과 대동강 상류 지역에 이르는 지역으로서, 자강도의 대부분이 이 지대에 포함되며 북한 전체 면적의 17.9%를 차지하고 있다. 이 지대는 농업을 위한 지형조건에서 다른 지대들과는 다른 특성을 지니고 있다. 이 지대는 대체적으로 해발이 높고 급경사 지역이 많이 분포하며 하천 골짜기와 산간분지들이 발달되어 있다. 경지 비율은 5.5%로서 북부 내륙 고산지대와 유사하다.

이 지역은 논의 57.3%, 밭의 74.2%, 과수원의 73.4% 등 많은 농지가 해발 200m 이상에 위치할 만큼 평균고도가 높다. 또한 30% 이상의 급경사지 밭이 북한의 농업지대 가운데 가장 높은 비중을 차지하여 밭의 23.8%, 과수원의 56.8%가 급경사지에 위치하고 있다. 이 지대는 옥수수 생산을 위주로 하고 있고 산지의 활용 목적에 기초한 잠업과 축산업이 중요한 위치를 차지하는 다각적 농목축업 생산 방식을 취하고 있다. 특히 이 지대는 북한에서 대표적인 양봉업지대이다. 이 지대의 벌통 수는 북한 전체의 22% 이상을 차지하며 서해안 중간지대 및 중부 산간지대와 함께 양봉이 가장 성행하는 지역 중 하나이다.

한편 이 지대는 북한 상전 면적의 18%를 차지하고 있을 만큼 잠업의 비중도 크다는 특징을 가지고 있다. 북한도 이 지역에 위치한 자강도를 '잠업도'로 지칭하며 잠업 개발에 노력해 왔다. 북한에서 양잠산업은 여전히 풍부한 노동력을 활용한 외화획득 수단으로 비교우위가 있는 유망 산업이 될 수 있다.

1990년대 중반까지 북한의 상전 면적은 5만 7천 ha에 달하고 있었으며 당시 연간 고치 생산량은 7,800톤으로 세계 6위의 잠업국이기도 했다. 2000년대 들어 북한의 잠업은 생산성 하락과 품질 저하의 문제를 동시에 겪고 있으나, 자본과 기술이 보완된다면 북한의 잠업은 경제성장기 농가소득 증대와 외화 획득에 크게 기여할 수 있을 것이다. 따라서 이 지대에 양잠 전문 국영농장이나 협동농장을 기초로 잠업 시범단지를 조성하는 것도 고려할 만하다. 남한의 제사·제직산업이 기술과 자본을 제공하고 북한은 노동력을 공급하는 형태의 투자협력사업을 모색할 수 있다.

(6) 중부 산간지대

이 지대는 대동강, 금야강, 임진강, 북한강 상류 지역을 포괄하는 지역으로서 북한 전체 면적의 9.3%를 차지하고 있다. 이 지역 역시 해발이 높고 급경사에 경지가 많으며 영원분지, 회양분지 등 크고 작은 산간분지들도 분포하고 있다. 이 지대의 경지면적 비율은 8.2%로 북부 산간지대나 북부내륙 고산지대보다는 높지만 서해안 중간지대보다는 낮다. 이 지대의 농경지는 해발 200~400m 사이에 가장 많이 분포하고 있다.

이 지역의 연평균 강수량은 북한 전체의 평균 강수량보다 많고 농작물 생육 기간의 기온도 비교적 높다. 이러한 기후 및 지대적 특성을 고려할 경우 옥수수 재배 적지가 많이 분포하고 있다고 할 수 있다. 실제로 이 지역은 옥수수를 재배하는 농경지 비중이 60%에 달하고 있다. 옥수수 재배 적지이므로 이 지역은 축산을 위한 사료를 대량으로 공급할 수 있는 조건도 가지고 있다. 지금은 어려운 식량사정으로 옥수수를 중심으로 하는 사료의 공급이 어렵지만 북한의 식량 공급사정이 원활해질 경우 축산과 옥수수 생산이 결합된 농업지대로 발전이 가능하다.

아울러 이 지역은 산지가 많아 초지를 조성하는 것도 가능하다. 따라서 이 지대의 경우, 육우를 중심으로 하는 축산 시범단지와 함께 북한이 정책적으로 추진하고 있는 초식가축 시범단지를 조성하는 것도 가능하다. 축산은 많은 자본과 기술을 필요로 하는 산업이다. 따라서 남한의 축산 전문 기업이 참여하여 기술과 자본을 제공하는 투자협력사업 추진도 고려할 수 있다.

(7) 서해안 북부지대

이 지대는 압록강 하구로부터 청천강과 대동강에 이르는 지역으로 평안남북도와 평양특별시, 남포시의 연해 지역 대부분을 포함한 평야지대이다. 이 농업지대의 지역은 대부분 해발고도가 비교적 낮고 이에 따라 경사도 낮은 지형으로 되어 있다. 이곳에는 용천평야(450㎢)와 온천평야(500㎢)를 비롯하여 염주, 정주, 운전, 박천, 화진, 대동, 청산, 용강 등 크고 작은 평야지가 연속되어 북한의 주요 평야 지역을 이루고 있다.

이 지대는 농산물 생산에 유리한 여러 생태적 조건을 갖추고 있을 뿐만 아니라, 평남 관개망, 압록강 관개망 등 대규모 관개체계를 보유하고 있다. 또한 경지의 필지 규모도 커서 기계화 경작에 유리하고, 1인당 경지면적은 작지만 집약화 수준이 높으며, 주변에 도시가 많아 현대적인 영농기술과 자본재를 도입하는 데 유리한 조건을 가지고 있다. 특히 농작물 배치에서 주곡인 쌀과 옥수수 재배면적이 80% 이상을 차지하고 그 밖에 채소류가 9%, 공예작물도 4% 수준을 차지한다.

이 지대는 논이 50%이고 밭도 25%가량 차지하고 있어 도시 근교 시설채소 시범단지와 화훼 시범단지로 개발이 적합하다. 북한의 많은 도시가 이 지역에 위치해 있으며, 특히 인구 300만 명 이상이 분포하는 평양특별시와 남포시, 신의주시 등이 모두 이 지대에 위치하고 있다.

최근 시장과 상업의 발달로 북한에서도 시설채소 수요가 점차 높아지고 있다. 북한의 경제가 활성화되면 이들 원예작물의 수요가 급격하게 증가할 것이다. 특히 시설채소나 화훼 생산을 위해서는 설치비용이 많이 들고 첨단기술이 필요하기 때문에 선진 농업기술에 대한 수요가 크게 늘어날 것이다. 이 외에 이 지역에 수용 가능한 사업으로 양돈장과 양계장이 있다. 이 지대는 인구가 밀집되어 있어 향후 경제발전에 따라 육류 소비가 크게 늘어날 것으로 예측되기 때문이다. 풍부한 사료작물의 생산과 공급, 단백질원인 육류에 대한 수요 증대, 풍부한 노동력과 인구 등의 조건이 잘 결합된다면 가축생산 시범단지와 육류가공 시범단지의 성공가능성이 높을 것이다.

(8) 서해안 중간지대

이 지대는 평안북도의 중부지대, 평안남도의 중부지대, 황해북도에 걸친 지역으로 완만하고 해발고도가 낮은 산지 및 분지, 그리고 규모가 그리 크지 않은 하천 유역의 충적평야가 잘 결합된 지형을 이루고 있다. 또한 서해안 평야지대와 산간지대의 특징인 자연·경제적 조건을 부분적으로 갖고 있는 지역이다. 이 지대는 북한 전체 경지면적의 15.6%를 차지하며 경지율은 21.3%로 비교적 높다. 이 지대의 경지는 대부분 해발고도 200m 이하에 분포하고 있다(논 88%, 밭 86%, 과수원 82%). 경사도 30% 이상에 해당되는 밭이 27%를 차지할 만큼 경사지 분포가 적다고 할 수는 없지만 북부지방의 산간지대와 비교해 경작을 위한 지형 조건은 유리하다 할 수 있다.

이 지대는 남북으로 길게 뻗어 있지만 농업기후 조건에서 남북의 차이는 그리 크지 않은 편이다. 이는 해당 지대의 북부 지역이 남부 지역에 비해 해발이 낮은 것과 관련된다. 특히 남부에 있는 평강철원고원 일대는 적산온도가 북부 지역보다 더 낮다. 이 지대는 서해안 평야지대보다는 기온은 낮지만 강수량은 1,300㎜ 안팎으로 높다.

이 지역은 밭이 많고 밭의 작부체계가 전리작(田裏作)으로 두류와 서류를 많이 재배하고 있다. 과수원도 많아 북한 전체의 19.3%를 차지하고 있다. 이 지대는 인구가 밀집되어 있는 평양, 남포, 신의주, 사리원 등 대도시와 비교적 가까워 농업으로 볼 때 전형적인 도시 근교농업 지역으로 볼 수 있다. 이 지역의 사회·경제적 위치와 자연·지리적 조건을 고려한 농업개발 가능 분야로 낙농업을 들 수 있다. 1960년대 남한에서 실험한 낙농 시범목장 개발 방식의 협력을 권장할 만하다. 북한 지역에는 국영 및 도영 목장들이 많아 이들 중 일부를 낙농 시범단지로 조성하여 운영할 수도 있다.

(9) 서해안 평야지대

이 지대는 대동강 하구 남부 지역인 황해남도의 대부분 지역과 예성강 및 임진강 하류에 이르는 지역이다. 이 농업지대는 연해 평야지대로서 해발이 낮고 경사도가 완만한 지형을 지니고 있으며, 여기에는 재령평야(1,300㎢)와 연백평야(1,150㎢)를 비롯하여 은천, 은율, 태탄, 해주, 연안, 백천 등 평야지가 속해 있다. 이 지대는 서해안 북부지대와 마찬가지로 넓은 간석지자원도 가지고 있으며 경지면적 구성에서 논의 비율이 매우 높다.

특히 이 지대는 전형적인 과수 재배 지역이 분포해 있다. 여기에는 북한 과수원의 26%가 분포되어 있으며 생산되는 과일의 구성도 다양하다. 이 지대의 과일군(황해남도)은 군의 이름만큼 과일 생산으로 유명하며 7,000ha에 달하는 대규모 과수농장이 있다. 이는 이 지대가 과일 재배에 적합한 조건을 가지고 있음을 의미한다. 따라서 기존의 과수 재배 전문 국영농장을 활용하여 시범단지를 조성할 수 있다.

이 지대 농업의 또 다른 특징은 이모작이다. 기후상 북한 지역은 답리작(畓裏作)을 기초로 한 이모작이 적합하지 않았으나 신품종의 개발과 기후온난화로 인해 가능해진 것으로 보고되고 있다. 현재 북한이 지역별로 권장하고 있는 논 이모작 작부체계는 평안남도 연안 지역까지 북상한 것으로 알려져 있다. 따라서 남한의 이모작 보리 품종을 북한에 보급하여 시험재배를 하는 협력사업을 추진한다면, 이를 통해 이모작 확대가능성을 타진해 볼 수 있을 것이다.

이 지역은 약초, 그중에서도 인삼의 재배 적지로도 알려져 있다. 특히 개성은 인삼을 포함해 전체 약초 재배면적의 23%를 차지하고 있다. 개성시의 인삼과 약초 재배면적은 농작물 재배면적의 11%, 공예작물 재배면적의 87%를 차지한다. 북한 당국도 주요 약용작물 재배의 최적지인 이 지역을 인삼 생산 전문화 지역으로 지정하고 있다. 특히 관문군은 600정보 이상의 약초 재배면적을 가지고 있어 약초(인삼) 재배 시범단지로 조성하기에 적합하다.

4. 북한의 농업 개발을 위한 협력 추진 방향

1) 북한의 농업 개발 방향

1998년부터 2000년대 초반까지 UNDP와 북한이 공동으로 추진했던 농업복구 및 환경보호 프로그램(Agricultural Recovery & Environmental Protection, AREP) 계획은 국제사회의 무관심으로 소기의 성과를 거두지 못했다. 그러나 북한 농업의 복구와 개발에 초점을 맞추고 있었던 AREP 계획의 하부 프로그램들은 북한의 농업회생과 개발수요를 그대로 반영하고 있는 것이라 할 수 있다. 북한과 국제사회가 협력하여 농업농촌복구개발 프로그램을 수립하고, 그것을 공개하여 충분히 논의한 후 국제사회의 지원을 유치하려는 노력은 북한 농업의 개발 초기 단계에서 필요한 자본을 유치하려 했던 바람직한 시도라 평가된다. 따라서 현 상황에서도 북한 농업의 개발 초기 단계에서 여전히 유효한 개발협력 방식이라고 할 수 있다.

앞에서 살펴본 바와 같이 북한은 2010년대에 들어 경제특구를 강화하거나 다변화하는 특구개발 전략을 다시 추진한 바 있다. 이는 경제특구의 시장경제와 나머지 지역의 계획경제를 병행 발전시키겠다는 북한의 의지로 읽힌다. 특구는 경제적·지리적 입지를 감안해 특성화를 추진하며, 본토 는 분권형 계획경제체제를 정착·효율화시켜 나가면서 수출을 통해 외화 획득을 추진한다는 구상이다.

경제특구와 본토를 분리하여 접근하는 것은, 그것이 현재 북한이 경제성장을 위해 절실히 필요로 하는 외부자본 유치에 가장 효과적인 방식이기 때문이다. 그러나 북한은 그 나름의 이유로 경제 전체를 개방하지 못하고 있다. 북한이 경제를 개방하고 외국인이 대북 투자에 관심을 기울인다고 해도 외국자본을 받아들일 수 있는 북한의 인적·물적 능력이 부족하기 때문이다.

북한의 기존 경제특구 개발계획에는 농업부문에 관한 구체적 계획이 포함되지 않았다. 그러나 다음 세 가지 측면을 고려할 때 특구 인근 지역을 대상으로 농업 개발을 위한 프로그램을 속히 마련할 필요가 있다. 첫째, 연관효과를 창출하기 위해서다. 특구에 유입된 외국자본이 지역 주민의 소비생활을 통해 본토로 유입될 수 있도록 배후지 농산업을 개발할 필요가 있다. 둘째, 특구의 농산물 수요 증대에 대비해야 한다. 특구에 외국인 투자가 유입되면 주민의 소득이 상승하고 농식품에 대한 수요가 증대될 것이다. 이에 대비해 특구 배후 지역에 농산물 공급기지를 준비할 필요가 있다. 셋째, 새로운 남북 농업협력모델의 개발이다. 특구 내외에서 농업 관련 협력사업을 추진함으로써 농산물 시장과 농자재 공급처가 존재하는 새로운 상업적 협력모델을 개발할 수 있다.

특구 배후의 농촌 지역에 대한 농업개발협력사업이 성과를 거두면, 그 농업 개발 방식과 협력 방식을 점차 본토 지역으로 확산시킬 수 있을 것이다. 이를 위해서는 북한의 농업개혁이 선행되어야 한다. 초기에는 경제와 농업부문에서 투자와 경영의 자유를 확대하는 개혁 및 개방적 조치를 취하고, 상황의 진전에 따라 소유권 개혁을 동반하는 체제 전환에 돌입해야 한다.

한편 전체 국토를 대상으로 농업복구개발사업도 계획적으로 추진해야 한다. 이들 중장기 농업 개발사업은 세 가지로 구분해 접근할 수 있다. 첫째, 농업생산 증대와 단계적 구조조정이다. 우량

종자의 개발과 보급, 토양개량, 농자재 공급, 새로운 농업기술 보급을 통해 농업생산성을 증대하고, 비탈밭 등 한계농지를 단계적으로 정리하는 구조조정을 실시해야 한다. 둘째, 영농 다각화와 상업화를 통해 농촌소득을 증대하는 것이다. 평야지대는 작목별 주산단지, 중간 및 산간지대는 복합영농단지를 조성해 농업생산의 효율화를 제고한다. 상업화를 촉진하기 위해서는 생산수단을 사유화하고 농업경영의 민영화를 추진해야 한다. 아울러 유통, 물류시설도 적극적으로 조성해야 한다. 셋째, 농업생산 및 농촌생활 기반을 정비하는 것이다. 남한에서 1960년대 이래 순차적으로 추진해 온 농업·농촌기반정비사업(1960년대~), 농촌새마을운동(1970년대), 농어촌지역종합개발사업(1980년대)을 원용해 추진할 수 있다. 이와 함께 농산물 집하장 및 도매시장 건설, 지역 농산물 가공산업 육성 등 유통·물류의 혁신도 필요하다.

2) 남북 농업협력 기본 방향

남북 간 농업교류협력의 기조와 발전 방향은 여러 차례 제시한 바 있다. 그것은 다음과 같이 세 방향으로 요약할 수 있다. 첫째는 여러 민간지원단체가 추진하고 있는 농업지원사업이고, 둘째는 정부 간에 추진할 수 있는 기반조성협력사업 및 교류사업이며, 셋째는 민간기업 간 상업적 교역과 투자협력사업이다. 각 협력사업의 특성을 살리고 부족한 점을 보완해 북한의 농업을 발전시키는 데 도움을 주고 남북한 양측의 이익도 창출할 수 있도록 하는 것이 중요하다.

민간지원단체가 수행할 대북 농업지원사업은 비교적 쉽게 활성화될 수 있는 협력 분야이다. 비록 협력 규모는 크지 않지만 유연성을 발휘할 수 있고 북한 농촌의 생산 및 생활 현장에 깊숙이 들어가 협력사업을 추진한다는 점에서 의미가 크다. 2000년대 중반 우리 지방자치단체들도 이들 협력사업 경험을 축적한 바 있어 '민간단체-지방자치단체-정부' 간 역할을 분담하고 협조체계를 정비해 다시 추진할 필요가 있다.

남북한 정부가 함께 주도적으로 추진할 수 있는 농업협력 분야는 농업농촌기반정비, 산림복구, 농업기술교류협력 등이다. 이 사업들이 추진된다면 북한의 농업생산성을 증대하는 데 큰 도움을 줄 수 있다. 또 농촌 주민의 생활을 개선하고 국토환경을 보전하는 데도 기여할 것이다. 이들 협력사업의 규모는 정부가 주도해야 할 만큼 크기 때문에 현 상황에서 즉시 실행에 옮겨질 수는 없다. 아직 북한 내에서 대규모 자본이 효율적으로 이용될 가능성이 낮기 때문이다. 특구 혹은 그 주변 지역을 대상으로 한 시범협력사업을 통해 경험을 쌓은 후 본격적으로 추진하는 것이 바람직하다.

교역과 상업적 투자협력사업은 민간기업이 추진해야 할 일이며 일방적 지원에 해당되지 않는다. 이 협력 과정에서 양측은 상업적 이익을 추구할 수 있고 협력사업의 지속가능성도 가장 높다. 다만, 북한산 농산물의 상품가치가 낮고 남한산 농산물의 시장이 북한 지역에 없어 남북 간 농산물 반출입은 제한적인 범위에서만 이루어져 왔다. 이 부문에서도 민간 주도의 시범사업이 필요하며 정부는 교역과 관련된 제도를 정비하고 협력 거버넌스를 구축하는 데 힘써야 한다.

남북 간 농업협력사업을 전략적으로 추진하는 것도 중요하다. 첫째, 가장 중요한 것은 주된 목표를 설정한 후 거기에 맞는 농업협력사업의 형태를 결정하고 추진하는 것이다. 북한 농업의 현 상황을 고려해 설정할 수 있는 농업협력사업의 목표는 인도적 지원, 식량증산, 농업기술 전파, 교육·훈련 기회의 제공, 북측 협력 상대방의 자립, 농촌 지역의 생산·생활 기반 복구 등이며, 이들 다양한 목표 중 추진하고자 하는 협력사업을 통해 현실적으로 달성 가능한 주요 목표를 분명하게 설정해야 한다.

둘째, 단계적으로 접근해야 한다. 협력사업의 규모는 중소 규모에서 시작해 성과를 확인해 가며 점차 규모를 늘려 나가야 한다. 개발지원사업이든 경협사업이든 투입되는 자본이 효율적으로 이용될 수 있는가를 확인해야 하기 때문이다. 지원·교류를 중심으로 하는 협력사업을 통해 기반을 먼저 조성하고, 이를 토대로 점차 상업적 교역과 투자협력을 추진하는 방식으로 접근할 필요가 있다.

셋째, 협력 성과가 지속적으로 나타날 수 있도록 협력사업을 추진하는 것이 중요하다. 농업협력사업을 통해서 단기적으로 북한의 농업생산이 증대될 수 있겠지만 중장기적인 농업발전의 토대가 구축되지 못한다면 개발협력의 목표를 달성할 수 없기 때문이다. 이를 위해서는 우선 양측 협력 당사자와 관련자의 능력을 계발할 수 있는 협력사업이 추진되어야 한다. 시범 협력사업을 활용해 양측 참여자의 능력을 향상시킬 수 있다. 이는 북측 참여자에게 농업기술의 향상, 시장경제에 관한 이해력 제고, 국제사회와 소통할 전문인력 양성 등의 효과를 가져다줄 수 있다. 남측 참여자에게는 북한 체제에 대한 전반적 지식과 이해를 향상시켜 남북 경협사업을 효율적으로 추진할 수 있도록 전문성을 강화하는 데 도움을 줄 수 있으며, 대규모 개발협력사업이나 경협사업 추진 시 거듭될 시행착오로 인한 손실 발생을 최소화할 수 있다.

3) 단기 과제와 현실적 접근 방향

현 상황에서 대북 농업교류협력을 효과적으로 수행하고 성과를 최대화하기 위해서는 우선적으로 추진해야 할 과제가 있다. 농업협력사업의 본격 추진을 위한 대화채널 복원, 협력의 효율을 높일 수 있도록 적절한 선도적 협력사업의 발굴과 추진, 현 상황에서 북한의 수용가능성이 높고 협력효과도 큰 농업과학기술 분야의 협력 등이 그것이다.

우선 남북 당국자 간 농업협력 협의채널이 가동되어야 한다. 남북한 당국은 2005년 '남북농업
협력위원회'를 발족했으며 2007년에는 이를 개편해 '남북경제협력공동위원회' 산하에 '농수산협
력분과위원회'를 두어 필요한 농업협력사업에 합의하고 추진하기로 한 바 있다. 그러나 최근 농수
산부문 협력 관련 합의는 이행되거나 진전되지 않고 있다. 주된 이유는 남북 관계의 경색에 있지
만, 농업협력에 대한 양측의 기대 수준에 있어 큰 격차가 있다는 점도 무시할 수는 없다. 농업협력
의 성격, 범위, 규모 등에 대해 남북 양측이 달리 이해하는 부분이 있다면 이를 적극적으로 해소할
필요가 있다. 남북 간 농업협력의 비전과 중장기 로드맵을 마련해 북한에 제의하고 적극적 반응을
유도하는 것도 하나의 방안이 될 수 있다.

농업 분야의 개발협력 프로그램과 경협 프로그램으로 구성된 종합적 농업협력사업을 선도적으
로 추진하는 것도 중요하다. 북한은 농업회생과 발전을 위해 내부적으로 과감한 개혁을 추진하는
한편 해외로부터 대규모 자본을 조달해야 한다. 그러나 제도개선과 자본조달의 동시 이행은 현 상
황에서 어렵다. 북한은 과감한 제도개혁에 소극적이며 남한은 낮은 투자효율 때문에 과감한 자본
지원과 투자에 소극적일 수밖에 없기 때문이다. 이러한 상황에서는 남북한 양측이 감내할 수 있
는 규모의 시범 협력사업을 추진할 필요가 있다. 이 농업협력 형태는 남북한이 함께 북한의 농촌
지역에 영농단지나 농업특구를 조성하고 이를 기반으로 종합적인 농업협력사업을 추진하는 것이
다. 이 농업협력사업이 잘 기획되고 실행에 옮겨진다면 남북한 모두에게 유용한 결과를 가져다줄
수 있다.

남한은 협력사업 추진 과정에서 시행착오를 통해 북한 경제와 농업에 대한 구체적인 지식정보
를 축적할 수 있으며 의사결정 방식에 관해 이해의 폭을 넓힐 수 있다. 또한 선도적 협력사업의 성
과 홍보를 통해 본격적인 남북농업협력사업 준비와 추진에 관한 국민적 합의를 도출할 수도 있다.
북한에게는 선도적 협력사업의 추진 과정에서 제도 개선 방향을 제시해 줄 수 있다. 또 선도적 농
업협력사업 실험이 북한 농업복구와 개발에 필요한 외부자본의 유입 방안과 경로를 제시할 수도
있다. 이 경험을 통해 북한은 그들이 처한 농업침체의 함정에서 효과적으로 탈출할 길을 찾을 수
있을 것이다.

농업과학기술 분야의 남북 교류협력사업은 북한 농업 전반의 생산성 향상을 위해서 필요하며
남북한 양측의 부담이 크지 않다는 점에서 실현될 가능성이 높다. 또한 북한은 1990년대 이래 우
량종자 개발과 보급, 감자농사 확대, 다모작 도입 등 농업기술 향상과 관련된 농정시책을 추진하
고 있어 농업과학기술 분야의 협력 수요도 매우 높은 상태이다. 2005년 남북농업협력위원회에서

도 농업과학기술 분야의 협력사업을 추진하기로 양측이 합의한 바 있다. 이 합의가 실행력을 가지기 위해서는 가능성과 필요성이 높은 분야로 협력 대상을 좁히고 추진 계획을 구체화해야 한다. 지금까지 논의되고 있는 협력 분야로는 농업과학기술협력센터의 설치, 동식물 유전자원 분야 교류와 저장고 설치, 농업대학이나 농업전문학교 간 학술교류와 교육·훈련 지원사업 등이 있다.

남북 농업교류협력 프로그램을 개발하고 효과적인 추진 방안을 마련하는 것은 매우 중요하다. 그러나 이에 못지않게 중요한 것이 있다. 대북 농업교류협력 추진에 대한 우리 내부의 이견을 통합하는 것이다. 이를 위해서는 현재 실행하고 있거나 앞으로 추진할 교류협력사업에서 성과를 보여 줄 필요가 있다. 그것을 통해서 남북 간 농업협력 추진에 필요한 국민적 합의를 이끌어 낼 수 있기 때문이다.

더 읽을 거리

김영훈·남민지·권태진, 2012, 「맞춤형 대북 농업협력사업 추진방안 연구: 효과성과 지속성을 위한 연구」, 한국농촌경제연구원.
⋯▸ 연구 착수 당시까지의 남북 농업협력사업을 심층 검토한 후, 북한 농업·농촌부문의 역량과 상황에 맞는 적정한 농업협력사업을 개발하여 제시한 연구이다. 이 연구의 내용은 주로 2000년대에 추진한 대북 농업협력사업에 대한 평가, 향후의 추진 방향, 적정기술을 활용한 대북 농업협력과 지속가능한 농업개발협력의 발굴, 북한 상황에 맞는 농업개발협력 프로그램의 개발과 검토, 이들 농업개발협력사업 추진을 위한 공공부문의 지원 방향 등으로 구성되어 있다.
김영훈·권태진·남민지, 2012, 「패키지형 남북농업협력 프로그램 개발과 추진방안 연구」, 한국농촌경제연구원.
⋯▸ 남북한이 농업협력을 통해 공동의 이익을 실현할 수 있는 방안을 개발하고, 북한이 추구하는 농업발전을 지원하기 위한 목적으로 수행되었다. 이 연구의 내용은 과거에 추진했던 남북 농업협력사업의 성과와 한계, 여러 프로젝트가 종합된 패키지형 농업협력사업의 추진 필요성, 지역별로 차별화된 농업협력 프로그램의 개발방안, 추진 단계별 협력 접근방안과 기대하는 효과 등으로 구성되었다.
이 연구는 현재까지의 대북 농업협력사업 추진 경험을 기초로 효과성과 지속성이 높은 종합적인 농업개발협력사업을 발굴해 제시하고자 시도되었다. 북한 지역에서 다양한 농업개발협력사업을 집중해 추진할 수 있다면 그만큼 다양한 효과를 낳을 수 있기 때문이다. 가장 중요한 기대효과는 협력사업을 통해 북한 농업의 발전에 도움을 주는 동시에 장기적으로 우리에게도 이익을 가져다줄 수 있다는 데 있다. 개발협력과 경협이 순차적으로 이루어지는 농업협력사업을 추진한다면, '개발협력 및 투자 ⇨ 농산물 생산 ⇨ 교역 ⇨ 양측의 이익 창출 및 북한 농업의 자립모델 구축'이라는 일련의 시너지효과를 얻을 수 있으며, 우리의 대북지원 부담을 경감하는 데에도 도움이 될 것이다.

김영훈 외, 2013, 「남북 당국 간 농업협력사업 추진에 관한 고찰과 개선 방안」, 한국농촌경제연구원.

⋯ 남북 양측 정부가 당국자 차원에서 추진한 농업협력사업을 분석하여 개선방안을 제시한 것이다. 이 연구는 당국 간에 논의된 농업협력사업의 형태별 정리와 평가, 우리 정부의 대북 농업협력전략·정책·수단에 대한 평가, 남북 관계 진전 시 추진할 수 있는 새로운 농업협력 방향의 제시를 목적으로 수행되었다. 연구의 주요 내용은 남북 농업교류협력의 환경 변화와 개요, 북한 농업의 실태와 남북 농업협력사업 추진 실태 정리, 남북 당국 간 농업협력 이슈의 분석과 평가, 새로운 환경에서의 대북 정책 기본 방향과 협력 방향, 향후 농업협력의 개선과 추진방안 등으로 구성되었다.

권태진, 2009, 「농업분야 남북한 경협 실태와 과제」, 『KREI북한농업동향』, 11(1).

⋯ 남북 간 농업 분야에서의 경협 추진 실태와 문제점을 파악하고, 농업 분야에서 남북한 간 경협 활성화를 위한 대안을 제시할 목적으로 수행되었다. 이를 위해 이 연구에서는 과거 농업 분야의 남북 간 경협사업 추진 사례 분석, 농업 분야에서 남북 간 경협사업의 제약과 개선방안 모색, 추진할 만한 경협사업의 발굴과 전략적 추진방안 도출 등에 초점을 맞추어 분석하였다.

이 외에도 한국농촌경제연구원이 발행한 여러 보고서를 통해 북한 농업 및 식량수급 실태, 북한의 농업 정책과 농업 관련 제도, 남북한 간 교류협력 실태와 향후 추진 방향 등에 대한 연구 결과와 정책적 제안을 찾아볼 수 있다.

참고문헌

강성진·정태용, 2019, 『가보지 않은 길, 가야 할 길: 김정은 북한 경제』, 해냄.

권태진, 2009, 「농업분야 남북한 경협 실태와 과제」, 『KREI북한농업동향』, 11(1).

김두얼 외, 2012, 「남북한 경제통합 연구: 북한경제의 장기발전전략」, 한국개발연구원.

김영훈 외, 2013, 「남북 당국 간 농업협력사업 추진에 관한 고찰과 개선 방안」, 한국농촌경제연구원.

김영훈·권태진·남민지, 2012, 「패키지형 남북농업협력 프로그램 개발과 추진방안 연구」, 한국농촌경제연구원.

김영훈·남민지·권태진, 2012, 「맞춤형 대북 농업협력사업 추진방안 연구: 효과성과 지속성을 위한 대안」, 한국농촌경제연구원.

김운근·전형진·문순철, 2000, 「북한의 농업개발 전략과 발전방향 모색을 위한 연구」, 한국농촌경제연구원.

박석규 외, 1990, 『조선지리전서: 농업지리』, 교육도서출판사.

최용호·김영훈·임채환·김윤정·고갑석·윤영석, 2016, 「개혁·개방 시 북한의 농업투자유치 전망과 협력방안(1/2차년도)」, 한국농촌경제연구원.

한국농촌경제연구원, 『KREI북한농업동향』, 각 연도 각 호.

현대경제연구원, 「북한 농업개혁이 북한 GDP에 미치는 영향」, 『현안과 과제』, 14(36).

UNDP/FAO, Agricultural Recovery and Environmental Protection Programme for DPRK: Identification of Investment Opportunities, Working Paper, 1-5(1998), 2002.

제11장
북한의 도시

———

조충희

굿파머스 연구위원

1. 서론

인류 역사와 더불어 도시의 성장은 우리 사회에 다양성과 역동성을 주었으며, 누구에게는 현대 문명의 향기를 주고, 누구에게는 고달픈 삶을 주었다. 우리가 살고 있는 한반도의 남북한 차이가 바로 그러하다. 남한에 비하여 북한 지역주민들에게는 도시가 제공할 수 있는 각종 기회와 생활의 편리함이 상대적으로 적게 차례지고 있으며, 그 속도와 질, 풍요에서 상당한 차이를 보이고 있다. 오늘날 북한의 도시들에서는 자원의 배분, 이윤의 집중과 분산, 경제성장과 환경보전, 효율과 평등, 정부와 주민 등의 여러 가지 요소들이 다양한 갈등을 만들어 내고 있으며, 변화가 이루어지고 있다.

북한에서는 도시가 형성되던 초기에 사회주의적 집단주의 논리가 적용되면서 계획적 성장이 그 무엇보다 중요시되어 왔다. 그럼에도 불구하고 변화는 있었다. 1990년대 중반 이후 계획의 일원화가 느슨해지고 시장의 논리가 도시에 전파되면서 새로운 변화가 진행되고 있다. 시장화는 북한의 도시들이 더 이상 고립된 지역으로 남아 있을 수 없게 하였고, 주변 국가 및 지역들과의 교류와 경쟁에 직면하게 하였다.

북한의 도시연구에 있어 북한의 도시역사와 내부구조, 도심의 형성과 그 특성, 위치 등에 대한 자료는 많은 도움이 될 것이다. 기존의 연구를 보면 북한 도시연구의 주요방법으로 위성사진 분석과 북한이탈주민 인터뷰에 기초하고 있다. 그러나 이와 같은 방식들은 북한의 도시 분석을 위한 자료로서는 신뢰할 만한 자료라고 할 수 없다. 따라서 본 연구는 도시연구를 위한 기초자료로 북한의 원문자료를 이용하였다. 연구자료는 『조선향토백과』와 『조선지리전서』이다.

해방 이전에 형성된 도시들과 사회주의 도시계획의 원칙에 준거하여 1960년대 이후 새롭게 형성된 북한의 도시들은 입지(立地)·형태·기능 등이 여러 가지 의미에서 다르다. 그럼에도 불구하고 북한의 도시 역시 도시의 공통된 특징을 가지고 있다. 일정한 지방에 사는 사람들의 생활을 중심으로 마을과 구별되는 명확한 경관(景觀)이 있으며, 지방을 관리하는 기관과 집단이 있다.

전통적으로 도시를 대상으로 하는 도시연구에는 첫째로 단일도시에 대한 지리적 공간을 연구하는 방식과, 둘째로 한 국가 또는 일정 지역에 입지한 다수의 도시를 대상으로 일종의 도시군에 대한 연구를 수행하는 방식이 있다. 본고에서 취급하는 북한의 도시에 대한 서술은 한반도의 북한 지역을 연구 대상으로 한다고 생각할 때 두 번째에 해당된다. 본고에서는 북한 도시에 대한 이해를 도모하기 위하여 도시정의, 도시형성과 발달역사, 도시변화에 대하여 서술하면서 도시체계, 계획도시 정책, 구조, 도시화, 도시경영 등의 측면으로 구분하여 분석하였다.

표 11-1. 북한 도시 관련 주요 선행연구

연구자	연구주제	비고
황진태	북한 도시연구방법론으로서 소셜네트워크서비스 활용에 관한 시론: 인스타그램을 중심으로(2019)	공간과 사회 70권
Rainer Dormels	북한 도시의 내부구조에 관한연구(2016)	북한학연구 12권
기정훈	구글어스 기반의 공간영상 분석을 통한 북한 도시들의 환경오염과 산림파괴 연구(2016)	환경정책 24권
박희진	북한 도시사연구에서 시각·영상자료의 분석적 활용(2012) 함흥시 도시공간의 지배구조와 탈주체의 삶(2013) 북한의 시장화와 도시공간의 변화연구: 공적–사적공간과의 관계(2018)	북한학연구 8권 북한연구학회보 17권 북한학연구 14권
안재섭	수치지형도를 활용한 북한의 평성시와 함흥시의 도시공간구조(2013) 북한 도시연구를 위한 도시지리학의 주요 연구방법 검토(2013)	한국사진지리학회지 23권
원석환 외	공간적 도시유사도분석: 남·북한 도시를 사례로(2018)	국토지리학회지 52권
김흥순	북한 「도시계획법」에 대한 고찰–「국토의 계획 및 이용에 관한 법률」과의 비교를 중심으로(2018)	국토지리학회지 52권
민경태	남북한 협력을 통한 북한 도시개발의 방향(2018)	도시문제 53권
위영금	사회주의 이행기 북한의 화학공업도시 함흥–흥남의 형성: 생산력과 생산관계를 중심으로, 1945–1961(2019)	통일문제연구 31권
장세훈	북한 대도시의 도시화 과정: 청진, 신의주, 혜산의 공간 구조 변화를 중심으로(2004)	사회와역사 65권
이상준	북한 도시의 이해와 남북 도시 간 동질성 회복(2000) 초점: 남, 북한 도시개발의 과제(2001) 통일기반 강화를 위한 북한 거점도시 발전 모형과 남북협력 실천전략 연구(2014)	도시문제 35권 도시문제 36권 국토연구원 정책세미나
김재한	남·북한 간의 도시교류 전망과 과제(1999)	도시문제 34권
김병국	북한 도시정책에 관한 연구(1986)	토지행정논문편람 1권
김원	북한의 도시개발정책에 관한 연구(1990)	지방행정연구 18권
임형백	북한 공간구조와 이념적 표현의 도시 계획(2019)	통일문제연구 31권
최완규	북한 '도시정치'의 발전과 체제변화: 2000년대 청진, 신의주, 혜산/Asian Perspective/한국과 국제정치/현대북한연구/동북아연구/ 통일전략포럼(2007)	NEW S80권
고성호	기획: 북한의 도시화와 통일한국의 도시계획; 북한의 도시화 과정과 특징(1996)	통일문제연구 8권
권승기	미리 가보는 북한관광(1,2,3): 열리는 도시, 평양, 평양(1991)	통일한국 92권
김학철	북한 도시개발에 관한 제언(2001)	建築士(건축사) 386권

2. 북한 도시 개요

1) 도시 정의

도시의 정의는 일반적으로 상당한 인구 규모와 인구밀도를 가진 지역사회로서 다양한 비농업적인 분야의 주민들이 거주하는 곳을 의미한다. 북한에서 도시는 다음과 같이 정의된다.

"비농업인구가 집결하여 살며 주로 공업과 상업이 발전한 지역. 농촌과 구별되는 지역 단위를 말한다. 도시에는 농업에 종사하지 않는 인구가 집중되며 정치기관들, 공업 및 상업을 비롯한 비농업적인 경제부문들과 문화기관들이 집결된다."(사회과학원 주체경제학연구소, 1985)

북한에서 도시는 농업토지와 직접 관계하지 않는 사람들을 기본으로 하여 이루어진 주민지로 정의되고 있다. 그런 측면에서 북한에서 도시를 형성하는 기본구성의 하나인 주민은 공업노동력과 행정, 경제, 과학, 교육, 문화 등 비농업부문에 종사하는 노동력과 그 가족들이다. 북한 지역에서 도시와 농촌마을을 구분하는 기본징표는 인구수와 비농업인구의 구성비이다. 북한에서는 주로 군까지의 행정 소재지를 도시로 규정하며 동시에 노동자구도 도시유형에 포함시키고 있다.

2) 도시건설 원칙

북한의 도시건설 원칙은 전국적 범위에서 도시를 계획적으로 고르게 배치하고, 큰 도시를 제한 조절하며, 기간공업과 중요 도시들을 원료원천지와 소비지들에 배치함으로써 몇 개의 큰 도시에 인구가 집중되는 것을 방지하면서 도시를 형성하는 것이다. 북한이 공식적으로 발표한 문헌자료에는 도시건설 원칙이 다음과 같이 수록되어 있다.

"사회주의하에서 도시는 정치, 경제, 문화의 모든 분야에 걸쳐 새로운 면모를 갖추게 되며 근로자들의 자주적 요구를 전면적으로 실현할 수 있게 발전한다. 사회주의사회에서 도시는 농촌에 대립되어 있는 것이 아니라 당과 국가의 지도 밑에 농촌을 적극 지원하며 농촌의 낙후성을 없애는 데서 커다란 역할을 한다. 사회주의사회에서 도시는 전망성 있게 계획적으로 배치되고 건설된다."(사회과학원 주체경제학연구소, 1985)

그림 11-1. 북한의 농촌과 도시(평양시 교외 농촌마을과 여명거리)

그러나 북한이 도시를 형성하고 건설함에 있어서 도시와 농촌의 차이를 줄이고, 경제문화발전에서 지역적 불균형을 없애 전국을 고르게 빨리 발전시키기 위한 정책은 실제 현실과 일정한 괴리를 가지고 있다.

3) 북한의 도시 유형 및 등급

북한 지역에서 도시는 도, 시(군)를 거점으로 재화(財貨)와 용역(用役)을 제공하는 중추적 기능과 지역의 필요성에 의하여 형성되고 성장하며, 도시구조는 사회주의 형태 및 문화적·정치적 제약을 받으면서 변화하고 있다.

북한 지역에서 도시는 마을과 구분된다. 북한에서 도시를 마을과 구별하는 기준으로 인구수·행정관리범위·정치·행정기관의 규모 등을 들 수 있다. 도시는 마을에 비하여 큰 인구집단을 이루며, 도시인구의 기준은 군(郡) 이상 단위로 2만~5만 명 이상으로 규정하고 있다. 북한에서 도시는 산업 구성이나 행정, 생활양식, 교육, 보건, 문화 등 서비스시설 등에서 농촌 지역의 마을과 다른 모습을 보인다. 농업생산과 같은 1차 산업은 채소생산을 위주로 일부만 존재하고 주로 2차 및 3차 산업이 발달되어 있다.

(1) 도시 유형

일반적으로 도시는 여러 가지 기능 및 성격에 따라 다양한 유형으로 나뉜다. 여러 가지 기능 중 기본적인 기능보다는 특징적인 기능에 의해 도시를 구분하면 생산도시, 소비도시, 상업 및 교통도시 등으로 나눌 수 있다.

표 11-2. 북한의 도시 유형 구분

구분	내용
생산도시	원료 및 1차 가공제품이 반입되고 공업제품을 외부로 내보내는 도시 유형이다. 공업도시로 청진, 함흥, 안주, 덕천, 순천, 정주, 단천, 나진 등을 들 수 있으며, 채굴광업도시(광부도시·탄부도시)로 개천, 순천, 북창 등이 있다. 수산도시로는 청진, 함흥, 남포, 신포 등이 있으며 임업도시로는 혜산 등이 있다.
소비도시	물자를 유입하고 소비된 폐기물만 내보내는 도시 유형이다. 정치행정 중심의 기능을 수행하는 행정문화도시, 과학 및 교육기관들에 의하여 생긴 과학도시, 군대에 의해서 생긴 군사도시, 관광도시, 요양 및 휴양도시, 주택과 봉사시설들만 있는 주택도시 등이 있다.
상업 및 교통도시	생산도시도 소비도시도 아닌 유형의 도시가 속한다. 상업도시, 무역도시, 교통도시가 있다. 북한 지역에서 상업도시는 평양, 평성, 신의주, 나진 등이 있다.

북한의 도시는 계획도시라는 일반적 특성 외에도 정치, 사회 및 경제적 특성에 따라 위성도시, 공업도시, 광업도시, 교역도시, 산업도시, 수산도시, 상업도시, 항만도시 등으로 분류된다. 또한 도시의 자연·지리적 환경이나 물리적 구성에 따라 선형도시, 성곽도시, 연합도시, 해안도시, 산간도시 등으로도 분류된다.

북한 지역에서 큰 도시들은 대부분 3가지 기능을 다 가진 복합도시 유형을 띠고 있다. 이런 도시를 '종합도시'라고 한다. 북한의 대·중규모 도시는 대부분 종합도시 성격을 가지며, 소도시인 경우 생산도시가 많고 순수 소비도시는 존재하지 않는다.

북한에서 도시는 지리적 성격에 따라 해안도시, 내륙도시, 평지도시, 산간도시로, 역사적 성격에 따라 기존도시, 신도시로 나뉜다. 또한 계획·설계 측면에 따라 집약도시, 띠형 도시, 분산도시, 방사형 도시, 모체도시, 위성도시 등으로 나뉜다.

(2) 도시등급

일반적으로 도시는 규모에 따라 거대도시, 특대도시, 대도시, 중급도시, 소도시(노동자구)로 나뉜다. 북한은 거대도시는 없고 대도시도 많지 않으며 주로 중급도시와 소도시가 많다. 북한의 대도시에는 평양, 평성, 남포, 신의주, 청진, 사리원, 함흥, 해주 등 도 소재지와 시급도시들이, 중급도시에는 일부 도 소재지와 시급도시들 그리고 일부 군 소재지들이 속하며, 소도시는 주로 군 소재지와 노동자구가 포함된다.

표 11-3. 북한의 도시등급(단위: 명)

구분	특대도시(1급)	대도시(2~3급)	중급도시(4~5급)	소도시(6~7급)
전망도시 규모	100만 이상	20만~100만	5만~20만	5만 이하
계획도시 규모	50만~100만	50만~100만	10만~20만	5만~10만(또는 1만 이하)

그림 11-2. 평양과 강계의 거리
출처: 평화문제연구소(우)

3. 북한의 도시형성 역사

1) 형성

인류 역사에서 최초의 도시는 국가가 형성되고 지역관리를 위한 기관(궁, 절 등)에서 인간의 활동이 행해지던 사회공간으로, 생산, 유통 등 경제생활의 중심지로서 역할을 하면서 생겨났다. 세월의 흐름 속에서 도시는 나름대로 지역의 전통과 문화를 만들어 내고 보존하고 있다. 다만 북한의 거의 모든 도시들에서 조선시대의 유적은 일부만 남아 있으며, 일제의 잔재도 흔적으로만 남아 있어 찾아보기가 어렵다. 그것은 1950년 3년간의 한국전쟁으로 모든 도시들이 잿더미가 된 상태에서 1950년대 초중반부터 러시아, 중국, 동유럽 국가들의 지원을 받으며 새로 시작하였기 때문이다.

북한의 도시형성을 역사적으로 보면 대체로 3개의 형태로 나눌 수 있다. 제1형태 도시들은 이미 일제의 영향을 받기 이전 조선시대의 행정중심지였던 도시이다. 제2형태 도시들은 일본인에 의해 만들어졌거나 일본제국주의의 영향을 받아 도시로 발전한 도시이다. 그리고 제3형태 도시들은 한국전쟁 이후 북한에 의해 건설된 도시들이다. 전후 북한의 주장에 따르면 전쟁 기간 동안 8,700여 개의 공장이 파괴되었으며, 60만 호의 살림집, 5천 개의 학교, 천여 개의 병원과 진료소 등이 파괴되었다고 한다(사회과학원 역사연구소, 1981). 철저한 파괴는 이전 도시양식의 존재를 불허하고 사회주의 정권이 자기 입맛에 맞는 계획을 수립하고 실행할 수 있게 하였다. 오늘날 북한의 도시들은 한국전쟁 이후 새롭게 형성되거나 구조가 변한 것으로 보는 것이 비교적 정확하다. 초기 북한은 전후 복구라는 환경의 지배를 받아 도시를 형성함에 있어서 자기의 모습이나 원칙 없이 지원해 주는 국가들의 디자인이 도시형성과 주택들에 그대로 도입되었다.

1960년대 이후부터는 농경사회에서 산업사회로 급격히 전환되면서 국가의 일방적인 계획에 의한 일원화된 도시구조가 형성되었다. 국가형성 초기 반제반봉건민주주의를 제창하였던 북한은 전후 생산관계의 사회주의적 개조를 단행하며 사회주의를 지향한다. 중공업을 우선으로 하는 산업정책과 집단주의를 기초로 하는 공동체문화의 발달로 오늘날 북한의 도시들은 공업 및 경공업 제품의 대량생산 및 유통으로 물질적 성장을 하였다. 일반적으로 경제의 성장은 고용 기회를 창출하고 많은 사람들이 도시로 이입(移入)되는 현상을 초래한다. 북한의 경우도 다를 바 없으며 따라서 자급적인 경제에서 상품경제로 발달되어 감에 따라 유통의 기능이 증대되고, 원료의 집적, 제품의 분산, 노동력의 공급 등에 편리한 교통상의 요지가 공장의 입지나 상거래의 중심지로 선택되어 생산·유통에 필요한 시설을 갖추게 되었다. 다음으로 시민을 위한 생활물자의 공급 및 후생·위락·문화·기타 시설 등이 정비되면서 시가지가 형성되었다.

1990년대 이후에는 시장을 중심으로 주민들의 경제 활동 거점이 변화하면서 일원화된 도시구조에 변화의 조짐이 보이고 있다. 현존하는 북한의 도시는 한국전쟁의 파괴와 재건이라는 물리적 환경에 의한 변화 그리고 1970년대 이후와 1990년대 이후 사회적 환경의 변화라는 역사적 맥락 속에 이해될 필요가 있다. 북한의 체제하에서 도시의 성장과 기능, 공간구조는 정부의 지침에 의해 결정되었다. 일반적으로 사회주의도시는 중앙에 위치한 정치행정기관을 중심으로 도로와 철도를 따라 도시공간이 확장되는 단핵구조를 형성한다(Sailer-Fliege, 1999). 당시 김일성은 다음과 같이 발언하였다.

"우리는 과거 일본제국주의시대의 비문명적이며 특권계급의 이기적 목적에 부합되었던 퇴폐한 도시건설 방식을 배격하고 근로인민의 생활에 편리하며 현재적 문명생활에 적합하도록 도시와 읍을 건설하여야 하겠습니다."(김일성, 1980, 25)

북한은 도시를 형성함에 있어서 대도시화의 문제를 해결하는 것을 목적으로 하였다. 지난 시기 도시는 노동자의 주거복지와 이동성을 보장하지 못하고, 도시와 농촌의 격차를 만들어 내는 근원으로 평가되었다. 이에 북한은 도시화에 따른 문제를 해결하기 위해 도시의 규모를 억제하였다. 북한은 지방의 모든 도시들이 자기 지역의 경제적 잠재력을 합리적으로 동원하고 이용할 수 있게 지역적 차이, 도시와 농촌의 차이를 없애기 위하여 소도시 형태의 도시를 여러 곳에 형성하였다.

2) 변화

도시에 관련된 지표 가운데 행정단위 수, 도시인구, 도시화율 등은 도시발달의 변화 단계를 구분하는 지표가 될 수 있다(권용우 외, 2012). 북한의 도시들은 역사적으로 많은 변화의 단계를 거쳐 왔다. 일제의 식민통치와 해방, 전쟁, 복구건설과 계획경제에 의한 공업화, 경제난 그리고 시장화 등은 북한의 도시공간 여기저기에 자취를 남겼다.

북한 역시 그 역사적 격변의 시기에 끊임없이 변화하여 왔다. 도시 관련 지표는 평안남도의 행정구역이 평양을 떠나 평성으로 옮겨 오는 1960년대 중반을 기점으로 증가하며, 2000년 이후 시장경제가 활성화되면서 크게 증가한다. 따라서 1960년대 이후 북한의 현대도시 발달은 크게 3가지 단계로 구분할 수 있다.

(1) 제1시기(1960~1970)
이 시기 북한 지역은 중공업 우선정책이 구현된 산업화 시기로 볼 수 있다. 1960년대로 들어서

표 11-4. 북한 도시변화의 주요 단계

시대	단기	주요 변화요인				변화여건	주요 발전 지역
		교통 수단	산업 동력	인구변동			
				자연증가	사회증가		
식민산업 (1930~1945)	공업 (1930~1945)	도보 우차 철도	석탄 수력	미증	귀국 월북	행정관청입지 자원기지화 병참기지화 소비시장화 전쟁	행정도시 항구도시 공업연료산지 북광공업도시 중남부 소비도시
침체 (1945~1960)	해방 (1945~1950)	우차 철도 자동차	석탄 수력 석유	점증	귀국 월북 피난 이주	8.15 해방 한국전쟁 전후 복구 사회주의권 지원	행정도시 항구도시 북광공업도시 중남부 농업도시 및 소비도시
	전쟁 (1950~1955)						
	재건 (1955~1960)						
산업발전 마이너스 성장, 시장경제 (1960~현재)	공업 (1960~1990)	자동차 철도 항공	석탄 석유 수력	급증	행정구역 개편	중공업우선경제 산업구조의 변화	평양, 청진, 함흥, 신의주, 평성, 안주
	시장화 (1990~현재)	철도 자동차 항공	석탄 석유 수력	미감 점증	도시권 집중 교외화	과학 중시 경제난 시장경제	평성, 사리원, 해주, 나진, 신의주, 청진, 평양

면서 북한의 중추행정 중심지인 평양과 함흥, 청진, 신의주 등의 인구가 증가하기 시작하였다. 이 시기 북한 지방행정의 중심지들인 사리원, 개성, 해주, 신의주, 함흥, 청진, 원산, 강계 등은 인구 10만~30만 명의 도시로 발전하였다.

이 시기 북한은 지역 간의 이동이 제한적인 반자급형 경제구조를 지니고 있었다. 전후 복구건설과 공업화는 북한의 도시체계에 많은 변화를 가져왔다. 1970년대를 전후하여 평양—신의주, 평양—신성천—함흥—청진 등 도로들이 개건되고 현대화되면서 육상교통이 발달하고 내륙도시뿐만 아니라 항구도시들과 국경연안도시들이 급격히 확장되었다. 이러한 흐름을 타고 북한의 도시들도 육상교통과 함께 행정조직이 발달하게 되었다. 또한 행정·과학·교육·공업도시의 특성에 맞는 건설이 진행되면서 도시성장이 두드러지며, 일부 식품 및 생활용품 생산을 위한 지방공업이 발달하게 되었다.

(2) 제2시기(1970~1990)

이 시기는 북한 당국이 사회주의의 완전승리 내지는 중공업과 국방공업의 병진노선 실행을 위해 많은 자원을 국방에 할당하는 정책을 수행한 시기로서 제조업 중심의 지방공업 발달과 더불어 지방도시들의 비약적인 성장이 이룩된 기간이다. 북한은 1970년대 이후 군수공업에 국가적 투자를 집중하면서 이른바 '자력갱생'의 슬로건을 내걸고 지방도시들이 스스로 살아남기 위한 지방공업 창설 캠페인을 대대적으로 벌였다. 특히 석탄·수력·화력 등 산업동력의 증가와 철도 및 육로를 통한 교통수단의 확장은 이 시기 지방공업 창설을 통한 도시 발달의 중요한 배경이 되었다. 북한의 거의 모든 지역에 많은 공장들이 건설되어 도시인구가 증가하고 새로운 공업지구가 형성되었다. 도급·시급 행정기관과 지방공장·기업소를 중심으로 주택지구가 형성되고 이에 과학·교육·상업·식당·숙박 등 각종 편의봉사시설이 건설되었다. 이 시기는 북한의 도시체계가 골격을 갖춘 때라고 할 수 있다.

북한 지역에서 도시건설의 전성기는 1970년대 중반부터이다. 당시 북한은 평양시 일부 구역과 안주, 청남 등의 도시 건설을 통하여 상당한 변화의 모습을 보여 주었다. 특히 평양시 보통강구역의 창광거리 폭파와 건설을 계기로 이른바 '건설혁명'이 시작되었다. 당시 북한은 전후 시기와 1960년대에 건설된 도시구조 및 건물 형식을 '사대주의와 교조주의'로 규정하고 전면적으로 비판하고 부정하였다. 북한 지역에서 1970년대 이후 새롭게 형성된 도시들은 지역별로 입지·형태·기능 등이 1960년대 형성된 도시들과 여러 가지 의미에서 차이가 있다. 당시 북한의 도시형성에서 '사회주의적 내용과 민족적 형식'의 도입이 강조되었고 백두산건축연구원 등이 중심이 되어 서유럽의 도시 양식과 유사하면서 북한만의 내용이 반영된 디자인과 구성이 도입되었으며 현재까지 기본적으로 응용되고 있는 것으로 파악된다. 그 예가 1970년대와 1980년대에 걸쳐 건설된 안상택거리, 낙원거리, 광복거리, 통일거리 등이다.

(3) 제3시기(1990~현재)

1990년대 이후 도시와 농촌 간의 경제적 격차에 의한 이촌현상과 시장, 서비스업의 도시권 집중에 따른 개인의 경제활동 기회의 확대로 전국의 인구가 도시 지역으로 집중되었다. 이 시기 북한의 일부 도시들의 도시공간 분포에서는 위성도시의 발달과 종주도시화현상이 나타났다. 평안남도 평성의 경우 초기에는 평양의 위성도시 역할을 하였지만 시장경제의 확대와 함께 평안남도의 과학행정중심도시, 즉 평양의 위성도시에서 벗어나 이른바 '시장중심도시'로 거듭나게 되었다.

북한 지역에서 실제로 평양, 신의주, 청진, 함흥, 평성과 같은 몇몇 대도시의 인구집중은 점차 심화되고 있다. 2010년 이 도시들이 전국 인구의 37%를 점유하는 것으로 추정되었다. 이러한 현상은 북한 지역에서도 대도시로의 인구집중이 촉진되고 있다는 사실을 보여 준다.

북한의 도시에서 시장은 사회주의적 계획경제와 상반되지만 도시성장에 실(失)과 득(得)을 함께 준다는 측면에서 양면성을 가지고 있다고 볼 수 있다. 하지만 현재 북한의 시장은 기존 국가 주도의 계획경제를 대체하여 북한 도시들의 성장과 변화의 주요 거점이 되었고, 시장화가 지속적으로 확산되면서 도시성장을 위한 자원을 보장해 준다는 측면에서 북한의 도시 변화에 긍정적 영향을 주고 있다고 평가할 수 있다.

최근 북한은 평양 지역을 중심으로 각 도 소재지 등에서 국가의 계획과 시장의 수요가 반영된 대규모 건설을 벌이고 있다. 이는 건설물에 의한 도시 형태의 변화뿐만 아니라 도시의 특색 자체

그림 11-3. 평양의 미래과학자거리와 여명거리
출처: Wikimedia Commons_魯班(좌); 연합뉴스(우)

가 달라지는 양상을 보여 주고 있다. 일부 민간자금이 국가투자 방식으로 출자되어 기존 건물을 부수고 새로 짓는 재개발 형태로 이뤄지고 있는데 대표적인 재개발 결과물이 바로 창천거리, 미래과학자거리, 여명거리 등이다.

최근 들어 빈 공간을 상업시설 등으로 채우면서 도시 공간의 밀집도가 점차 높아지고 있다. 북한에 시장경제체계가 형성되면서 도시별로 차별화된 전문화를 통해 상위도시(평안남도 평성은 평양, 평성)-도내 지방도시(순천, 개천, 안주, 평원 등)와 하위도시 간의 일방적이고 수직적인 위계 관계가 수평적이고 보완적인 협력 관계로 전환되는 상황이 벌어지고 있다.

4. 북한의 계획도시 정책

1) 도시계획

북한에서 도시계획은 도시영역 안에 건설될 거주지와 공공건물, 산업기지, 녹지, 공원 등을 서로의 밀접한 연계 속에서 구성하고 배치하는 것을 의미한다. 도시계획은 국가 인민경제발전계획과 국토건설계획에 반영된다. 도시계획의 작성은 중앙이 제시한 원칙 아래 각 지방도시들이 자체의 실정을 반영하여 세운 전망계획을 다시 중앙이 승인하고 국토건설계획에 반영하는 방식으로 진행된다.

도시계획은 총계획, 세부계획, 순차 및 연차건설계획, 실행계획으로 구분된다. 북한에서 도시 발전 총계획은 전망 기간에 건설될 도시건설 총규모와 도시에 건설하여야 할 대상들의 건설방향을 규정하는 기본건설계획의 한 항목으로 정의된다. 도시건설 총계획에서는 전망계획 기간에 도시 안의 공업을 비롯한 경제부문들의 건설과 그에 따라 늘어나는 인구수에 맞는 주택건설 규모 그리고 이와 관련한 교육, 문화, 보건, 기관, 상업 및 편의봉사시설의 발전 규모, 도시 안의 도로, 교량, 상하수도망과 전신전화망, 도시난방체계 등의 발전을 예견한다. 도시건설 총계획은 도시의 면모를 개선하며 주민들의 물질·문화생활을 체계적으로 높이고 선후차를 가려 도시를 집중적으로 건설하게 하는 데서 중요한 의의를 가진다. 도시건설 총계획은 도시의 모든 건물, 구축물들이 해당 도시 규모와 지형특성에 맞게 작성된 도시건설 총계획도와 대상별 설계문건에 기초하여 세워진다.

북한은 도시건설 총계획을 작성함에 있어서 주민들의 편의를 보장하는 것을 주요 원칙으로 하고 있으며, 주민들의 노동 및 주거조건이 갖추어지도록 산업 지역과 거주 지역의 관계를 옳게 타산하여 공장 및 주택 건설대상을 선정한다. 또한 주민들의 위생과 문화, 생활조건이 보장되도록 위생, 문화, 편의봉사 등 건설대상들을 확정할 것을 강조하고 있다.

"도시건설계획도 역시 광범한 근로인민의 편의를 보장하는 데 중점을 두어야 한다."(김일성, 1985a, 42)

다음으로 북한은 도시건설 총계획 작성에서 도시에 인구가 집중되지 않도록 도시건설 규모를 규정할 것을 강조하고 있다(『김일성 저작집 16』, 253). 북한은 도시에 인구가 집중되는 것을 막기 위하여 군 소재지인 읍들과 노동자구들을 발전시키고 대도시 주변에 위성도시들을 많이 건설하도록 하고 있다. 도시건설 총계획의 지표들은 도시건설투자종합계획, 도시기본건설대상계획, 조업개시계획으로 이루어진다. 도시건설 총계획에 따라 도시는 연도별로 순차적으로 건설된다(사회과학원 주체경제학연구소, 1985).

북한에서 도시의 형성과 건설계획은 정부가 제시한 공통적인 원칙을 토대로 한다. 그것은 첫째로 지역의 균형과 특징을 반영한 개발이어야 하며, 둘째로 산업시설을 계획함에 있어서 원료와 소비지에 되도록 접근시키는 것이며, 셋째로 전국적 범위에서 각 지역의 균형적 발전을 도모하여 도시와 농촌의 차이를 줄이고, 넷째로 자연환경의 보호와 치산치수를 통한 국토개발 원칙을 지키고, 다섯째로 사회주의 공업화의 원칙에 입각하여 중공업과 군수공업지대를 조성하는 것이다(임형백, 1998).

북한은 봉건제도에서 근대화를 경험하지 못하고 사회주의로 진입함으로써 지역 간 균형개발이라는 원칙의 달성보다는 제한된 자원을 효율적으로 활용하여 생산성을 고려할 수밖에 없는 현실적 제한을 받았다. 이러한 이유로 북한의 지역개발 및 도시 성장도 총량적 성장 중심의 계획경제가 추진됨에 따라 개발여건이 좋은 항구도시와 교통요충지 그리고 일제 시기에 형성된 공업도시 지역(평양, 원산, 함흥, 신의주, 청진, 남포, 해주 등)이 우선적으로 개발되었고, 순수 농업 지역이나 내륙 지역(황해남도, 자강도, 양강도 등)은 상대적으로 낙후되어 있다. 특히 1970년대 정부 주도의 계획하에 산업화가 추진되면서 평양이 최대의 중심도시로 성장하였으며, 남포, 평성, 사리원 등 평양 부근의 도시가 대도시로 발전하였다.

2) 도시계획 특징

북한 도시의 특징은 첫째로 계획적 형성과 성장 그리고 변화이다. 초기에는 구소련이나 동유럽 사회주의 국가들의 영향을 받은 사회주의적 계획성장을 추구하였으나 점차 '사회주의적 내용에 민족적 형식'으로 주체사상의 영향을 받아 변화하였다. 북한식이라고 표현할 수 있는 도시계획의 특징은 구소련과 동유럽의 경험에 민족성과 현실조건을 반영한 것이다. 특히 평양과 1960년대 이후 새로 형성된 도시들인 평성, 안주 등의 도시들은 계획도시로 건설되었다. 국가 정책이 반영된 계획에 따라서 도시기반시설의 입지와 도시공간구조가 형성되었다.

아이러니하지만 전쟁으로 인한 도시들의 철저한 파괴는 이러한 계획을 충분히 반영할 수 있는 배경이 되었다. 평양의 면적은 서울의 3~4배인 반면, 인구밀도는 10~15% 정도이다(임형백, 2019). 평양의 면적과 인구밀도는 분석시점 또는 최근 평양의 행정구역 변화에 따라 일부 차이가 난다.

일반적으로 도시의 구조는 사회제도와 체제의 영향을 많이 받는 것으로 알려져 있다. 이러한 측면에서 사회주의 국가의 도시는 자본주의 국가의 도시와 다른 공간적 특징을 지니고 있다. 사회주의 국가의 도시를 연구한 일부 연구자들은 사회주의 도시계획의 기준으로 10가지 원칙을 제시한다(김원, 1998). 보다 철저하게 사회주의 이념에 충실하고자 했던 밀류틴(Miliutin, 1975)의 계획기준은 어떤 측면에서 보면 이상적이고 설득력을 가지고 있기도 하다. 여기서 사회주의 도시 건설 계획은 시대와 국가에 따라 내용과 형식이 다르기 때문에 일반화하는 데 어려운 점이 있다는 것을 염두에 두어야 한다.

북한의 도시계획을 이해하는 데 있어서 전후 복구건설 시기의 구소련과 동유럽의 영향이 크다는 의견과 1970년대 중반부터 변화된 도시형성계획을 주목해야 한다는 의견으로 갈린다. 저자는 현재 북한의 도시들에 두 개의 형태가 존재하는 조건에서 두 의견에 대하여 복합적으로 인식하는 것이 현실적이라고 생각한다. 동유럽과 구소련의 영향을 받던 초기에는 이들의 건축양식을 '사회주의적 사실주의(socialist realism)'로 원칙의 기준을 정하고 도시계획을 수립하고 도시를 형성하며 주택과 공공건물의 건설을 진행하였다. 1970년대 북한에서 주체사상이 유일사상으로 정착하면서 무작정 구소련과 동유럽의 선진 경험을 따르는 것은 '사대주의(事大主義), 교조주의(教條主義)'로 평가되고 주체적 현실을 반영한 '사회주의적 내용에 민족적 형식'이라는 새로운 원칙 아래 도시계획이 수정되고 변화되었다. 이는 도시계획을 세움에 있어서 구소련과 동유럽 국가들의 경험을 무작정 추종하거나 민족적 특수성만을 고집하는 것을 전부 극단적인 견해로 배격하고, 주체

표 11-5. 북한식 사회주의 도시계획의 내용

구분	내용
1	지역적 특성과 산업 규모에 따른 도시 규모의 설정
2	정부에 의한 주택구조 및 규모 배치의 통제
3	정부의 유일적 건설계획의 작성, 승인에 의한 주거지 선택 및 개발
4	도시구조에서 공용 서비스시설의 균형적 배치
5	직장과 주거지의 근접
6	유일계획에 의거한 토지의 철저한 이용
7	균형적이고 합리적인 교통라인의 설치
8	규정에 기초한 녹지 확보
9	상징성과 행정기관이 집중된 중심지
10	지방도시계획과 중앙계획의 균형보장 원칙

출처: 김원, 1998, 38에서 저자 재구성

적 입장과 사회주의적 내용, 민족적 형식을 감안한다는 것이다.

북한에서 구소련과 동유럽의 영향을 받은 사회주의적 도시계획과 북한의 현실을 감안한 도시계획이 북한의 도시공간구조에 반영될 수 있었던 것은 한국전쟁으로 전체 도시의 80%가 파괴되어 기존의 도시공간에 영향을 전혀 받지 않고 도시를 형성할 수 있었기 때문이다. 그리고 이른바 '유일사상체계'와 '유일적 지도체계'가 대두하면서 강력한 국가통제로 도시공간의 개발 및 변화를 계획하고 통제할 수 있었기 때문에 가능했다.

현재 북한의 도시들(평양, 함흥, 순천, 원산, 청진, 사리원, 해주 등)에는 두 원칙의 영향을 받은 흔적들이 상당히 남아 있다. 초기에 구소련과 동유럽 국가들이 이들 도시를 분담하여 재건을 진행하였고 도시계획이 전후 동유럽 전문가들의 지원과 참여 아래 만들어지면서 동유럽과 같은 이국적인 풍경이 나타난다. 또한 이 도시들의 공간에는 변화를 추구한 현대의 모습과 고전적인 풍경이 함께 어울려 있다. 이러한 다양성은 계획도시이면서도 계획적이지 못한 정책과 현실의 괴리가 북한의 도시들에 존재하고 있다는 것을 보여 주고 있다.

5. 북한의 도시구조

1) 도시구조

도시는 자연을 기반으로 인간이 구성한 시공간적 구성물이다. 도시는 사회가 필요로 하는 다양한 요구에 따라 여러 가지 기능(정치·경제·종교·문화 등)을 수용하며 그것이 속한 사회의 이념, 경제적 상황, 사회조직의 형태, 그리고 권력과 자원의 배분 등 제반의 사회조건에 의해 변화하게 된다(최윤경, 2003).

북한이 도시건설에서 지향하는 것은 '우리식 사회주의 도시'이며 이러한 도시에서 중심은 이념의 공간으로서 그 역할이 강조되었다. 북한에서 도시영역은 도시 건설과 경영이 집중적으로 진행되는 지역, 도시계획의 기본을 이루는 영역을 말한다. 그리고 도시영역은 주민거주 지역, 산업 지역, 외부교통 지역, 창고 지역, 공영시설 지역, 녹지 및 체육시설 지역, 특수 지역 등으로 분류된다.

북한의 도시 지역은 중앙, 도, 시(군·구역), 동(리) 체계로 되어 있다. 수도는 평양이며, 직할시는 남포, 나진선봉이다. 일부 구를 가지고 있으며 도 직속의 구(예: 평안남도 청남구)와 시(군) 산하의 노동자구가 있다. 각 도 소재지가 되는 시는 〈표 11-6〉과 같다.

북한의 도시체계는 평양이라는 도시를 중심으로 모든 형태의 경제적 혜택을 추구하는 체계이다. 경제적인 측면을 볼 때 북한에는 두 가지의 특징이 있다. 첫째는 전국적인 연계를 가진 고차 생산서비스가 수도권 내 한 도시에 집중되어 있는 양상을 보인다는 점과 둘째는 고도로 전문화되고 숙련된 경제 활동이 고차 생산서비스가 집중된 특정 도시 혹은 다른 도시에 집중되어 있다는 점이다. 이들은 각각 북한 지역 내에서 특정 산업부문의 도시집중화와 지역화 효과를 창출하는 기반이 되어 왔다. 평양은 도시의 성장이 지속되면서 공간적으로도 도시의 권역이 확장되어 교외 지역을 포함한 기존의 도시영역이 대도시권으로 이루어지는 과정에 있다고 평가할 수 있다.

도시의 역할은 도시의 구조에 반영되었는데, 도시의 중심부에 대중을 동원할 수 있는 광장을 조성하고 김일성의 동상과 행정기관, 정치단체, 일부 문화유적 등을 배치하였다. 북한의 도시구조는 도심과 간선도로, 그리고 상징공간이라는 3가지 요소를 기본으로 중앙집중적인 형태를 취하고 있다. 특히 도시의 입구와 중심부를 연결하는 거리를 도시의 구성 축으로 하여 사상교양과 상업 그리고 문화기능을 도시의 핵심 지역에 배치하고 있다. 이와 같이 북한의 도시는 구성원을 위한 생활 및 소비시설과 생산시설뿐만 아니라 농촌 지역도 일부분 함께 귀속시켜 도시가 하나의 자생적 단위를 이루고 있다. 여기서 농촌은 도시의 식량을 보장하는 차원을 넘어 도시화를 억제하는 역할도 함께 담당하게 된다. 북한의 도시들은 '수직적으로 통제되고 수평적으로 상호 연결된 사회구조

표 11-6. 북한 지역의 도 소재지

수도	평안남도	평안북도	황해남도	황해북도	강원도	자강도	함경남도	함경북도	양강도	직할시
평양	평성	신의주	해주	사리원	원산	강계	함흥	청진	혜산	남포, 나선

출처: 평화문제연구소·과학백과사전출판사, 2003

를 통해' 하나의 사회통제공간으로 재구성되었다.

1945년 해방 당시 북한의 행정구역은 6도 9시 89군으로 구성되어 있었다. 한반도가 분단되고 북한만의 정권이 창출되면서 행정구역은 수십 차례 조정되었다. 그 결과 현재는 1직할시(평양), 2특별시(남포, 나선), 9도 25시, 147군으로 되어 있으며, 이 중 평안남도의 개천·안주·순천, 함경북도의 회령, 강원도 문천 등은 1990년대에 들어 시로 승격되었다. 1946년 평양시를 평안남도에서 분리하여 특별시로 승격시키고, 1949년 강계를 중심으로 자강도를 신설하였으며, 1954년 함경도에서 혜산을 분리하여 양강도를 신설하였다. 또한 황해도를 북도와 남도로 분리하고 사리원을 중심으로 황해북도를, 해주를 중심으로 황해남도를 규정하여 현재 행정구역의 틀을 갖추었다.

2) 북한 도시 간 연계

어느 곳이나 마찬가지이지만 북한 지역에서 도시는 인간의 삶과 더불어 세월의 풍파를 함께 겪으며 변화해 온 불가분리의 존재이다. 도시는 사람들에게 주거공간을 주는 장소이며 정치·경제·문화 등 인간 활동의 거점이 되는 장소이다. 북한 지역에서 도시와 도시 간의 연계는 중앙정부에 의한 종적 연계 방식을 기본으로 하면서 도시 간에 부분적으로 횡적 연계가 공존하는 8:2 복합형 연계 방식이다. 1990년대 이전까지 북한 지역에서 도시연계는 철저히 중앙정부에 의한 종적 연계 방식만 존재하였다.

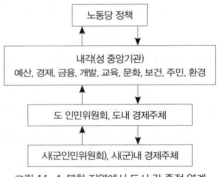

그림 11-4. 북한 지역에서 도시 간 종적 연계

계획적 생산과 계획적 소비로 특징지어지는 사회주의 방식의 도시경영체계가 한계에 봉착함에 따라 북한은 새로운 도시연계체계로의 전환을 모색하게 되었다. 이러한 도시연계체계의 전환은 도시의 경제활동뿐만 아니라 전반적인 사회적 관계의 변화를 초래하였다.

시장의 도입과 성장, 지역 간 가격격차, 경쟁의 심화, 공산품에 대한 수요의 다양화, 환율 및 금융의 변화, 생산 감소에 의한 공급의 어려움 등은 중앙정부의

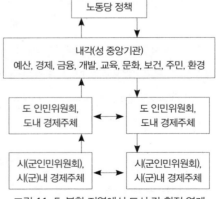

그림 11-5. 북한 지역에서 도시 간 횡적 연계

통제를 약화시켰고 부분적이지만 도시들 사이의 횡적 연계를 가능하게 하고 있다. 또한 북한의 도시들에서 지방예산제의 도입은 지역경제 활성화를 위해 지방정부 간의 연계를 필요로 하였다.

평양은 북한 지역에서 인구의 대규모 집적지로서 국가계획경제의 수뇌부 기능을 수행하는 도시이다. 평양 지역은 북한의 중심지로서의 도시와 경제권의 변화 정도를 포함하는 개념으로서, 북한의 수도로서의 기능과 대도시들이 수행하던 것과 유사한 기능을 수행하기도 한다.

평양은 평성, 사리원 등 지방의 위성도시들과 공간상으로는 분리되어 있지만 기능적으로는 연계되어 있으며, 하나 혹은 복수의 상대적으로 큰 중심도시로서 역할을 수행하고 있다. 북한의 도시체계는 평양이라는 도시를 중심으로 모든 형태의 경제적 혜택을 추구하는 체계이다. 구조적인 측면을 볼 때 북한의 도시는 두 가지 특징을 가지고 있다. 첫째로, 중앙으로부터 시·군·리에 이르기까지 피라미드형 수직구조이며, 둘째로 지역 간 연계가 제도적으로 차단되어 있어 중앙과의 수직 연계만 존재하고 특정한 공업생산지구가 자원 활용을 목적으로 특정 도시에 집중되어 있다는 점이다. 각 도시들은 자기 지역 내의 수요에 대비하면서, 지역경제 활성화의 기반이 되어 왔다.

3) 도시경영

북한 지역에서 도시경영은 도시에 집중되어 있는 근로자들의 주택과 공공건물, 도로, 상하수도, 공원, 유원지, 시내교통시설과 같은 일체 공동시설을 유지·관리하는 사업으로 정의된다(사회과학원 주체경제학연구소, 1985). 일반적으로 도시경영은 도시를 알뜰히 관리하고 문화·위생적으로 유지하는 도시·관리사업으로 국가경제기관의 중요한 서비스사업으로 분류된다. 북한에서 도시경영은 도시 안의 모든 건물과 시설물을 유지하고 효과적으로 이용하게 함으로써 주민들에게 편리하고 문화적인 생활조건을 마련하는 것을 과제로 한다. 또한 국가와 지역의 정치, 경제, 문화의 중심지로서 도시를 규모 있게 꾸리는 것을 통하여 도시의 지역적, 정치적, 문화적 입지를 다지고자 한다.

북한의 도시경영에서는 마멸된 건물들과 시설물들을 원상 복구하거나 추세의 흐름에 맞게 고치는 보수사업 등을 진행한다. 또한 도시 전반을 위생적으로 유지·관리하는 사업도 진행한다. 도시미화사업으로는 원림(原林), 구획정리, 편의시설의 설치 등이 있으며 이를 통하여 도시의 시설을 유지한다. 북한의 도시경영에서 가장 선차적 과제는 혁명사적들을 원상태로 영구히 보존관리하고 그 일대를 잘 꾸리는 것이다. 그다음으로 건물 관리, 상하수도 관리, 난방 관리, 도로 및 교통시설물의 관리, 원림 관리, 시내 강하천 관리, 역사유물의 보존관리 등을 진행한다. 건물 관리는 살림집을 비롯한 도시 안의 모든 건물들을 보호하고 관리하여 유지하는 것이며, 상하수도 관리는 상하수도시설을 보수하고 관리하는 과정을 통하여 주민들의 편리한 생활을 보장하는 것이다. 난방 관리는 살림집, 공공건물, 공장, 기업소 등의 온도 보장을 위하여 열을 생산·공급하며 열망과 그 시설들의 상태를 관리하고 보수·정비하는 것이다. 도로 및 교통시설 관리는 이미 건설된 도로와 교통시설물들을 보수·관리하는 것이며, 원림 관리는 도시를 원림화하고 공원과 유원지, 동물원과 식물원 등을 꾸려 그것을 보호·관리하는 것이다. 시내 강하천 관리는 도시 안의 강하천을 정리하고 그 시설물들을 보수·관리하여 도시를 보호하고 주민생활에 그것이 유용하게 쓰이도록 하는 것을 말한다. 마지막으로 역사유물의 보존관리는 선조들이 이룩한 유산과 유적유물들을 보존하는 것이다. 북한 지역에서 도시경영사업은 국가가 도시 내부에 있는 모든 건설물들을 책임지고 관리하며 도시·관리에서 제기되는 문제를 전적으로 보장하는 것을 원칙으로 한다.

6. 북한의 도시화

1) 도시화 과정

북한 지역에서 도시화는 한국전쟁 이후 정확히 1960년대 도시와 농촌에서 생산 관계의 사회주의화를 실현하고 본격적인 공업화를 위한 시기에 진행된 것으로 볼 수 있다. 당시 중공업을 우선적으로 발전시키는 국가 정책에 따라 토지와 인구가 중공업과 화학공업에 집중되면서 도시가 급격히 성장하였다. 그 결과 1970년대 이후 북한에서는 주민의 일부가 도시로 이주하는 현상이 나타나기 시작하였다.

〈표 11-7〉에는 북한과 남한의 도시화율이 비교되어 있다. 일제 시기인 1944년 북한 지역의 도시화 수준은 12.3%로서 남한 지역의 10.6%보다 약간 높은 상태였다. 북한의 도시화는 전후 복구와 공업화를 위한 과정에서 급격히 진행되었다. 특히 1950년부터 1980년까지의 기간에 31.0%에서 56.9%로 25.9% 상승하였다. 이후 경제난을 겪으면서 북한의 도시화는 점차 느려지기 시작하였다. 1990년대에 들어서면서 북한의 도시화 속도는 거의 정체 상태에 머물게 된다. 구체적으로 1990년대에는 1980년대에 비하여 1.5% 상승하였고 2019년에는 2010년대에 비하여 1.7%로 소강상태를 유지하고 있다. 해방 이후 북한의 도시화는 지역경제의 성장, 정체 과정과 맥락을 같이하

표 11-7. 남북한 도시화율 비교(단위: %)

구분	1944	1950	1955	1960	1965	1970	1980	1990	2000	2010	2019
남한	10.6	21.3	24.4	27.7	32.3	40.7	56.7	73.8	79.6	81.8	81.4
북한	12.3	31.0	35.4	40.2	45.0	54.2	56.9	58.4	59.4	60.4	62.1

출처: 통계청 국가통계포털

면서 증가와 정체의 그래프를 그리고 있다. 이는 남한의 도시화가 1960년대 이후 그리고 현재까지 빠른 속도로 계속 진행되고 있는 점과 대비된다.

북한의 도시는 산업구성이나 행정, 생활양식, 교육, 보건, 문화 등 서비스시설 등에서 농촌 지역의 마을과 다른 모습을 가진다. 농업생산과 같은 1차 산업은 채소 생산을 위

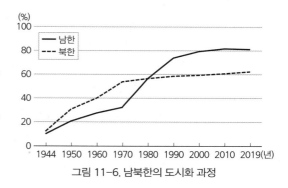

그림 11-6. 남북한의 도시화 과정

주로 일부만 존재하고 주로 2차 및 3차 산업으로 되어 있다. 북한의 도시는 그 생활양식이 일률적이고, 전체적이며, 구조가 획일화되어 있고 행정관리제도는 단일화되어 있어 인구·사회 구성 등에서 이질적 요소들을 비교적 적게 내포하고 있다. 또한 주민생활에서는 사회적 분화와 지역적 이동이 없고, 사회적 관계는 그 범위가 넓으며, 결합 관계가 조직적·비인격적·항시적·형식적이다. 북한에서는 군(郡)을 중심으로 도시 형태를 갖춘 곳에 중심지로서 읍(邑)을 설치하고, 도 이상은 행정관리중심지제도로 '도 소재지'를 실시하고 있으며, 대도시에는 직할시·특별시 등 도시 규모에 맞는 행정조직을 실시하고 있다.

2) 도시화 특징

북한의 도시화에서 나타나는 특징은 대도시화의 억제, 제한되는 인구인동 속에서의 도시화, 종주도시화, 그리고 평양을 중심으로 하는 수도권 지역도시의 집적 등으로 나타난다. 북한의 도시화에서 가장 큰 특징 중의 하나는 대도시의 총인구 중 농민을 포함한 농업인의 비중이 지역마다 차이가 난다는 것이다. 평안남도 인구는 약 4백만 명으로 각 도 및 시 중 가장 많은 인구가 거주하고 있으며 64.9%가 비농업인이다. 그다음은 평양이 약 330만 명, 함경남도가 약 310만 명이다. 각 도 및 평양시의 도시 및 농촌의 인구분포 분석 결과 평양시의 경우 약 86.7%가 도시 지역에 거주하고

있으며, 함경북도는 70.7%의 인구가 도시 지역에 거주하고 있었다.

　일반적으로 도시화는 인구이동을 동반하지만 북한에서는 인구이동이 매우 제한적인 상태에서 도시화가 이루어지는 특징이 있다. 평양은 북한 지역에서 유일하게 인구가 백만 명 이상인 도시이다. 북한은 일정 정도의 범위에서 도시인구의 성장에 대하여 제한 정책을 실시하고 있다. 평양의 경우도 마찬가지이다. 특히 1990년대 이후 경제난에 직면하면서 여러 차례 인구제한 조치를 취하고 있지만 그럼에도 불구하고 계속 증가하는 모습을 보이고 있다.

　1970년대에 빠른 속도로 성장하였던 상당수의 도시들도 최근 전반적 경제침체가 계속되는 상황에서 도시인구의 증가는 멈추지 않고 있다. 이는 농촌 지역의 인구가 다수 도시로 이동한 것에 기인한 것으로 분석된다. 특히 신의주, 혜산, 원산, 평성, 사리원 등 도시의 인구 증가가 계속되는 것은 북한 지역에서 시장이 도입되고 상대적으로 수입이 높은 도시 지역으로 인구가 이동하는 추세와 관련된다. 그중에서도 평성, 사리원, 남포 등 수도권 지역과 신의주, 혜산 등 국경도시들에서 인구증가가 계속되는 것은 도시의 입지와 관련된다고 볼 수 있다. 경제가 침체될수록 정책적인 영향에 대하여 입지적 요소를 결코 무시할 수 없다는 것을 보여 주는 것이다. 1980년대에는 순천, 단천, 덕천, 안주 등이 군에서 시로 승격되었으며, 1990년대에는 개천, 회령, 문천 등의 도시가 추가로 승격되었다. 따라서 전반적 경제는 침체되어 있지만, 개별 도시는 선택적으로 성장하고 있는 것으로 보인다. 그러나 인구이동 제한 등 도시 규모제한이 정부 정책으로 되어 있어 대규모 도시의 출현은 어려울 것으로 판단된다.

　다음으로 북한 도시화의 특징은 종주도시화이다. 종주도시화는 한 국가의 자원(인력, 재원 등)

표 11-8. 최근 북한의 주요 도시인구 변화추이(단위: 천 명)

연도	평양	청진	함흥	신의주	원산	평성	남포
2019	2,861	640	553	326	351	310	370
2015	2,970	630	575	326	342	286	356
2010	2,861	619	604	326	334	280	320
2000	2,777	597	666	326	312	265	320
1990	2,526	515	653	281	264	243	240

출처: 통계청 국가통계포털

표 11-9. 북한의 지역별 도시화율(단위: %)

북한	평양	황남	황북	평남	평북	자강	강원	함남	함북	양강
47.4	86.7	35.6	46.0	64.9	52.5	63.7	49.1	59.1	70.7	64.6

출처: 2008년 유엔 인구조사자료

이 하나의 도시에 집중되는 현상으로서, 주로 경제적으로 낙후된 사회에서 발생하는 병리적 현상으로 알려지고 있다. 현재 북한에서 도시종주비 P_1/P_2는 약 4.5로서 상당히 높은 편이다. 북한의 수도인 평양의 인구는 286만 명으로 차위도시인 청진 64만 명보다 4.5배 더 많다. 북한 지역에서 도시종주비는 지난 시기부터 계속 증가하는 모습을 보이고 있다. 1987년 북한의 종주비는 약 3.4였지만 현재 4.5로 무려 1.1배나 증가하였다. 이상의 자료는 북한이 정책적으로 대도시 성장을 억제하였지만 수도 평양의 인구가 급속 성장한 것은 북한의 도시화도 종주도시화의 특징을 일부 내포하고 있다는 것을 보여 준다.

다음의 특징은 수도권 도시의 집적과 근교화이다. 일반적으로 도시성장은 필연적으로 지리적 확산을 수반하게 되는데, 북한 지역에서는 평양을 중심으로 도시집적현상이 나타나고 있다. 구체적으로 남포, 평안남도의 평성·순천·안주·개천·덕천 등과 황해북도 사리원·송림 등이 평양을 중심으로 하나의 도시군을 이루고 있다. 이 중 남포(인구 37만 명), 평성(인구 30만 명), 사리원(인구 28만 명), 순천(인구 29만 명), 덕천(인구 21만 명), 안주(인구 19만 명), 송림(인구 18만 명)으로 평양과 이들 배후지 도시들의 총합은 4백68만 명이며 북한 전체 인구의 약 20%를 차지한다. 평양 인근의 도시들은 비교적 잘 발달된 교통망으로 연결되어 있기 때문에 도시 간 상호의존도가 높은 것으로 평가된다.

북한의 행정구역 형성의 특징은 면을 폐지(1952)하여 행정체계를 도(직할시), 시군(구역), 동(리)의 3단계로 축소한 것이다. 다음으로 노동자구의 신설이다. 노동자구는 주요 산업 지역에 군, 또는 도에 직속 단위로 주민의 대부분이 노동자로 구성된다. 마지막으로 북한의 도시는 도농복합도시로 농촌 지역을 포함한 광역시(overbounded city)라는 것이다. 평양에는 농촌 지역으로 분류되는 군이 4개(강남, 상원, 강동, 대동)나 존재하며 농업종사자의 비율이 약 7% 정도나 된다. 남포직할시에도 군(온천 등)이 소속되어 있으며 강서구역, 천리마구역 등의 구역들도 농촌을 포함하고 있다. 사실상 북한에서 행정구역상 시의 명칭은 초광역시로서, 평양 등 군과 시들이 농촌인 도농 복합 지역이라는 점을 고려할 필요가 있다.

7. 남북한 차이와 도시협력

1) 남북한 도시의 차이

남북한 도시의 가장 큰 차이는 인구 분포의 차이이다. 남한 인구의 약 90%는 도시에 살고 있다. 즉 전 국민의 반 정도가 수도권(서울, 인천, 경기)에 거주지를 두고 있다. 그러나 북한의 경우 전체 인구의 47.4%(2008)가 27개의 도시에 거주하며 남한에 비해 도시 거주 인구는 현저히 적다(Dormels, 2014). 북한에는 거주지 이전의 가능성과 관련하여 많은 제한이 존재하며, 이는 도시화의 증가를 억제하는 역할을 하기 때문이다.

다음으로 북한 지역은 도시 간, 지역 간 경제력의 차이가 심하다는 것이다. 북한은 1980년 초부터 경제문제의 심각성이 두드러지면서 평양과 평안남도의 탄광, 광산도시와 공업도시에 투자를 집중하였다. 1983년과 1990년 사이 평안남도에는 4개의 도시가 신설되었고, 1990년 경제위기 동안에는 수도 평양과 다른 지역들과의 도시 발전의 격차가 점점 뚜렷해졌다. 평양에 새 거주 지역이 생기는 동안 다른 지역의 발전은 정체 상황이었다. 그 결과 1990년 이후 신설된 동의 절반은 평양, 남포, 평안남도에 자리하게 된다. 이로써 북한은 상당히 의도적으로 지역적 경제발전의 균형화 정책을 지향했으나, 경제위기와 함께 도시발전을 위한 외부투자의 제한으로 그 효과가 미약해졌고 결과적으로 평양과 평양 주변의 특정 지역이 집중 발전하게 되었다고 볼 수 있다.

다음으로 도시화 과정과 도시화 정도이다. 해방 이후 북한의 도시화는 지역경제의 성장·정체 과정과 맥락을 같이하면서 증가와 정체의 그래프를 그리고 있다. 이는 남한의 도시화가 1960년대 이후 빠른 속도로 그리고 현재까지 지속적으로 진행되고 있는 점과 대비된다.

향후 북한의 도시들은 커다란 발전가능성을 지닌 지역과 그렇지 않은 나머지 지역 간의 발전 격차가 더욱 심화될 것으로 보인다. 무엇보다도 노동력, 에너지 공급 그리고 사회간접자본시설을 기반으로 한 최고의 발전기회를 가진 평양, 평안남도 남포 지역과 중국과 인접한 북동부 국경 지역인 나진, 청진, 신의주 등 그리고 남한과 인접한 남서부 지역인 개성, 해주 등의 지역에 발전가능성이 있다고 볼 수 있다.

남북의 도시협력은 북한의 정치, 경제, 문화 그리고 사회와 관련된 변화를 만들어 낼 수 있으며 도시의 변화와 도시화 추이에 영향을 준다. 향후 한반도 통일 후 주민들이 거주지 선택의 자유를 가지게 될 경우 도시 주민 수의 급격한 증가도 예상된다. 이농현상이 심각해지고 지방과 달리 도시들은 크게 발전될 가능성이 높다. 따라서 본 연구는 통일 후 북한에서 외부(남한, 중국 등)로 나가는 인구이동이 많아지지 않도록 북한의 도시들을 매력적인 도시로 발전시키기 위한 기초로 남북의 도시협력이 중요하다는 것을 강조한다.

2) 남북한 도시 간 협력

현재까지 남북한 교류의 성격은 남북협력을 민족 내부 간 거래로 간주하고 있다는 것이다. 남북한 정부는 공식적으로 남북교류를 대외거래의 통계에서 제외하고 있다. 남북교역이 중국이나 일본, 미국 등과는 근본적으로 다른 성격을 가지고 있기 때문이다. 최근 들어 한국 사회의 대북 정책은 주로 비핵화에 기초한 신뢰 조성을 전제로 남북교류의 확대에 초점이 맞추어지고 있다. 남북미 간 상호 신뢰에 기초하여 한반도의 평화를 정착시키고 북한의 변화에 한국 사회가 적극적으로 개입할 수 있는 여지를 마련하기 위해서이다. 현재 북한의 대외협력은 신뢰 부재에 의한 국제사회 제재로 거의 중단된 상태이다. 중국 등 일부 나라들과의 거래도 대부분 기초상품 거래로 이루어져 있다. 이러한 상황에서 남북의 도시협력은 민족 내부 간 협력이라는 틀 안에서 진행하는 것을 원칙으로 하여야 한다. 어떤 상황에서도 남북 도시협력은 남북 관계가 차지하는 특별한 위치와 역할로 인하여 가능하다.

남북한의 평화공존과 상호 발전을 위해서는 양측의 신뢰와 북한의 변화가 필요하다. 이러한 신뢰와 변화를 위해서는 정부 주도의 일방적인 교역에 의한 경제의존성보다는 북한의 도시들과 도시에 거주하는 주민들이 한국 사회에 대한 경제적, 문화적 연대감을 만들어 내고 끈끈한 유대를 만드는 것이 보다 효율적이다. 지난 기간 한국 정부는 남북협력의 거의 전 분야에 개입하여 남북 관계의 확대발전을 위한 지원을 수행하였다. 그 결과 2000년 초중반에 남북 간의 교류는 가시적인 성과를 거두었다. 하지만 이것은 북한이 한국에 대한 경제적 의존성을 가지게 하였을지는 몰라도 지속가능한 협력의 전제인 신뢰 조성은 하지 못하였다는 평가에서 그렇게 자유롭지 못하다.

향후 한국의 도시와 지방자치단체는 중앙정부의 협력에 기초하여 남과 북의 도시 간 협력이 단순한 상업적인 거래에서 벗어나 경제협력, 문화교류, 기술교류, 교육, 인적교류 등 다양한 방식을 통하여 상호신뢰를 조성하고 한반도 전체의 생활환경에 직접적 영향을 미치는 거대한 내부성 (internal nature)을 만들어 내야 하는 과제를 안고 있다. 그렇다면 무엇을 어떻게 하여야 할까?

그것은 첫째로 북한 도시들에 대한 한국 도시들의 영향력을 가지는 것이 필요하다. 우리가 남북한 도시협력에 관심을 가지는 한 가지 이유는 이를 통하여 북한 도시들에 상당한 경제적 성장을 보장할 가능성이 있기 때문이다. 현재 북한 도시들은 경제적으로 중국에 대한 의존성이 더욱 높은 것으로 나타나고 있다. 한국의 도시들이 북한 도시들과 다양한 형태의 결연을 맺고 우호가격과 같은 정책적 배려를 제공한다면 중국이 북한과의 거래에서 차지하는 독점적 거래자의 위치를 한국의 도시들이 차지할 수 있다. 현재 국제 사회의 제재로 인한 경제적 어려움을 민족 내부 간 협력이라는 관계를 이용하여 협력한다면 제한적이지만 대체성의 효과를 만들어 낼 수 있다.

둘째로 남북한 도시 양자협력보다, 북한에 우호적인 국가와 도시들과 연계하여 다자 결연을 맺는다면 보다 효율적인 협력을 만들어 낼 수 있다.

셋째로 상생하는 원칙에서 협력하여야 한다. 지난 기간 북한의 대한민국 수입 가운데 상당 부분을 실질적인 무상원조인 비거래성 교역이 차지하고 있었다. 남북한 도시협력이 일방적인 지원에서 벗어나 상생의 원칙에서 서로 이익을 볼 수 있는 분야를 선택하여 실천하는 것이 중요하다. 각 지역의 자연적, 경제적, 인적 자원과 특징을 보완한다는 관점에서 생각하여도 많은 사업아이템들이 만들어질 수 있다. 경기도는 황해도, 경상북도는 자원이 풍부한 평안도, 강원도는 강원도, 충청도는 황해북도, 서울은 평양 이런 식으로 도시 규모에 맞게 결연관계를 맺고 협력한다면 보다 합리적인 협력이 될 수 있을 것이다.

8. 결론

도시를 살아 있는 유기체로 보는 주장들도 있다. 그것은 도시를 구성하고 있는 다양한 요소들이 시시각각 변화하고 있으며 이는 지역 전체의 모습을 새롭게 구성하기 때문이다. 일반적으로 도시군에 주안점을 둔 도시연구는 도시들 간의 관계를 체계적으로 분석하여 한 국가 또는 지역 내에 존재하는 도시들의 계층구조, 입지와 분포 및 도시 상호 간의 현상을 연구하는 것이다. 개별 도시들의 기능과 역할은 도시군의 체계 속에서 다른 도시들의 크기, 입지, 기능에 영향을 받는다. 따라서 일정 영역의 공간상 도시 간의 상호관계 속에서 다루어야 할 도시연구는 매우 중요하다(김인·박수진, 2006).

북한 사회는 계속 변화하고 있다. 이러한 변화 속에서 북한 도시를 바라보는 우리의 시각은 '혼란' 그 이상도 이하도 아니다. 따라서 미래에 북한의 도시들이 변화되는 모습을 그려 보는 것이 쉽지 않다. 실제로 북한 도시들에 대한 부족한 정보를 가지고 그 내부를 분석하고 정리한다는 것은 사실상 불가능하다. 주체사상에 기초한 사회주의적 성장을 추구하는 북한의 도시는 자본주의 도시와 다른 모습을 지니고 있다. '주체'의 이념이 도시공간구조에 반영되어 있기 때문에 비효율적인 토지이용과 획일적인 도시구조를 특징으로 한다. 따라서 북한 도시의 특수한 상황에 적합한 도시구조와 요소의 추출, 조직과 구조에 대한 분석과 해석이 필요하다. 새천년에 접어들면서 시장이 공식화되고 사회주의적 계획통제에서 벗어난 경제행태, 변화하는 가치관, 삶의 질 등을 고려할 때 경제 차원의 요소를 배제할 수 없다. 경제적 차원에서 변화를 보이는 북한 도시의 속성 중 하나는 시장원리에 기초한 상품의 생산과 소비 과정에 이루어지는 관련 주체들 간의 복잡한 경제 관계로 구성되어 있다는 점이다.

최근 한반도의 평화와 번영을 위한 남북한 교류와 협력이라는 시대적 조류는 과거 한반도 반쪽의 학문 분야에만 안주해 왔던 연구자들에게 새로운 접근을 요구하고 있다. 다양한 자연·정치·경제·문화적 요인들이 복합적으로 적용되는 실제 도시에서는 개별적 주장들이 많은 한계를 가진다. 북한 도시의 경우는 더욱 그러하다. 이러한 현실에서 문제의 해법은 이미 마련해 놓은 전문화된 이론에 기초하여 북한의 도시들에 대한 정보를 분석하고 보다 합리적이고 미래지향적인 도시성장 계획을 만들어 내는 데 있다고 생각한다. 이러한 과정들은 한반도의 지속적인 성장을 위한 현실적 대안이 될 수 있을 것이다.

더 읽을 거리

김인, 1991, 『도시지리학원론』, 법문사.
남상희, 2011, 『공간과 시간을 통해 본 도시와 생애사 연구』, 한울아카데미.
남영우, 2007, 『도시공간구조론』, 법문사.
이기석·이옥희·최한성·안재섭·남영, 2002, 「나진-선봉 경제 무역 지대의 입지특성과 지역구조」, 『대한지리학회지』, 37(4), 293-316.
조명래, 2002, 『현대사회의 도시론』, 한울아카데미.
최재헌, 2002, 「1990년대 한국도시체계의 차원적 특성에 관한 연구」, 『한국도시지리학회지』, 5(2), 33-49.
荒井良雄·岡本耕平·神谷浩夫·川口太郎, 1996, 都市の空間と時間, 古今書院(김송미·오병태 공역, 2000, 『도시의 공간과 시간』, 대우출판사).

참고문헌

고성호, 「기획: 북한의 도시화와 통일한국의 도시계획; 북한의 도시화 과정과 특징」, 『통일문제연구』, 8(1), 137-157.

권용우 외, 2012, 『도시의 이해』, 박영사.

김병국, 1986, 「북한 도시정책에 관한 연구」, 『토지행정논문편』, 1.

김원, 1990, 「북한도시개발정책에 관한 연구」, 『지방행정연구』 5(4), 4123-4142.

김원, 1998, 『사회주의 도시계획』, 보성각.

김인·박수진, 2006, 『도시해석』, 푸른길.

김일성, 1980, 『김일성 선집 4』, 조선로동당출판사.

김일성, 1985a, 『김일성 저작집 10』, 조선로동당출판사.

김일성, 1985b, 『김일성 저작집 16』, 조선로동당출판사.

김홍순, 「북한 도시계획법에 대한 고찰」, 『국토지리학회지』, 52(1), 25-37.

라이너 도멜스, 2016, 「북한도시의 내부구조에 관한 연구」, 『북한학연구』, 12(2), 37-64.

리진주, 1990, 『조선지리전서』, 교육도서출판사.

민경태, 2018, 「남북한 협력을 통한 북한도시개발의 방향」, 『도시문제』, 53(596), 24-27.

박희진, 2018, 「북한의 시장화와 도시공간의 변화연구」, 『북한학연구』, 14(2), 67-100.

사회과학원 역사연구소, 1981, 『조선사 27』, 과학백과사전출판사.

사회과학원 주체경제학연구소, 1985, 『경제사전』, 사회과학출판사.

안재섭, 2013, 「북한 도시 연구를 위한 도시지리학의 주요 연구방법 검토」, 『한국사진지리학회지』, 23(2), 21-33.

이상준, 2001, 「초점, 남, 북한 도시개발의 과제」, 『도시문제』, 36(387), 7282.

임형백, 2019, 「북한의 공간구조와 이념적 표현의 도시계획」, 『통일문제연구』, 31(1), 189-232.

장세훈, 2004, 「북한 대도시의 도시화 과정: 청진, 신의주, 혜산의 공간 구조 변화를 중심으로」, 『사회와역사』, 65(65), 260-308.

최윤경, 2003, 『사회와 건축공간』, 시공문화사.

평화문제연구소·과학백과사전출판사, 2003, 『조선향토대백과: 평양시 1』

Dormels, R., 2014, *North Korea's Cities: Industrial facilities, internal structure s and typification*, Seoul: Jimoondang.

Sailer-Fliege, U, 1999, Characteristics of post-socialist urban transformation in East Central Europe, *Geo-Journal*, 49(1).

한국학중앙연구원, 『한국민족문화대백과』, https://encykorea.aks.ac.kr/

제12장

북한의 교통인프라

———

이복남

서울대학교 건설환경종합연구소 산학협력중점교수

1. 서론: 교통인프라 개요

인류는 끊임없이 이동하면서 살아간다. 우리나라 도시에서 살고 있는 시민은 하루 24시간 중 19시간을 집이나 학교, 사무실 등 실내공간에서 보낸다. 나머지 5시간은 등하교나 출근, 도서관이나 놀이터 등에 가기 위해 이동하거나 야외 활동에 소비한다. 도시민은 가까운 목적지에 도착하기 위해 걷거나 버스 혹은 지하철을 이용하며, 먼 곳이나 해외여행을 갈 때는 기차나 항공기, 혹은 선편을 이용한다. 중국의 시인이자 문학가로 알려진 루쉰은 "원래 땅에는 길이 없다. 사람이 다니기 시작하면 길이 된다."라는 유명한 말을 남겼다. 제주도의 명물인 올레길을 처음 제안한 서명숙 이사장 역시 "내가 먼저 걸어가면 길이 된다."라는 말로 새로운 길을 만들었다.

기계기술이 발달하지 못했던 옛날에는 도보나 배가 유일한 교통수단이었다. 엔진이 없었던 과거에는 무동력으로 가까운 곳만 다녔다. 지도와 해도가 없었을 뿐만 아니라 도착하는 시간도 예측하지 못해 사람의 짐작에 의해 무작정 길을 나서야 했다. 그러나 18세기 말 영국에서 제1차 산업혁명이 일어나 인류 최초로 동력(증기기관)엔진을 발명하여 상용화하기 시작하면서 자동차와 기차, 항공기와 대형선박이 만들어지기 시작했다. 증기기관 발명으로 교통수단은 육상(도로·철도·지하철 등), 해상(여객선·어선 등), 항공(비행선·비행기 등) 등 육해공 3개의 축(그림 12-1)으로 발전하기 시작했다. 미래에는 우주항공도 주요한 교통수단에 포함될 것으로 예상된다.

그림 12-1. 3대 교통인프라

1) 국토인프라와 교통

인프라는 국민의 삶과 국가 경제 활동을 지원하는 기반시설이다. 도로와 철도, 공항이나 항만이 없으면 사람이나 화물을 수송하기 힘들다. 발전소에서 전기를 생산하여 공급하지 못하면 공장이 가동되지 못한다. 생명이 있는 모든 생물은 물을 필요로 한다. 그래서 농사를 짓기 위해 하늘에서 내리는 비와 눈을 댐이나 저수지에 가뒀다가 필요할 때 빼다 쓴다. 집에 있는 수도는 식수나 화장실에 물을 공급한다. 사람이 필요할 때 쓰는 식료품이나 생활필수품은 쓰레기 혹은 폐기물을 생산하며, 배출된 쓰레기를 처리하는 다양한 환경처리(매립이나 소각, 재활용 등) 시설 등이 건설된다. 인류가 살아가는 데 반드시 필요한 교통, 수자원, 전력에너지, 통신 등을 우리나라에서는 '사회간접시설(Social Overhead Capital, SOC)'로 통칭하지만 세계적으로는 '인프라스트럭처(infra-structure)'로 부른다. 인프라는 공기와 같아 없으면 사람이 살 수 없지만 평소에는 고마움이나 필요성을 느끼지 못하고 살아간다(영국토목학회, 2018). 인프라의 중요성을 현실적으로 파악하고 있는 영국 재무성(UK HM Treasury)은 인프라를 국가경제의 중추(economic backbone)라고 부르며, 미국토목학회(ASCE)는 국가의 중추(America's backbone)라 부른다. 선진국일수록 국가인프라의 중요성을 높게 인식하고 있다. 20세기 말 1995년 미국에서는 21세기에도 미국의 기술과 경제가 세계를 지배하기 위해 버려야 할 것과 선택해야 할 것을 대통령 직속 과학기술위원회가 발표했다. 그리고 국가인프라는 미국 국민과 국가가 선택할 수 있는 사항이 아닌 필수 과제라는 결론을 내렸다. 국가와 국민이 존재하는 한 국토인프라는 존재할 수밖에 없다는 것이다. 즉 국토인프라는 인류의 삶과 시작하여 인류와 함께 살아갈 수밖에 없는 숙명적인 관계다.

국토인프라는 국가경쟁력과 직결된다. 국가경쟁력이 강한 선진국일수록 국토인프라의 축적도가 높다. 국제적으로 지명도가 높은 세계경제포럼(WEF)은 매년 주요 140여 국가를 대상으로 국가경쟁력을 평가한 보고서를 발간한다. 국가경쟁력을 평가하는 주요 잣대에는 국토인프라 축적도 혹은 충족도가 포함되어 있다. 이 보고서에서 인프라 축적도(보유량)와 국가경쟁력 사이의 관계를 나타내는 상관계수가 0.98로 나타나 '인프라 축적도가 곧 국가경쟁력'이라 말해도 될 만큼 높게 나타났다. 우리나라는 2018년 기준으로 경제력에서는 세계 15위, 인프라 축적도 순위는 6위로 평가되었다. 경제력보다 인프라 축적도가 높은 나라에 속한다. 다만 통일이 되면 북한이 포함되기 때문에 경제력과 축적도 모두 양적으로는 증가하겠지만 국가경쟁력에서는 남한만이 평가대상에 포함된 현재와 달리 큰 차이로 순위가 떨어질 것으로 추측된다.

2) 교통수단의 세계적인 동향

석탄이나 석유, 전력 등 에너지원이 활용되지 못했던 18세기 이전에는 말과 코끼리, 소와 낙타를 이용한 교통수단이 대세였다. 도보를 이용하는 것보다 빠르고 무거운 짐까지 나를 수 있었지만 현재와 비교하면 이동거리에 제한을 받을 수밖에 없었다. 에너지를 활용한 동력 기술이 발달하면서 마을에서 도시, 도시에서 다른 도시, 한 국가에서 다른 국가로 이동의 경계선이 무너지기 시작했다. 국제간의 거래가 늘어나면서 자연스럽게 전 세계가 단일 시장처럼 변하기 시작했다. 20세기 말에 급속도로 상용화되기 시작한 사회통신망(SNS)은 국경선이라는 개념 자체를 무너뜨리는 신호탄을 쏘아 올렸다. 가장 먼저 세계를 하나의 시장으로 연결한 교통수단은 해상교통이었다. 동력선이 없었던 시대에도 대형선박이 바람과 조류를 이용하여 해상무역을 주도했다. 해상무역은 출발 국가와 도착 국가, 그리고 경유 국가가 다르다. 항공교통이 발달하면서 항공 화물과 여행객이 급증하기 시작했다. 육상교통도 예외가 아니다. 유럽연합(EU)은 정치와 외교는 독립적이지만 국경을 넘나드는 교통은 철도와 도로가 마치 단일 국가처럼 연결되어 있다. 일본과 같은 섬나라는 예외지만 중국이나 러시아, 몽골 등 대륙권에 속한 국가들은 도로와 철도 등 육상교통을 연결하는 글로벌 네트워크 구축을 가속화하고 있다. 우리나라는 이탈리아와 같이 대륙권에 속한 반도 국가다. 이탈리아는 도로와 철도 등 육상교통망이 유럽연합과 연결되어 있다. 반면 우리나라는 분단국가여서 국제교통의 시각으로는 육상교통이 일본과 같은 섬나라다.

남북한 통일이나 3通(통행·통신·통관)이 가능해지면 우리나라가 대륙권에 포함되어 육상교통이 글로벌 네트워크에 편입될 수 있다. 경부고속도로를 달리면 군데군데 표시판에 'AH-1', 동해안도로를 달리면 'AH-6' 표시판이 눈에 띈다. 이는 아시아고속도로(Asian Highway) 1번과 6번의 약칭이다. 남북한을 연결하는 고속도로는 유엔의 아시아·태평양경제사회의원회(UNESCAP)에서도 검토하고 권고(한국도로공사 도로교통연구원, 2017)하는 과제다. 철도망은 이미 러시아와 유럽을 연결하는 시베리아횡단철도(Trans Siberian Railway, TSR), 중국과 연결하는 중국횡단철도(Trans China Railway, TCR) 구축에 대한 연구와 토론이 장기간에 걸쳐 진행되어 왔다. 남북한은 공동으로 2018년 말부터 북한 지역의 도로와 철도 운영 실태를 조사하기도 했다. 시기는 확정되지 않았지만 언제인가 남북한 사이에 통일이나 3通이 가능해질 때를 대비한 준비 과정으로 이해될 수 있다. 남북한을 연결하는 교통망 구축의 필요성에 남북한이 공감하고 있는 것이다. 세계 각국의 교통수단도 국경을 넘어 연결되는 글로벌 교통으로 재편되기 시작했다. 국가와 국가 사이에 정치와 외교, 국방에는 국경선이 엄연히 존재하지만 경제와 자본이 이동하는 시장에서 국경선은 더 이상 의미가 없어졌다.

3) 속도와 수송량 확대 경쟁시대에 진입한 교통

사람은 소득이 높아지고 시간에 여유가 생기면 자연스럽게 잠시나마 일을 떠나고 싶어 한다. 소득이 높을수록 장거리 여행객이 늘어나게 된다. 장거리 여행객이 가장 선호하는 교통수단은 당연히 비행기이다. 바다를 건너는 여객선이 있기는 하지만 이동에 시간에 걸리기 때문에 여유시간이 부족한 현대인은 비행기 탑승을 선호한다. 물론 시간과 돈에 여유가 있는 극소수의 사람들은 초대형 여객선인 크루즈를 이용하기도 한다. 개인 승용차와 철도 이용은 비교적 단거리 이동수단으로 활용된다. 서울과 부산 사이는 430㎞ 내외다. 경부고속철도(ktx)가 개통되기 전까지는 철도보다 항공편이 많이 이용됐다. 그러나 ktx가 2010년에 전면적으로 개통되면서 국민의 선택권도 넓어졌다. 서울에서 대전까지는 승용차와 고속버스, ktx 등 선택에 대한 고민을 하지만, 이동거리가 200㎞를 넘어가면 승용차나 고속버스보다 ktx를 선호하는 사람들이 많아진다. 만약 통일이 되어 부산에서 신의주나 청진이나 함경북도 경제특구인 나선을 갈 수 있다면 우리나라에도 항공교통이 선택이 아닌 일반 국민의 대중교통이 될 것으로 예상된다. 한반도 교통망에 엄청난 변화가 예고되어 있는 셈이다. 교통과 통신수단이 발전되고 범용화되면서 지구촌에 살고 있는 사람들이 일생 동안 이동하는 거리가 기하급수로 늘어나기 시작했다.

2015년 우리나라를 방문했던 토머스 프레이 박사는 구글이 선정한 금세기 최고의 미래학자 중 한 사람이다. 그는 KBS에서 2회에 걸쳐 진행한 공개 강연(Thomas Frey, 2015)에서 〈그림 12-2〉와 같이 시간이 흐를수록 지구촌 사람들의 생애 이동거리가 급속도로 늘어나는 현상을 설명했다. 프레이 박사의 예측에 따르면 2050년에 닿으면 인류의 평생 이동거리는 1100만 ㎞에 이른다. 이는 지구 둘레인 39,600㎞로 나누면 일생 동안 278바퀴나 돌 수 있는 계산이 나오는 엄청난 거리다. 1850년대와 2050년의 차이는 인구수와 이동 속도다. 동력을 이용한 교통수단이 없었을 때에는 이동거리와 속도 모두가 극히 제한적이었다. 이제는 교통망과 다양한 교통수단이 급속도로 확대된 덕분에 인구가 늘어나도 평균 이동거리는 200년 전에 비해 100배 이상 늘어난다. 2050년이 되기 전에 상용화를 서두르고 있는 우주선을 이용한 우주여행이 가능해지면 2015년 프레이 박사의 예측보다 훨씬 늘어날 가능성이 높다.

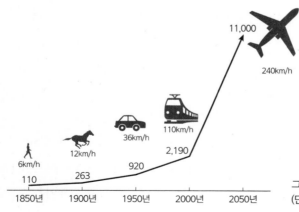

그림 12-2. 연대별 인류의 평생 이동거리
(단위: 1000㎞)

세계에서 대외무역 거래 없이 살아갈 수 있는 나라는 단 한 국가도 없다. 북극해에서 잡힌 생선이 우리나라 식탁에 올라오는 시간은 48시간이면 충분하다. 제주도에서 잡힌 생선이 횟감으로 식탁에 오를 수 있는 시간도 4시간이면 충분하다고 한다. 우리나라에 잡힌 고급 생선이 미국 서부 로스앤젤레스의 한인 식당에 등장하는 것도 36시간이면 충분할 정도로 교통이 발달했다. 신선도를 유지해야 하는 고급 생선일수록 국경선을 넘는 시간을 단축하기 위해 항공편을 이용한다. 그런가 하면 컴퓨터와 같은 전자제품, TV와 세탁기 같은 가전제품은 대량 수송을 위해 컨테이너선이 이용된다. 컨테이너선의 용량은 1970년대 초반까지만 해도 3,000TEU(컨테이너 박스 1개 단위를 TEU로 표기)였다. 현재는 18,000TEU를 넘어 20,000TEU까지 등장할 정도로 용량이 커졌다. 민간항공기의 탑승 규모도 800명까지 수용할 정도로 커졌다. 고속열차의 속도는 시속 300㎞대에서 400㎞대로 넘어서기 시작했고 탑승객 수도 한 번에 1,000명을 넘어서고 있다. 육해공 모두에서 속도와 수송량의 경쟁에 불이 붙기 시작했다. 세계 교통에서 속도와 용량의 경쟁이 심화되고 있다는 의미는 여행객과 화물의 수요가 급격하게 늘어나고 있는 추세와 무관하지 않다.

세계 교통수단이 그동안 도로와 철도, 선박과 항공으로 각자 운행됐다면 최근에는 정보통신기술 발전으로 서로 연결 운행되는 추세가 급증하기 시작했다. 스마트시티(smart city)가 도시의 일상 운영체계를 바꾸듯이 교통에도 스마트기술이 접목되면서 효율성과 즉시성을 높여 경제성을 높이는 추세이다. 철도, 버스, 승용차가 서로 연계되어 운용되면 여행객은 시간을 절약할 수 있고 편의성도 동시에 높아진다. 최근에 준공된 인천국제공항 제2터미널이 지하철과 버스를 한곳에서 선택할 수 있도록 구축된 것도 스마트교통의 대표적인 사례다. 자동차와 철도, 선박과 항공기는 각자 운행되지만 목적지나 경유지에서 상호 교신과 연결을 통해 통합 운행되는 효과를 거둘 수 있다. 교통인프라에도 '따로, 또 같이'라는 현상이 보편화되기 시작한 것이다.

2. 북한의 교통인프라 일반

지금까지 북한 주민이 이용하는 교통수단이나 운용체계에 대해서는 자세히 알려지지 않았다. 정확하게는 우리가 교통인프라에 대해 관심이 적었던 게 사실이다. 도로와 철도, 공항이나 항만 등은 21세기 들어 발달하기 시작한 인공위성 사진촬영과 위성통신(GPS), 그리고 구글어스(google earth) 덕분에 사진을 통해 길이와 규모를 어느 정도 추정하는 수준까지 와 있다. 사진이나 방송을 통해 간간이 보이는 북한의 교통인프라는 우리나라의 일상생활 속 교통인프라와는 비교하기 힘들

정도로 낙후되어 있을 것이라는 추측이 가능한 게 현실이다. 국제기구나 북한 당국에서는 국토인 프라를 포함한 교통에 대해 공식적인 통계를 발표하지 않고 있다. 세계경제포럼이나 유엔, 국제통화기금(IMF) 등에서도 국가 간 비교에서 항상 제외되어 있을 만큼 공식적인 실태 통계가 없다. 국내외 공식 통계는 없지만 최근 북한 매체나 개인 연구에서 북한 주민과 물류 이동이 증가하는 것으로 나타나고 있다. 또한 철도나 항공교통이 과거에 비해 좋아졌다고 한다. 그럼에도 불구하고 외국인 여행객이 계획된 교통편을 이용하여 자유롭게 이동할 수 없는 것은 정차와 정시 운행이 외부에 알려진 것보다 개선되지 않았다는 추정이다.

1) 교통인프라 구축 정책과 정치·경제와의 상관관계

국제 정치는 민주주의, 사회주의, 공산주의 등으로 구분되어 왔다. 일반적으로 민주주의는 자유시장경제 정책을 채택하고 있다. 사회주의는 관치경제 혹은 계획경제 정책을 선호한다. 사회주의를 표방하면서도 자유시장경제 정책을 택하고 있는 국가도 있기는 하다. 사회주의는 일반적으로 자유경제시장을 배척한다. 자유시장경제에서는 사람과 화물 혹은 상품의 이동이 자유롭다. 사람도 목적에 따라 이동이 자유롭다. 공장에서 생산된 상품을 소비지와 가장 가까운 거리로 수송하기 위해 다양한 교통수단이 활용된다. 사람과 물류의 이동은 소득이 높을수록 늘어날 수밖에 없다. 이와 반대로 통제된 정치와 경제환경에서는 이동량이 줄어들 수밖에 없다. 자연스럽게 교통수단의 양과 질이 자유시장경제에 비해 떨어진다. 교통인프라의 양과 질은 정치와 경제에 가장 큰 영향을 받게 되어 있다.

사회주의나 공산주의를 국가 정치 강령으로 채택한 국가는 독립 혹은 자립경제를 국가 목표로 내세우는 경향이 높다. 국가의 자립경제는 대외적으로 국가 간의 상거래, 즉 무역 확충의 필요성에 별로 무게를 두지 않는다. 국가를 연결하는 글로벌 교통망 구축에도 관심을 두지 않거나 투자를 기피하는 게 일반적이다. 자립경제는 국가 간의 문제뿐만 아니라 한 국가 내에서도 지역 간 이동의 필요성을 중요시하지 않는다. 사회주의는 보통 개인과 개인 간의 소통(최근의 SNS)보다 대중을 상대로 한 대중 집단 교시를 중시한다. 동구권이나 구소련 연방 국가에 속한 나라들이 도시 곳곳에 광장을 둔 것은 대중을 광장에 모아 놓고 국가나 지방자치단체가 필요로 하는 소식이나 교육을 전달하는 데 활용하기 위해서였다. 사회주의 혹은 공산주의 국가일수록 광장 문화가 발달한 주된 이유이기도 하다. 우리가 익숙해져 있는 개인 간의 소통수단을 사회주의 국가는 통제력 편의를 이유로 기피한다. 자국의 통신망이 아닌 경우 접근성을 제한하는 경우가 사회주의 국가권에서 발견되어도 정치 강령을 이해하면 쉽게 납득할 수 있는 사항이다.

한 국가의 교통인프라 구축량은 이동의 자유와 상품 생산과 소비량에 절대적인 영향을 받는다. 사회주의 국가일수록 계획도시가 일반적이다. 상품의 생산과 소비는 별개 항목으로 계획 생산과 배급이 이뤄진다. 당연하게 거주지에서 출퇴근하는 거리가 짧아지기 때문에 별도의 교통인프라 구축이 필요 없어진다. 제한되거나 낮은 소득은 장거리 여행이나 관광을 위한 해외여행 수요를 떨어뜨린다. 소득 수준이 낮고 교통인프라가 열악했던 1990년 이전에 중국에서 매년 일어났던 명절 혹은 국경일의 교통 전쟁도 이런 면에서 이해될 수 있다. 우리나라도 고속도로와 항공, 그리고 철도 교통량이 충분하지 않았던 1985년 이전에는 명절이나 연휴, 혹은 휴가철 때마다 교통대란을 겪었다. 중국은 사회주의 국가지만 거주 이전의 자유를 제한하면서도 개인의 이동이나 출퇴근에는 제약을 두지 않기 때문에 중국 대륙의 교통난은 현재도 이어지고 있다.

교통인프라 구축량과 다양화는 국가경제 규모와 국민의 개인소득에 직접적인 영향을 받는다. 한 국가의 경제력은 국내총생산(GDP)과 인구수와 비교해서 만들어진다. 개인소득은 낮지만 인구수가 많으면 국가의 경제 규모는 커진다. 세계경제포럼이 2019년에 발표한 2018년 기준 통계(WEF, 2019)에 따르면 중국 인구 13.9억 명의 1인당 국민총소득(GNI)은 8,643달러지만 GDP가 세계경제에서 차지하는 비중은 18.23%다. 인도는 인구 13.2억 명에 개인소득 1,983달러, 세계경제 비중은 7.45%다. 우리나라 인구는 51.5백만 명에 개인소득은 29,891달러에 이르지만 세계경제 비중은 1.6%에 불과하다. 경제 비중에서는 중국과 인도에 뒤처져 있지만 국가의 교통인프라 축적도 면에서는 중국과 인도보다 월등하게 높다. 개인소득이 높아질수록 국민의 이동 빈도와 거리가 넓어진다. 우리나라에서 고속도로 길이가 급격하게 높아진 시기는 86아시안게임과 88올림픽 직후인 1990년 이후부터였다. 소득수준이 1,686달러에 머물렀던 고속도로 길이가 소득수준이 1만 달러를 넘어선 2000년에는 1.74배로 늘어났다. 88올림픽을 계기로 국민들의 해외여행도 급증했다. 해외여행객 수용을 위해 인천국제공항이 2001년 2월에 개항되었다. 인천국제공항은 건설 초기부터 동북아시아의 허브공항을 지향하며, 세계 공항 서비스 평가에서 11년 연속 1위(인천국제공항공사, 2016)를 할 정도로 국제공항 사회에서 높은 평판을 유지하고 있다.

2) 북한 교통인프라의 특성

북한의 정치는 사회주의가 기본이다. 사회주의체제가 가지고 있는 거주와 이동의 제약으로 북한 주민은 거주지 선택이나 이전에 대한 자유가 제한된다. 또한 거주하는 지역에서 타 지역으로 이동하려면 당국의 사전 허가가 필수다. 거주와 이동의 자유가 없다는 것은 장거리 교통의 수요가 아주 낮다는 의미다. 교통에 대한 수요가 없으면 특별한 사유가 없는 한 교통인프라가 공급되지 않는 게 보편적인 진실이다. 북한이기 때문에 교통인프라 구축량이 낮다기보다 사회주의체제가 일반적으로 교통인프라 구축을 중요시하지 않는다고 보는 게 설득력이 있다.

우리나라 도시에서는 통학과 출근이 몰리는 9시 이전의 아침 시간을 흔히 '러시아워'라 부른다. 북한 도시에 러시아워현상이 있을까? 북한의 수도인 평양의 도시발전 과정과 현황을 분석한 사례를 통해 간접적으로 분석은 가능하다. 간간이 국내 매체를 통해 평양의 지하철이나 버스에 출근 시 사람이 몰리는 장면을 볼 수 있다. 출퇴근 시 대중교통을 이용하는 대부분의 사람은 북한의 공무원이나 교사, 연구원 등 공적 업무에 종사하는 사람이 대부분이라 한다. 북한의 보통 주민은 교통편보다 도보나 자전거를 이용하는 게 보편적이다. 공공기관을 제외한 대부분의 일자리는 거주지 인근에 있거나 혹은 거주지와 같은 위치에 있다. 우리나라 도시에서는 '직주(직장과 주거)'거리가 짧을수록 교통수요를 억제할 수 있다는 믿음이 있다. 거주지가 직장 인근에 있으면 러시아워를 피해 갈 수 있고 또 교통인프라 구축에 소요되는 투자비를 절감할 수 있기 때문에 개인과 정부 모두가 선호한다. 평양의 경우 일자리와 집이 함께 있는 경우가 대부분이다. 아파트의 경우 주거층과 일하는 층이 동일한 건물에 함께 있는 경우가 많다. 당연히 도시교통 수요가 거의 발생하지 않는다. 서울이나 부산, 광주 등 대도시에 구축된 지하철도 평양과 같이 특별한 목적이 아니면 필요성이 없었을 것이다. 지하철과 버스는 도시에 살고 있는 사람들의 대중교통이다. 북한 도시의 경우 직주 동일 환경으로 인해 도시의 교통수단이 발전하지 않았을 것이라 추정할 수 있다.

북한 경제는 기본적으로 자립형에 기반을 두고 있다. 소비자와 생산자가 거의 같은 지역에 살고 있다. 석유나 석탄 등과 같은 에너지는 채굴이나 정제가 한곳에서 이뤄져 소비지로 수송되기 때문에 물류교통체계 구축이 반드시 필요하다. 북한은 우리나라와 같이 석유가 나오지 않는다. 다만 원유 도입을 통해 정제하는 공장이 몇 군데 있다. 석탄을 채굴하는 탄광은 여러 곳에 있다. 정제된 석유와 석탄을 수송하기 위한 교통체계는 주로 철도에 의존한다. 남한과 같이 대형 탱크트럭이 도로를 달리는 모습을 북한에서는 보기 어렵다. 생활필수품 생산과 소비도 최대한 가까운 거리에 있을 것으로 추정된다. 지역 자립이 기본이기 때문에 남한과 같이 부산에서 생산된 신발이 전국 각지에 분산된 판매장으로 수송되는 현상을 보기 쉽지 않다. 또한 내수자립형 경제가 기본이기 때문에 석탄이나 지하광물을 제외하면 타 국가와 교역, 즉 무역거래가 극히 미미하다. 통계청이 매년 발표하는 자료에 의하면 2017년 기준 약 550만 달러에 불과한 실정이다. 2017년 이전 5년간 평균 무역거래액은 666만 달러 수준이다. 국제 무역은 항만이나 공항을 통해 물류가 수송된다. 내수 기반의 자립형 경제에서는 수입과 수출량을 소화해야 할 만한 국제공항이나 국제항만이 필요 없을 만큼 미미한 수준임을 쉽게 짐작할 수 있다. 한반도와 인접한 중국과 러시아와의 교역은 대부분 트럭이나 철도 등 육상교통을 이용할 것이라는 추측이다. 북한 주민의 1인당 개인소득 수준이 공식적으로 알려진 적은 없다. 국민 1인당 소득은 기축통화인 달러로 표시하여 타 국가와의 비교 수단으로 곧잘 활용된다. 북한 당국이나 국제기구에서 공식으로 발표한 통계는 없지만 우리나라 통계청의 추정값으로는 2017년 기준 미화로 약 1,200달러(달러당 1,150원 환산) 내외로 나타났다. 국민의 개인소득이 1천 달러 미만이면 해외여행 수요가 극히 낮다. 북한 주민의 출국 수요를 소화하기 위한 국제공항 건설이 필요 없었을 것이라는 추정이다. 다만 해외로부터 관광객을 유치하기 위한 국제공항 건설은 필요할 것이다. 북한 교통인프라의 특성을 종합적으로 요약하면 철도교통을 제외한 도로와 해상 그리고 항공교통은 수요 자체가 없었기 때문에 축적도가 남한에 비해 극히 낮은 수준이라는 점이다. 또한 내수시장 자립경제를 표방하기 때문에 국제간의 거래를 위한 장거리 교통수단과 무역항, 국제공항 건설이 극히 미미했을 것이라는 추정이 가능하다.

3. 북한의 분야별 교통인프라 현황

인류의 이동은 육상과 해상에서 시작되어 도보 이동과 뗏목, 목선을 이용했다. 약 1,500년 동안 세계를 지배했던 로마제국의 비밀은 길에 있었다고 한다. "모든 길은 로마로 통한다."라는 말처럼 도로의 힘은 엄청났다. 로마제국은 강령을 도로를 건설하는 자가 제국을 얻는다고 할 정도로 도로교통 구축에 힘을 쏟았다. 이는 국가를 유지하기 위한 목적보다 인접 국가를 정복하기 위한 목적이 강했다. 로마제국 당시에 건설된 도로의 길이만 8만 ㎞를 넘었다. 열차와 비행기가 없었기 때문에 그 당시 도로는 주 교통수단이 될 수밖에 없었다. 개인의 이동과 거주 이전의 자율권이 보장되지 않고 무역이나 해외여행이 미미한 상태에 있는 북한의 교통인프라는 도로와 철도, 즉 육상교통이 대세일 것이라는 추정은 누구나 할 수 있다.

1) 육상교통인프라

육상교통은 도로와 철도로 구성되며, 도로는 간선도로와 지선도로로 나뉜다. 우리나라의 간선도로는 고속도로와 국가도로, 지방도로로 3종류가 있다. 간선도로가 비교적 길고 또 2차선 이상이다. 간선도로와 접속하는 지선은 일종의 골목길과 마을과 마을을 이어 주는 도로이다. 철도 역시 시속 200㎞ 이상을 고속철도, 시속 150~200㎞ 사이를 중고속철도, 시속 150㎞ 이하를 보통철도로 분류한다. 북한 도로의 총길이는 2017년 현재 기준으로 26,176㎞다. 이 길이에는 고속도로 774㎞가 포함되어 있다. 철도는 2017년 현재 5,287㎞이며, 시속 150㎞ 이상을 달릴 수 있는 중고속이나 고속철도는 북한에 아직 없는 것으로 파악된다.

북한의 육상교통은 철도 중심이다. 대부분의 북한 철도는 일제강점기에 건설되어 현재까지 이용되고 있다. 일제강점기에 건설된 북한 철도는 북한 내의 교통보다는 원산을 거점으로 러시아와 중국으로 진출하기 위한 교두보 역할이었던 것으로 알려져 있다. 철도근대화사업의 일환으로 전철화를 추진하고 있지만 만성적인 전력난으로 인해 제대로 운영되지 못하고 있는 실정이다. 도로와 철도 길이는 양적이지만 교통량 소화는 품질과 성능(서울대학교 건설환경종합연구소, 2015)에 좌우된다. 도로의 질적 성능은 차선과 도로 폭, 직선과 곡선, 경사도 그리고 아스팔트나 콘크리트 등의 포장 여부에 따라 달라진다. 북한 도로 중 포장도로의 비율은 8~10% 정도에 불과하고, 도로 폭도 차선당 2.4m 이하의 1차선이 전체 도로의 43.5%로 주행 속도는 시속 50㎞ 이하다. 2018년 4월 27일 판문점에서 열린 남·북 정상회담에서 김정은 위원장이 문재인 대통령에게 던졌던 말에서도 북한 도로의 질적 수준을 가늠할 수 있다. 당시 김정은 위원장은 "평양과 개성 간 도로 사정이 불비하여 민망하다."라고 말했다. 남한에 사무소를 두고 북한 지역의 물류 수송을 연구하는 외국기관(Stanislas Roussin, 2014)도 이런 사실을 뒷받침하는데, 평양을 출발한 10톤 화물트럭이 동해안에 있는 함흥까지 도착하는 데 평균 48시간이 소요되는 것으로 파악된다고 발표했다. 도로의 곡선 구간이 완만하지 않거나 경사가 급하면 10톤 이상의 화물차가 달리기 어렵다. 북한 철도는 전체 길이의 97%인 5,128㎞가 단선으로, 속도를 낼 수 있는 복선구간은 3%에 불과한 실정이다. 더구나 북한 철도의 80%가 전철이다. 전력량이 충분하지 않으면 운행을 할 수 없다. 북한 철도의 평균 운행 속도가 시속 50㎞ 이하로 파악되는 것은 당연한 결과일지도 모른다. 단선으로는 시속 100㎞ 이상을 내기가 거의 불가능하다. 도로와 철도가 물리적으로는 존재하지만 품질과 성능 저하로 인해 속도에 제약을 받고 있는 게 현실이다.

2018년 11월부터 남북철도공동조사단이 18일 동안 1,200㎞에 달하는 북한의 철도교통 실태를 조사했다(그림 12-3). 유엔의 대북제재로 인해 정밀 조사에 필요한 설비 반입이 어려워 육안 조사에 의존했다. 전철화가 80% 이상 완료되었다고 하지만 97%가 단선이라는 점과 노후화된 궤도, 전력 부족 등으로 인해 운행 자체가 수작업으로 이뤄져 정상적인 철도교통으로 보기에는 어렵다는 해석이다. 18일간의 조사에도 불구하고 보고서가 공개되지 못하고 있는 것은 그만큼 북한 철도

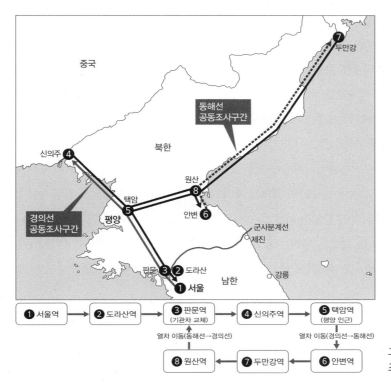

그림 12-3. 남북철도공동
조사단 조사 경로

의 교통망이 정상적인 역할을 하지 못하고 있음을 시사하고 있다.

2) 항공교통인프라

이동의 자유가 제한되어 있고 또 국제 교류가 활발하지 못한 북한에서 민간인이 항공기를 이용
하는 항공교통이 활발하지 못할 것이라는 추정은 누구나 가능하다. 더구나 육해공 교통수단 중 가
장 늦게 발달하기 시작한 부문이 항공인프라다. 항공교통인프라 수요는 크게 국제간 교류를 목표
하는 국제공항과 자국 내 이동 편의를 위한 국내공항이 있다. 현재까지 파악된 북한의 국제공항은
단 한 곳(서울대학교 건설환경종합연구소, 2016B)에 불과하다. 국제공항을 계획 및 건설, 그리고
운영하는 기관도 '조선민용항공총국' 한 곳으로 국내 및 국제공항 모두를 총괄하는 것으로 파악되
었다. 북한의 항공사는 고려항공이 유일하다. 국내 연구 및 공공기관들이 2015년까지 파악한 북한
의 공항 개소는 약 50개 수준이다. 국제항공운송협회(IATA)와 국제민간항공기구(ICAO)에서 부여
하는 공항코드를 받은 북한의 공항 개소는 6곳이다. 대부분 군용공항의 역할을 겸하고 있어 순수

한 민간공항은 찾아보기 어렵다는 결론이다.

　북한의 대표적인 공항은 평양 인근의 순안공항, 원산공항과 백두산 관문으로 통하는 삼지연공항이다. 50개 공항 중 포장된 활주로를 가지고 있는 공항은 31개소로 알려져 있으며 활주로 길이도 평균 1,615㎞ 이상이다. 국제공항코드를 부여받은 6곳은 국제여객 수요가 늘어나면 국제공항으로 지위를 바꿀 여지가 충분해 보인다. 2014년 기준 통계청 발표로는 북한에 등록된 민간항공기 대수가 24대 정도이며 항공운수업은 국영기업인 고려항공이 독점하고 있는 것으로 파악되었다. 항공기 여객 수송실적은 거의 알려지지 않았지만 2005년에 개최된 아리랑축전에 참가하기 위해 방문한 외국 참가단 22,722명이 현재까지 최대로 파악되고 있다. 최근 중국과 일본 관광객이 북한으로 몰려들고 있지만 공식적인 항공편 이용객 수는 알려지지 않고 있다. 북한 당국이 2018년에 발표한 개발구(개발지역) 지정 발표(차명철, 2018)에 따라 국제관광객 유치를 위한 관광개발구가 6개소로 지정되어 실행이 된다면 북한에도 항공교통인프라의 시대가 정상궤도에 오를 수 있을 것으로 추정된다.

　최근 중국과 러시아로부터 증가하는 관광객 및 사업자로 인해 외국 항공기 운항이 늘어나면서 국제공항코드를 부여받은 공항이 늘어나는 것은 사실이다. 북한 내부보다 외국인의 방문이 늘어나면서 발생하는 현상이다. 지속가능성이나 외국항공사 증가는 유엔의 대북제재가 해제되지 않은 한 어려울 것으로 예상된다. 북한의 유일한 국적항공회사인 고려항공이 홈페이지를 통해 공개하는 항공운행 시간표가 있기는 하지만 내국인보다 외국인을 위한 것으로 보인다. 북한 내 항공은 남한과 달리 특정한 목적이나 개인에 한정된 여행에 국한된다. 고려항공이 수익을 목적으로 한 민간이 아닌 국영항공사이기 때문이다.

3) 해상교통인프라

　해상교통의 주 수요는 여객과 화물로 크게 나뉜다. 여객은 또다시 일상 교통인 근거리와 출장이나 여행과 같은 장거리로 구분된다. 화물은 내수와 수출입 화물로 구분된다. 지금까지 알려진 바로는 북한에는 배를 일상의 교통수단으로 삼을 만큼 큰 섬도 없고 정기 운행선박도 확인되지 않았다. 지역경제 자립을 원칙으로 하는 사회주의 특성상 제조업이나 석유화학단지에서 생산된 화물을 선박으로 수송하는 해상교통의 중추 역할을 하는 항만은 8곳으로 확인된다(서울대학교 건설환경종합연구소, 2016b). 열차는 석탄이나 광산에서 캐낸 원석을 중국이나 기타 지역에 판매하기 위해 주로 사용하는 교통수단이다. 자립경제 기반이기 때문에 수출이나 수입을 위해 부산이나 광양,

혹은 평택 등에 있는 대규모 항만시설이 필요하지 않았을 것으로 추정된다. 북한도 한때는 외국과의 무역거래를 위해 8대 무역항을 지정하고 접안 및 하역시설을 갖추었다. 대규모 선박 수용을 위해 바다의 바닥을 파내는 준설작업도 시행했다고 한다. 그러나 사용빈도가 낮고 또 시간이 경과되어 노후화가 심해지면서 원래 성능을 발휘하기 불가능한 수준이 됐을 것으로 파악된다. 세계 주요국의 항만은 화물이동을 낱개로 추적할 수 있는 정보통신기술이 발달해 있고, 하역장비도 대용량화되어 선적과 하역 그리고 보관시간을 최대한 단축시키고 있다. 또 대규모 배후단지를 개발하여 경제성과 효율성을 동시에 높이는 경쟁에 돌입해 있다. 북한의 선적 및 하역시설은 용량이 낮고 또 노후화로 원래 성능을 발휘하기 힘든 상태임이 분명해 보인다. 항만시설에서 수요지로 수송하기 위해서는 철도 혹은 도로가 접속되어야 한다. 즉 항만 기능이 제대로 작동되고 있지 않다는 의미는 육상에서의 접속 교통수단이 제대로 갖춰지지 않았단 뜻으로 추정된다.

통계청이 공식적으로 발표하는 자료에 따르면 북한의 8대 무역항에서 처리할 수 있는 연간 하역능력은 41,716톤 수준이다. 북한이 중국을 제외한 국가에 석탄을 수출하는 경우, 항만을 이용하기도 하지만 그 양은 미미하다. 석탄을 제외한 에너지원인 석유나 가스가 생산되지 않기 때문에 원유 하역을 위한 부두시설은 갖추고 있겠지만 이 또한 규모가 작은 편으로 추정된다. 북한은 2018년 경제개발(차명철, 2018)을 위해 공업개발구 3곳과 수출가공구 3곳을 지정하였다. 그리고 국제경제지대 2곳을 포함한 경제개발구 9곳, 관광개발구 6곳, 공업개발구 3곳, 수출가공구 3곳, 첨단기술개발구 1곳, 농업개발구 3곳 등 총 25곳을 집중개발하기로 했다. 새롭게 지정된 25곳 중 14곳이 서해안과 동해안에 접해 있다. 이것은 북한의 전통적인 내수자립 기반 경제와는 차이가 있다. 자국 내 시장보다 국제시장을 겨냥한 것으로 파악된다. 특히 공업개발구와 수출가공구는 대부분 해안에 위치하여 계획대로 개발되려면 해상교통인프라 구축이 불가피할 것이라 예상된다.

4) 도시교통인프라

도시교통은 대부분 통학이나 출퇴근 등 근거리 일상생활의 교통이다. 도시교통은 개인교통인 승용차 및 승합차, 그리고 대중교통인 버스와 지하철 등으로 구분된다. 한국교통연구원이 매년 발표하는 통계자료에 따르면 2018년 기준 우리나라에 등록된 자동차 등록대수는 2320만 3천 대다. 반면에 통계청이 밝힌 북한의 자동차 대수는 모두 28만 4천 대에 불과하다. 우리나라 자동차 수는 인당 0.45대인 데 비해 북한은 0.01대에 불과하다. 도시의 대중교통 수요량을 짐작할 수 있는 지하철도 길이가 34㎞에 불과하다. 평양에만 지하철 2개 노선과 궤도전철 3개 노선(평양도시철도,

2019)이 달린다. 자동차 대수와 지하철 길이로 보면 북한의 도시교통 수송량은 우리나라 도시와 같은 러시아워 사태는 발생하지 않을 것으로 추정된다. 탈북한 태영호 전공사(현 국회의원)가 밝힌 바에 따르면 평양 지하철은 출근보다 퇴근 시간에 러시아워가 간혹 발생한다고 한다. 배경은 평양에 갑자기 늘어난 50층 이상 초고층아파트의 등장이다. 즉 전기 부족으로 엘리베이터 가동 시간이 오후 8시부터 약 2시간으로 한정되어 이 시간대를 맞춰 퇴근해야 하기 때문으로 해석했다. 반대로 출근 시간에는 엘리베이터 없이 내려올 수 있기 때문에 특별한 행사가 없는 경우 러시아워가 발생하지 않는다고 전했다. 대중교통인 버스와 지하철을 제외하면 개인승용차와 승합차, 혹은 택시로 도시교통량을 측정할 수 있지만 이 역시 극히 미미한 수준이다. 평양에 구축된 지하철 연장 34km와 궤도전차도 평양 거주 인구가 약 350만 명 내외라는 측면에서 도시교통인프라 축적도는 극히 낮을 것으로 예상된다. 수요가 없는 곳에 공급이 있을 수 없듯이 북한의 교통인프라는 전반적으로 극히 낮은 수준인 게 사실인 것 같다. 탈북자들의 증언에 따르면 북한의 도시는 '평양 외 기타 지역'으로 불릴 만큼 도시교통도 평양을 제외한 지역은 전반적으로 낮은 수준에 머물러 있다. 북한의 도시교통인프라는 우리나라 국민의 시각에서는 열악하게 보일지 모르지만 북한 주민의 시각으로는 이용객이 적어 일상생활에서는 별다른 불편을 느끼지 못하고 있을 것이다. 그 대신 보행과 자전거가 보통 시민의 일상생활 교통수단일 것으로 추정된다.

4. 통일한반도 교통인프라의 통합 숙제

한 국가의 경제 성장이나 경제력 수준은 교통인프라가 포함된 국토인프라의 충족도와 직접적인 관계가 있다. 공장에서 제품이 생산되기 위해서는 공장이 지어져야 한다. 지어진 공장이 가동되기 위해서는 인력과 전력, 물과 폐기물 처리시설 등이 공급되어야 한다. 전력을 공급하기 위해 발전소가 건설된다. 인력이 공급되기 위해서는 사람들이 생활하는 주거지와 이동하는 도로가 건설되어야 한다. 공장 가동을 위해 필요한 시설 등이 곧 인프라다. 문제는 공장 건설에서부터 제품 생산까지 모든 과정에는 반드시 자금이 선제적으로 투자되어야 한다는 것이다. 필요한 자금을 동원할 여력은 곧 국가의 경제력과 직결된다. 세계경제포럼 통계(WEF, 2019)를 통해 국가경쟁력과 국토인프라 충족도 사이의 상관관계 지수는 0.98, 국민 개인소득과의 관계지수는 0.90으로 나타났다. 상관관계 지수가 0.90 이상이라는 의미는 국민 삶의 질과 경제력이 국토인프라 충족도에 좌우될 수 있다는 뜻이다. 북한 주민의 경제력을 높이기 위해서는 교통인프라 구축이 반드시 선행되어야 한다는 의미와 같다. 북한의 교통인프라 충족도가 우리나라에 비해 턱없이 낮다는 건 분명한 사실이다. 낮은 충족도를 높이기 위해서는 북한 스스로가 필요한 자금을 동원할 수 있는지 여부를 확인해야 한다. 경제력과 교통인프라에 대한 남북한 차이를 냉정하게 평가하여 통일을 대비한 전략과 정책을 사전에 수립해야 한다. 다만 현재 상태에서 북한 당국이 공식적으로 발표하는 국가 통계가 없다. 개인의 방문이나 북한 매체에 등장하는 교통인프라 실태로 질적 수준은 가늠할 수 있지만 이것이 북한 전체를 대표할 수 있는 통계 자료는 될 수 없다. 더구나 2018년 11월에 남북이 공동으로 조사한 철도교통 실태 조사조차 공개되지 못하고 있다는 점에서 북한의 획기적인 개방 조처가 시행되지 않으면 신뢰성과 정밀도가 높은 북한의 교통인프라 실태를 체계적으로 파악할 수 있는 방법이 없다. 서울대학교 건설환경종합연구소가 2019년 한 해 동안 북한에서 탈출한 사람을 지역별로 수소문하여 심층 면담했다. 면담을 통해 확인할 수 있었던 내용은 정부 당국이 발표한 공식 통계자료와 차이가 너무 커 현재까지 얻은 어떤 자료도 신뢰성에 강한 의문이 제기될 수밖에 없는 상황임을 인식하게 됐다.

1) 남북한 경제력 비교

세계에서 국가 간의 경제력을 비교하기 위해 활용하는 수단은 국제적으로 통용되는 기축통화인 미국 화폐 달러다. 다만 단순히 달러가 많다고 하여 가치가 높다는 뜻은 아니다. 국가별로 달러 가치를 상대비교하기 위해 해당 국가에서 상품을 구매할 수 있는 가치, 즉 구매력지수(ppp)값으로 환산하는 것이 일반적이기 때문이다. 서울에서는 1달러로 버스나 지하철 차비를 지불할 수 없지만 평양에서는 몇 번이고 지불할 수 있는 것과 같이 구매력지수를 곧 국가의 경제력과 동일하게 해석해서는 안 된다는 점을 유의해야 한다. 다만 도로와 철도, 공항과 항만 등 교통인프라 구축을 위해서는 타 국가에서 자재나 기술 도입이 불가피하다는 점에서 경제력 차이가 곧 교통인프라 구축의 역량 차이와 같이 해석될 수는 있다. 〈표 12-1〉은 한국은행이 매년 발표하는 북한 통계를 통계청이 재편집하여 공개한 통계표에서 남북한 경제력 비교값을 추출하여 달러로 환산한 값이다. 우리나라의 인구는 북한에 비해 2.09배로 많고 GDP는 47.92배, GNI는 22.98배로 차이가 크다. 항공과 해상의 교통인프라 구축 수요와 직접적인 관계가 있는 국제거래인 무역총액에서는 18,958배 차이가 난다. 〈표 12-1〉에 나타난 남북한 경제력 차이만으로도 북한 지역의 교통인프라 축적도가 우리나라에 비해 극히 낮을 것이라는 사전적 예측이 가능하다. 통일이 될 경우 남북한 교통인프라의 충족도 차이를 해소하는 데 북한의 경제력만으로 해결하기 어려울 것이라는 예측도 가능하다.

표 12-1. 남북한 경제력 비교

구분	남한	북한	배수(남한/북한)	비고
인구수	5170만 9천 명	2572만 명	2.09	환율: 1,150원/$
국내총생산(GDP)	$1조 5047억	$3185억	47.92	
국민총소득(GNI)	$29,249	$1,273	22.98	
무역총액	$1052억 1727만	$555만	18,958	

출처: 통계청

동시에 격차 해소에 천문학적인 자금 동원이 필요하게 될 것이라는 짐작도 가능하다.

2) 남북한 교통인프라 보유량(stock) 비교

북한 당국이 공식적으로 발표한 계량적인 교통인프라 보유 통계는 없다. 직접 혹은 간접적으로 입수된 정보를 토대로 우리나라 정부기관인 한국은행과 통계청이 홈페이지를 통해 공개한 자료는 〈표 12-2〉와 같다. 〈표 12-1〉에 나타난 남북한 경제력 차이만큼 크게 날 것으로 추정된다. 정부가 매년 발표하는 우리나라 교통인프라 보유량 통계는 신뢰성이 있지만 우리나라에서 확인한 북한 통계의 신뢰성과 정확도는 확신할 수 없다. 2017년 현재 남북한에 등록된 자동차 대수 차이는 79배, 민간항공기 보유 대수 차이는 30배, 선박 톤수 차이는 45배라는 점에서 육해공 교통인프라 모두에서 큰 차이가 날 것이라는 사실은 누구나 짐작할 수 있다. 다만 수요 대비 공급량을 비교하는 '수요·공급' 충족도 시각에서 보면 우리나라보다 북한의 교통인프라 충족도가 높을 수도 있다. 북한에서는 육해공 교통수요가 미미하기 때문에 이미 구축된 교통인프라의 활용빈도가 극히 낮을 것이라는 예상 때문이다. 다시 말해 구축량 차이만큼 충족도면에서는 그 차이가 나오지 않을 것이라는 예측이다. 방송이나 신문에서 북한 도로를 달리는 자동차가 간간이 보이는 것은 북한에 등록된 자동차 대수가 총 28만 4000대로 2017년 현재 우리나라에 등록된 자동차 대수 2252만 8000대의 1.3%에 불과하기 때문이다. 더구나 국토면적이 우리나라보다 1.2배나 넓은 122,762㎢에도 불구하고 도로에 자동차가 적은 이유는 달릴 수 있는 차도 적지만 여행객 수도 절대적으로 적기 때문으로 해석된다. 민간항공기가 이착륙할 수 있는 공항이 8개소인 것은 우리나라 국민의 시각으로는 다소 의외일 것이다. 더구나 북한이 보유한 민간항공기 대수가 24대에 불과하기 때문에 더욱 의외처럼 보일 수 있다. 우리나라와 마찬가지로 북한의 공항은 대부분 군용 비행기와 비행장을 공유한다는 점에서 타 국가와 다른 특수성을 가지고 있다.

구축된 교통인프라의 양적 비교에서 북한이 우위에 있어 보이는 철도는 노선 길이와 전철화율

표 12-2. 남북한 교통인프라 보유량 비교

구분		남한	북한	배수(남한/북한)
도로 (km)	총연장	110,091	26,178	4.2
	고속도로	4,717	774	6.1
철도 (km)	노선 길이	4,087	5,287	0.8
	선로 길이	9,693	5,287	1.8
	전철화율(%)	73.4	81.2	0.9
지하철 연장(km)		692.6	34.0	20.1
항만 하역능력(천 톤)		1,140,799	41,760	27.3
공항 개소	민간공항	15	8	1.9
	국제공항	9	1	9.0
	국내공항	6	7	0.9

에 보이지 않는 사실이 숨겨져 있다. 철도의 경우 북한 철도의 노선 길이가 남한보다 1,200km나 더 길다. 북한 철도의 97%가 단선인 반면, 남한의 경우 노선 길이보다 철도 연장이 2.4배나 긴 9,693 km인 것은 모든 선로가 복선이라는 의미가 숨겨져 있다. 철도가 속도를 내고 승객이나 화물의 수 송량을 늘리기 위해서는 복선화가 필수적이다. 양적 비교를 넘어 질적 비교가 반드시 필요한 사항 이다. 철도의 전철화는 전 세계적인 추세다. 2017년 현재 우리나라의 전철화율은 아직 73.4%에 머 물러 있는 반면 북한은 81.2%로 우리보다 1.1배나 높다. 외형적으로는 높아 보이지만 전철은 전기 공급이 충분하지 않거나 전기 품질이 일정하지 않을 경우 운행할 수 없다는 사실을 감안해야 한 다. 겉으로 보이는 구축량이 상대적인 우위를 의미하지는 않는다는 뜻이다.

3) 남북한 교통인프라의 품질 및 성능 비교

교통인프라는 양(quantity)뿐만 아니라 품질과 성능과 같은 질(quality)을 고려해야 한다. 도로 의 경우 자동차가 제 성능을 발휘하기 위해서는 수평적으로는 직선이 많아야 하고 수직적으로는 높낮이(경사도)가 일정해야 한다. 도로 차선의 폭도 넓을수록 통행량을 소화할 수 있는 용량이 늘 어난다. 즉 1차선보다는 2차선이 교통량을 많이 소화한다. 도로에 차선과 인도가 구분될수록 건설 비가 늘어난다. 비포장도로보다 포장도로가 운전하기에도 편하고 또 승차감도 좋다. 도로 교통량 과 안전은 도로 품질과 성능에 따라 엄청난 차이가 날 수 있다. 철도도 단선보다는 복선, 화석 연 료보다는 전기, 수작업으로 철도 운행을 통제하는 것보다는 첨단 신호와 통신기술을 접목하여 자 동화시킨 철도가 속도와 통행량에서 우위에 있을 수밖에 없다. 과거와 달리 최근의 항만은 화물 수송에서 컨테이너를 이용한다. 컨테이너 화물을 수송하기 위해서는 항만에 접근하는 도로와 철도 등 접속 교통수단이 뒷받침되어야 제 성능을 발휘한다. 동시에 컨테이너 무게를 감당할 수 있는 이동식 양중기 설치가 필수적이다. 컨테이너선 정박이 불가능한 항만은 연근해 어선이나 통학, 출퇴근용 소규모 선박만 다닐 수 있는 항구에 불과하다. 공항의 품질과 성능은 여객과 화물의 수송량을 좌우한다. 비행기가 이착륙하는 활주로는 포장 길이와 폭에 따라 대형항공기의 이용 여력이 결정된다. 당연히 포장 길이가 길고 폭이 넓을수록 점차 대형화되고 운행속도가 빨라지는 민간 항공기 수요 추세를 따라갈 수 있다. 최근의 공항은 항공기 조종사가 육안으로 판단하여 이착륙하는 것이 아니라 관제탑이 보내는 신호와 지시에 따라 이착륙한다. 예를 들어 육안으로 가시거리가 200m일 때와 50m일 때 이착륙할 수 있는 성능은 관제시설 용량(예: category Ⅰ, Ⅱ, Ⅲ 등)에 따라 큰 차이가 난다. 안개나 미세먼지 등으로 육안 가시거리가 짧아져도 관제시설이 고성능일 경우 하루 24시간 이착륙하는 데 지장을 받지 않지만, 성능이 떨어진 장비와 육안으로는 하루 24시간 공항 가동이 불가능하다. 교통인프라의 품질과 성능이 중요한 이유다. 품질과 성능을 높이기 위해서 투자비용이 늘어나는 것은 당연하다. 결과적으로 교통인프라의 양과 질은 국민총소득(GDP)과 개인소득(GNI) 크기에 좌우될 수밖에 없게 된다. 이런 시각에서 보면 북한의 경제 규모로는 교통인프라의 품질과 성능이 겉으로 드러난 양보다 훨씬 미달될 수 있다고 사전적으로 판단할 수 있다. 즉 눈에 보이는 도로 1㎞가 다닐 수 있는 1㎞는 아닐 것이라는 해석이 가능하다.

서울대학교 건설환경종합연구소가 2015년 국내 공공 및 정부출연기관들과 면담을 통해 확인한 북한 도로의 포장률은 8~10%에 불과한 것으로 파악됐다. 도로 폭도 남한의 2.5m보다 좁은 2.4m 이하의 1차선 도로가 전체의 43.5%에 달했다. 낮은 포장률과 교량, 터널의 노후화로 인해 주행속도는 시속 50㎞ 이하 수준에 머물러 있다. 교량이나 터널은 건설된 이후 지속적으로 유지 및 관리되어야 하지만 사회주의의 특성상 그러지 못했을 것이라는 추측이다. 서울에 사무소를 두고 있는 유럽의 한 기관이 체감을 통해 확인한 평양 출발–목적지 도착의 평균 시간을 발표(Stanislas Roussin, 2014)했다. 이 발표에 따르면 〈그림 12-4〉와 같이 10톤 트럭이 평양에서 개성까지 도착하

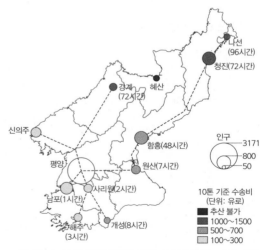

그림 12-4. 10톤 화물트럭이 목적지에 도달하는 소요 시간

는 데 8시간, 함흥까지 48시간이 소요될 정도로 노후화가 심각하다. 서울에서 대전까지 10톤 트럭을 운행하는 데에는 최대 2시간이면 충분하며 속초까지도 평일이면 3시간 내외로 충분한 거리다. 우리가 상상하는 정상적인 도로가 아니라는 해석이 가능하다. 더구나 도로 운행 중 연료를 보충할 수 있는 설비(예: 주요소가 있는 휴게소 등)가 없어 통행 시간이 더 걸리는 문제도 있다. 대부분의 고속도로에 중앙분리대가 설치되지 않았다는 것도 속도를 내기 어려운 요인으로 추측된다.

북한 철도의 노선 길이는 우리보다 1,200㎞나 길지만 평균 운행 속도는 시속 15~50㎞에 불과하다. 운행 속도가 높아지려면 노선의 직선화와 평탄도가 유지되어야 하지만 현존하는 철도 대부분이 1910년 이후 일제강점기에 시대에 구축된 것이라 낡고 또 설계속도 자체가 낮다. 2010년에 전면 개통된 우리나라 고속철도(ktx)의 설계속도가 시속 350㎞, 평균 운행 속도가 시속 300㎞라는 사실과 비교하면 북한 철도의 품질과 성능을 짐작할 수 있다. 우리와 달리 북한 철도는 여객 수송 분담 비중이 62%로 도로의 7.8%보다 훨씬 높다. 화물 수송 분담 비중도 90%를 넘어 북한 교통 인프라는 대부분 철도에 의존하고 있다. 〈표 12-2〉에서 북한 철도의 전철화율은 81.2%였다. 철도가 정상적으로 운행되려면 전력 공급이 충분해야 하지만 북한의 전력 공급시설은 충분하지 못하다. 개성공단 운영에 필요한 전력을 전적으로 우리나라의 전력 공급에 의존해야 할 수준으로 유추할 수 있다. 2018년 5월 24일에 있었던 함경북도 풍계리 핵실험장 폭파 참관을 위해 외국 방문단이 원산역에서 출발하여 인근 재덕역까지 열차를 타고 이동했다. 원산역에서 재덕역까지는 416㎞(서울-부산 거리 정도)다. 특별 열차라 중간역 정차 없이 달렸어도 11시간 이상이 소요되었다고 한다. 시속 약 40㎞ 내외로 북한 철도의 품질과 성능 수준을 충분히 추정할 수 있다. 북한 철도의 품질과 성능 수준이 우리나라 국민의 눈높이로는 이해하거나 받아들이기 어렵겠지만 여객과 화물의 물동량이 우리와 비교해 미미할 것이라는 가정을 하면 한편으로는 이해될 수도 있다. 최근 탈북자 및 북한을 방문했던 외국인을 통해 알려진 사실은 철도로 화물을 탁송하는 데 대기 시간이 너무 길어 특별 조처를 취하지 않으면 원하는 시간에 도착을 기대하기 어렵다 한다. 북한에도 물동량이 늘어나고 있다는 사실로 확인된다.

북한의 해상교통은 연안 여객과 화물 수송이 대부분일 것으로 파악된다. 북한 당국이 2018년에 발표했던 특구개발이 제대로 가동되려면 항만이 제 성능을 발휘해야 하지만 현실은 다소 거리가 있다. 서울대학교 연구진의 분석에 따르면 기존에 건설된 항만 대부분이 유지 및 보수되지 않아 제 성능을 발휘하기 어렵다는 결론이다. 대형선박이 부두에 접안하기 위해서는 수심이 깊어야 하는데 오랜 기간 준설하지 않아 얕아졌을 것으로 추정된다. 조류에 의해 퇴적물이 많이 쌓였을 것이기 때문이다. 화물 하역이나 선적을 위해 필수적인 장비는 노후화되었고 전력 공급도 원활하지 못해 제 성능을 기대하기 어렵고 효율성도 극히 낮다고 한다. 최근 세계적인 추세가 모든 화물에 낱개 단위로 고유번호를 붙여 실시간으로 이동 상태를 점검할 수 있도록 하는 것인데 북한의 기존 항만은 이를 수용하기 불가능하다는 판단이다. 품질과 성능이 국제항만 기준에 전혀 미치지 못하고 있다. 더구나 항만과 접속되는 배후 육상교통인프라가 구축되지 않아 상당 기간 북한의 해상교통인프라는 제 기능을 수행하기 힘들 것으로 판단된다.

4) 통일한반도의 교통 수요 변화 예측

북한의 정치와 사회 그리고 경제환경에 변화가 일어나면 교통 수요에 어떤 변화가 일어날 것인가? 남북한 통일 또는 통일은 아니더라도 북한과 통행과 통신, 통관 등 3通이 가능해지면 북한의 기존 교통 수요는 혁명적으로 변하게 된다. 통일 혹은 3通은 북한 주민의 이동이 자유로워진다는 의미다. 이동과 거주 이전이 제한받고 있는 상태와 자유로운 상태의 교통 수요량은 비교하기 힘들다. 분단된 이후 최초로 이동이 자유화되면 엄청난 교통량 수요가 발생할 것이다. 사람의 이동이 늘어나면 당연히 화물 이동도 늘어난다. 남북한 사이 신변 보장과 자유 통행이 허용되면 육로는 물론, 해상과 항공교통 수요도 폭발적으로 늘어날 수밖에 없다. 물론 우리나라 국민이 익숙해져 있는 교통수단의 선택과 편의성을 북한 지역에서 당장 기대하기는 어렵다. 통일이나 3通이 가능해지면 육상교통인 도로와 철도에서 분단되었던 교통 선을 복원시키는 데 주력하게 될 것으로 예상된다. 우리나라 1번 국도(국토교통부 통계누리)는 전라남도 목표에서 평안북도 신의주까지 1,068㎞다. 7번 국도는 부산에서 함경북도 온성군 유덕면까지 갈 수 있는 노선이다. 1번 국도가 분단 이전 건설되었기 때문에 3通만 가능해지면 당장에 통행할 수 있는 데 반해 7번 국도는 남측에서만 513㎞가 이용되고 있다. 철도는 서울을 중심으로 원산과 신의주 등을 연결하는 망이 복원 대상이다. 사용 중은 아니지만 노선이 이미 확보되어 있기 때문에 신규 건설보다는 복원 속도가 훨씬 빠를 것으로 짐작된다.

우리나라가 오래전부터 꿈꾸어 왔던 것처럼 북한을 경유한 중국과 몽골, 그리고 러시아를 경유한 유럽을 연결하는 교통망(그림 12–5)이 새로운 교통인프라를 형성하게 될 것으로 기대된다. 해상과 항공교통은 지점과 지점의 연결로 가능하지만 도로나 철도는 선을 따라 건설되어야 하기 때문에 엄청난 시간과 투자를 필요로 하게 된다. 정부는 통일 혹은 3通 시대를 대비하여 〈그림 12–5〉와 같은 교통망 구상(정창무, 2019)을 발표하기도 했다. 이 구상은 우리나라가 북한에 가려진 섬나라에서 대륙 국가로 편입되는 상황을 고려한 것이다. 비록 이 구상안에는 북한 지역의 낙

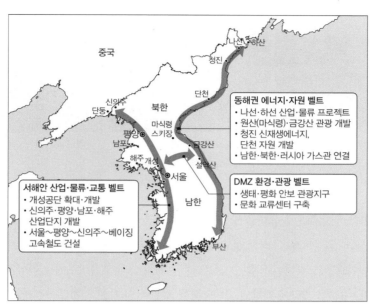

그림 12-5. 문재인 정부의 한반도 신경제 지도 구상

출처: 국정자문위원회·통일연구원

후된 교통인프라 혁신에 대한 내용이 담겨져 있지 않지만 현재 수준의 북한 교통인프라로는 국가 차원의 경쟁력 저하를 방지할 방법이 없다는 사실을 분명하게 인지하고 있다. 폭발적으로 늘어날 북한의 교통 수요에 대비한 국가 차원의 다양한 연구가 진행 중에 있다.

5) 통일한반도 교통인프라의 통합과제

우리나라와 북한의 교통인프라가 현저한 격차를 보인다는 사실은 남북한 모두가 공감하고 있다. 국민의 대부분은 양적 격차만을 인식하고 있지만 활용가능성을 고려하면 질적 격차 역시 반드시 해결해야 할 과제다. 격차 해소에는 엄청난 투자비가 필요하다. 우리나라 국민 1,345명이 참가한 설문조사(서울대학교 건설환경종합연구소, 2016a)에 따르면 10명 중 8명이 남북한 격차를 반드시 해소해야 한다는 데 공감하고 있다. 양적 격차 해소 목표도 전문가들이 생각하는 것보다 훨씬 높은 58.7%가 현재 우리나라 수준 이상이 되어야 한다고 응답했다. 질적 목표 수준도 우리나라의 현재 수준을 뛰어넘어야 한다고 3명 중 2명이 응답했으며, 격차 해소에 필요한 투자비 지불에는 75%가 참여하겠다고 응답했다.

격차를 해소하기 위해서 반드시 선행되어야 할 과제 중 하나가 교통인프라의 설계와 건설, 품질

| 2013년 촬영된 고속도로 | 2012년 보수된 일반도로와 교량 | 최근에 개량된 하산·나선 철도 |

그림 12-6. 북한의 도로와 철도 모습

과 성능 기준이다. 간헐적으로 북한을 방문하는 외국인의 카메라(Stanislas Roussin, 2014)에 담긴 북한의 고속도로와 일반도로, 그리고 철도 사진(그림 12-6)을 통해 확인할 수 있는 수준은 우리나라 국민의 눈높이로는 도저히 수용할 수 없을 것 같다. 북한의 고속도로에는 중앙차선과 인도 혹은 갓길이 없다. 비교적 최근에 개량된 일반국도에 차선이 안 보이고 차로 폭이 좁고 인도가 있지만 차량이 교행할 때 사람이 통행할 수 있는 여유가 전혀 보이지 않는다. 북한이 최근에 개발하기 시작한 나진·선봉경제특구와 러시아의 하산을 연결하는 신설 철도마저 단선이다. 북한의 표준궤간(폭 1,432㎜)이 87%에 달하고 있는 데 비해 러시아 철도는 광궤간(폭 1,524㎜)이다. 단선을 복선화시키기보다 레일만 표준궤와 광궤를 동시에 설치했다. 한 노선에 철길만 복선화시킨 셈이다. 우리나라에서는 더 이상 사용하지 않는 레일받침으로 나무(한국은 콘크리트 침목 사용)를 사용하고 있는 것도 격차 해소의 대상이 될 정도로 노후화되어 있음이 확인됐다. 사진을 통해 확인할 수 있는 사실은 기존에 사용되고 있는 북한의 육상교통인프라 노선을 활용할 수는 있지만 시설을 있는 그대로 사용할 수 있는지는 확신할 수 없다는 점이다. 단순히 개량이나 확장만으로는 해결하기 어렵다는 의미다. 통일이나 3通을 전제로 북한과 교류를 한다는 확신이 선다면 국가 차원에서 격차 해소에 대한 정책과 전략 개발을 서둘러야 할 것이다.

북한 당국 스스로도 교통인프라 구축과 성능 개선의 필요성을 절감하고 있을 것으로 추정된다. 북한이 최근에 서두르고 있는 각종 경제개발계획과 잇달아 발표한 경제특구 개발 등을 실행에 옮길 경우 통일이나 3通과 관계없이 북한 당국이 자력으로라도 교통인프라를 재구축할 수밖에 없을 것이라는 예상이다.

5. 한반도 국민 삶의 질과 교통인프라

북한을 포함한 우리나라 최초의 도로(이덕수, 2010)는 신라의 제8대 아달라왕이 156년에 건설한 계립령(지금의 경상북도 문경시 문경읍과 충청북도 충주시 상모면 사이 2㎞ 내외)으로 알려져 있다. 최초의 신작로는 정조 4년(1880)에 건설되었다. 계립령 고갯길에 건설한 도로는 한강 진출과 북진전략의 교두보로 활용하기 위한 목적이었다고 한다. 도로 폭은 『영조칙지』에 기록된 8척으로 미터법으로 환산하면 2.497m다. 오늘날 도로의 최소 폭 2.5m와 정확하게 일치한다. 교통인프라를 대표하는 도로가 중요한 이유는 로마제국이 1,000년(기원전 509년~기원후 476년) 동안 세계를 지배했던 힘의 원천이었던 역사적 사실로 입증된다. 로마제국은 동로마제국 멸망까지를 포함하면 1,500년 동안 세계를 지배했다. 역사학자들은 로마제국이 세계를 지배할 수 있었던 힘의 원천으로 군대와 물자를 주변국보다 신속하게 이동시킬 수 있었던 도로에 주목하고 있다. 로마시대에 건설된 포장도로만의 길이가 약 8만 ㎞였다. 신기하게도 로마시대에 건설된 도로의 폭은 2.45m로 『영조칙지』에 기록된 8척과 별로 다르지 않다는 점이 눈에 띈다.

북한 지역의 교통인프라 구축량은 양과 질 모두가 우리나라에 비해 열악하다. 이동과 거주 이전의 자유가 통제되고 지역자립경제 기반이라는 사회환경에서 수요자가 겪는 불편은 우리가 생각하는 것보다 심각하지 않을 수도 있다. 그러나 통일되거나 남북한 왕래가 자유로워지면 생활 불편은 물론 상품 교역을 위한 물류 이동 경쟁력이 급격하게 떨어지는 문제가 발생한다. 한국에서 생산하여 소비지(국내 소비는 물론 해외수출 포함)까지 전달하는 비용에서 북한 지역과 같이 물류비가 40%이상 점유(Stanislas Roussin, 2014)해서는 국가경쟁력이 전혀 없다. 무역 전쟁에서 필패할 수밖에 없다. 생산원가보다 교통비가 비싸면 판매가격 경쟁에 참여할 수 없기 때문이다. 우리나라의 현재 물류비 경쟁력도 경쟁국인 싱가포르나 일본에 비해서는 높고 미국에 비해서도 높다. 생산원가에 수송비가 더해지면 국가경쟁력이 높을 수 없다. 국제시장에서 국가경쟁력은 곧 국민경제와 직결되며 개개인의 소득 및 소비 수준까지 연결되어 있다. 과거에는 길이 단순히 사람과 마차의 이동을 위한 목적이었다면 오늘날 도로는 사람과 사람, 마을과 마을, 국가와 국가를 이어 주는 역할을 하는 생존의 필수품이 되었다. 과거 길 중심의 교통도 철도와 해운, 공항 등 육로와 해로, 하늘길 등으로 다변화되었다. 항공교통에서 우주교통까지 확대될 것으로 예상되는 게 오늘의 현실이다. 교통인프라는 단순 통행수단이 아닌 일상생활과 직결된 생존수단이라는 점에서 북한의 교통인프라 구축을 위한 준비를 서둘러야 할 것이다.

북한의 육상교통은 철도 중심이기는 하지만 남북한의 자유로운 통행이 가능해지면 철도교통에서 자동차교통으로 재편될 가능성이 높다. 19세기 미국의 주요 교통이 철도였으나 포드자동차가 컨베이어벨트로 대량 생산에 돌입하여 자동차 판매가격을 획기적으로 낮추자 자동차 중심의 도로 교통으로 급격히 전환됐던 사례 때문이다. 남한에서 경제성장이 급속히 이뤄지면서 자동차와 도로교통이 철도교통을 대체하는 계기가 되었다는 점도 이런 예측을 가능하게 만든다.

더 읽을 거리

이덕수, 2010, 『한국 건설 기네스(I): 길』, 보성각.
⋯ 우리나라 길의 역사를 기록을 근거로 재미있고 쉽게 서술한 단행본. 역사에 기록으로 남아 있는 길부터 가장 최근인 2009년에 준공된 인천대교까지를 흥미롭게 파헤쳐 한국 최초의 교통 역사책으로도 읽어 볼 만하다.
한국건설산업연구원, 2015, 「인류 역사와 함께한 건설 상품 100선」.
⋯ 대학교수와 연구원, 산업체에서 근무하고 있는 전문가 27명이 세계 각국에 흩어져 있는 도로와 교량, 건물 등 문화·역사 답사를 통해 얻은 지식을 토대로 저술에 참여했다. 북한 지역에도 역사적 가치가 있는 도로와 건물 등이 남아 있을 것으로 추정되어 역사 공부 책으로 권장한다.
서울대학교 건설환경종합연구소, 2015, 「통일한반도 국토인프라시설 연구의 현황분석을 통한 시사점 및 정책 도출」, 『국토와 건설진단』, 4.
⋯ 북한 지역에 관해 국내 최초로 교통과 에너지, 물과 쓰레기, 그리고 통신 등 국토인프라를 대상으로 과거 20년 이상 국내에서 연구한 실적과 연구자 합동 토론회를 통해 도출한 현황과 향후 정책 방향을 도출한 보고서이다.
서울대학교 건설환경종합연구소, 2016, 「통일한반도 국토인프라 통합구축 전략 수립 방향 제안」.
⋯ 북한 인프라에 대해 연구해 왔던 국내 15개 공공기관 담당자들과 비공개로 종합 토의한 결과를 바탕으로 향후 통일을 대비한 북한 국토인프라 연구 방향과 정책을 종합적으로 제시한 연구보고서이다.
서울대학교 건설환경종합연구소, 2016~2019, 『토론회집』, 1·3·6·8.
⋯ 서울대학교 건설환경종합연구소는 학내 통일평화연구원의 지원을 받아 통일한반도 국토인프라에 대한 연구를 2015년부터 현재까지 수행해 오고 있다. 연구진이 분석한 북한 인프라 실태와 개선방안을 전국 대학에 재직 중인 대학원생을 대상으로 설명하고 청년의 생각을 정리하여 토론집으로 매년 발간하고 있다. 북한 지역의 교통인프라 전반에 대한 양과 질 수준 파악에 좋은 참고가 될 것이다.

참고문헌

서울대학교 건설환경종합연구소, 2015, 「국토인프라시설 통합연구기반구축 정책 제안」, 서울대학교 평화통일연구원 종합학술대회, 2015.11.25.

서울대학교 건설환경종합연구소, 2016a, 「통일한반도 국토인프라 격차해소에 대한 당신의 생각은?」, 『VOICE』, 3.

서울대학교 건설환경종합연구소, 2016b, 「통일한반도의 국토인프라시설 연구 현황 진단과 정책 대안 제안」.

서울대학교 건설환경종합연구소, 2019, 「인프라에 대한 국가의 책임과 국민의 권리」, 국회 국민인프라포럼(가칭) 발제 자료, 2019.03.22.

이덕수, 2010, 『한국 건설 기네스(I): 길』, 보성각.

인천국제공항공사, 2016, Incheon International Airport(Global Leading Airport Volume 1).

임동우, 2019, 「사회주의 도시 평양, 변화하는 평양」, 건설산업비전포럼 조찬, 2019.06.26.

정창무, 2019, 「통일한반도 구상과 유라시아」, 2019년 건설공학부 통일선도대학강의.

차명철, 2018, 『조선민주주의인민공화국 주요경제지대들』, 조선민주주의인민공화국 외국문출판사.

한국도로공사 도로교통연구원, 2017, 「아시안하이웨이와 한반도」.

NSTC, 1995, National Planning for Construction and Building R&D, NISTIR, 5759.

Stanislas Roussin, 2014, Challenges for the transport infrastructure in DPRK, 건설산업비전포럼 국제세미나, 2014.06.12.

Thomas Frey, 2015, 오늘 미래를 만나다, KBS 공개강연, 2015.04.26~27.

UK HM Treasury 2010, Strategy for national infrastructure.

World Economic Forum, 2019, 「The Global Competitiveness Report 2018」.

국토교통부 통계누리, http://stat.molit.go.kr

네이버포털, http://cafe.naver.com/ArticleRead.nhn

미국토목학회(ASCE), https://www.asce.org

영국토목학회(ICE), http://www.ice.org.uk

통계청 북한통계포털, http://kosis.kr/bukhan

평양도시철도, http://www.cityrailtransit.com/maps/pyongyang_map.htm

한국공항공사, http://www.airport.co.kr

제13장

북한의 해양

———

임종서

한국해양수산개발원 해양공간연구실 전문연구원

1. 서론: 바다의 휴전선, 북방한계선(NLL)과 그 너머의 바다

대한민국 헌법 제3조는 우리나라의 영토를 한반도와 그 부속도서 전체로 기술한다. 그리고 우리나라의 영해는 「영해 및 접속수역법」에 따라 대한해협을 제외한 나머지 지역의 경우 영토의 기선으로부터 12해리 이내의 범위에 있는 수역을 포괄한다. 이러한 국내법적 배경에도 불구하고 일반적으로 우리는 북방한계선(Northern Limit Line, NLL)을 통해 바다를 북한 지역과 남한 지역으로 구분한다. 북방한계선은 1953년 정전협정 당시 국제평화유지군에서 제시한 해상분계선으로, 육상의 군사분계선과 유사하게 남북 양측의 무력 충돌 예방을 목적으로 설정되었다. 북방한계선의 국제법적 위상에 대해서는 연구자에 따라 의견이 상이하지만, 이 장에서 북한의 해양은 '우리나라의 관할해역 가운데 북방한계선 이북에 위치한 해역'을 대상으로 한다.

248㎞에 달하는 철책선에 의해 물리적으로 단절되고 이를 중심으로 4㎞ 범위 내 지역도 인간의 자유로운 출입을 차단한 육상 지역과 달리, 휴전 이후 오늘날까지 남북한의 해양에는 어떠한 물리적 차단시설도 설치되지 않았다. 이 때문에 해양에서는 물질과 에너지가 인위적인 제한 없이 왕래하며, 해수면부터 해저에 이르기까지 다양한 생물들이 서로 다른 공간을 삶의 터전으로 삼고 자유롭게 살아가고 있다. 이러한 특성으로 북한의 해양은 육상보다 남한과 쉽게 연결될 수 있고, 해역에 따라 중국이나 일본, 러시아 등 주변국과도 물리화학적 특성이나 생태계 구성이 상당 부분 유사하다. 이처럼 남북한의 해양은 많은 부분에서 비슷하지만, 해양에서 이루어지는 다양한 인간 활동, 즉 어획, 양식장 운영, 물류와 여객 운송, 골재와 같은 자원 채취의 강도에는 큰 차이가 있다. 해양에서 이루어지는 인간 활동의 차이는 밤 시간대에 촬영된 〈그림 13-1〉에 나타난 인공광원의 강도에도 잘 드러난다. 이 영상을 통해 육상의 인공광원 외에도 해상에서 물고기를 유인하기 위해 집어등을 밝힌 어선의 위치와 밀집도를 어느 정도 파악할 수 있다. 해당 영상을 보면 우리나라의 배타적 경제수역(Exclusive Economic Zone, EEZ)과 그 주변

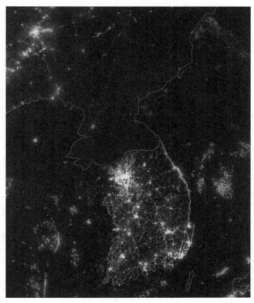

그림 13-1. 한반도와 주변의 야간 인공광원 위치 및 밝기를 나타낸 위성영상
출처: The Verge, 2015.2.9.

해역에는 많은 어선이 모여 있지만, 북한 측 해역은 그렇지 않은 것을 알 수 있다. 그리고 이러한 인간 활동의 차이는 앞서 설명한 해양의 다양한 속성에도 영향을 주어 남한과 북한의 해양을 상이하게 한다.

이처럼 남한과 북한의 해양은 많은 부분이 유사하지만 뚜렷한 차이를 확인할 수 있는 부분도 있다. 이 장은 먼저 2절에서 북한의 해양에 대한 기존의 연구들을 소개하고 연구 경향을 파악한 뒤, 북한의 해양 특성을 네 가지 분야로 분류하여 서술한다. 세부적으로, 3절에서는 북한 해역의 해저 지형과 기후 및 파랑과 조석 등 해양환경을 소개한다. 4절 해양생태계에서는 플랑크톤과 바다식물 등에 의해 발생하는 일차생산량과 해양동물을 소개하고, 5절에서는 수산업 활동과 경제적 측면을 설명한다. 이후 6절에서 북한의 해양에서 발생해 온 환경문제와 기후변화에 따른 영향력을 진단한다. 마지막으로 7절 결론에서는 전체적인 내용을 요약하고 해양수산 분야에서의 남북협력을 위한 도전과 이를 달성하기 위한 과제를 살펴본다.

2. 국내외 연구동향

1) 전통적인 북한의 해양 연구

북한의 해양은 지정학적 측면에서 특수한 상황에 놓여 있기 때문에, 북한 내에 거주하거나 북한 정부의 허가를 받은 일부 연구자를 제외할 경우 현장에 방문하여 조사를 한다는 것이 현실적으로 거의 불가능하다. 또한 북한 내에도 학술지나 연구보고서 등의 출판물이 제작되고 있지만, 이 자료를 외지로 반출하는 것도 어렵기 때문에 북한의 해양에서 현장 조사를 통해 이루어진 연구 가운데 국제적으로 공개된 것은 많지 않다. 이러한 한계 때문에 전통적으로 북한의 해양에 대한 연구들은 주로 북한이탈주민이나 중국, 러시아 등 북한거주민과 왕래가 비교적 용이한 국가의 연구자와 주민을 대상으로 설문조사나 질의응답 등을 통해 자료를 구축하였다. 일부 연구는 국제기구를 통해 정보를 획득하거나, 외부에 공개된 일부 국내외 출판물 등 2차 자료를 획득한 뒤 이를 가공하여 의미 있는 정보를 추출하는 방법도 활용하였다.

그러나 앞에서 설명한 방법들을 통해 획득한 자료는 불확실성이 높아 연구자가 원하는 정보를 정확히 파악할 수 없다는 단점이 있다. 또한 어떤 지역은 자료가 비교적 많지만 어떤 지역은 자료가 부족하거나 거의 없는 등 자료의 편중이 심한 것도 문제점 중 하나이다. 자료가 제작된 시점이

그림 13-2. 북한에서 제작하여 외부에 공개한 출판물 사례

나 원래 정보의 기준 시점이 다를 수 있다는 점을 고려하면 자료의 편중 문제는 더욱 커진다. 이러한 문제점들을 종합하면, 전통적인 방법론에 기반을 둔 자료들은 최신의 정보를 기반으로 전체적인 관점의 해석이 필요할 때 활용하기에 한계가 있다.

2) 원격탐사의 발전과 이를 통한 북한의 해양 연구

1978년부터 세계 최초로 인공위성에 탑재된 해색(ocean color) 관측 센서인 CZCS(Coastal Zone Color Scanner) 자료를 활용할 수 있게 되면서, 인공위성 기반 원격탐사를 통해 전 세계 해양에서 발생하는 물리·화학·생물학적 현상들의 조사가 가능해졌다. CZCS 자료는 1986년까지 생산되었으며, 이후 1997년에 SeaWiFS(Sea-viewing Wide Field-of-view Sensor) 센서를 탑재한 OrbView-2 위성이 발사되어 이를 통해 해양 원격탐사자료가 생산되었다. 특히 SeaWiFS 센서는 CZCS 센서에 비해 정확도가 대폭 향상되었으며, 2010년까지 전 세계 해양을 대상으로 다양한 정보를 파악하는 데 활발히 활용되었다. 2002년부터는 기존의 SeaWiFS 자료와 함께 Aqua/Terra MODIS(MODerate resolution Imaging Spectroradiometer)를 통해 촬영된 원격탐사자료도 추가되었다. 특히 MODIS 센서는 36개의 분광대역 자료로 구성되어 기존의 해색 관측 센서들을 통해 조사할 수 없었던 해양의 특성과 현상들을 이해하는 데 큰 도움이 되었다. 한편, 우리나라는 2010년부터 GOCI(Geostationary Ocean Color Imager) 센서를 탑재한 천리안위성을 운용하고 있으며, 이를 통해 세계 최초로 한반도 주변 2500×2500㎞ 범위의 해역에 대한 정지궤도위성 기반 해색 원격탐사자료를 생산하고 있다. 전 세계 자료를 제공하는 위성들은 일반적으로 특정 해역의 자료를 매일 1회씩 생산하지만, GOCI는 매일 8회에 걸쳐 자료를 생산하며 공간해상도 또한 0.25㎢

(0.5×0.5㎞)로 비교적 높다.

이처럼 다양한 인공위성 기반 원격탐사자료를 활용할 수 있게 됨에 따라, 원격탐사자료를 중첩하여 해양의 다양한 특성들을 양적으로 파악하는 방법들이 개발되었다. 또한 해색 관측위성의 운용 기간이 길어지면서 현장에서 조사한 자료를 활용하여 원격탐사자료를 통해 추정한 해양의 특성들을 검증하는 연구들도 이루어졌다. 이를 통해 원격탐사자료를 활용한 추정 방법들이 지속적으로 수정·보완되면서 오늘날에는 원격탐사자료만을 이용하더라도 어느 정도 신뢰할 수 있는 수준으로 해양의 특성을 파악할 수 있게 되었다.

인공위성 기반의 원격탐사자료는 현장조사에 비해 생산 주기가 짧아서 일주일이나 한 달 또는 그 이상의 기간에 대한 평균과 변동성에 대한 정보를 획득하는 데 유리하여 다양한 분야에서 활발하게 활용되고 있다. 대표적으로 활용되는 원격탐사자료는 해수면 온도, 부유물질 농도, 투명도, 일차생산량 및 적조와 녹조의 농도 등이 있다.

그림 13-3. 원격탐사자료에 기반을 둔 한반도 주변 해역의 부유물질 농도 조사 사례
출처: 한국해양과학기술원 해양위성센터

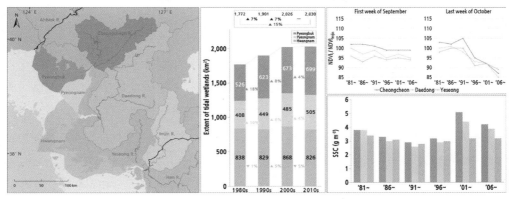

그림 13-4. 원격탐사자료를 활용한 북한 해양 조사 사례

출처: Yim et al.(출판 예정)

특히 인공위성 기반 원격탐사자료는 접근하기 어려운 해역을 대상으로 광범위한 해역의 다양한 특성을 동시에, 자주, 그리고 촘촘하게 획득할 수 있다는 것이 큰 장점이다. 이러한 장점을 토대로 원격탐사자료를 활용하여 북한의 해양을 조사한 연구도 일부 이루어졌다. 중국과 한반도로 둘러싸인 서해를 대상으로 일차생산량의 시공간적 차이와 변화를 비교하고 그 원인을 해석하거나, 기온과 수온의 상관관계를 면밀히 살펴보거나, 연안 지역의 부유물질 농도와 육상의 재해 사건의 연관성을 규명한 연구가 대표적이다.

3. 북한의 해양환경

1) 해저 지형

앞서 북한의 해양은 남한의 해양과 연접해 있어 해양의 특성이 많은 부분에서 유사하다는 점을 밝힌 바 있다. 이러한 유사성은 해저 지형에도 잘 나타난다. 지구상의 해수면은 지형과 기후변화에 따라 변해 왔다. 한반도 주변 해역의 해저 지형 가운데 많은 부분은 융기와 침강 등 지질 활동뿐만 아니라 지금보다 해수면의 높이가 낮았던 과거 빙하기에 하천과 바다에 의해 형성된 것들도 다수 분포한다.

먼저 남한의 해양과 마찬가지로, 북한의 해양은 서해의 경우 전체 해역이 대륙붕으로서 수심이 최대 90m를 넘지 않는 비교적 얕은 바다로 이루어져 있다. 경사도 대체로 완만하고 평탄하며, 해저면은 모래와 진흙 같은 입자가 비교적 고운 퇴적물로 덮여 있다. 이와 달리 동해의 경우 일부 해역은 수심이 200m를 넘지 않는 대륙붕에 해당하지만, 경사가 급해 해안선에서 거리가 멀어질수록 빠르게 깊어지며 최대 수심은 3,600m에 달한다. 울릉도 북쪽에서부터 넓은 면적에 걸쳐 분포하는 한국대지는 북한의 해양으로도 이어지며, 동한만을 따라 해안선으로부터 약 140㎞의 거리를 유지하며 완만하게 휘어지다가 길주군 남동쪽 약 160㎞ 거리에서 끝이 난다.

해저에 형성된 지형 가운데 규모가 커 해수면 인근까지 이어지는 것은 (암)초, 그리고 해수면 위로 드러난 것은 섬 또는 도서(島嶼)라고 부른다. 이 가운데 도서는 육상부의 크기가 상대적으로 큰 도(island)와 작은 서(islet)를 합쳐 부르는 말이다. 해수면 위로 드러난 높이가 비교적 낮고 크기 또한 작은 바윗덩어리는 따로 구분하여 여(礖), 탄(灘) 등으로 부른다. 그러나 도서와 여, 탄을 구분하는 분명한 기준이 존재하지 않기 때문에 북한의 해양에 분포하는 도서의 개수는 연구자와 연구에 사용한 자료에 따라 상이하다. 대표적으로 해양수산부는 1998년에 제작한 홍보책자 「바다는 왜 푸른가요?」를 통해 북한의 섬을 1,045개라고 기술하였으나, 최근 제작된 전자해도에는 북한의 해양에 2,300개 이상의 섬이 표기되어 있다. 물론, 전자해도는 주로 항행을 목적으로 제작되기 때문에 썰물 시점의 해수면을 기준으로 하여 섬의 개수가 실제보다 많게 나타날 수는 있다.

2) 해류와 조석 및 파랑

지구는 태양 주위를 공전하는 동시에 24시간에 한 번씩 자전하고, 그 속도에 맞춰 달이 주변을

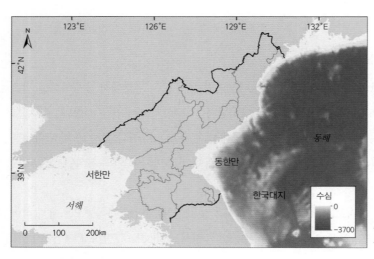

그림 13-5. 북한 해양의 수심도
출처: GEBCO, 2019

공전한다. 그리고 이 과정에서 다양한 힘이 서로 다른 방향으로 영향을 주며 그 결과로 바다에는 대기와 해양의 흐름이 만들어진다. 특히 해양에는 항상 동일한 방향으로 움직이는 해류와, 지구의 자전과 달의 공전에 따라 방향과 크기가 달라지는 조류가 발생하며, 바닷물과 공기의 마찰로 파도가 발생한다. 앞서 설명한 바닷물의 크고 작은 움직임은 해양의 에너지와 물질을 순환시키고, 그 결과 해양생태계와 인류의 삶에도 큰 영향을 준다.

한반도 주변 해역은 대만 인근에서 동북아시아 방향으로 북상하는 따뜻한 해류인 쿠로시오 난류의 영향을 간접적으로 받는다. 구체적으로 동중국해와 우리나라 남해 인근에서 서해로 유입하는 황해 난류와 부산 연안에서 동해 방향으로 유입하는 동한 난류가 쿠로시오 난류의 영향을 받는다. 동해의 경우 러시아 해안 지역을 따라 남하하는 리만 한류가 북한 해안 지역을 따라 연장된 북한 한류의 영향을 함께 받는다. 이 때문에 북한의 해양 가운데 동해의 해역은 동한 난류와 북한 한류가 섞여 계절에 따라 그 경계가 오르내리며, 복잡한 형태로 혼합층을 형성한다.

서해는 수심이 비교적 얕아 해수의 부피가 작으므로 해류가 미치는 영향은 상대적으로 적으며, 달의 중력으로 인해 형성되는 해수면 높이의 조석간만의 차, 즉 조차가 크게 발생한다. 북한의 해양에는 밀물과 썰물이 각각 하루에 두 번씩 발생하며, 이로 인해 해안 지역을 따라 조류가 발생한다. 이를 연안류라 부르는데, 서해안의 경우 조류가 해류와 비교해 더 큰 영향을 미친다. 동해와 서해의 최대 조차는 각각 0.5m와 10m로 그 차이가 20배에 달하며, 서해의 조류는 지역에 따라서 시속 6노트(약 11㎞)에 달한다.

수심과 해류 및 조석의 차이로 인해 동해와 서해는 파랑 특성도 다르게 나타난다. 수심이 얕고

표 13-1. 북한 서해안 일대의 조석 특성

구분	평균조차	평균사리조차	평균조금조차	특징
평안북도 북부	4.5	6.0	3.4	강조차
평안북도 중부	4.3	5.6	2.9	강조차
평안북도 남부	4.7	6.1	3.4	강조차
평안남도 북부	4.8	6.2	3.4	강조차
평안남도 중부	4.3	5.3	3.0	강조차
평안남도 남부	3.8	4.8	2.6	중조차
황해남도 북부	1.7	2.2	3.2	약조차
황해남도 중부	2.6	3.5	4.3	중조차
해주만 인근	4.9	6.3	3.2	강조차
황해남도 남부	5.6	7.1	3.5	강조차

출처: 김룡흥·연명철, 2013

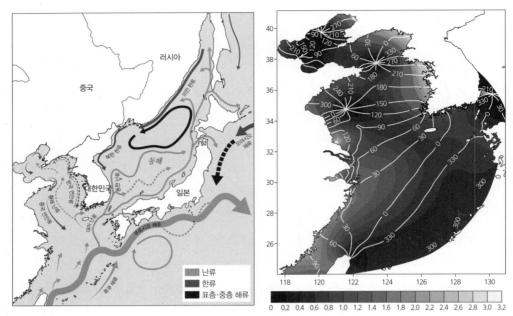

그림 13-6. 한반도 주변 해역의 해류도(좌)와 M2 분조 조석도(우)
출처: 국토교통부 국토지리정보원, 2016(좌); Su et al., 2015(우)

연안류의 방향이 지속적으로 바뀌는 서해의 경우 대체로 파랑의 크기가 작고 그 영향력도 상대적
으로 미미하다. 이에 반해 동해는 수심이 깊고 비교적 오랜 기간에 걸쳐 해류가 일정하게 흐른다.
또한 해안선의 형상이 단조로우므로 파랑이 크게 발달하기에 좋은 조건을 갖추고 있다. 그 결과
연안해역과 해안 지역에 파랑이 미치는 영향력이 비교적 크고, 특정 기상 조건에서 파랑 주기와
크기가 길고 큰 너울성 파도가 발생하기도 한다.

3) 기타 환경조건

앞에서 살펴본 지형과 해수 유동에서 나타나는 북한 서해와 동해의 특성 간 상호작용과 더불어
기상과 기후조건에서 나타나는 한반도 북부 지역의 특성이 상호작용하면서 북한의 해양에는 다
양한 특성들이 추가로 나타난다. 대표적으로 서해와 동해의 수온은 수심 차와 해류 및 조류에 영
향을 받아 서로 다르게 나타나며, 기후조건의 영향을 받아 계절에 따른 변화 양상도 매우 다르다.
먼저 여름철 평균수온의 경우 서해는 섭씨 약 23.4℃, 동해는 23.1℃로 서해의 온도가 조금 더 높
다. 최저수온의 경우 그 차이가 최대 4℃까지 벌어진다. 이에 반해 겨울철 평균수온의 경우 서해는

4.6℃, 동해는 6.8℃로 동해가 2℃ 이상 높은 것을 알 수 있다. 최저온도의 경우 서해는 0.3℃로 동해의 1.2℃에 비해 1℃ 가까이 낮다(표 13-2).

이처럼 북한의 해양에서 나타나는 수온의 계절 차는 기본적으로 한반도가 위치한 중위도 대륙 동안 지역의 기후특성에 많은 영향을 받는다. 이와 더불어, 수심이 낮은 서해는 동해에 비해 비열이 낮아 계절에 따른 수온 변화가 더 크게 나타나는 것으로 해석할 수 있다. 또한 동해 수온 분포의 계절 변화를 지도로 나타내면 상대적으로 수온이 낮은 해역과 높은 해역의 경계가 계절에 따라 남북으로 변동하는 모습이 나타나는데, 이는 앞서 설명한 북한 한류와 동한 난류의 상대적인 영향력이 계절에 따라 달라지면서 두 해류 사이의 경계 위치가 변화하는 것을 잘 보여 준다(그림 13-7).

표 13-2. 지난 16년간 북한 해양의 계절별 평균 수온(℃)

	여름			겨울		
	평균	최대	최저	평균	최대	최저
서해	23.4	28.8	20.7	4.6	9.2	0.3
동해	23.1	27.7	16.2	6.8	11.0	1.2

출처: NASA Ocean Color

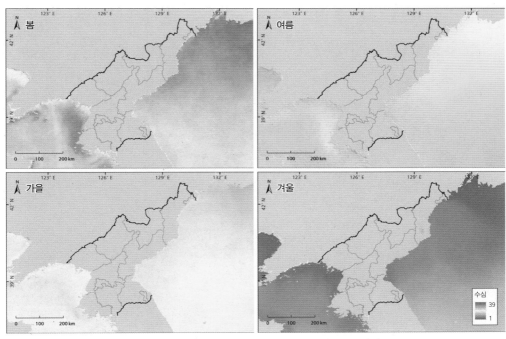

그림 13-7. 지난 16년간 북한 해양의 계절별 평균 수온(℃)
출처: NASA Ocean Color

해수에 녹지 않고 고체의 형태로 떠 있는 부유물질은 주로 육상에서 침식되어 하천을 통해 운반된 퇴적물이 하구를 통해 바다로 유입된 후 퇴적되지 않았거나, 퇴적된 후 파랑이나 조류 및 해류 등의 영향으로 다시 부유한 물질이다. 해역에서 부유물질의 농도는 먼 바다보다는 연안에서 더 높게 나타난다. 이는 해양의 부유물질 농도가 주로 하천으로부터 유입되는 퇴적물에 큰 영향을 받고, 퇴적물의 재부유를 일으키는 해수와 해저면의 마찰력 또한 얕은 바다에서 더 크기 때문이다. 해안 지역의 부유물질 농도는 육상과 해양의 상호작용, 에너지와 물질의 균형 등을 이해하는 기초 정보로 활용할 수 있다.

이러한 관점에서 볼 때, 북한의 해양에서 나타나는 해역 간의 부유물질 농도 차이는 먼저 해역으로 유입되는 하천의 규모와 담수의 부피의 차이에 따른 영향으로 해석할 수 있다. 남한 지역과 마찬가지로 북한 지역의 대규모 하천은 주로 동부의 상대적으로 높은 산간 지역에서 발원하여 서부의 낮고 평탄한 지역으로 흐른다. 이 과정에서 운반되는 퇴적물의 양이 많아 서해의 부유물질 농도가 동해에 비해 높게 나타난다. 이와 더불어, 앞서 설명한 바와 같이 서해는 수심이 얕고 조차가 크며 하루에 두 번씩 조석이 반복되는데, 이 과정에서 강한 조류가 발생하여 퇴적물이 재부유

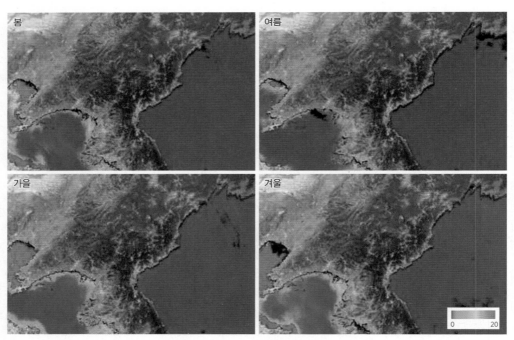

그림 13-8. 계절별 북한 해양의 부유물질 농도(g/㎥)
출처: 국토교통부 국토지리정보원, 2016에서 수정

하기에 더 좋은 조건이 형성됨으로써 부유물질 농도가 높아진다.

서해의 부유물질 농도는 계절에 따른 변화 폭이 큰데, 여름에 비해 겨울의 부유물질 농도가 더 높게 나타나는 것이 특징이다. 이러한 현상은 겨울철에 발생하는 강한 계절풍으로 인해 바람과 파도의 강도가 높아져 육상 지역의 퇴적물 공급량과 해저퇴적물이 재부유하는 양을 증가시키는 데 큰 영향을 받는다.

해수의 투명도는 태양광이 투과되는 깊이를 나타내는 지표로, 이는 식물플랑크톤의 광합성과 관련이 있어 해양의 일차생산량과 생태계의 생물다양성 등 다양한 요소에까지 영향을 준다. 해수의 투명도는 일반적으로 부유물질 농도에 직접적인 영향을 받기 때문에 부유물질 농도가 높아질수록 투명도는 낮아진다. 따라서 북한의 해양에서 투명도는 일반적으로 서해에 비해 동해가 더 높게 나타나며, 부유물질 농도가 높아지는 겨울철에는 투명도가 전반적으로 낮아지는 것을 발견할 수 있다. 또한 동해에서는 난류의 영향을 받는 남쪽 해역에 비해 한류의 영향을 받는 북쪽 해역의 투명도가 더 높게 나타나며, 두 해류가 혼합되는 경계 부분은 주변 해역보다 투명도가 상대적으로 낮은 현상이 잘 나타난다.

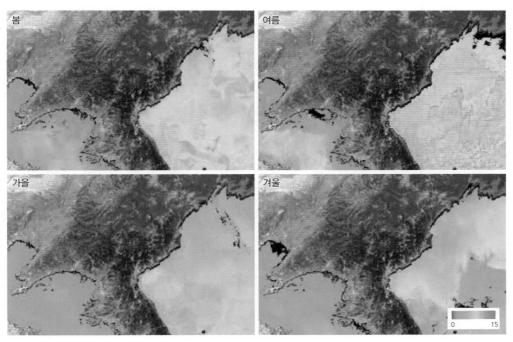

그림 13-9. 계절별 북한 해양의 투명도(m)
출처: 국토교통부 국토지리정보원, 2016에서 수정

4. 북한의 해양생태계

1) 일차생산량

북한의 해양은 서해와 동해가 육지에 의해 분리되어 있고, 생태계구조가 다소 상이하다. 그러나 북한의 해양에 대한 연구는 주로 경제 활동이 비교적 활발한 서해를 중심으로 이루어져 왔고, 동해를 대상으로 한 연구는 제한적으로만 존재한다. 특히 해역에 따라서는 어족자원 등 경제 활동과 직접적으로 관련성이 없는 해양생태계 전반의 현황에 대한 조사 자료가 존재하지 않기도 한다. 대표적으로 일차생산량에 대한 연구가 이러한 경우에 포함된다. 해역의 일차생산량 가운데 대부분은 식물플랑크톤의 광합성을 통해 만들어지는데, 이 일차생산량은 조사에 많은 시간과 비용이 소요되는 반면 경제 활동에 의한 이윤을 증가시키는 데에 큰 영향을 주지 않기 때문이다. 여기에서 일차생산량은 주로 식물플랑크톤이나 식물의 광합성 과정을 거쳐 무기물로부터 생산된 유기물의 양을 의미한다.

식물플랑크톤의 일차생산량은 현지조사 외에도 인공위성에 기반을 둔 원격탐사를 통해 추정할 수 있다. 이는 식물플랑크톤의 엽록소가 태양광 가운데 특정 파장대역의 빛을 선별적으로 흡수하여 광합성에 활용하기 때문이다. 따라서 위성영상을 통해 엽록소의 농도를 추정함으로써 일차생산량을 대략적으로 파악할 수 있다. 이때 인공위성의 세부 특성에 따라 일차생산량 추정 방법이 조금씩 다르기 때문에 위성영상에 기반을 둔 일차생산량 추정 결과에도 다소 차이가 있다. 하지만 환경조건이 유사한 남한의 해양에서 현지조사를 통해 얻은 자료를 활용하여 보정함으로써 추정 정확도를 높일 수 있다.

인공위성을 통해 추정한 바에 따르면, 해안선으로부터 10㎞ 이내 범위에 위치한 북한 연안의 엽록소 농도는 해역과 계절에 따라 다소 차이가 있다. 먼저 1㎥ 부피의 해수를 기준으로 여름철의 평균 엽록소 함량은 서해의 경우 7.2mg/㎥, 동해의 경우 2.4mg/㎥으로 동해에 비해 서해의 엽록소 농도가 세 배 정도 높았다. 표준편차의 경우 서해가 동해에 비해 낮은데, 이를 통해 서해안의 엽록소 농도가 전체 해역을 따라 비교적 고르게 높게 나타남을 알 수 있다. 겨울철 서해의 평균 엽록소 농도는 4.76mg/㎥으로 여름에 비해 다소 감소하였

표 13-3. 지난 16년간 북한 해양의 계절별 평균 엽록소 농도(mg/㎥)

	여름		겨울	
	평균	표준편차	평균	표준편차
서해	7.22	3.30	4.76	1.75
동해	2.39	4.24	2.35	2.09

출처: NASA Ocean Color

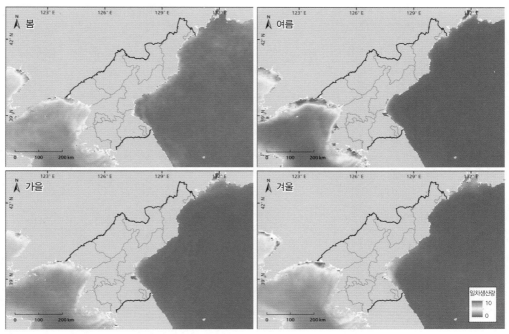

그림 13-10. 지난 16년간 북한 연안의 계절별 평균 엽록소 농도(mg/㎥)

출처: NASA Ocean Color

으나, 여전히 동해(2.35mg/㎥)에 비해 높게 나타났다. 대부분의 해역에서 태양에너지의 강도가 높은 여름에 엽록소 농도가 겨울에 비해 높아지는데, 동해의 엽록소 농도에 계절 차가 없는 것은 식물플랑크톤의 먹이인 영양염류 농도가 낮기 때문인 것으로 풀이된다(표 13-3).

2) 해양동물

(1) 동물플랑크톤

동물플랑크톤은 움직일 수는 있으나 유영능력이 거의 없는 부유생물로, 주로 식물플랑크톤을 먹이로 삼는다. 식물플랑크톤과 마찬가지로, 북한의 해양을 대상으로 동물플랑크톤의 양과 다양성 및 분포에 대한 조사 결과는 국제적으로 공개된 자료가 거의 없다. 그리고 공개된 자료는 주로 서해안 일부 지역에 편중되어 있어 전체 해양을 대상으로 동물플랑크톤의 분포 특성을 이해하기에는 어려움이 많다. 이 때문에 북한 해양의 동물플랑크톤에 대한 정보는 우리나라 서해와 동해의 북부 해역, 중국 및 러시아의 북한 인근 해역과 같은 주변 해역을 대상으로 이루어진 연구들을 통

표 13-4. 서해 인천 연안해역의 해수 1㎥당 동물플랑크톤 개체 수와 생체량

시기	개체 수						생체량
	요각류	원생동물	자포동물	유생류	기타	합계	건중량
춘계	4,748	582	44	105	37	5,517	149g
하계	1,645	0	16	217	140	2,018	192g

출처: 해양수산부 해양환경공단, 2017

표 13-5. 동해 속초 연안해역의 해수 1㎥당 동물플랑크톤 개체 수와 생체량

시기	개체 수						생체량
	요각류	원생동물	자포동물	유생류	기타	합계	건중량
춘계	80	0	4	5	124	215	16g
하계	216	77	14	144	308	760	141g

출처: 해양수산부 해양환경공단, 2017

해 간접적으로 추정할 수밖에 없다.

대표적으로 2017년 서해 인천 연안해역에서 봄과 여름에 수행된 동물플랑크톤 조사 결과, 1㎥ 부피의 해수에 평균적으로 개체 수는 각각 5,517과 2,018로 나타났다. 생체량은 건조시킨 이후를 기준으로 각각 149g과 192g으로 조사되었다. 한편, 같은 시기에 동해 속초 연안해역의 동물플랑크톤 개체 수는 각각 215와 760으로, 생체량은 16g과 141g으로 나타났다. 이러한 결과를 통해 식물플랑크톤의 해역별 분포 차이가 일차생산량에 영향을 주고, 생태계 전반의 생물다양성에 차이를 가져오는 것을 알 수 있다.

(2) 저서동물과 유영동물

저서동물은 해저면에 붙어살거나 얕은 지하에 굴을 파서 서식하는 동물을 지칭하며 크기가 매우 다양하고, 대형저서동물에는 고둥, 조개, 갯지렁이 및 갑각류 등이 포함된다. 수산업에 대한 제한적인 정보를 토대로 북한의 해양에는 다양한 종류의 패류(굴, 가리비, 백합, 꼬막, 바지락 등)와 갑각류(꽃게, 대게, 각종 새우 등) 그리고 그 외 다양한 저서동물(해삼, 성게 등)이 풍부하게 서식하는 것으로 알려져 있다. 그러나 종다양성과 분포에 대한 정확한 정보는 알려진 바가 많지 않다. 제한된 자료에 의하면, 북한의 해양 가운데 서해의 경우 연근해에 새우와 꽃게가 분포하며, 바지락과 꼬막 등 조개류도 풍부하게 분포해 있다. 조개류 가운데 백합은 평안남도와 황해도 연안 등 남부에 주로 분포한다. 동해안의 경우 전역에 걸쳐 가리비와 해삼이 분포한다. 강원도와 함경남도 연안에는 성게도 분포하며, 굴은 강원도 연안에만 분포하는 것으로 나타났다.

스스로의 힘으로 해류를 거스를 수 있을 만큼 유영능력이 좋은 동물은 유영동물로 분류하는데, 여기에는 대부분의 어류와 오징어, 낙지와 같은 연체동물 그리고 고래나 물개와 같은 해양포유류가 포함된다. 이 가운데 북한의 해양에 분포하는 유영동물은 남한과 큰 차이가 없으며, 가장 많은 부분을 차지하는 어류는 600여 종 서식하는 것으로 추정된다. 서해에는 연근해를 중심으로 가자미, 민어, 병어, 갈치 등이 분포하며, 일부 해역에는 조기, 뱅어, 고등어, 숭어, 농어 등이 분포한다. 동해의 경우 연근해에 멸치, 고등어, 청어, 대구, 가자미, 정어리, 꽁치 등이 분포하며 일부 해역에는 명태, 방어, 임연수어 등도 분포하는 것으로 나타났다.

한반도 연안에 분포하는 해양포유류는 대부분 멸종위기종으로 세계적으로 개체 수가 매우 적거나 감소하고 있다. 대표적으로 북한의 해양에는 두 종류의 바다사자가 분포하는데, 이는 각각 캘리포니아바다사자(학명: *Zalophus californianus*)와 일본바다사자(학명: *Zalophus japonicus*)이다. 네 종류의 물범도 서식하는데, 이 가운데 비교적 흔하게 발견되는 것은 점박이물범(학명:

표 13-6. 북한의 해역별 주요 저서동물 분포

서해		동해	
종류	분포 해역	종류	분포 해역
새우	연근해	꽃게	강원도
꽃게	연근해	굴	강원도
백합	평안남도, 황해도	가리비 등 조개류	전 연안
바지락	전 연안	해삼	전 연안
꼬막	전 연안	성게	강원도, 함경남도

출처: 통일부 북한정보포털

표 13-7. 북한의 해역별 주요 어류 분포

서해		동해	
가자미	연근해	멸치	연근해
민어	연근해	고등어	연근해
병어	연근해	청어	연근해
갈치	연근해	대구	연근해
삼치	황해도	가자미	연근해
조기	평안북도, 황해도	정어리	연근해
뱅어	평안북도	꽁치	연근해
고등어	–	방어	함경도 이남
숭어	–	명태	함경도, 강원도
농어	–	임연수어	함경도, 강원도

출처: 통일부 북한정보포털

Phoca largha)과 참물범(학명: *Phoca vitulina*)이다. 한편, 고리무늬물범(학명: *Pusa hispida*)과 띠무늬물범(학명: *Histriophoca fasciata*)의 경우 최근에는 매우 드물게만 나타나는 것으로 보고되었다.

5. 수산업 활동과 경제

1) 수산업

3절과 4절에서 살펴본 바와 같이 북한의 해양은 물리적으로 분리되어 환경과 생태계가 상이하다. 이 때문에 수산업 측면에서 두 해역은 어장환경과 수산물의 종류 및 분포가 상이하며, 결과적으로 수산업의 양상에 큰 차이를 보인다. 대표적으로 서해는 평균수심이 얕고 조차가 커서 넓은 간석지가 발달해 있는데, 이 지역을 서식지로 삼는 바지락·굴·새조개 등 조개류, 김·미역 등 해조류, 그리고 대구·갈치·삼치·전어·도미류·가자미·홍어·조기·갈치·민어·넙치 등 어류 등 다양한 동식물들이 풍부하게 분포하여 어획과 양식이 활발하게 이루어진다. 동해는 해저면의 경사도가 높아 서해에 비해 대륙붕의 폭이 좁고 해안선의 형상이 단조롭다. 이로 인해 양식을 통해 패류나 해조류 등을 생산하기에는 어려움이 많다. 그러나 난류와 한류가 만나는 해역의 특성상 명태, 청어, 가자미 등 냉수성 어종과 정어리, 멸치, 꽁치 등 온수성 어종이 다양하게 서식하여 어획량은 오히려 서해에 비해 많은 것으로 알려져 있다.

북한 해양의 수산자원은 해양동식물 530여 종으로 풍부한 편이며 이 가운데 특히 유용성이 높은 110종(어류 75종, 패류 20종, 해조류 15종)을 집중적으로 생산한다. 그러나 수산물 생산량은 2016년 기준 101만 톤으로, 남한(327만 톤)의 약 31%에 불과하다. 여기에는 남한의 수산물 생산량이 지속적으로 증가한 반면, 북한의 수산물 생산량은 1985년 이후 크게 감소한 것이 큰 영향을 주었다. 그러나 2010년 이후 북한의 수산물 생산량은 지속적으로 증가하고 있다. 이러한 변화는 북한의 수산업 관련 경제개발 정책기조의 변화와 연관성이 높은데, 대표적으로 북한과 일본의 배타적 경제수역 사이의 중간수역에서 오징어 잡이를 하는 어선의 수는 2011년의 경우 15척에 불과하였으나 2014년에는 400여 척으로 증가하였다.

표 13-8. 북한 서해안의 2010년대 간석지 면적(㎢)

	평안북도	평안남도	황해남도	전체
간석지 면적	699	505	826	2,030

출처: Yim et al.(출판 예정)

구체적으로 북한의 어선어업과 관련된 현황을 살펴보면, 먼저 동해안과 서해안을 따라 약 300여 개의 항구가 입지해 있다. 남한과 달리 상업항과 어항이 별도로 구분되어 있지는 않으며 동일한 항만 내에서 목적에 따라 부두를 달리하여 운영된다. 어업 활동이 가장 활발하게 이루어지는 곳은 서해의 문덕수산사업소와 동해의 신포원양수산연합기업소이다.

표 13-9. 북한의 수산물 생산량과 증감률

연도	생산량(만 톤)	증감률(%)
1985	178	–
1990	146	-18
1995	105	-28
2000	70	-33
2005	91	30
2010	63	31
2016	101	60

출처: 통일부 북한정보포털

정확한 어선의 수는 공개된 바가 없으나 약 1만 척 내외이며, 이 가운데 대부분은 동력, 즉 엔진이 없는 무동력 어선으로 2천 척가량만 엔진이 장착된 것으로 추정된다. 최근 들어 '단풍호'와 '황금해호' 등의 명칭으로 표준어선이 보급되고 있으나 그 수는 많지 않고, 대부분의 어선은 유류 부족과 정비불량 및 고장으로 활용이 불가능한 것으로 알려져 있다. 공식적인 어업종사자의 수는 약 18만 명 수준인 것으로 알려져 있으나, 통계치에 드러나지 않은 비공식 종사자를 포함하면 실제 어업종사자의 수는 더 많을 것으로 추정된다. 한편, 북한의 수산성 산하 양식 거점 및 협동조합의 종사자 수는 약 9만 명 수준이다.

북한의 양식업은 주로 동해안에서 이루어지며, 대상 품종은 섭조개와 굴 등이다. 서해안의 경우 대규모 다시마 양식이 이루어지고 있는 것으로 조사된 바 있다. 양식업이 주로 해조류와 패류에 집중되어 있는 것은 인위적으로 먹이를 공급할 필요 없이 운영이 비교적 쉽고 투자 대비 수익이

그림 13-11. 문덕수산사업소와 신포원양수산연합기업소의 어선 현황

출처: 구글지도

높기 때문이다.

양적인 규모에서 북한의 양식 생산량은 2015년 기준 15만 톤으로, 이는 남한(167만 톤)의 9% 수준에 해당한다. 북한의 양식 생산량 증대를 어렵게 하는 요인은 설비의 노후화와 양식기술의 격차 등이 있다. 특히 북한의 양식기술은 평균적으로 남한의 20%에서 60% 수준으로, 이 가운데 사료 및 사양 관리기술과 어병 관리기술, 가공 및 양식장시설 관리기술 등

표 13-10. 1980년대 기준 북한의 동력선 현황

구분	어선 규모(톤)	어선 수(척)
공모선	10,000	8
냉동운반선	3,000~7,000	12
대형트롤선	3,750	11
다목적선	450~485	554
어망어선	270	16
통발어선	30~100	766
소형트롤어선	30~100	170

출처: 국토통일원, 1988

에서 격차가 큰 것으로 추정된다. 한편 김정일 시대부터 북한에서는 양식업 생산량 증대를 위한 정책적 노력을 기울이고 있으며, 그 일환으로 수산성 산하에 양어관리국을 설치하고 수산과학원 산하에 양어과학연구소를 설치한 바 있다.

2) 수산물 교역과 해운

북한은 어항의 양륙시설 노후화와 전력 공급량 부족으로 냉동냉장 및 제빙시설이 부족해 수산물을 장기간 보관하기 어려운 상황이다. 이 때문에 수산물 교역은 주로 지리적으로 가까운 중국과 러시아를 대상으로 이루어져 왔다. 특히 북한의 나진항과 중국의 훈춘항 사이의 수산물 교역이 활발하게 이루어져 왔으며, 2013년 전후로 훈춘시에 북한산 수산물을 대량으로 처리할 수 있는 교역센터와 수산물 가공시설 및 냉동창고 등의 설비가 입지하였다. 이 지역을 거점으로 대게와 바닷가재 등 10여 종의 수산물이 육로나 항공편 등을 통해 베이징을 비롯한 중국 내륙으로 운송되어 유통되었다. 그 외에도 중국에서 가공된 냉동·건조 수산물이 미국과 일본을 비롯한 제3국으로 수출되기도 하였다.

한편, 2019년을 기준으로 유엔 안전보장이사회의 결정(대북제재 결의 제2371호)에 따라 북한과의 경제 교역은 전면 금지되어 있다. 이 때문에 공식적으로 북한에서 생산된 수산물을 수입하는 것은 불가능하나, 밀무역을 통해 북한과 중국 간의 수산물 교역이 이루어지는 것이 확인된 바 있다. 따라서 현재에도 중국 내에서는 북한산 수산물이 암암리에 유통되고 있는 것으로 추정된다.

수산물이나 광물을 포함하여 북한 지역에서 생산되는 경제재들의 수출과 타국에서 만들어진 재화의 수입 등 국제적인 물자 운송은 주로 해운업을 통해 이루어져 왔다. 북한의 대표적인 무역항은 총 9개로 이는 각각 남포, 송림, 해주, 원산, 흥남, 단천, 청진, 나진, 선봉항이다. 북한에서 이들

표 13-11. 2018년 기준 북한의 선박 현황

구분		선박 수(척)	규모(GT)	평균연령
소유주 국적 기준	화물운반선	19	55,949	26
	합계	20	58,820	27
선적지 등록 기준	화물운반선	195	597,334	29
	기타선박	29	15,505	41
	합계	224	612,839	30

주: 1,000GT 이상의 선박만 합산
출처: IHS Fairplay, World Fleet Statistics 2018.

무역항을 이용하는 등록 선박은 2018년 기준 223척으로 총 61만 2839GT(Gross Tonnage, 총톤수) 규모이며 이 가운데 북한이 소유한 선박은 20척(5만 8820GT)으로 추정된다.

유엔 안전보장이사회의 국제제재 이전 시점에서 북한의 주요 해운망은 러시아, 중국, 일본 및 동남아시아로 이어졌는데, 이 가운데 중국 항로를 제외한 대부분의 항로는 부정기적으로만 운항되었다. 특히 일본 항로는 전면적으로 중단되었으며, 중국 항로 중에서도 일부는 부정기적으로 운영되었다. 주요 북중 항로는 남포-다롄, 남포-단둥 및 나진-칭다오 항로로, 이 가운데 남포-다롄 항로는 북한에서 중국이 아닌 제3국에서 생산되는 제품을 수입하기 위한 우회 경로로 활용되었다. 북한과 중국 간의 최단거리 항로인 남포-단둥 항로는 일주일에 4회씩 정기적으로 운항했으며, 다롄 항로와 유사하게 물자 수입에 주로 활용되었다. 북한과 중국 중부 지역의 교류에 활용되는 나진-칭다오 항로는 비정기적으로만 운항되었다.

6. 환경문제와 기후변화

북한의 해양환경에 대한 기초자료 가운데 국제사회에 공개된 내용은 일부분에 불과하다. 이 때문에 시계열 변화를 파악하기에는 한계가 있으며, 이 절의 내용은 보고서와 학술지를 통해 특정 지역이나 시점을 중심으로 서술된 자료를 이용하여 기술하였다.

1) 인간 활동에서 기인한 환경문제

(1) 수질오염

해양의 수질오염은 주로 어업, 물류, 관광 등의 이용행위에 의해 해수로 유입되는 유기물이나 화학물질의 양이 늘어나고, 이에 대한 해양생태계의 반응이 중첩되어 용존산소 농도가 감소하거나 생물에 해로운 환경으로 변화해 가는 형태로 발생한다. 따라서 수질오염의 심각도는 해수에 포함된 영양염류 농도를 조사함으로써 대략적으로 파악할 수 있다. 특히 해안선으로부터의 거리가 가까운 연안해역은 하천을 통해 다양한 유기물을 포함한 퇴적물이 유입되고, 해양의 이용행위 또한 고밀도로 이루어지기 때문에 먼 바다에 비해 영양염류의 농도가 비교적 높게 나타난다. 따라서 연안해역의 영양염류 농도는 육상과 해양의 인간 활동이 해양에 미치는 영향을 파악할 수 있는 지표 가운데 하나라 할 수 있다.

최근에는 원격탐사자료를 활용한 다양한 기법들이 개발되어 현지조사를 수행하지 않더라도 영양염류 농도를 파악할 수 있으며, 이를 통해 북한 해양의 수질오염 수준을 조사할 수 있다. 일반적으로 북한의 해양은 중국이나 남한의 해양에 비해 어업, 물류, 관광 등 해양 이용행위의 강도가 낮은 것으로 알려져 있는데, 이는 한반도 주변 해역에 대한 영양염류 농도 조사 결과를 통해서도 확인할 수 있다.

북한의 연안 지역 가운데 영양염류의 농도가 비교적 나타나는 곳은 서해안의 황해남도 남부 해역이다. 이 해역은 남한 지역의 경우 한강과 임진강이, 그리고 북한 지역의 경우 예성강이 유입된다. 그리고 하천의 규모 측면과 육상 지역의 토지이용 형태 등을 고려할 때 남한 지역을 거쳐 서해로 유입되는 한강과 임진강이 해당 해역의 영양염류 농도에 큰 영향을 미치는 것으로 보인다.

우리나라 중국과 마찬가지로, 북한도 개발이 집중적으로 이루어진 압록강, 청천강, 서해갑문 하류, 예성강 하구와 주변 해역을 중심으로 영양염류 농도가 증가한 것으로 조사되었다. 특히 인구밀도가 높아지고 개발압력이 증가한 지역의 주변 해역에서 인(phosphorous)의 농도가 상대적으로 높았다. 이 가운데 금속제련소와 공장이 다수 분포하는 서해갑문 하류 지역은 평양시를 포함하여 하천 유역 내에 주거 지역이 밀집해 있어 다른 지역에 비해 공장폐수와 생활하수가 많이 유입된다. 그 결과 다른 해역들에 비해 화학적 산소요구량(Chemical Oxygen Demand, COD) 등 수질오염의 수준이 높고 악취가 발생하는 등 부가적인 문제들도 발생하는 것으로 조사되었다. 특히 화학적 산소요구량은 대규모 산업단지가 입지한 남한의 해안도시 주변 해역과 유사한 수준으로, 산업 규모에 비해 오염수준이 높은 것으로 나타났다.